情報物語論

―人工知能・認知・社会過程と物語生成―

小方孝／川村洋次／金井明人【著】

東京 白桃書房 神田

は じ め に

　物語は，人文科学，社会科学，情報科学など様々な領域で研究されている。著者らは，人工知能，認知科学，経営学，物語論などを基盤として研究を進めているが，三人に共通するスタンスは，最終的には物語を生成する情報システムを実現したいと考えていることである。これは物語や文学やコンテンツに対する構成的なアプローチを意味する。

　物語を（批評家あるいは研究者の）主観や解釈に基づいて分析する膨大な研究が存在し，また，物語論に見られるように，物語がどのような要素で構成され，どのような構造を持つ情報体であるのかを具体的に考察した研究も数多く存在する。一方で，文学や物語に関する深い知見を含まない，統計学的な言語処理の方法による構成的な物語研究も少なからず存在する。しかし，人文科学や社会科学における文学や物語の知見を踏まえた上で，構成的アプローチに基づいて情報システム開発を目指す研究はこれまであまり存在しなかった。

　小方は，文学的・芸術的物語のみならず，実用的物語（広告など）から心理学的物語（夢など）までを包含する広い範囲のコンテンツを対象にして，物語のコンテンツそのものの構成要素や生成・受容過程には共通性があることに注目し，その共通性を基盤とした物語生成のモデルを構築し，ソフトウェアとしての物語生成システムを工学的に開発することに取り組んでいる。

　金井は，受け手に認知的な切断―物語の特定要素から別の要素に着目点を変更すること―を促す映像コンテンツ，ノスタルジアに関連した映像コンテンツ，過去を題材にしたドキュメンタリーなどを対象にして，それらに関する認知プロセスと物語を分析すると共に，ストーリー以外の観点から多種多様な映像の物語のコンテンツを生成することに取り組んでいる。

　川村は，ビジネス・コミュニケーションにおいて大きな役割を果たす広告

コンテンツを対象にして，映像データベースなどを活用した広告生成システムを工学的に開発することや，生活者がソーシャルメディアなどに投稿する仕掛けを活用して社会的に物語を生成することに取り組んでいる。

　本書は，これらの研究の成果や考察を取りまとめたものであり，情報学の観点からの総論・理論（物語生成のための枠組み・モデル・生成の考え方），分析（モデル構築のための具体的な物語作品・現象の分析）および生成（具体的な物語作品・現象の生成）について，各々の研究を基に論じる。

謝辞

　本書の第2〜3章，第6章，第11〜13章および第16〜17章における研究では，科学研究費基盤研究（C）課題番号26330258，テレコム先端技術研究支援センター（SCAT）研究費助成，柏森情報科学振興財団研究助成（K28研XXI第490号）および電気通信普及財団研究調査助成の支援を受けた。第5章，第9〜10章および第15章における研究では，科学研究費基盤研究（C）課題番号22500102の研究助成を受けた。第14章における研究では，科学研究費基盤研究（A）課題番号23243066の研究助成を受けた。また，第5章，第6章2.における記述は，広告会社の広告クリエイターへのインタビュー取材，大日本除虫菊株式会社からの各種情報（企業情報，広告情報など）提供，京阪ホールディングス株式会社と京阪電気鉄道株式会社からの広告映像提供を基に作成した。第15章のシステムの開発では，大阪大学大学院情報学研究科伊藤准教授からの助言を受けた。ご協力いただいた関係各位に感謝致します。

平成29年11月

小方　孝

川村洋次

金井明人

目　　次

はじめに

第 1 章　物語の枠組み（川村・小方・金井）……………………………… 1

1. コンテンツと物語　　1
2. 受容と物語　　3
3. メディアと物語　　5
4. 物語の生成と戦略　　7
5. 物語の範囲　　9
6. 情報物語論の観点　　10
7. 本書の構成と概要　　11
　7.1 総論・理論　　11
　7.2 分析論　　12
　7.3 生成論　　14

▌第 I 部　総論・理論

第 2 章　物語と人間／社会／機械
　　　　―多重物語構造から人間／機械共棲系へ―（小方）…………19

1. 物語の現象的多様性から多重物語構造モデルへ　　19
　1.1 物語の現象的多様性と拡張文学理論　　20
　1.2 物語の生成-受容過程―物語の人間システム―　　21
　1.3 物語の産出-消費過程―物語の社会システム―　　26
　1.4 多重物語構造モデル　　29
　1.5 芸能情報システム……32
2. 物語の人間-機械共棲系へのヴィジョン　　34
　2.1 流動と固定　　35
　2.2 間テクスト的物語生成戦略　　41
　2.3 人間-機械共棲系の物語　　42

iii

第3章　物語の分解から合成へ
　　　　―見える物語と見えない物語―（小方）‥‥‥‥‥‥‥‥‥45

　1. 物語における見える要素と見えない要素
　　　―物語の構成要素体系に向けて―　45
　2. 物語生成システムという合成装置　52
　3.「見えない物語」から「見える物語」へ
　　　―物語の情報分解の物語生成過程としての合成―　58

第4章　切断技法と物語（金井）‥‥‥‥‥‥‥‥‥‥‥‥‥‥‥63

　1. ストーリーと切断技法　63
　2. 映画と文学の切断技法　65
　3. 切断技法による物語生成　69
　4. 過去と認知における切断　71
　5. 物語と時間　74

第5章　社会過程による物語生成（川村）‥‥‥‥‥‥‥‥‥‥‥77

　1. 広告コミュニケーションの特性とモデル　77
　　1.1 広告コミュニケーションの特性　77
　　1.2 広告の物語の類型　78
　　1.3 広告コミュニケーションのモデル　79

　2. 送り手の過程（前半）　80
　　2.1 送り手の構成主体　80
　　2.2 広告生成に活用される要素　81
　　2.3 広告生成の過程　81
　　2.4 広告クリエイターの発想と選択　85

　3. メディア　88
　　3.1 提供のためのメディア　88
　　3.2 反応収集のためのメディア　90

　4. 受け手の過程　90
　　4.1 受け手の構成主体　90
　　4.2 広告受容に活用される要素　91
　　4.3 広告受容の過程　91
　　4.4 生活体験の過程　94
　　4.5 生成・投稿の過程　94

5. ソーシャルメディア　95
　　5.1 消費者から見たソーシャルメディア　95
　　5.2 広告主や広告会社から見たソーシャルメディア　95

6. 送り手の過程（後半）　96
　　6.1 収集・解釈　96
　　6.2 コミュニケーション評価とフィードバック　96
　　6.3 広告コミュニケーション戦略　96

7. 社会コミュニケーションによる物語生成　97
　　7.1 コミュニケーションサイクルによる物語生成　97
　　7.2 社会による物語生成　98

8. 広告映像の分析と生成の試み　99

第6章　体験としての物語
　　　　―学問としての物語を支えるもの―（小方・川村・金井）… 101

1. 『籠釣瓶花街酔醒』　101
2. 『おけいはん』シリーズ　112
　　2.1 シリーズ広告の先進事例としての『おけいはん』　112
　　2.2 「おけいはん」誕生の経緯や『おけいはん』の考え方
　　　　－広告クリエイターへのインタビュー内容－　113
　　2.3 『おけいはん』のストーリーとイメージ　114
　　2.4 『おけいはん』のマクロの物語　118

3. 映像を見続けるための不確定性　119

第Ⅱ部　分析論

第7章　映像認知方略の可能性（金井）…………………………… 127

1. 映像に対する視点　127
2. 複数の認知方略　130
3. 受け手の認知プロセス　132
4. ストーリー理解に関する制約緩和と視点の再設定　135
5. 制約緩和と視点の再設定に関する調査　137
6. 認知は決められない　139

第8章 映像からストーリーを認知すること／しないこと
　　　　—認知的リアリティの発生要因—（金井）⋯⋯⋯⋯⋯⋯⋯ 141

　1. 映像と認知科学　141
　2. 映像の認知と切断　144
　3. 映像とドキュメンタリー　148
　4. 映像と認知的リアリティ　150
　5. 映像の認知科学的実験　152

第9章 広告映像の構成要素・構造分析（川村）⋯⋯⋯⋯⋯⋯⋯⋯ 155

　1. 本章の視点　155
　2. 広告映像の構成要素の体系　156
　　2.1 広告生成と広告映像　156
　　2.2 広告映像と広告受容　158
　3. 広告映像の構成要素　160
　　3.1 見える要素　160
　　3.2 見えない要素　160
　4. 広告映像の構造　163
　　4.1 広告ストーリー技法　163
　　4.2 編集技法　166
　　4.3 広告ストーリー技法と編集技法の組み合わせ　167
　　4.4 商品カテゴリー別の構造　167
　5. まとめ　169

第10章 広告映像のイメージ・反応分析（川村）⋯⋯⋯⋯⋯⋯⋯ 171

　1. 本章の視点　171
　2. 広告映像技法と広告映像修辞　173
　3. 広告映像技法・修辞と受容イメージ・反応の関係　175
　　3.1 広告映像技法・修辞と受容イメージ　175
　　3.2 広告映像技法・修辞と好感要因　175
　　3.3 広告映像技法・修辞・受容イメージ・好感要因と好感度　177
　　3.4 好感要因と興味・購買意欲　177
　　3.5 広告ストーリー技法と興味・購買意欲　180
　4. 広告映像技法・受容・反応の構造　181

4.1 広告映像技法・修辞と受容イメージ・好感要因の関係のまとめ　181
　　　4.2 広告映像技法・受容・反応のモデル化　183

　　5. まとめ　183

第11章　歌舞伎に向けて（1）
　　　　―恣意性と編集性の物語から多重性と実存の物語へ―（小方）187

　　1. 私的歌舞伎論に向けて　187
　　2. 恣意性と編集性の物語と実存，多重性　195
　　3. 多重性から実存性へ
　　　　―歌舞伎論の基幹ストーリーに向けて―　204

第12章　歌舞伎に向けて（2）―多重物語構造の諸相―（小方）…… 209

▌第Ⅲ部　生成論

第13章　統合物語生成システム
　　　　―メカニズムからコンテンツへ―（小方）………………… 247

　　1. 物語生成システムの生成過程　247
　　2. INGS のメカニズム　257
　　　2.1 全体の生成過程　257
　　　2.2 物語言説機構　265
　　　2.3 物語表現機構　270
　　3. INGS におけるコンテンツ知識　275
　　　3.1 背後の知識もしくは一般的知識としての概念辞書　276
　　　3.2 物語コンテンツ知識ベース，特にストーリーコンテンツ知識ベース　281
　　　3.3 状態-事象変換知識ベース　283
　　　3.4 言語表記辞書　284
　　4. 統合的生成に向けて　285
　　5. おわりに　286

第14章　ドキュメンタリーとノスタルジア生成（金井）…………… 289

　　1. ドキュメンタリーにおけるノスタルジア　289
　　2. ノスタルジアの多様性　291

vii

3. ノスタルジアの生成　292

　　4. プログラムによるノスタルジア認知の実験　297

　　5. 複数で多重な過去と認知　301

第15章　広告映像の生成システムの開発（川村）‥‥‥‥‥‥‥‥‥‥ 303

　　1. 広告映像制作システムの構想　303

　　　1.1 システムの全体像とコンセプト　303

　　　1.2 目標とするシステムの機能　304

　　　1.3 開発した広告映像制作システムの概要　306

　　2. 広告映像制作システムの開発過程とシステム機能詳細　309

　　　2.1 映像データベース　309

　　　2.2 入力・検索　309

　　　2.3 生成　313

　　3. 実験　316

　　　3.1 実験の方法　316

　　　3.2 検索条件と興味・購買意欲　318

　　　3.3 広告ストーリー技法と興味・購買意欲　319

　　　3.4 認知要素の分析　320

　　4. 成果　323

　　　4.1 システム開発の成果　323

　　　4.2 実験の成果　323

　　5. 今後の課題　324

第16章　外部への物語生成または芸能情報システムに向けて（小方）　327

　　1. 物語生成社会へ　327

　　2. 芸能情報システム―素案と思想―　337

第17章　内部への物語生成または私物語に向けて（小方）‥‥‥‥‥ 355

　　1. 内部への物語生成，私物語に向けて　355

　　2. 私物語のためのコンテンツ概観　359

　　　2.1 時間区分　360

　　　2.2 テクスト分類　362

参考文献 …………………………………………………………… 371

人名リスト …………………………………………………………… 398

歌舞伎・人形浄瑠璃作品リスト ………………………………… 409

第 **1** 章

物語の枠組み

　本書では，広い意味での情報学に基づく物語論―情報物語論―に関する紹介と考察を行う。三人の著者が言及する学術領域は，人工知能，認知科学，メディア論，データベース工学，広告論，経営学，物語論，文学理論，映像理論など多岐にわたる。これらの領域においては，専門領域に立脚した様々な用語の定義があり，それらを統一した形で記述することは難しい。

　第1章では，本書が取り扱う「物語」が意味するものを整理して，それらと各章の内容との関係を概説することとしたい。

◆ 1. コンテンツと物語

　物語の範囲は非常に広いが[1]，ここではまず『源氏物語』や『東京物語』や『鉄腕アトム』のような作品（コンテンツ）としての物語を想定する。基本的には送り手が存在し，送り手が生成したコンテンツを物語と称する。コンテンツの生成と受容を考える時，図 1-1 に示すようなモデルとなる。これは，コンテンツが何らかのパッケージ（冊子など）として受け手に提供される時にうまく当てはまるモデルである。この時，生成を行う送り手は，コン

1　小方（1999d, 2000d）は，物語のジャンルを，①狭義の作品としての物語（小説，映画など），②広義の作品としての物語（広告など），③社会的創発現象としての物語（噂，流言など），④現実現象の中に侵入する物語（祭，儀式など），⑤人間の生理的／心理的自然現象としての物語（夢，妄想など）に分けて捉えている。本書は広告，映画，歌舞伎などの物語を扱うが，小方が制作した三冊の本（小方・金井，2010a；Ogata & Akimoto, 2016；Ogata & Asakawa, 2018a）は，その他小説，民話，古典物語，落語，詩，俳句，ゲーム，発話，旅行（とその記述），味覚の記述など多様なジャンルの物語を題材としている。

I

図 1-1 コンテンツの生成・受容の単純モデル

テンツが流通するメディアを想定し，そのメディアの特性を活かしながら，は，何らかの意図や世界観を持って（意図や世界観を持たせないということも含め）コンテンツを作り込む。そして受け手がこの作り込まれたコンテンツを受容する，という関係が成立する。「（作り込まれた）コンテンツ＝物語」という捉え方である。

次に，コンテンツがパッケージではなく，舞台などを介して受け手に提供される場合，どうなるであろうか。送り手（演者を含む）は，基本的にはコンテンツの受け手の反応（拍手，歓声，笑いなど）を意識し，それを踏まえてコンテンツ（劇，曲など）を演じる（図 1-2）。その場の状況に合わせ，コンテンツのテンポや間を調整したり，予め用意されている脚本や楽譜にアドリブを加えることもある。そして，送り手が提供するコンテンツと受け手の反応を基にしたコンテンツ'（コンテンツ×反応）が生成されることになる。芸能，演劇，音楽ライブなどがこれにあたる。

このような場合，コンテンツ'を生成するのは誰なのであろうか。基本的には送り手ということになろうが，受け手の反応によりコンテンツが変化す

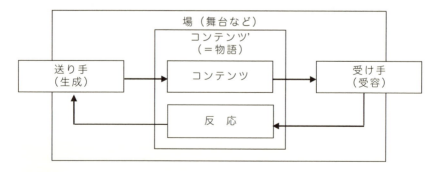

図 1-2 コンテンツの反応を考慮したモデル

るのであり，送り手と受け手のやりとりによってコンテンツ'が生成されていると考えることができる。「(送り手と受け手のやりとりによる) コンテンツ'＝物語」という捉え方である。

2. 受容と物語

　物語や文学の受容については，従来から受容理論や読者反応批評の研究対象とされてきた。さらに，近年，受け手が情報を発信するメディアが急速に発展・普及し，受け手が抱いたストーリーやイメージが外的に表象化され，何らかの物語として社会的に流通することが一般的になってきた。このような場合の物語のコンテンツも重要な研究対象となる。

　図1-1や図1-2に示したコンテンツは，送り手が生成した表現物そのものであり，それは受け手が知覚できる要素（以降，比喩的に，「見える要素」と呼ぶ）から構成される。一方，受け手は，コンテンツを受容する場において，何らかのストーリーを解釈し，何らかのイメージを抱く（図1-3，これらを，受容ストーリー，受容イメージとする）。そして少し時間が経つと，コンテンツをきっかけに，コンテンツに対する記憶の残像と受け手の知識や経験が絡み合い，コンテンツに対するストーリーやイメージが再構築されたり，受け手の生活イメージの構築につながったりする（これらを，想起ス

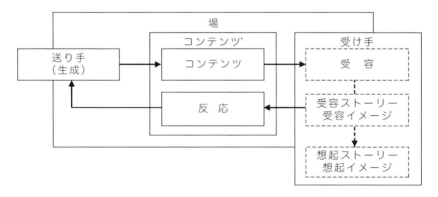

図1-3　受け手の内的表象を考慮したモデル

トーリー，想起イメージとする）。このようなストーリーやイメージは，受け手の内部に存在するため，基本的には知覚できない要素（以降，同じく「見えない要素」と呼ぶ）である。図1-3中の点線枠は，見えない要素を示している。

　ストーリー（story）は，ある物語における事象の時間的な系列・連鎖である。ここで，事象（event）は物語における何らかの状態を変化させるような出来事の一単位である。受け手は，あるコンテンツを受容することにより，一連の出来事からストーリーを解釈する。ストーリーは抽象的なレベルにおける要素であるが，事象の時間的な系列・連鎖として構造化し，記号化することができると考えられる。例えば，映画や小説であれば，「あらすじ」としてストーリーを記述することができる。

　一方，受け手は，構造化されたストーリーだけを解釈するのではなく，コンテンツ全体が持つ雰囲気や作風を感じ取ったり，コンテンツの表現要素をきっかけに様々な事柄を連想したり，コンテンツと自己の経験などを絡めて感動したりする。これらは，受け手の知識や経験が大きく関与し，受容の仕方も個人差があることから，構造化されたものとして記号化するのは容易ではない。本書では，このようなストーリー以外の要素全般をイメージ（image）と考えることとする。

　本書では，外的表象（external representation）としてのコンテンツに対して，受け手の内的表象（internal representation）としてストーリーとイメージを考える。この時，ストーリーとイメージを生成するのは誰なのであろうか。まず，コンテンツを生成する送り手が考えられる。後述の図1-4に示すように，実際は送り手も独自のストーリーとイメージに基づいてコンテンツを生成している。しかし，コンテンツに込められた送り手のストーリーやイメージと受け手が受容するストーリーやイメージとの間には，通常，ギャップが存在する。送り手と受け手の知識と経験が異なるからである。ただし，一旦コンテンツとして表出されたものにおける送り手のストーリーやイメージそのものはもはや社会過程の中では何らの意味を持たないとも考えられる。また，同じコンテンツを受容したとしても，受け手によりストーリーとイメージは変化する。従って，コンテンツと受け手のやりとりによっ

4

て，ストーリーとイメージは生成されていると考えることができる。「（コンテンツと受け手のやりとりによる）ストーリーとイメージ＝物語」という捉え方である。

◆ 3. メディアと物語

「メディア」という言葉は，様々な意味合いで用いられる。物語との関連では，コンテンツそのものの表現形態を意味するものとしてのメディア，コンテンツの流通（配信）手段・媒体や受容される場を意味する場合のメディア，コンテンツの記憶媒体を意味するメディア，などがある。例えば，映画は，表現形態としては，視覚的情報（文字，映像）や聴覚的情報（音響）を用い，さらに近年では触覚的情報（風，振動など）を駆使したものも現れている。その流通手段・媒体や受容の場としては，映画館が一般的であるが，その他の流通手段・媒体としてテレビがあり，近年ではインターネットがある。テレビやインターネットにおける受容の場は普通それらが存在する空間（部屋など）であるが，モバイル端末の普及によりあらゆる空間が受容の場となってきている。記憶媒体としては，フィルム，ビデオテープ，DVD（Digital Versatile Disc），BD（Blu-lay Disc），コンピュータメモリ，モバイル端末メモリなどがある。

本書では，文字，映像などのコンテンツそのものを表現するためのメディアのことを「表現形態」と呼び，流通（配信）手段・媒体を特にメディアと呼んで，両者を区別することにする。

従来，物語に関わるメディアは，送り手が生成したコンテンツを流通させる役割を主に果たしてきたが，近年，受け手が情報を発信するソーシャルメディアの台頭により，受け手が抱いたストーリーやイメージを外的表象化し，何らかの物語として社会に流通させる動きが活発になってきている。送り手はコンテンツを生成する際に，受け手の反応や受け手が生成したコンテンツ（receiver generated contents）を収集・解釈し，次のコンテンツ生成に活用する（図1-4）。活用の方法としては，受け手の反応や受け手が生成したコンテンツからストーリーやイメージを解釈し，それらを基に次のス

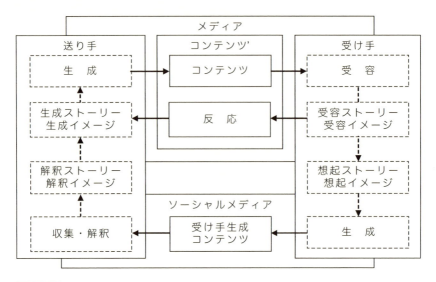

図1-4 受け手の生成を考慮したモデル

トーリーやイメージを企画・立案する方法がある。また，受け手の反応や受け手が生成したコンテンツの一部分をコンテンツに取り込む方法もある。

　ここで注目したいのは，送り手と受け手が生成するコンテンツ，その受容や想起，さらに解釈されたストーリーやイメージなどが相互に作用し合うことで，社会的に物語が生成されるという点である。生成される物語は，送り手が生成するコンテンツや受け手が受容するストーリーとイメージを基本（あるいは出発点）とするのであるが，個々の受け手の知識や経験，それらに影響を与える社会の世相や出来事，受け手が生成するコンテンツ，送り手の状況や意図などの作用を受け，それは様々な生成ストーリー，生成イメージそしてコンテンツに変容してゆく。このようなストーリー，イメージおよびコンテンツの集合体を広い意味で物語と捉えるとすれば，物語の作者とは，送り手と受け手を含む社会全体である。

　もう一つ注目したいのは，送り手と受け手のコンテンツを介したやりとりが何らかの形で循環するという点である。生成される物語は，送り手と受け手のやりとりや力関係によってダイナミックに振る舞い，ある時は一定の物

語に収束し，ある時は変容の度合いが増幅され思いもつかなかったような新しい物語に変貌する．物語の現象は非常に複雑な様相を呈し予測困難であり，収束するか変容するかの分岐点を制御する主体が，果たして送り手なのか受け手なのかが分からない状況になる場合もある．

◆ 4. 物語の生成と戦略

　図1-4に示した循環過程においては，どこが始まりであるかを規定することは難しいのであるが，まず，物語の生成過程は，送り手が生成ストーリーや生成イメージを発想・構想することから始まると考えることにする．送り手は，自らの知識や経験，様々なデータなどを基に，見えない要素としてのストーリーやイメージを発想・構想し，それらを基に見える要素としてのコンテンツを生成する．この時，見えない要素を見える要素に変換する過程（見えない要素を発想・構想する過程を含む）では様々な処理が行われるが，コンテンツが複雑な表現物である場合には特に多様・多彩な処理が駆使される．本書では，これらの処理の個々の単位のことを「技法」と呼び，駆使される技法群（あるいは技法の組み合わせ）のことを「修辞」と呼ぶこととする．このような物語の技法と修辞は，受け手の受容・反応過程，受け手の生成過程，そして，送り手が受け手の反応や生成を収集・解釈する過程に何らかの作用を及ぼす．

　次に，送り手と受け手のやりとりが循環する状況において，物語の生成にあたって送り手は，受け手の反応と送り手の解釈ストーリーや解釈イメージを踏まえ，生成ストーリーや生成イメージを生成する際に何らかの意図（戦略）を設定する（図1-5）．

　送り手がコンテンツに込めるストーリーやイメージと受け手が抱くストーリーやイメージが一致しないことについては，本章の2.で述べた．そこで，送り手は基本的には，送り手の生成ストーリーや生成イメージが受け手に伝わりやすい表現形態でコンテンツを生成する．また，受け手の反応を基に，送り手の生成ストーリーや生成イメージが受け手に伝わっているかどうかを確認しつつコンテンツを生成する．これはストーリーやイメージの主導権を

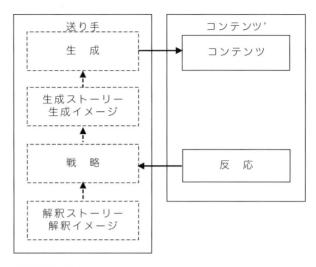

図 1-5 送り手の戦略を考慮したモデル

送り手に置いた「送り手主導型」戦略であり，送り手は自己の伝えたいストーリーやイメージをできるだけ忠実に受け手に伝えようとする。

　一方，送り手が，あえて，受け手に伝わりにくい表現形態でコンテンツを生成する場合がある。また，送り手の生成ストーリーや生成イメージを受け手に強制するのではなく，むしろ，受け手が自らのストーリーやイメージを想起しやすいコンテンツを生成する場合もある。これはストーリーやイメージの主導権を受け手に置こうとする「受け手主導型」戦略であり，送り手は受け手に何らかの違和感や欠如感を与え，受け手の想起ストーリーや想起イメージを引き出そうとする。そして，それらの反応や受け手生成コンテンツを取り込んで，送り手のコンテンツの生成に活用したりする。

　さらに，送り手の生成ストーリーとは関わりなく，受け手が勝手にストーリーやイメージを膨らませる場合もある。送り手の戦略を超えて，ストーリーやイメージの主導権が受け手になってしまう，いわば「発散」状態である。これが増幅すると，何らかの事件やコンテンツをきっかけに，受け手の反応や受け手の生成コンテンツがソーシャルメディアなどを介して攻撃的に発信され，受け手のストーリーやイメージがメディアを占拠してしまう状

態，いわゆる「炎上」になる。ただし，あえてこのような状態を生起させる戦略を取ることも可能である。

◆ 5. 物語の範囲

　これまでの議論を踏まえ，本書が取り扱う物語の範囲を整理してみる（表1-1）。まず，見える要素としての物語（①〜③）と見えない要素としての物語（④〜⑦）がある。受け手の反応（②）は，コンテンツの一部分として構成される場合があること，コンテンツの要素や構造に対する受け手の評価が調査される場合があることから，本書の考察範囲とする。次に，見える要素を見えない要素に変換する受容過程（⑧〜⑨）と見えない要素を見える要素

表 1-1 本書が取り扱う物語の範囲

区　　分		取り扱う物語
(1) 単体（ミクロ）の物語 ：見える要素	①	コンテンツ
	②	受け手の反応
	③	受け手生成コンテンツ
(2) ミクロの物語 ：見えない要素	④	受け手の受容ストーリーや受容イメージ
	⑤	受け手の想起ストーリーや想起イメージ
	⑥	送り手の解釈ストーリーや解釈イメージ
	⑦	送り手の生成ストーリーや生成イメージ
(3) ミクロの物語の受容過程 ：見える要素 →見えない要素	⑧	コンテンツから受容ストーリーや受容イメージに至る過程
	⑨	受け手生成コンテンツから解釈ストーリーや解釈イメージに至る過程
(4) ミクロの物語の反応・生成過程 ：見えない要素 →見える要素	⑩	生成ストーリーや生成イメージからコンテンツに至る過程
	⑪	受容ストーリーや受容イメージから受け手の反応に至る過程
	⑫	想起ストーリーや想起イメージから受け手生成コンテンツに至る過程
(5) 集合体（マクロ）の物語とその生成・受容過程	⑬	⑬①〜⑦に示したコンテンツ，ストーリーおよびイメージの集合体
	⑭	⑧〜⑫の過程とその循環
	⑮	⑧〜⑫の循環過程を統括するための戦略

に変換する反応・生成過程（⑩～⑫）がある。そして，それらが相互作用し合うことにより浮かび上がる物語（⑬）とその生成・受容過程（⑭～⑮）がある。

◆ 6. 情報物語論の観点

　このような物語は，どのような要素で構成され，どのような構造を持つのであろうか。このような物語を情報モデル化し，最終的には物語を生成する情報システムを実現することを目指すのが情報物語論のアプローチである。多種多様な物語を一足飛びにモデル化・システム化することは困難であろうが，著者らは以下に示すような観点から研究を進めている。

(1) ミクロの物語の情報モデル化

　まず，ミクロの物語の要素や構造のモデル化を試みる。多種多様なジャンルやメディアの物語を分析することにより，見える要素（表1-1の（1）に示したコンテンツ）や見えない要素（表1-1の（2）に示したストーリーやイメージ）を抽出し，それらの要素間の共通性や関係（構造）を体系化して，体系化された物語の構造を物語生成のための情報モデルとして整理する（第2章，第3章，第9章，第11章，第12章，第17章）。また，物語の受容過程に関わる認知実験を行うことにより，物語の技法や修辞が受け手に与える効果を探り，見える要素から見えない要素に至る受容過程（表1-1の（3））を明らかにする（第4章，第7章，第8章，第10章）。さらに，物語生成のための技法や修辞を実装した情報システムを構築し，物語の生成実験を通じて，見えない要素から見える要素に至る生成過程（表1-1の（4））の具現化を試みる（第13章，第14章，第15章）。

(2) マクロの物語の情報モデル化

　次に，マクロの物語の要素や構造のモデル化を試みる。芸能や広告に関わる社会現象を分析することにより，複雑な主体から構成される物語社会と見える要素としての物語や見えない要素としての物語との関わり（3.で示したモデル）を可視化し，情報モデルとして整理する（第2章，第5章）。また，物語社会をシミュレートする情報システムの構築に向けて，社会的な物語生

第1章　物語の枠組み

成システムを具現化するための方向性について考察する（第16章）。

◆ 7. 本書の構成と概要

　最後に，本書の次章（第2章）から第17章の概要を示す。以下に示すように，三つのパート―総論・理論，分析論，生成論―に分かれる。

7.1 総論・理論

　まず，物語をモデル化する著者らの試みの枠組みや全体像を紹介する。小方は，多種多様な物語を統合的にモデル化・システム化するという観点から議論を進める。金井は，物語の技法や修辞に言及し特に送り手と受け手のストーリーやイメージのズレを積極的に活用する技法に注目した観点から論じる。そして川村は，社会的に物語が生成される過程をモデル化するという観点から論じる。

第2章　物語と人間／社会／機械―多重物語構造から人間／機械共棲系
　　　　へ―（小方）
　　物語の現象を，個人としての人間のレベル（物語生成-受容システム）および社会としてのレベル（物語産出-消費システム）の総合体として捉えるアイデア―多重物語構造モデル―を紹介する。さらに，これらのシステムの中に，人工知能としての語り手さらには受け手が加担する，人間-機械共棲系としての物語の将来像を描く。

第3章　物語の分解から合成へ―見える物語と見えない物語―（小方）
　　「見える物語」と「見えない物語」という概念に基づいて，物語の構成要素の分解を試みる。なおここで「見える／見えない」というのは，正確には「知覚できる／できない」を意味する。さらに，分解された諸要素を合成する方法について考察する。この，物語諸要素の分解と合成というアイデアは，第13章で詳しく述べる「統合物語生成システム」においてシステム化される。

第4章　切断技法と物語（金井）

「切断技法」とは，小説や映画などの物語において，ストーリー以外の側面を強調するための技法である。本章では特に映像を題材として，物語生成に「切断技法」を活用する方法を論じる。「切断技法」によって，送り手と受け手のストーリーやイメージのズレを積極的に活用することができる。また，切断を含む物語は，過去や，認知的な効果としてのノスタルジアと関係が深いので併せて考察する。

第5章　社会過程による物語生成（川村）

コンテンツを活用したビジネスでは，様々な主体が関与することとなる。そして，それらの主体が絡み合うことにより社会的に物語が生成される。コンテンツビジネスの事例として広告コミュニケーションを取り上げ，社会的な物語生成の観点から見て広告コミュニケーションがどのような過程なのかをモデル化し，社会コミュニケーションにより物語が生成される過程について考察する。

第6章　体験としての物語─学問としての物語を支えるもの─（小方・川村・金井）

本書において，物語や物語生成は学問的営為の対象であるが，これらの学問的営為の背後には三人の著者の個人的・私的な物語体験が存在する。各著者が一つあるいは一連の作品を選び，その個人的・私的体験を紹介し，それぞれの担当章との関わりについて自由に論じる。小方は歌舞伎『籠釣瓶花街酔醒』を，川村は広告『おけいはん』シリーズを，そして金井は映像の中で行う音楽ライブである *ISAM LIVE* や *Layer3* を取り上げる。

7.2 分析論

次に，分析論として，映像，歌舞伎などの具体的な物語の構成要素，構造，生成技法などについて分析を試みる。

第7章 映像認知方略の可能性（金井）

映像に接する時の受け手の「視点」は複数あり，どの「視点」を受け手が選ぶかによって，認知される物語も変わってくる。ラース・フォン・トリアー監督の映画やビョークのミュージック・ビデオを題材に，受け手の物語の複数性と，その複数性に積極的に向かい合うことの意義について論じる。

第8章 映像からストーリーを認知すること／しないこと―認知的リアリティの発生要因―（金井）

映像を受け手の認知に着目して認知科学的に捉えることの意義を，認知的な効果である，「映像的瞬間」としてのリアリティを主な題材として論じる。特にドキュメンタリー作品の特質として重要になるリアリティと，音楽の扱いによって変化する映像のリアリティについて，ストーリーを認知することとしないことによる認知的差異に基づき記述する。

第9章 広告映像の構成要素・構造分析（川村）

送り手が生成した広告コンテンツ（広告映像）を対象に，広告映像がどのような表現物なのかを分析し，その構成要素や構造について考察する。ビールの広告映像を事例として具体的に構成要素を抽出し，コーヒー，お茶，ビール，携帯電話およびパーソナルコンピュータの広告映像を事例として広告ストーリーと編集技法の構造を分析して，それらの体系や商品カテゴリー別の傾向について考察する。

第10章 広告映像のイメージ・反応分析（川村）

送り手が生成した広告コンテンツ（広告映像）を基に，受け手（消費者）がどのようなイメージを受容するのか，そしてどのような反応をするのかを分析し，その構造について考察する。まず，広告映像技法の組み合わせとしての広告映像修辞の考え方を示す。次に，各種調査に基づき広告映像技法・修辞と受容イメージ・反応の関係について整理する。

そして，整理した関係に基づき広告映像技法・受容・反応の構造をまとめる。

第11章　歌舞伎に向けて（1）—恣意性と編集性の物語から多重性と実存の物語へ—（小方）

ここでは物語ジャンルとして新しく歌舞伎を取り扱う。まず本章では歌舞伎分析に向かう一つのモチベーションが示される。すなわち，歌舞伎における一見恣意的に見える編集性が，その多重性および多元性という特性を通じて，物語としての感動を呼び起こす—一種の実存性を獲得するプロセスについて，概念的に考察・議論する[2]。

第12章　歌舞伎に向けて（2）—多重物語構造の諸相—（小方）

歌舞伎における多重性—歌舞伎の多重物語構造を，15の観点から考察する。それぞれの概念的考察を行うだけではなく，実際の作品（特に歌舞伎や人形浄瑠璃）や人物（登場人物，役者，作者，歴史的人物など）を実例として示す。最後に，これらの知見を物語生成システムに架橋するためのアイデア・目論見を示す。

7.3 生成論

最後に，生成論として，ドキュメンタリー，ノスタルジア，広告映像などを含む具体的な物語のコンテンツを生成するシステムの試みを紹介する。

第13章　統合物語生成システム—メカニズムからコンテンツへ—（小方）

これまでに示した物語や物語生成に関する概念的考察，分析やモデル化，物語論・文学理論の調査研究などの成果を，小方は「統合物語生成

2　なお，小方はこれまで物語生成研究の一環ないし前提として小説，広告，マンガなど種々のジャンルにわたる物語の調査・分析を行い，物語における多様な分析観点の存在を示してきた。しかし，それらはどちらかといえば時々の必要に応じてなされたもので全体として体系化されているわけではなく，分析の規模も比較的小さかった。物語を歌舞伎にまで拡張して捉える時，あるいは歌舞伎のような物語をこそ本来的な物語として認識する時，従来示された分析観点のすべてが歌舞伎においては取り扱われ得る。そのことは，今後，歌舞伎という枠組みにおいて，物語生成のための物語分析の体系化・組織化を図れる可能性があるということを予想させる。

システム」に総合する作業を進めている。ここではこのシステムの全体像を示す。ストーリー，事象，物語言説など本書の様々な箇所に現れる物語に関する重要概念が使用されるだけでなく，幾つかの既存の物語論のモデルそのものも利用される。

第14章　ドキュメンタリーとノスタルジア生成（金井）

過去に関する映像作品をコンピュータプログラムで物語生成する方法を，ストーリー的観点からではなく，生じるノスタルジアの種類から，過去に関するドキュメンタリー作品を参考にして考察して行く。「素朴なノスタルジア」だけでなく，否定的側面や，違和感を内包した過去に関するノスタルジアなどについても扱うことで，多様で複雑な過去に関する物語を扱って行く方法を示す。

第15章　広告映像の生成システムの開発（川村）

第9〜10章で行った分析を踏まえ，広告クリエイターの映像技法・修辞をシステムに取り込み，広告クリエイターの映像技法・修辞と消費者の嗜好に基づいて広告映像を生成するシステムの開発について解説する。まず，クリエイターの映像技法・修辞と消費者の嗜好とのコラボレーションに基づく広告映像制作システムの構想を示す。次に開発した広告映像制作システムの考え方や機能を説明する。そして，システムを用いた実験とその成果について考察する。

第16章　外部への物語生成または芸能情報システムに向けて（小方）

第13章で紹介した統合物語生成システムを具体的に利用・応用する一つの方向について検討する。それは，社会的なレベルでの制作と流通という方向であり，「芸能情報システム」と呼ぶ，著者の「多重物語構造モデル」における「物語産出‐消費」レベルを具体化するシステム枠組みへの組み込みを通じて実現される。

第17章　内部への物語生成または私物語に向けて（小方）

　一方，統合物語生成システムの向かうもう一つの方向として，ここでは「私物語」を目指す内部への物語生成について述べる。私物語とは，いわゆる私小説とは異なるが，小方自身に関連する情報の，物語生成システムを通じた利用・編集・構成などを通じて生成・制作され流通させられる物語の構想を意味する。ここではこのヴィジョンを述べる。

（川村洋次・小方　孝・金井明人）

第 I 部

総 論 ・ 理 論

第2章

物語と人間／社会／機械
—多重物語構造から人間／機械共棲系へ—

◆ 1. 物語の現象的多様性から多重物語構造モデルへ

　筆者の研究テーマであり立脚点は「物語生成システム」である。それは具体的には，主に人工知能関連技術を利用した，物語を自動生成するソフトウェアシステムを意味する。

　本というメディアが小説という新しい物語のジャンルを生み出し，映画装置というメディアが映画という新しい物語のジャンルを生み出したように，コンピュータという新規なメディアも新しい物語のジャンルを生み出す潜在的可能性（もしかすると相当に大きな可能性）を持っているかも知れない。そこで筆者が遠望しているのは，コンピュータというメディアが持つ可能性を新しい物語のジャンルの開拓に結び付けて行くことである。そこで生み出される物語は，いわば本来的に，コンピュータを生成（制作，創造），流通・受容などのために利用するデジタル形式のコンテンツすなわち「情報コンテンツ」としての物語でもあり，ジャンル創出の向こうには，個別的な物語のコンテンツそのもの（作品）を作るという目標も控えている。実際には，この二つは相互的に進展して行くのかも知れないが。

　以上のような作業を進めるには，いわば局所的なレベルで物語生成のための技術を開発・使用するだけでなく，視野を広げて，物語とは何か，そのジャンルとしての一般性と下位ジャンルもしくは個々の作品としての個別性の特徴は何か，といった原理的な問題にも接近しなければならないだろう。本章を通じて記述したいのは，こうした原理的なレベルでの物語への考察と

第 I 部　総論・理論

技術としての物語生成システムとをつなぐ道筋である。つまり，技術としての物語生成研究の背景となる，いわば「私の物語学（ないし物語論）」について述べることに相当する。というより寧ろ，その総体が私の物語生成研究なのである。その意味で，技術としての物語生成システムを，狭義の物語生成システムと呼ぶ。当然この，物語生成システムに焦点化される私の物語学・物語論は，「情報物語論」のための一つの試行でもある。

1.1 物語の現象的多様性と拡張文学理論

　物語を時間的・空間的にできるだけ広範囲に捉えれば，膨大なジャンルが創出され，作品が制作されてきた。物語がこの世界に存在する（した）様態をなるべくまるごと捉えようとする一種の野心を，筆者は物語の現象学ないし物語への現象学的アプローチと呼んだ（小方，1999c）。小方（1999d，2000d）は，百科事典などから抽出された物語のジャンルを（一般に流布した呼び名を基礎として），分類整理したもので，「物語ジャンル体系」と呼んだが，多様性がその一つの特徴であり，またジャンルの多くのものはメディアとの強い関連性を有していることも見て取れる。

　一方で，筆者の研究は個別の作品の分析や評論を少なくとも第一義的に目指してはいない。また，最終的に目指していることの一つは研究を超えた作品の制作という芸術的ないし文学的な行為であるが，特定のジャンルへの回収を避けるために，その前段階では物語をできるだけ統一的な見方で捉える。本書第 13 章で詳説する開発中の物語生成システムも，個別ジャンルに特化したものではなく，汎用的なものとして構成することを意図している。

　文学の領域にも，物語を対象としてその普遍的機構を究明することを目的とする研究分野が存在した。それすなわち物語論は，物語における現象的多様性を貫通する一様性・普遍性を物語自体が持つ構造・形式に見た。物語論自体は様々な文学的思潮の影響を蒙って現在拡散しているが（Bal, 2004），筆者の研究は一面では純粋な物語論の時期遅れの後継である。

　同時に，物語は人間の脳が作り出し認識する認知的現象であり（上述のような意味での現象学的アプローチと共に，脳や心理とのリンクにおける現象学的アプローチもまた可能であろう），その生成や受容の過程には特有の共

通性・普遍性があると考えられる。しかも人間にとって物語が非常に大きな役割を持っていることを多数の認知科学者が認めている（Schank, 1990；往住，2007）。物語自体の研究はまだ脳の研究と直接のリンクを持つに至っているとはいえないが、それが今も認知科学の重要な研究テーマであることは確かである。また、認知科学は人工知能の学的基礎として、両者は密接に連携する。物語の「生成–受容過程」における普遍性・一般性を、認知科学や人工知能の観点から究明しようという一つの態度が生まれる。

　以上のように筆者は、物語の普遍性・一般性に接近する経路を、物語論のような人文科学と認知科学から人工知能に至る情報科学との融合によって切り拓こうと考え続けてきた。そして両者を物語生成研究の観点から統合する研究構想を拡張文学理論（小方, 2003a, 2003b）と名付けた。このことからも分かるように、情報物語論は情報技術の援用という狭い意味のみでは捉えられない。これは本書の三人の著者すべての場合に当てはまる。それは、旧来の人文科学さらに社会科学における有益な知見を積極的に取り込み自らの内に血肉化することを意図する、そうした意味での情報物語論である。

1.2 物語の生成–受容過程—物語の人間システム—

　図 2-1 は、物語の生成–受容過程を非常に単純化した模式図である。中間の「コンテンツ（そのもの）」から説明して行く。

(1) コンテンツ（そのもの）

　ここでいうコンテンツとは、ある特定のメディアによって具体的に表現された作品のことを意味する。ここでは、小説や映画などの物語の作品そのものを意味し、特に物語と限定する場合「物語コンテンツ」と呼ぶことがある。またデジタル形式で表現されたコンテンツのことを情報コンテンツと呼

図 2-1　物語の生成–受容過程の単純図式

第Ⅰ部　総論・理論

ぶことができるが，この実体的な定義には，既存のメディアによるコンテン
をデジタル化したものがすべて含まれてしまうので，実は極めて広範な対象
を含む意味となってしまう。そこで多少曖昧であるが，前述のように，本来
的にコンピュータを生成（制作，創造），流通・受容などのために利用する
デジタル形式のコンテンツのことを特に情報コンテンツと呼ぶことにする。

　ある物語コンテンツの範囲をどのように区切るかを巡って，物語生成シス
テムやそれによって生成された物語の特質が現れる。しかしここではまず，
伝統的な物語つまり情報コンテンツ以外の物語コンテンツを対象に考察す
る。例えば，マルセル・プルースト[3]やフランツ・カフカや宮澤賢治のよう
なタイプの作家―最終的に出版された作品以外の，あるいは出版を想定しな
い膨大な草稿を残した作家―がある作品を書いているとして，その途中経過
としての原稿が存在する。それは出版に至った作品ないし最終的な成果と見
做された作品に至る過程で作成されたもので，実際に紙の原稿という実体と
して残されていたとする。例えば，ある一つの題名を付けられた作品のため
のある作者の原稿が時系列的に十種類残されており，その最後の形態をその
作者が本という形で出版したとすると，その十種類の原稿のすべてが物語コ
ンテンツに相当するのか，それとも最後に本の形で出版された形態だけがそ
れに相当するのか。簡単にいい直せば，本がコンテンツになるのか原稿がコ
ンテンツになるのかということである。

　筆者は両者の間に絶対的な区別を設けない。しかし，例えば本として出版
されることが想定されている小説のような伝統的な物語ジャンルの場合，本
として出版され流通経路に乗った小説を最も狭い意味でのコンテンツとし
て，それに対してそこに至る経過としての原稿（「第N稿」のようにいわれ
る）の方はより広い意味でのコンテンツとして扱う。何れの場合にも，紙の
上に書かれた文字群は存在する。すなわちここでいうコンテンツそのものと
は，広義・狭義のような違いはあるにしろ，この実体としての静的な物語を
指す概念である。繰り返しの推敲や改訂を経て作り出されたある作品の最終
的なコンテンツと途中経過の第N稿としてのコンテンツに質の違いや物語

3　小方の執筆担当箇所に現れる主要な人物については，巻末の人名リストを参照されたい。

の内容の違いがあるとしても，共に物語コンテンツとして扱い，何れも物語コンテンツとしての共通の特質を持つと見做す。ここで「物語コンテンツそのもの」について検討すべきなのは，そのような共通の特徴やその規定要因である。

次の第3章で詳しく述べるが，以上のように考えられた物語コンテンツの構成要素を分析する場合，「見える要素」と「見えない要素」という区別を設ける。前者の窮極は，小説なら文字群，映画なら映像そのもののような物理的実体であるが，その次のレベルとしてテクスト自体にその対象が明示的に記述ないし表現される要素がある。例えば，小説の場合文章として具体的に記述される人物や物や場所・舞台などの形象であり，映画なら映像として表現され直接見ることができる具体的形象である。さらに，それらそのものの形象自体からそれらの意味が徐々に浮上してくる。正確にいえば，意味の認識と形象の認識は同時的であろう。さらに「主人公」やある作品の中で重要な，あるいは特別な役割を果たす場所や物などは，形象そのものにより強いないし高度な（「見えない」度合いが高い）意味が付随した要素であり，「見えない要素」に接近する。そして「見えない要素」の典型としてここではストーリーを捉える。それは，作品中に直接表現されているものというより，受け手がそのように観取する要素であり，寧ろ受容過程を通じた解釈の結果徐々に浮上してくるものである[4]。無論，その作者（送り手）が既に，予め，ある解釈を可能にするように事象連鎖を意図的に構成しているが故に，受け手におけるある一定のストーリー解釈が生じるということも考えられる。しかし，幾つかの事象の特定の意図を伴わない連鎖から受け手が勝手にあるストーリーを観取することもあれば，作者が意図したストーリーとは異なるストーリーを受け手がやはり勝手に想像することもある。何れにせよ，この要素は物語における「見えない要素」の一種に相当する。

---

4 ストーリー（story。物語内容ともいう）とは，ある物語において生起する事象の時間的な系列・連鎖を意味する。事象（event）とは，何らかの仕方で関連する状態を変化させるような出来事の一つの単位である。すべての事象が物語中に記述ないし表現されているとは限らず，また時間順に記述・表現されているとも限らないので，ストーリーの構成の際には受け手における諸種の推論が必要である。また，可能な限り詳細なストーリーを作ることもできれば，省略や具体的事象の抽象化を多く含んだストーリーを作ることもできる。後者は（ストーリーの）あらすじに相当する。

第 I 部　総論・理論

　以上に示唆したように，物語コンテンツを中心に置いて，その生成過程と
受容過程が両脇に配置される。図 2-1 では生成過程と物語コンテンツと受容
過程は順番に結ばれており，伝統的な小説のような物語の場合これで問題は
ない。ある小説の受け手である読者が物語コンテンツを受容する時既に送り
手である作者の生成過程は終了しており，両者は全く独立に稼働する。しか
し生成の意図ないし目標と受容の解釈の間に一種の緊張関係が存在し，物語
コンテンツを中間に置いて両者が関連付けられて検討されなければならない
場合がある。この種の緊張関係がより直接的になるのは，最終的な物語コン
テンツの送り手が受け手と直に接触を持つ演劇のような物語の場合である。
なお演劇という物語の場合，「戯曲」と呼ばれる，通常小説と同じ本という
形態で表現され受け手は小説の読書と同じように受容することのできるテク
ストの形態と，劇場の舞台空間で行われる役者達の特徴的な身体動作を主要
な内実とするより直接的な演劇としてのテクストが存在する。(渡辺，2004)
による「第一のテキスト」と「第二のテキスト」という概念はこれと関連す
るが，これを巡っては第 11 章や第 12 章で，歌舞伎を素材としてより詳しい
考察を試みる。

(2) 生成過程

　物語コンテンツの生成過程を，「見えない要素」を「見える要素」を通じ
て具現化する作業として捉える。上述のように「見えない要素」の典型はス
トーリーであり，生成過程の最も基盤的な作業は，あるストーリーをある人
物や物や舞台・場所を通じて，「見える要素」の集合に具現化して行くこと
である。しかしそれを実際にどのように遂行するかは作者ごとに多様性があ
るだろう。例えば，ストーリーを事前に詳細に構成してから作品を作り始め
る作者もいれば，逆に作りながら徐々にストーリーを固めて行く作者もいる
だろう。さらに，以上のような過程を経ない反／非・ストーリー的な物語生
成過程（小方，2010a）も考えられ，例えば作者が「見える要素」の配置に
工夫を凝らすことで，受け手にとっての一定のストーリーへの解釈の収束を
故意に難しくすることも可能である。しかしこうした場合もやはりストー
リーの存在そのものが完全に無化されるわけではない。芥川龍之介（1977b）
の小説「藪の中」・黒澤明（および橋本忍による）の映画『羅生門』（黒澤・

第2章 物語と人間／社会／機械

橋本，1988）のような例もストーリーが存在しないのではなく，一定のストーリーへの収束の困難を基軸に物語が展開されているのであり，ストーリーの存在は寧ろ強調されていると考えることもできる[5]。抜本的な意味で，ストーリーに代表される物語における「見えない要素」の支配を回避しそこから逃れ出ること，あるいはそれを無化することは，非常な難事なのである。

それとは異なるタイプの具現化の作業も多数存在する。仮にストーリーのかなり詳細な具現化がなされたとしても，それはまだ相対的には「見えない要素」としての性格が強いレベルである。それが最終的には言語や映像や音楽のような表層的な表現媒体によって完全に「見える要素」に具現化されて行かなければならない。その種の，「見える要素」としての物語そのもののことを，物語論の範疇分類ではしばしば物語言説（narrative discourse）と呼ぶ。ストーリーと物語言説とが，最も本質的な意味での物語における範疇分類である。しかしながら，物語言説はさらに大きく二つのレベルに分割される。すなわち，広い意味での物語言説は物語のテクスト中に実際に記述・表現されたものすべてを意味するが，それはさらに構成レベルでの物語言説と表現レベルでの物語言説とに二分割される。後者は，言語・映像・音楽・身体などの具体的な表現媒体を使った表現そのものであり，その生成過程を通じて物語コンテンツの最終的な意味での「見える要素」が生成される。

そして一般に，ストーリーとこの表現レベルでの物語言説との間に構成レベルでの物語言説の層が挟まれる。例えば物語ではしばしば，現在から過去に遡行してあるストーリーが語られたり，特定の事件が何度も繰り返し語られたりする。つまり最も表層的な表現媒体レベルで「見える化」される前に，表現の構成レベルで「見える要素」への接近が図られる。ここでも，物語言説を過剰に錯綜した複雑なものにすることによって，「見えない要素」の容易な認識を妨害する戦略を意図的に採用することは可能である。この種の戦略は同時に，「見える要素」への受け手の着目を促進するという目的も持ち得る。

---

5 金井・高井・中西（2009）はこの問題を経営学領域に当てはめて考察している。

第Ⅰ部　総論・理論

(3) 受容過程

　生成過程とは対照的に，物語の受容過程は，最も典型的には，受け手が「見える要素」を通じて「見えない要素」の解釈を確立する過程である。物語コンテンツにおける「見える要素」としての物語言説への接触を通じて，多くの受け手は，徐々に「見えない要素」としてのストーリーを心的に構成し，一貫した・納得できるストーリーの確立を以って受容活動が終了したと意識する。しかしこの過程で，多くの「見える要素」が受容者の意識内容から切り落とされてしまう。これは，人間の認知・記憶過程において知覚された情報の多くが棄却され意味の構成に貢献する僅かな情報だけが残される（道又・岡田，2012）事情と似ている。またこの過程は，ボトムアップとトップダウンの両面から成立し，既有の知識構造としてのスキーマ（バートレット（Bartlett，1923）らが提唱）がトップダウンに動員される事情と似ている。認知科学では，ラメルハートらによってスキーマの一つとして種々のストーリースキーマが提案されてきた（Rumelhart，1975）。このように，物語コンテンツにおける「見える要素」への虚心な着目が難しいのは，それが一種の認知的な解釈過程に基づき，「見えない要素」特にストーリーへの解釈の還元が目標として要請されていると，多くの受け手によって自然に考えられてしまうことによる。ストーリーは物語における意味の中核を成すのである。人間は，ある事象（または事象群）を前にした時，そこに無理矢理にでもストーリーを発見しなければ気が済まない動物である。同時に，反／非・ストーリー的な物語生成過程との関連で，反／非・ストーリー的な物語受容過程を想定することもできる。その目標はいわば「見える要素」の「見えない要素」からの救抜であり，ストーリー以外の構成要素を前景化させるような受容を個々の受け手に実践させることである。この種の作業は，送り手側による反／非・ストーリー的な生成との結託によって，物語コンテンツ自体のまたはそのジャンルの質的変異に結び付いて行く可能性を孕む。

1.3 物語の産出‒消費過程―物語の社会システム―

　以上の物語の生成‒受容過程は，個々の人間を単位とする過程であった。例えばある一人の小説家が，その思考を通じて小説の腹案を練り，言葉にし

て表現し，ある一人の読者がそれを読んで解釈する，そのような過程に対応していた。しかし本としての小説の場合でも，より現実的に観察すれば，個人としての作家以外に出版社，そしてそれを構成する具体的な人間（編集者など）が，その実際的過程の中に入り込み種々の作業に関与するであろう。このように，ある物語が社会的な流通過程に乗る場合，個人レベルでの生成－受容モデルでは表現し尽くされない諸要素がそこに入り込む。例えば，映画における作者とは誰のことか？　映画監督か？　脚本家か？　プロデューサーか？　その生成過程（制作ないし産出過程）には他にも多くの人々が介在・関与し，総体としての作者・集合的な作者ともいうべきものを構成する。

　別のジャンルでも考えてみよう。例えば，もともと人形浄瑠璃の作品に基づく歌舞伎であるいわゆる義太夫狂言の場合（現在上演されるかなり多くの歌舞伎が実はそうなのだが），浄瑠璃の語りと人形の演技用に作られた元来の脚本（渡辺保のいう「第一のテクスト」）を人間の役者が演じる過程で同じく「第二のテクスト」が構成される。後者は必ずしも文字として定着されるとは限らない。というより，文字化されるのは極めて稀である。ただ近年では映像によって保存されることが多くなってきた。そこでは科白そのものが第一義的に重要であるとは限らない。最も重要なのは役者による身体動作における一種の型であり，ある演目の各役者による型のパターンこそが歌舞伎における第二のテクストの実質を成す。同じ演目の同じ場面でも，菊五郎型とか中車型とかいわれるような型の違いによって，個々の身体動作とその連鎖の仕方は異なるのである。それは多くの場合伝承を通じて実践されるしかないタイプのテクストであり，歌舞伎における作者のあり方を複雑化させる。すなわち，義太夫狂言の場合の作者は，少なくとも，もともとの人形浄瑠璃の作者，それを歌舞伎台本化した作者，そして上述の第二のテクストとしての役者達という三者に多重化される。さらに，近松門左衛門や紀海音の時代を過ぎて竹田出雲（初世，二世・竹田子出雲）や並木宗輔の時代以降になると，人形浄瑠璃の作品というものは複数の作者によって共同で執筆されることが普通になった。何れにせよ，その作者というものが単一の個人に収束されるということはないのである。

第Ⅰ部　総論・理論

　以上より，個人を基礎とした物語生成-受容過程は集団的・組織的・社会的システムとしての過程—物語産出-消費過程に拡張される。物語産出-消費過程は，物語生成-受容過程を多重的に包含する。

　図2-2に，物語産出-消費過程のもう一つの具体例として，テレビニュースの場合を示す。ここでは，制作者が現実世界を題材として元となる物語のシナリオや映像を作り，それをスタジオカメラマンその他のスタジオ内部の人々を背景として，キャスターとアシスタントが会話のやり取りをしながら，映像を多数の視聴者に向けて配信（放送）する。

　上のような例の場合の報道記者，台本作家などの個々の人的要素が，物語生成-受容過程における個々の機能に相当する。ここで機能とは，ストーリー生成，物語言説化等々，物語生成-受容のための仕事の単位を意味し，ストーリー生成の場合なら登場人物や舞台（場所）の設定等々の機能にさらに細分化され得る。そしてここで例として取り上げているテレビ報道番組のような物語産出-消費過程においては，物語生成-受容過程における様々な機能は対応する人的要素によって担当される（無論，物語生成-受容過程においては単一のものと措定される機能が複数の人間によって担われることや，複数の機能が一人の人間によって担われることも考えられる）。例えば，報道記者の第一の仕事は現実社会から断片的情報を収集することであるが，物語生成-受容過程との対応では，全体としての統一されたストーリーの素材となる諸種の断片的情報を収集することに相当する。

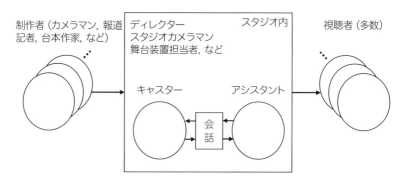

図2-2　物語産出-消費過程の具体例（テレビニュースの場合）

第 2 章　物語と人間／社会／機械

　以上のことは，物語における同一の機能が，個人の認知もしくは脳の水準と組織・集団さらに社会の水準の双方に存在することを示す。社会・組織・集団の水準における物語の産出や消費も，最終的には個人的な認知・脳の水準での処理に収束して行く筈であるが，ここでは寧ろ上述のような考え方によって，物語の生成−受容と産出−消費の両過程をいわば重ね合わせて把握する。例えば，映画における脚本家は，機能としては，物語における表層的表現以前の概念的内容（ストーリーやその世界における種々の構成要素など）を生成する役割を果たしており，映画監督，カメラマン，俳優，その他関連する多くの人々によるその後のもしくはそれに基づいた作業は，物語の表現過程と対応する作業である。また，個々の作業を機能として捉えれば，誰によってそれが担われるかということとは分けて考えることが可能になる。例えば，脚本家が映画監督を兼ねる場合や，上述の人形浄瑠璃や歌舞伎のように複数の脚本家が共同で一本の脚本を執筆する場合もあり得る。

1.4 多重物語構造モデル

　多重物語構造モデルの狙いは，個人的過程としての物語生成−受容過程と社会的過程としての物語産出−消費過程の統一的把握である。両者をつなぐ機能という概念は，それを担う主体が，個人的なものか，集団的・組織的なものか，あるいは社会的なものかにかかわらず，その抽象的な働き・効果にのみ照準した，物語生成のための作業内容—いわば技法・技術を意味する。

　例えば，上述のように複数の脚本家が共同で一本の脚本を執筆することは，江戸時代の人形浄瑠璃（そして歌舞伎）の作品制作においては寧ろ一般的であった。近松門左衛門には比較的単独作が多いが，それが近代における近松への均衡を欠いた（と考えられる）高評価に寄与していることはあるかも知れない。逆に，「天才的な」とでも表現したくなると同時に，その作品の上演頻度から考えれば最も大衆的な浄瑠璃作者でもある並木宗輔（千柳）の知名度の低さの一つの原因を，早稲田大学坪内博士記念演劇博物館（2009）は共同作品の多さに求めている。単独の作者の個性が尊ばれるのは，近代的概念としての作者観に依拠する場合のことである。人形浄瑠璃の共同制作の場合，それぞれの段の執筆が分担され，また全体を統括する役目を果たす作

第Ⅰ部　総論・理論

者（立作者）や補助的な作者がいて，重要な部分を執筆する作者とそうでない作者の区別が行われる。作品の質の向上が合作者の相乗効果に由来するものであると考えられる場合も多い。例えば『菅原伝授手習鑑』[6]は，二段目（「道明寺」を含む），三段目（「佐太村賀の祝」を含む），四段目（「寺子屋」を含む）が「別離」および「身替り」という同一主題に拠り，三好松洛，並木千柳（宗輔），二世竹田出雲（竹田小出雲）によって書かれたが，何れも甲乙付け難い傑作とされる。

　このように，多重物語構造モデルは，一つに，物語の機能を軸に，物語の生成‒受容過程と産出‒消費過程を一体化する枠組みである。もう一つの特性は，時間的過程に沿ってその担い手が，生成‒受容から産出‒消費のレベルへ輻輳化するモデルとして構成されていることである。まず措定されるのは，最も単純な水準における生成‒受容過程であり，単体（個人）としての送り手と単体としての受け手が直接向き合う形態を取る。そこを起点として，送り手の多重化，受け手の多重化，伝達の間接化などの事態が生じる。この最も単純な生成‒受容の形態を取る物語のジャンルは，原始的なレベルでの昔話や民話の語り（無論現代にも存在する。また物語として低レベルだということは含意しない）であり，伝達の間接化は小説など本をメディアとして使用する物語の諸種類，ラジオドラマ，テレビドラマ，映画など近代的な物語を中心に大部分の物語ジャンルに当てはまり，送り手の多重化も部分的には小説，より大規模な形態としては演劇，映画など多くの物語形態に適合する。ここから，物語のジャンル分類は，このような多重物語構造における送り手，伝達および受け手の多重化や複雑化と，少なくとも部分的には関係しているのではないかと考えられる。

　他方，受け手の多重化という現象を考察することはやや難しい。小説の場合も映画の場合も演劇の場合も，受け手は基本的に個人のレベルで対象を受容すると考えられる。しかし，例えば演劇の場合で，劇場の舞台に立つ俳優はその客席をマクロな観点で見渡す存在であり，そうした観点に立って見ら

6　小方の執筆担当箇所に現れる歌舞伎および人形浄瑠璃の作品（一部新派の作品も含まれる）については，巻末の歌舞伎・人形浄瑠璃作品リストを参照されたい。

れた観客は個々人としての受け手から成る集合としての観客（受け手）と見做される。ここでは，一般に，ある作品に対して多数の受け手が存在するとして，その間に何らかの有機的な関係付けが行われた場合，この多数の受け手は単なるバラバラの存在としての受け手群ではなく，個々の受け手が多重的に構成された集合的な受け手と見做されると考える。演劇の場合の有機的関係付けとは，ある一つの劇場の客席にその時存在しているというそのことである。その下位には，友人どうし・親子・会社の同僚などの小グループが多重的に含まれている。この関係付けを広く捉えれば，外部からの統計的集計のようなものも考えられるだろう。ただ統計的集計というのは生成側にも当てはまる異なるレベルのものと考えれば，場所や社会関係によって規定される意味での集合的な受け手を狭義のそれと考えておきたい。他方で，ある一つの物語コンテンツの受容が複数の主体に分化して担われる状況というのはあるだろうか。可能性としては，例えばある一つの映画を三人の観客が三分割して観る（そしてその後お互いにその映画について話し合う）といった状況は，考えられないことはない。

　対象をある一つのコンテンツに限定しない方式も考えられる。例えば，ある大きく緩やかなまとまりにおいて，連鎖的・継続的に繰り出される断片的物語コンテンツ群が存在し，複数の受け手がそれらを選択的に受容するという状況が考えられる。この場合，個々のコンテンツは存在しながらも，それらそのものに最重要な存在価値があるというより，強調されるべきなのはその連鎖であり，さらに集合として浮上する物語の方である。またそのようなコンテンツ群を取り巻く個々の受け手がすべてのコンテンツを均等に受容することはおそらくなく，それぞれの受け手は断片的なコンテンツを選択的に受け取り，時として受け手が送り手に変じる。従って，送り手と受け手という異なる機能が同一の主体によって担われる。この意味で会話に近い状況であるといえる。断片の集合による一つの全体としての物語コンテンツを，多数の送り手群が共同で編み上げ，同時に，多数の受け手群がその局所局所を受容するという，流動的な物語生成−受容および物語産出−消費の状況である。情報技術の極めて現在的な産物であるいわゆるソーシャルメディアによる物語状況がその例としてすぐに思い浮かぶが，ある物語ジャンルにおける

第Ⅰ部 総論・理論

産物総体を一つの集合的な物語コンテンツと見做せば，この種の状況はより一般化される。例えばある特定の時代の小説というジャンルの物語の総体を想定すれば，それに群がる受け手や送り手の様態は，上述のような場合と同じである。多数の送り手が個々の小説作品というコンテンツを生み出し，多数の受け手がその中の特定のものだけを受容する。多くの場合送り手は受け手でもあり，受け手の中のある部分は同時に送り手になる。これまで，物語の産出−消費における「集団的・組織的・社会的」という用語を区別なく使用してきたが，「社会的」産出−消費という場合は，上述のような状況を指すものと考えるべきだろう。集団や組織という言葉には多かれ少なかれその主体的な意図という要素が付随する。また集団の限定性は組織よりはゆるやかであるが，社会よりは漠然とはしていない。社会の場合意図は創発するものないし後付けで解釈されるものであり，組織や集団からは区別されるべきであろう。

1.5 芸能情報システム

筆者が本書の共著者川村と共に考案した芸能情報システム（川村・小方，1999）は，多重物語構造の一つの具現化を成すモデルである。さらにその総合としてのモデルである。なお，川村が主に近代以降の芸能組織・芸能企業（吉本興業その他）をベースに芸能情報システムの概念を研究している（川村・小方，2001）のに対して，小方の方は，日本の民俗学や芸能研究，特に歌舞伎や人形浄瑠璃を中心とした具体的な芸能ジャンルの研究を踏まえて，芸能情報システムについて研究している（小方・川村，1998a, 1998b, 1999a, 1999b, 1999c；小方，2002a；Ogata, 2016c）という違いがある。日本語で芸能という言葉は，非常に射程の長い，独自の概念・意味が籠められた用語である。物語という言葉にしても，それは筆者にとっては，文学ないし芸術であるよりも，寧ろ芸能といった方がより相応しい。もし日本における芸能としての文学の伝統が，近・現代文学の時代にも伏流してきたとすれば，その直接的継承とは異なる経路を辿って，その精神および具体的技法を実質的に受け継ぐ物語が創出される可能性もあるだろう。

芸能情報システムの概念図を図2-3に示す。これは川村・小方（2000c）

第 2 章 物語と人間／社会／機械

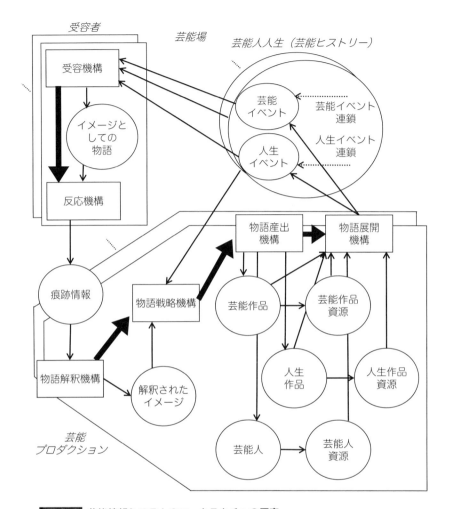

図 2-3 芸能情報システムのアーキテクチャの原案

による原案であり，今後の具体化作業を通じて改訂・変更されて行くに違いないが，暫くの間停止していたこの研究を再開するきっかけとして，まずはそのまま再掲する。また芸能情報システムについては第 16 章でより詳しく論じる。その多重構造において，個々の芸能作品としての物語はそれを演じる俳優としての物語と，常に入り混じって存在する。実際歌舞伎の観客のか

第Ⅰ部　総論・理論

なり多くは，ある演目（作品，作者，演出など）を観ることよりもある特定の俳優（役者）を観ることの方をより上位の目的としているに違いない。同じ演目でも出演する役者が誰かによって人気が大きく左右される。こうした事情は例えば映画でも同様であろうが，歌舞伎のような芸能の特殊性は，役者（だけでなく音楽の演奏者なども含めて）が，多くの場合何代にもわたるそれ自体一つの物語を保持・継承していることである。多くの観客は，今目の前で芝居を演じている十一世市川海老蔵を観ながら，かつて観た過去の海老蔵を思い出したり，その父親である十二世市川團十郎のことや，さらに歴史上の海老蔵や團十郎のことを考えたりしている。作品を中心に置いて考えればある作品が様々な役者によって上演されることになるが，ある役者が多数の作品に出演するという出演履歴を中心に見ることもできる。このように，歌舞伎のような芸能の物語の中には，上演される作品の物語，個々の役者が持つ人生の物語，さらに登場人物における物語（多くの登場人物は複数の作品に跨って登場ししかも複数のジャンルに跨ることも多い）など，種々のタイプの物語の多重構造が顕著に現れる。このように，芸能情報システムのモデルにおける多重性は，必ずしも単一の作品において最も重要であるのではなく，多くの作品の反復的な産出‐消費においてさらに重要である。芸能人としての役者はその人生の物語を持ち，その展開過程の中で，物語の生成作業を反復し，ある種の受け手の方もその反復過程を追い掛け続ける。この反復としての物語産出‐消費過程の中で，様々な水準での物語の力とその連携が継続的に強化され続ける。

◆ 2. 物語の人間‐機械共棲系へのヴィジョン

　筆者の現在の主要な研究目標はある物語生成システムの構築であるが，そのために以上に述べた考え方に基づく機能を基盤とする物語のいわば「情報分解」が求められ，それが合成としての物語生成システムの構築に架橋されて行く。物語の情報分解および物語生成への合成・それへの架橋の大きな枠組みに関しては次の第3章で議論する。本章では，物語生成システムに収束されるこのシナリオがさらにその先に向かう方向，筆者の研究が物語生成シ

ステムを媒介として目指すヴィジョンを巡る議論を試みる。しかしより広い意味では，情報コンテンツとしての物語の出現に伴う物語一般の一つのあり方を巡るヴィジョンとも関連する。この未来の状況においては，筆者の物語生成システムは，物語生成システムの中の単なる一つとして，他の無数とも思われる物語生成システムの中に混じり合うことで機能するからである。

　さらにこのような状況における物語生成システムとは必ずしも機械としてのそれを指すわけではない。人間という物語生成システムもその中に含まれる。ここでいう物語生成システムとは，機械であると人間であるとを問わない，より広く一般的な概念である。おそらくは生身の人間のすべてが一種の物語生成システムに相当し，その極めて小さな部分が作家や劇作家や映画監督等々の職業的な作者であるに過ぎず，逆に物語の社会的発信を殆ど伴わない物語生成システムも存在する。そうしたタイプの優れた物語生成システムが存在することも確かであろう。この議論の中では物語としての性質や価値の問題は捨象されているが，筆者の物語の実践においては，やがて機能からその内実や価値の問題に到達するべき道筋が用意されなければならない。これは物語そのものの制作という目標への道筋であるといっても良い。以下に述べる「流動と固定」や「間テクスト的物語生成」のような概念は，寧ろ物語の実際の制作に関連する理論的且つ実践的な概念もしくは装置であり，さらに機械的なものを含めた多数の物語生成システムが組み込まれた空間の中で，多数の物語がどのように産出‐消費されるのかという問題を巡る一種の状況論でもある。上の実践的な装置というのは，そのことを踏まえての用語である。物語の制作の性格付けも従来とは本質的に異なるものに変質して行くであろう。例えば，物語産出‐消費の新しい世界と状況の中では，現状での職業的作者としての物語生成システムと，同じく社会的に沈黙している物語生成システムの間での，（社会的，文学的・芸術的などに関する）価値の上下・序列は一旦御破算とされるだろう。

2.1　流動と固定

　図2-1は，物語の生成過程を通じて，一つの物語コンテンツが生成されることを示していた。単純化して述べれば，ここで，生成過程を流動（流動

性，流動状態などを含む総称的な概念・用語）と呼び，物語コンテンツを固定（同じく固定性，固定状態などを含む総称的な概念・用語）と呼ぶ。物語の生成過程の渦中にあっては，一つに決まらない多数の可能性（いわばコンテンツの雛型）が流動的に共存しており（逆に見れば相互に否定し合っており），その中の一つだけが何らかの機構によって選択され，最終的な物語コンテンツとして生成・固定化される。物語生成システムが入力や環境・状況に応じて潜在的に多数の可能性としての物語コンテンツを繰り出し得る能力を流動性と呼ぶとすれば，一つの作品としての物語コンテンツへの定着が固定性に相当する。人間としての物語生成システムの場合も機械としての物語生成システムの場合も，その枠組みは基本的に同じであると考える。と同時に，両者を比較する時，ある質的違いを想定することができるようにも思う。

　従来の人間による物語の場合，普通その生成過程・産出過程は純粋に流動化されたものとして，対象化が非常に困難であった。文学研究には生成論的研究という分野があり，作家のいわゆる完成稿だけでなく未定稿を含む原稿・草稿を対象に，作品の生成過程＝流動過程を研究の対象に意識的に乗せようとする（吉田，1993；日本近代文学館，2015）。例えば，前掲のプルーストや宮澤賢治のような作家は膨大な量のいわゆる未定稿を残しており，生成論的研究方式によって彼らの物語コンテンツの生成過程はある程度対象化・固定化され得る。しかしそれは事後的に回顧・検証されたものである。さらにアンドレ・ジイド（1951）やトオマス・マン（1954）の例に見られるように，日記や手記の中にそれ自体もまた作品であるかのような形態である作品の生成過程を記録するというような例もあり，その種のものはより本質的に生成過程の対象化・固定化の一つのあり方を示している。このように，従来の物語であっても必ずしも生成過程自体の対象化・固定化がなされ得なかったわけではないが，しかしそのためには意識的な努力による作業が必要とされた。

　それに対して，機械としての物語生成システムの場合，その生成過程すなわち流動過程はより明示的に固定化され得る。一種作品化されるといっても良い。その理由は物語生成システムのメディアとしての特質に求められるだ

第 2 章　物語と人間／社会／機械

ろう。従来のメディアは，それ自体が思考して何らかの成果物を自ら作り出すという能力を持ってはいなかった。これに対して，物語生成システムにとってのメディアであるコンピュータは，情報の複写や変換を段階的に遂行する能力を持つ。これは様々な思考や問題解決を少なくとも模擬することにつながる。模擬—ミメーシス，物真似は，間違いなく人間の知的能力の核心を成す。さらにそれは，その情報処理過程を，随時記号やイメージを通じて表現する能力を持つ。物語生成の場合なら，機械としてのコンピュータシステムが，その思考過程すなわち物語生成過程の諸部分をその都度表現・外在化—固定化—することが可能となる。いうまでもなく人間もこのような能力を持つが，思考過程を逐一記述・表現するような作業は非常に苦手である。人間は多くの場合その時自分が何をしているのか分からず，従ってそれを言葉で表現できない。コンピュータもその時自分が何をしているのか必ずしも意識しているとはいえないが，少なくとも過程を記号やイメージで表現・定着（固定化）することはできる。ある意味で，単に出力するかしないかの違いにしか過ぎない。こうして，機械としての物語生成システムにおいては，「流動性＝作品（固定性）」という事態の可能性が生じる。最終的に表現された物語コンテンツだけが固定化された作品になるのではなく，それに至る流動状態のあらゆる瞬間の物語コンテンツが固定化された作品になり得る。カフカの特に『審判』（カフカ，2001a）や『城』（カフカ，2001b）のような長編小説は，流動状況の物語コンテンツが作者自身の意図を超えて最終的なコンテンツとされてしまった例である[7]。よりマクロな観点からは，歌舞伎の歴史そのものが一つの流動的物語生成過程のように見える。歌舞伎の戯曲というものは本質的に，固定された作品，一種の規範として存在するわけではなく，役者による実際の上演を通じて常に変転・流動し続けるものとしてあり，その歴史自体が一つの流動過程であり，個々の作品はその中における一瞬の固定として捉えられる。生成過程における流動状態の物語というものも，単に抽象的に推測されるものであることを超えて，流動の中に存在する

7　ただし最終的なコンテンツも一つではない。最初カフカの友人マックス・ブロート編集によるコンテンツが普及したが，これは編者自身の解釈や戦略がかなり入っているとされ，その後より手稿に忠実とされる版が出現した（池内，2001a, 2001b）。

第Ⅰ部　総論・理論

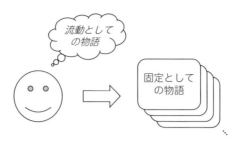

図 2-4　機械としての物語生成システムにおける作品の範囲の拡張

無限の固定，もしくは数知れない固定の集合としての流動，という現象として意識することができるようになる。作品というものの範囲が図 2-4 のように拡張されるのである。上記の状況は，流動性がそのまま固定性に接続されるというものであったが，逆に固定性すなわち従来の意味での作品としての物語コンテンツがそのまま流動性の要素を含み込むというもう一つの状況も想定可能であろう。そのような状況から生まれる物語コンテンツが具体的にどのような作品になるのか，ここではまだ述べることはできないが。

以上のように，機械としての物語生成システムによる物語の場合，生成過程の流動性は固定性に接続され，物語コンテンツの固定性は流動性に接続される。流動性と固定性との関係が複雑化し，相互化する。以上のような特徴は，単に機械としての物語生成システムと関連するものであることを超えて，「情報コンテンツとしての物語」における特徴であると拡張して捉えても良いだろう。ここで情報コンテンツとしての物語というのは，ある種のコンピュータゲームや教育アプリケーションシステム等々，必ずしも物語自動生成機能を内蔵してはいなくても何らかの意味で物語的機能を備えたソフトウェアやそれらによるコンテンツのことを意味する。ここでの物語生成システムを巡る議論は範囲をそこまで拡張しても大筋では該当する。しかしながら，それ自体が思考能力を持つ物語生成システムは，特に流動的な物語生成を多様化するだけでなくそれに散乱的な性格を与え，極めて自由にその固定化を実現する可能性を持つという点で，単なる物語型アプリケーションとは本質的といっても良い違いを持つ。

なお，流動と固定とは，そもそもは物語生成システムによる─あるいは物

語生成システムが何らかの形で本質的に関与する—物語作品の制作を巡って筆者がここ数年にわたり考察してきた概念であった。幾つかの論文としても公表したが，まだ未分化な思考過程（流動状況）の段階にあり，論文ではなく寧ろエッセイ・随筆の形で，今は中断されている日本認知科学会「文学と認知・コンピュータ研究分科会」の予稿を中心に，その原型的な思考内容を書きとどめてきた。ここに関連する全文章を挙げておく（小方，2008a，2008b，2008c，2009a，2009b，2010b，2010f，2010g，2010h，2010i，2011a，2011b，2011d，2012a，2012b，2012c，2012d，2012e，2012f，2013，2014c；小方・秋元・及川 他，2010）。物語生成システムを開発する立場からすれば，それは第一義的に物語の動的で柔軟な，流動的生成機構である必要がある。しかしそれと同時に，筆者には寧ろそのような動的・流動的特性ではなく，何も変わらない作品としての静的性格すなわち固定性としての物語こそを至上とする感覚もまた強くある。結果としての作品自体に対する志向性もしくは執着である。すなわち両方の感覚が同じ位の強さで矛盾的に共存している。これは一面では物語生成システムの設計・開発の段階と関係する問題であろう。開発の初期段階では流動的な生成能力自体が重視されるが，徐々にそれが作り出す物語コンテンツそのものの質が問題とされるようになるに違いない（しかしこの質はおそらく量と極めて密接に関係するだろう）。ただ筆者は，このような分割にも収まり切らない，もっと未分化で曖昧なものとして，流動と固定の概念を考えてきた。このことは前著『物語論の情報学序説—物語生成の思想と技術を巡って—』（小方・金井，2010a）の第4章における流動と固定を巡る考察（小方，2010b）における基本問題意識でもあった。

　一旦整理しよう。従来の物語において物語生成過程は流動的なものと位置付けられるが，物語生成システムと連動した物語あるいは情報コンテンツとしての物語においては，流動的な物語生成過程の中での，固定的な物語生成すなわち物語生成過程自体の物語コンテンツ化が可能になる。一方従来固定的なものとして位置付けられていた物語コンテンツそのものに物語生成過程が融合した流動的な物語コンテンツすなわち物語コンテンツの物語生成過程化が可能になる。このように，物語生成過程・物語コンテンツと流動性・固定性との間での対応関係が複雑化される。つまり物語生成過程が流動で物語

第Ⅰ部　総論・理論

コンテンツが固定であると，単純には捉えられなくなる。第一の意味での流
動化は，流動状態からの固定化ではなくあくまで流動状態そのものの固定化
である。そのことが意味するのは固定化の様態の変化であり，具体的には固
定化の可能性の拡張，作品の可能性や作品という概念の改変や拡張に接続さ
れる。流動状態にある物語を何らかの形で作品として定着・固定化させるこ
との可能性が拡大される。このような形態における「作品」は，現在でも，
いわゆる芸術・アートにおいて一定の作品意識の下に制作されることがある
が，それは通常の物語や文学とは異なるものとして把握されている。あるい
は，文学の世界にもその種の，制作過程や流動状態を意識化した試みがある
が，作品そのものよりもその制作過程などが重視される，異質な，実験的な
文学と見做される。しかし物語生成システムとしての作品や情報コンテンツ
としての物語における作品にあっては，その種の性質は必ずしも異質で実験
的なものとは限らない。そうした性質を前提とした，寧ろ保守的であるとさ
えいえるような物語コンテンツ，文学作品ですらも可能であろう。筆者が求
めているのは寧ろ，蔦の絡まる図書館のような世界で，静かに読書する対象
としての物語，あるいは赤茶色の明かりの灯る劇場でゆったりと居眠りしな
がら観る芝居（という物語），そのようなものである。

　ここで考えるべき本質的問題は，物語生成システムとしての物語を巡る以
上のような考察を踏まえ，それではどのような作品を筆者は目指しているの
かという実践的な問題，客観的・学問的な視点から物語を分析することを超
えより主観的な視点から「作品（物語コンテンツ）を作る」という実践へ，
流動と固定の概念をどのように活用して行くのかという問題である。物語生
成システムを作る行為を開発もしくは構築と呼んでいるのに対して，それが
本質的な意味で関与する物語作品を作る行為を制作と呼ぶことにすれば，制
作の問題もしくは開発と制作との接合部に焦点化される問題もしくは開発か
ら制作への架橋に関わる問題である。あるいは技術としての物語生成システ
ムに対する文学・芸術（さらに芸能）としての物語の問題である。物語生成
システムとしての物語や情報コンテンツとしての物語が今後現実的に如何な
る形態を取るのか，取り得るのかという分析や予想は，筆者においては，純
粋に客観的な学問的課題として追及されているのではなく，筆者自身が如何

なる作品・物語コンテンツを作るのかという実践的な問題意識を通じて考察されているのである。

2.2 間テクスト的物語生成戦略

　以上のように，物語における流動と固定は，筆者の活動にとって，物語生成システムとしての物語さらに情報コンテンツとしての物語における物語の特質に関連する基幹概念の一つであり，物語制作に向けた方法論として精錬させて行くことが今後の重要な課題となっている。この種の，物語生成システムの本質に関わる問題であると同時に作品制作方法の課題ともなるような主題は他にも存在する。その一つが間テクスト的物語生成戦略と呼んでいる概念（土橋・小方，2009；小方・小野，2014）である。

　物語生成システムと物語コンテンツが多数存在する空間もしくは環境を考えよう。ここで物語生成システムは前述のように機械の作者である必要はない。というより，少なくとも現在の時点でその大部分は人間の作者すなわち人間としての物語生成システムであろう。人間の場合で考えてみよう。人間の作者は，生成する者であると同時に受容する者でもある。その生成能力は，通時的および共時的な，他の作品群，つまり空間・環境の中に外在化・対象化された作品群の受容を通じて発揮される。受容なしの純粋な生成はあり得ないだろう。最も極端な場合でも，少なくとも自分自身が作り出したコンテンツは受容している。その意味で，ある空間・環境の中の物語生成システムは悉く間テクスト的な主体であり，つまりその中の諸種の物語コンテンツから情報を摂取し自分自身も新たな物語コンテンツを創出する存在である。比喩的にいえば，物語生成・受容体としての物語生成システムは，空間・環境中の物語コンテンツを栄養分・滋養分として摂取し，何らかの価値を持つ活動にこれを転化して何らかのものを出力する。新たな物語コンテンツを対外に排出するといってしまっても良い。この排出された物語コンテンツは，その空間・環境中の（自分自身も含めた）物語生成システムにとっての栄養分・滋養分となる。このような循環に基づく大きな枠組みは，機械としての物語生成システムにも当てはまる。人間の受容様式とは異なる機械特有の受容様式があるとしても。

第 I 部　総論・理論

　こうした意味での，間テクスト的物語生成戦略とは，物語生成システムによる物語コンテンツの分析・開発・制作・流通・展開のための具体的水準における方法を意味する。現実世界における諸種の物語コンテンツと物語生成システムとの遭遇・邂逅がその下に具現化されるからである。間テクスト的機構としての物語生成システムは概略，物語コンテンツやその断片の保管庫としての記憶，（狭い意味での）物語生成機構，物語コンテンツやその断片の保管庫への格納すなわち記憶を行う受容・認識機構から成り立つと考えられる。ここで断片というのは，物語コンテンツの諸種のレベルでの構成要素を意味し，本章で述べた「見える要素」と「見えない要素」の具体的内容であり，次の第3章で述べる物語コンテンツの情報分解の分析結果に相当する。このような間テクスト的機構としての物語生成システムが多数集まった空間が現実の物語生成−受容の社会的環境であり，芸能情報システムのような物語産出−消費機構はそれ自体の中に多数の間テクスト的な物語生成システムを組織的に配置した一つの大きなシステムを成す。よりフラットな社会的環境としての物語空間においては，膨大な数の間テクスト的物語生成システムが入出力を繰り返し相互に関係し合う過程で，噂やゴシップや流言や都市伝説といった社会的イメージとしての物語が形成されて行く。今なら social media の中に創発してくるような物語もその種のものであろう。上述したような生成過程そのものとしての流動性とも物語コンテンツ自体が孕み持つ流動性とも異なる水準での物語の流動性を，この種の社会環境としての物語空間を舞台とするイメージとしての物語の水準に措定することができるだろう。また機械としての物語生成システムにおいて，本来は固定的なものである筈の物語コンテンツの中に流動の要因である物語生成システムが内蔵される場合，事態はより複雑化されるだろう。本を開いて物語を読んでいると，その中の登場人物が物語生成システムになって，その本の中には書かれていない新たな物語を語り出す，というようなイメージである。

2.3 人間−機械共棲系の物語

　人間−機械共棲系というヴィジョンについては言及するにとどめる。既にこれは現実において部分的に実現されていると考えることもできるが，機械

第2章　物語と人間／社会／機械

がさらに知能化された状況，物語生成システムのみならず，対話システム，翻訳システム，文章生成システムなどの言語系システムや，作曲システムや映像生成システムなどが，物語の社会的環境の中に完全に融け込み，人間と共棲するような社会状況のヴィジョンである。具体的には，新聞記者，作曲家，映像作家，小説家，劇作家，ブロガー，ゲーム作家，漫画家等々の人工作者達が，人間の作者と対等の，もしくは異なる存在として，共存・融合するような社会状況のヴィジョンである。西田（2013）は，初期人工知能が現実性を獲得して行くためには，現実世界の一角に人工的な物語世界を構成し，その中で様々なソフトウェアが協調的に機能するための一種の人工環境を設けるという案を述べている。「特区」的な発想である。しかし物語生成システムにとって，この種の物語世界の環境は必ずしも実験的・準備的にのみ想定されるべきものではないだろう。

　このヴィジョンも，一面では状況論的または社会学的な大局的な物語環境のデザインという学問的主題と関連するが，他方では個人的な実践的問題にもつながる。すなわち，筆者自身の物語生成システムを，さらに物語生成システムとしての物語コンテンツを，現実の社会的空間の中に如何にして実現して行くかという問題系に連なる。つまり，人間−機械共棲系の時代の物語環境の実現を目指すことは，筆者自身の物語を如何にして作り展開するかという課題と一体化されている。その時，無数に存在する物語その他のコンテンツ創出のための，主体というにはあまりにも矮小な一つの単位にそれがなるということは，事実として認めなければならない。ごく現実的な観点から見れば，筆者自身の物語生成システムは，そのような社会的空間の中で，一つの極小な物語生成主体として，その他の無数の物語生成システムやコンテンツ生成システムの重畳の中に埋め込まれる。

　しかしながら，そこで同時に，物語生成システムによるもしくはそれを媒介とした，物語のいわば主体性の回復はどのようにして為されるのか，という問題が提出されなければならない。このようにして古典的な問題への回帰が果たされる。人間中心の物語環境でも結局はこのような問題が常に考察されてきたわけであり，そのために，「優れた作品とは何なのか」，「個性的な作品とは何なのか」といった問題を巡る文学評論が倦まず語られ続けてき

第Ⅰ部　総論・理論

た。人間的および人工的な無数の物語装置が埋め込まれた社会環境の中でも，そのような問題は語られるようになるだろう。しかしその時は逆に，人間的な主体性の消失への意思，しかも機械による主体性の消失を目指す意思もまた積極的な一つの主題として浮上させられなければならない。単純に，人間中心的な文学観・物語観の相対化，そこからの脱出による新しい物語環境や物語のデザインという，一見美しいが空疎な結末に陥らないためには，このように相反する二つの方向に思考を半ば意図的に引き裂く試みが，必須の前提として求められるであろう。

（小方　孝）

第**3**章

物語の分解から合成へ
―見える物語と見えない物語―

◆ 1. 物語における見える要素と見えない要素
―物語の構成要素体系に向けて―

　第2章の前半では筆者（小方）の物語生成を巡る総合的な研究枠組みについて述べた。同じく後半では，その枠組みに基づいて構想された物語生成システムの研究開発を前提とした，物語や文学の制作や社会的展開を巡る幾つかの問題について述べた。しかし物語生成システム開発の前提となる，物語という情報そのものの問題，その構成要素に関する検討については述べなかった。そこで本章では，物語生成システムの観点からする，物語の諸種のレベルにおける構成要素―そのいわば情報分解について述べる。第2章で述べた多重物語構造モデルにおける物語の機能という観点から見ると，個人的レベルでの物語生成‒受容過程と集団的・組織的さらに社会的な物語産出‒消費過程は重なり合うが，ここでの情報分解も両者に共に適合するものを目指す。それを踏まえて本章の後半では，物語の情報分解を物語生成システムを媒介に有機的に合成するための方法を述べる。すなわち本章は情報としての物語の分解と合成を主題として扱う。

　第2章で言及したように，拡張文学理論とは，物語論・文学理論など人文科学における物語分析・物語解釈の方法と認知科学・人工知能など情報学を援用した物語分析および物語生成の方法との融合による，システムとしての物語とその生成のための方法的枠組みであり，本書で提案する情報物語論とも重なる部分が多いが，筆者の研究構想ではそのアイデアや分析は物語生成

第 I 部　総論・理論

システム上で実践的に総合される。以下の物語の情報分解では，物語論・文学理論系の物語内容・物語言説・物語表現の三大過程分類[8]に基づき，それぞれがさらに細分化されるが，これは第 13 章で詳しく述べる，開発中の統合物語生成システムのモジュール構成と対応する。第 2 章の図 2-1 における生成過程の箱が，上記の過程分割によりさらに細分化され，次には逆にそれらが合成され，最終的に物語コンテンツが生成される。本書において金井が受容過程を中心に（生成を含む）物語を検討するのとは対照的に，筆者は生成過程を中心に（受容を含む）物語をモデル化する。同じく川村の場合の中心的な立脚点は，物語消費過程であると考えられる。しかし物語の生成や産出を目指しているという点で，三者の志向は共通する。筆者の観点からは，受容過程も生成過程に対する一種の制御戦略として意識される。どのようなやり方で物語を生成するかという生成の制御もしくは戦略の意識は，物語の受容過程の繰り込みよってより強化される。

　生成の側から見る時，送り手によって，物語における意味的・概念的な要素が表面的・表層的な要素に段階的に具現化されて行くことで，物語の生成が行われる。逆に受容の方から見れば，表面的・表層的な要素の認知を通じて意味的・概念的な要素が徐々に受け手に把捉されて行く。物語の情報分解とは，このような，物語における意味的・概念的要素と表面的・表層的要素とを詳細に識別することに相当する。第 2 章でも言及したように，後者を物語の「見える要素」と呼び，逆に前者をその「見えない要素」と呼ぶ（ここで「見える」／「見えない」というのは多分に比喩的な表現であり，より正確には「知覚できる」／「知覚できない」といった方が良い。本来は視覚優先の発想自体が一つの問題であろう）。

　これは必ずしも明確に二分されるものではないが，図 3-1 に示すように，物語の生成過程と受容過程は，「見える要素」と「見えない要素」から考えると，対照的である。すなわち，生成過程では生成者（送り手）によって「見えない要素」から「見える要素」が作り出され，逆に受容過程では受容者（受け手）によって「見える要素」から「見えない要素」が作り出され

8　第 2 章の 1.2 で説明した。

図3-1 生成過程から見た物語と受容過程から見た物語

る。

　さらに物語における「見える要素」を極端な形で二分すれば，物理的要素もしくは形式的要素，意味的要素もしくは内容的要素の二つになる。前者は，物語を構成する物理的実体であり，それはあるジャンルの物語を表現するためのメディアと密着した概念である。例えば小説の場合，本というメディア（装置としてのメディア）の上に何らかの方法で印刷された文字群や挿絵（表現形態）がそれに当たり，映画の場合映画装置という（装置としての）メディアの上に映写された映像やそれと重ねられて表出される音声や音楽（ここでは聴覚的な要素も比喩的に「見える要素」と呼ぶ）や文字などの表現形態がそれに当たる。目に見える要素といえば，純粋に物理的な意味ではそれだけであるが，もう一つの意味的ないし内容的要素を考慮すれば，対象はさらに分節化される。あるいは，「見える要素」を以上のような要素のみに限定してしまう考え方もあり得る。

　しかしここでは，「見える要素／見えない要素」を，それ程厳密に決めることなく，かなり概念的な意味での程度の問題として捉える。その場合，純粋に「見える要素」である表現形態そのもののとは異なる，意味的・内容的問題としての，いわば「より見える要素」の段階が次に現れる。それは，表現形態の物理的素材を通じて描かれた，物語における何らかの構成要素であり，例えば小説や映画には人物，場所，物などが含まれ，また映画の映像なら光の状況や画面の光沢なども描かれる。小説なら，物語の構成要素に関する諸種の説明や描写や意見が含まれる。これらは表現された物理的要素から直接読み取れる要素である。一方，「主人公」のようなある物語における人物の意味あるいは役割ないしその種の直接的ではない意味や役割を伴った人物が，「見える要素」なのか「見えない要素」なのかは微妙である。もし小

第Ⅰ部　総論・理論

説の文章中ではっきりとある人物が主人公と名指して記述されている場合，それが嘘でなければ，それは「見える要素」であるが，そうでない場合すなわち受け手である読者の読解を通じた推測によって判断されるような場合，それは「見える要素」には入らない。この辺りから「見える要素」と「見えない要素」との境界領域に入り込む。

　このように，物語における意味的・内容的要素といっても諸種の段階がある。比較的原初的で単純なものは物語の中に直接記述・表現されるものの意味付けであり，より複雑なものは物語から受け手が推論を通じて構成する意味的情報である。ある登場人物が物語の中で如何なる意味を帯びて存在しているか，というのは前者の一例である。例えば，ある人物の人間に関わる，物理的（外貌など），心理的（性格など），社会的（家族構成や社会的地位など）などの造形は，それらが明示的に記述あるいは描写されているなら，「見える要素」に相当するが，それに対して，ある人物が話の中で持つ意味ないし意義，例えば主人公としての意味・意義や脇役としてのそれなどは，多くの場合話の展開に応じて，物語を読み進めて行くにつれて，受け手に徐々に感得されて行く類の意味的要素であるといえ，どちらかといえば「見えない要素」に類別した方が良い。しかし何れにしても，これらは物語の中の個別的な要素に関連するものである。

　他方，物語における個々の要素単体ではなく，個々の要素の集成の中から生じてくるより複雑な意味的要素がある。第2章でも説明したが，その代表はストーリー（物語内容）である。物語におけるストーリーとは，複数の事象（出来事）が時系列を成して組織される，ある物語の中で「生起したこと」を意味する。個々の事象自体は，上記の登場人物とは異なる，一般により複雑な構造を持つが，それもまた物語の中の単体的な要素であり，多くの場合人物や場所や対象物などが複合的に組織化・構造化された「見える要素」として造形されている。しかし個々の事象の意味付けの一つは他の事象との関係において行われている。ここでいうストーリーとは事象どうしの意味付けに基づく結合が複合化し物語全体に拡大したものを意味する。それは必ずしもすべての事象を単純に結合したものではない。通常，受け手の認知においては，個々の事象を結合した構造が一つの単位となり，次にこの単位

のレベルでの意味的結合が生じ，最終的に全体としてのストーリーとしての像を結ぶ，という階層的処理が行われる。その意味では，ストーリーは物語の事象連鎖に関連する意味的単位の一つであるが，最も大規模で重要なものである。

　しかしながら多くの場合，複数の事象の結合の間には，推論を要する関係や飛躍，あるいは時間的順序の入れ換えが存在する。多くの場合受け手は，ある物語の中に直接現れる事象を単純に並べてみるだけではなく，諸々の認知上の工夫を凝らしてストーリーの解釈を試みる。例えば，飛躍しているように見える事象どうしの間に情報を補完し，時間順序が煩雑に入り組んでいるように思える場合にはそれを尤もらしい順序に並べ替える。物語の前の方に現れた事象中に不足していた情報を，後の方に現れた事象によって捕捉して納得するような場合もあるだろう。最も極端なのは，物語自体の中に全く現れていない事象を事象展開の自然さや必然性の認識に基づいて補足する受容行為である。この場合受容は生成に近付いている。「見える要素」としての事象を手掛かりに，受け手は，この種のいわば受容の技法（生成の技法に反転する場合もある）を多様に駆使することを通じ，それなりに一貫性を持った，そして納得できるストーリーを認知的に作り上げる。このようにして作り上げられたストーリーは，それを構成する事象の多くが「見える要素」であったとしても，全体としては物語における「見えない要素」に相当する。

　表3-1に，以上に説明した物語における「見える要素」と「見えない要素」を，言語・映像・演劇という異なるジャンルの物語を対象として，分類してみる。より一般的・体系的な構成要素体系を構築するための準備としてである。なおこの表で，事象（event）とは登場人物やその他の対象の動き（物理的および精神的）を示す単一の出来事を意味する。挿話（episode）や場面（scene）とは，複数の事象が集まって一つの意味的まとまりとして組織化された複合的な出来事であり，特に場面は同一の場所と連続する時間とによって規定された複合的出来事を意味する。これらの事象，挿話，場面は階層的に構成されることが可能である。また，プロットはストーリーとは異なり，物語として最終的に表現されたもの自体の抽象的構造を意味する。例

第Ⅰ部　総論・理論

表3-1 物語の分解と構成要素—「見える要素」と「見えない要素」—

ジャンル	見える要素	見えない要素
小説：言語の物語の分解と構成要素体系	【表現形態】文字／単語／文／文章，記号，挿絵 【言語などに表現されているもの】意味を伴った単一要素（人物，場所，物，時間など）／意味を伴った複合要素（事象，挿話，場面など）	【言語などに表現されていないもの】意味を伴った単一要素（人物，場所，物，時間など）／意味を伴った複合要素（事象，挿話，場面など） 【物語の抽象的構造】プロット（物語の展開構造）／ストーリー（複数の事象の時系列的構造） 【思想】主題／教訓／意見 【修辞的技法】以上すべてから判断
映画（鑑賞空間としての劇場は除く）：映像の物語の分解と構成要素体系	【表現形態】映像（動画像，静止画像）／音（音声／音楽／効果音）／文字／記号，カメラワーク（映像），映像の連続（ショットの分割・編集） 【映像などに表現されているもの】意味を伴った単一要素（人物，場所，物，時間など）／意味を伴った複合要素（事象，挿話，場面など）	【映像などに表現されていないもの】意味を伴った単一要素（人物，場所，物，時間など）／意味を伴った複合要素（事象，挿話，場面など） 【物語の抽象的構造】プロット（物語の展開構造）／ストーリー（複数の事象の時系列的構造） 【思想】主題／教訓／意見 【修辞的技法】以上すべてから判断
歌舞伎（劇場の状況とする）：演劇の物語の分解と構成要素体系	【表現形態】人間（役者，演奏者，歌い手，語り手，観客，劇場関係者など），劇場（舞台，客席など），舞台装置，役者（身体（動作・身振り），声（科白）など），観客（声，反応など），音楽（楽器，声など），音響（効果音，騒音など） 【芝居に表現されているもの】意味を伴った単一要素（人物，場所，物，時間など）／意味を伴った複合要素（事象，挿話，場面など）	【芝居に表現されていないもの】意味を伴った単一要素（人物，場所，物，時間など）／意味を伴った複合要素（事象，挿話，場面など） 【物語の抽象的構造】プロット（物語の展開構造）／ストーリー（複数の事象の時系列的構造），役者の型 【思想】主題／教訓／意見 【修辞的技法】以上すべてから判断

えば時間的な順序で進まない物語であっても，ストーリーとは違ってプロットにおいては時間関係の入れ替えは生じない。従って，プロットはストー

リーよりも比較的な意味でより「見える要素」に近い[9]。

　以上から分かるのは，物語のジャンルごとに異なる構成要素と共通の構成要素が存在するということである。一般に，各ジャンルにおける表面的な表現形態は互いに異なるが，それらを通じて浮上する物語の中のより抽象的な構成要素は共通している。例えば，多くの場合，どのジャンルでもそれぞれの表現形態を通じて浮かび上がる人物（登場人物）という形象は共通に存在する。しかし，それにも「見える要素」の側面と「見えない要素」の側面がある。実際に記述されたり表現されたりしている登場人物の形象は「見える要素」であるが，その人物が主人公であるという情報は「見えない要素」である。また，実際にはある場面に現れないという意味で本当に「見えない要素」である登場人物（を推論すること）が，受け手によるストーリーの理解のために必要になる場合もある。物語のジャンルやその表現方法が多様・多彩であるにもかかわらず一括して「物語」といえることの理由は，この種の共通性の部分にあるだろう。

　その一方で，ジャンルによって異なる構成要素の方は，「見える要素」の部分と強く関連する。そこから，物語のジャンル分類の主要な基準は「見える要素」の部分にあることが推測される。しかし勿論，例えば歌舞伎座という劇場空間で行われる演劇作品であっても，到底歌舞伎とは（例えば質的な意味で）思われない作品が存在することから分かるように，それだけが物語のジャンル分類の基準であると狭く決め付けてしまうことはできないだろう。こうした点と関連するのは，上の分類のそれぞれのジャンルの最後の項目としての修辞的技法であろう。「見える要素」と「見えない要素」のすべてから判断されるこの曖昧な項目は，物語ジャンルごとのあるいは作者ごとの特有の個性的物語生成方略＝修辞の存在を示唆する。個々の作者ごとの修辞を超えた物語ジャンルごとの修辞の差別的特徴や傾向の違いが存在するとすれば，この要素も物語ジャンルの分類に貢献していると考えられる。

9　フォースター（1969）は，ストーリーが単純な時間関係による事象結合であるのに対して，プロットは因果関係による結合であるとした。この説明では一見プロットの方が抽象的すなわち「見えない要素」に近い印象を受けるが，あくまである事象集合の単位どうしの結合関係という部分に着目して考えれば，プロットは生起した事象集合そのままの構造であり，それに対してストーリーはこのそのままの構造に時間的改変を加えたものである。勿論，両者が同じになる場合もある。

第 I 部　総論・理論

　前述のように，物語における構成要素の問題は，生成および受容における
過程（プロセス）の思考を要請する。例えばストーリーの場合，受け手は，
「見える要素」としての人物，場所，物，事象などの直接的な認知を経て，
「見えない要素」としてのストーリーの構造に関する間接的な認知に至る。
逆に生成の場合なら，多くの場合，送り手（作者）は，「見えない要素」と
してのストーリーの構想をまず描き，それを「見える要素」としての人物や
場所や物や事象を通じて具象化する。「見える要素」から「見えない要素」
へ，「見えない要素」から「見える要素」へ，というそれぞれの過程とその
相互性は，物語生成の動的性格を生み出す一つの本質的な原因である。

◆ 2. 物語生成システムという合成装置

　以上のような物語の情報分解を物語の機能体系の構成につなげて行くこと
が，筆者の拡張文学理論の大きな目標である。この拡張文学理論とは，本書
の言葉で情報物語論といっても良い。勿論筆者（小方）の立場からする情報
物語論であるが。さらに多重物語構造モデルと重ね合わせることで，それは
個人的なモデルを超えた集団的・組織的・社会的なモデルへの射程を備える
だろう。そしてその際，つまり情報分解という分析作業を体系化する際，単な
る静的な体系化ではなく動的で合成的な体系化を試みる。そのための装置が
物語生成システムである。従って，物語生成システムを構築することが拡張
文学理論の階梯にとっての最初の大きな目標となる。それは，前節に示したよ
うな物語の情報分解の，それ自体稼働するシステムとしての動的性格を付与
された体系化であり，それによって本研究は従来の物語論や文学理論の分析
的・静的性格を超えた特徴を獲得する。これまで具体的に開発を進めてきた，
そして現在から近未来にかけて（暫定的）完成を目指している統合物語生成
システムに関しては第13章で紹介することにして，ここではそれに先立ちよ
り一般的な観点から物語生成システムを通じた物語の合成に関して概念的に
議論する。

　表3-2は小方（2011c, 2011d）の表1を拡張したものであり，拡張文学理
論はこのように物語生成システムを人工知能や認知科学などの情報学領域と

だけでなく文学理論や物語論の文脈の中にも位置付ける。つまり，工学技術としての物語生成システムの研究開発はまだ始まったばかりであるとはいえ，学問の長い歴史と広い範囲の中に置いて見る時，それは，物語論・文学理論の成果と蓄積が人工知能・認知科学など情報学の進展する情況と遭遇して生まれた，あるいは生まれつつある，新しい情報学的研究領域であると共に，新しい文学的・物語論的研究領域でもあることが分かる。なお，小方（2011c, 2011d）や，Ogata（2016b）の前半，Ogata & Asakawa（2018b）は，この表に挙げられているものを初めとする物語生成システムや関連する人工知能・認知科学および文学理論・物語論に関する，物語生成システムや拡張文学理論の観点からの，詳細な文献調査を含めた体系的な論述を提供している。

　各地域には古くから断片的に文学理論や物語論のようなものが存在した。例えば筆者が頻繁に引用するアリストテレス（1997）の『詩学』は，その包括性と精密性から現代文学理論と比較しても極めて前衛的で生産的な理論を構築している。同じくウラジーミル・プロップ（1987）の『昔話の形態学』は，二千年以上の時を隔てているが，アリストテレスの影響をあからさまに蒙っており，非常に包括的で優れた文学理論・物語論である[10]。アリストテレスやプロップのようなタイプの物語論的研究が組織的に行われるようになったのは20世紀の文学理論の諸系統においてであるといわれるが，もし虚心に各国の文学批評史を渉猟すれば，取り上げるべき多くの業績が存在するに違いない。それはなかなか難しいのでどうしても身近なものになってし

---

10 文学や物語という対象は進化論的発想には馴染まない。例えば日本の演劇を考えてみよう。明治時代以降の代表的な演劇作品と江戸時代の代表的な人形浄瑠璃や歌舞伎の作品を比較する時，前者が後者より進化し発展しているなどとは全くいえないであろう。あるいは，千年前の『源氏物語』（紫式部，1965-67）より優れた文学作品が現代日本にどれ程存在するかと考えると心もとない。そのような対象を取り扱う文学や物語の理論や研究や評論や批評において，時代的な新しさが理論や方法の新しさ・卓越性を意味することを，自然科学の場合のように単純に前提とすることはナンセンスである。ただし，時間の単位が異なるだけなのかも知れないという思いももう一方では確かにある。すなわち，ある構造や内容の物語を面白がる人々の心情は容易には変わらないので文学や物語に進化という概念は当てはまらないと思われがちであるが，しかしもう少し長い時間尺度で考えれば，現在我々が良く理解でき面白がって受容しているようなタイプの物語が，全く理解不能になるような時が訪れないとも限らないということである。それは物語や文学の変革の時であると共に，人間精神の変革の時でもあり，そうした意味で物語・文学に進化という概念が適合する可能性もあるという気が一方ではする。

53

第Ⅰ部　総論・理論

表3-2 拡張文学理論としての物語生成システム

物語生成システム	人工知能・認知科学	文学理論・物語論
		アリストテレス『詩学』（紀元前4世紀：アリストテレス，1997） 劉勰『文心雕龍』（5世紀：劉，1974） 夏目漱石『文学論』（1907：夏目，2007） シクロフスキイ『散文の理論』（1925：シクロフスキー，1971） プロップ『昔話の形態学』（1928：プロップ，1987）
	機械翻訳（1950頃〜：新田，2012） Logic Theorist（Newell & Simon, 1956） 生成文法（1957：チョムスキー，1963） GPS（Newell, Shaw & Simon, 1959）	
	パーセプトロン（1962：Minsky & Papert, 1988） ELIZA（1966：Weizenbaum, 1976） 意味ネットワーク（Quillian, 1968） 格文法（Fillmore, 1968） 概念依存理論（1969：Schank, 1975）	バフチン『ドストエフスキーの詩学』（1963：バフチン，1995） レヴィ＝ストロース『神話論理Ⅰ』（1964：レヴィ＝ストロース，2006） 外山滋比古『近代読者論』（1964） 吉本隆明『言語にとって美とは何か』（1965） グレマス『構造意味論』（1966：グレマス，1988） バルト『物語の構造分析序説』（1968：バルト，1979）
Klein et al.（1974）	STRIPS（Fikes & Nilsson, 1971） プロダクションシステム（1972：石田，1996） SHRDLU（Winograd,1971） フレーム（Minsky, 1975） 物語文法（Rumelhart, 1975） スクリプト（Schank & Abelson, 1977） 談話連接関係研究（1970年代〜：李・阿部・金子，1994）	クリステヴァ『テクストとしての小説』（1970：クリステヴァ，1985） ヤウス『挑発としての文学史』（1970：ヤウス，2001） ジュネット『物語のディスクール』（1972：ジュネット，1985） イーザー『行為としての読書』（1976：イーザー，1982） エーコ『物語における読者』（1979：エーコ，1993）

（次頁へ続く）

TALE-SPIN (Meehan, 1980)	PDPモデル (Rumelhart, McClelland & PDP Research Group, 1986) 心の社会 (Minsky, 1988) 事例に基づく推論 (Riesbeck & Schank, 1989)	柄谷行人『日本近代文学の起源』(1980) プリンス『物語論の位相』(1982：プリンス，1996) ブース『フィクションの修辞学』(1983：ブース，1991)
Daydreamer (Mueller, 1990) イソップ童話風 (Okada & Endo, 1992)	オントロジー (1990頃～：溝口，2005) 統計的自然言語処理 (1990頃～：Manning & Schuetze, 1999) WordNet (1990頃～：Fellbaum, 2006)	
MINSTREL (Turner, 1994) GNG (小方，1995)	データマイニング (1990頃～：Han & Kamber, 2011) 発想支援・創造支援システム (1990頃～：堀，2007)	コンパニョン『文学をめぐる理論と常識』(1998：コンパニョン，2007)
MEXICA (Pérez & Sharples, 2001) BRUTUS (Bringsjord & Ferrucci, 2000)		藤井貞和『物語理論講義』(2004)
Magerko (2006) Montfort (2007) Peinado (2008) Swartjes (2010) THESPIAN (Marsella, 2010)	深層学習 (2010頃～：浅川, 2015a)	渡辺直己『日本小説技術史』(2012) 蓮實重彦『『ボヴァリー夫人』論』(2014)

まうが，学問的な批評や研究というより感情的な賛美と憎悪に取り巻かれていて冷静に真価を判断し難い吉本隆明の数多くの作品の中で，例えば『言語にとって美とは何か』（吉本，1965）は，文学作品を指示表出性と自己表出性の共存・対比の観点から分析しており，多くの静的な文学批評とは一線を画すもので，拡張文学理論や物語生成システムの観点からは，いわば文学の制御のモデルと見做せる可能性がある。その発想は，根深く強烈な理論的志向を持った文学研究者としての夏目漱石の『文学論』（夏目，2007）の理論的枠組み―文学的内容を表現する形式を知的要素ないし素材としての要素とそれによって喚起される情緒的要素との関係において分析する枠組み―と類似しており，これも物語生成システムのための一種の制御機構の観点から読み替えることが可能と考える。

第 I 部　総論・理論

　物語生成システム自体は，表3-2に示されているように，二十世紀後半から開発が始まっている。その主要な技術的基盤は人工知能や認知科学である。これらの領域では早い時期から様々な研究者によって，アレン・ニューウェルとハーバート・サイモンによる人間の問題解決行動（Newell & Simon, 1972）や物語テクスト分析などとの関わりにおいて，物語（storyやnarrative）への興味が示されており，その成果は物語生成システムにも利用されている。特に，主に1960年代から80年代までの言語や知識や意味を巡る一連の研究は（ミンスキイのフレーム，キリアンらの意味ネットワーク，シャンクのスクリプト，ラメルハートの物語文法などが有名である），その後のオントロジーや統計的自然言語処理などの研究分野と融合しつつ，現在に至るまで物語生成システムのための最も強力な技術的基盤を形作っている。

　またこの表で興味深いのは，文学理論や物語論の世界でも同じく1960年代から80年代にかけて影響力の強い研究が集中的に出現していることである。もともと1920年代後半にロシアで発表されたプロップの『昔話の形態学』が人口に膾炙したのも1960年代になってからである[11]。人工知能や認知科学における物語への興味は実はこのようないわゆる文系の研究思潮と連動していた。思想的には，極めて強固に見える国家を代表とする社会システムをも人工的な物語の一種であると見做し，その解体や再編成への突破口を探ろうとする欲望に，一連の物語論的研究は支えられていたように思える。しかし1980年代後半から90年代初頭にかけて，世界の大きな物語は呆気なく崩壊し，ある種の人々が追い求めていた散乱する小さな物語が何程の努力もなく手に入る時代がやってきた。そうした時代潮流の中で物語論的な文学研究は拡散し，認知科学や人工知能におけるかなり露骨な物語への興味も徐々に失われて行ったように見えるのであるが，良かれ悪しかれ大きな物語は逆に非常に呆気なく形成され得るということに対する想像力が研究者の側にあったなら，寧ろ大きな物語の物語論を必要とする不安定で危機的な時代は決して終わったわけではなく，従来と同様の強度を保持しながら続いているということに，当初から気付いていて然るべきであったろう。ただし，新

───────────────

11 その後，これに影響を受けた物語分析が続いた（グレマス，1988；ダンデス，1980など）。

しい状況に対応可能な新しい物語論が旧来の物語論と異なるものである筈だということはいうまでもない。

　物語の情報分解という話題との関連における物語生成システムの重要性は，静的な分析結果を動的な生成機構に架橋する装置という点であるが，そのことは，物語生成システムにとっては如何なる構成要素が必要であるかと同時に，それらが如何に相互結合して全体としての挙動が構成されるかに関する知見が必要となる，ということと関連する。全体としての挙動を目標とした設計やシステム実現の作業を通じて，個々の構成要素そのものやその間の相互関係に関する知見が徐々に明らかになるという側面もある。本章では，物語の情報分解を行って後それを合成するという手順で議論を進めているが，実際の作業は必ずしもそのような直線的なものとはならず，それぞれの間を行き来するようなものとなる。比較的粗野な物語の情報分解作業に基づいて行われた物語生成システムの考察が，再び物語分析の作業に新たな知見を加え，それによって情報分解はさらに精緻化される。また，物語の構成要素の動的合成としての物語生成システムの処理手順（相互関係）も必ずしも固定されたものではない。すなわち，「見えない要素」が「見える要素」に具体化されるという手順は最も一般的なものとして考えられるが，逆に「見える要素」（例えば最終的な表現形態としての一つの単語）に触発されて「見えない要素」が形成されて行くような手順も想定可能である。このように，作るという立場からすると，物語の構成要素の合成の方式が多様な可能性に開かれているということも明らかになるだろう[12]。そのことはさらに，物語生成システムが学問的な一つの方法であることを超えて，文学的・芸術的な物語の制作に資する面も持つということを示唆する。物語生成システムにおける多様な合成能力は，物語コンテンツの諸種の実験的制作やそれを用いた文学的・芸術的試行への可能性を切り拓き得る。

---

12 本書における歌舞伎を巡る二つの試論―第 11 章と第 12 章では，歌舞伎というジャンルが全体として，一元的な生成-受容，産出-消費過程に収束しない，多重的・多元的な合成に開かれているという発想を基盤とする考察を試みる。

第 I 部　総論・理論

◆ 3.「見えない物語」から「見える物語」へ
　　—物語の情報分解の物語生成過程としての合成—

　前節の最後の部分で述べたように，物語生成過程には様々な可能性—多様
性や多元性に支えられた多様な可能性—があるが，それを貫く基本は，物語
の受容過程が物語における「見える要素」から「見えない要素」を受け手が
摘出して行くことであるのと対照的に，「見える要素」から「見えない要素」
を送り手が作り上げて行くことである。受容過程が一種の情報分解過程であ
るとすれば，生成過程は情報合成過程に相当する。

　例えば小説の生成過程の場合，作者が抱懐する主題や基本思想に支えられ
て，複数の事象の時系列的構造であるストーリーや，最終的に表現されるべ
き物語の展開構造であるプロットが構成される。さらに，意味付けされた物
語中の基本要素である登場人物，場所，物，時間などや，意味付けされたそ
れらに基づく複合要素である事象，挿話（エピソード），場面（シーン）な
どが造形される。最後の方に近付くと，文章とそれを構成する文，単語，文
字という言語の表現形態の具体的執筆という作業と不可分になる。そしてこ
れらの全体は，個々の作者に特有の修辞的な戦略や技法の特徴によって統御
されているだろう。

　では，映画や歌舞伎の生成過程の場合はどうだろうか。それらの過程の前
半は，小説における文章執筆以前の段階までと基本的に同じと考えられる。
ただし後述のように，複数の現実的な担い手の分業によって行われることが
多い。映画の場合，構築されたストーリーやプロットのような企画構想内容
が最終的に文章として執筆されるのではなく，映像（動画像，静止画像），
音声，音楽，音響（効果音），文字，記号など各種表現形態による「見える
要素」の複合として構成され，映像はカメラワークとショット分割などによ
る編集を施される。小説におけるストーリーやプロットが創作ノートのよう
な最終的成果物とは異なる文書として作成されることもあるが，映画では普
通このレベルでの記述はシナリオとか脚本・台本などと呼ばれる独立した文
書として成立する。映画の脚本はそれ自体自立した受容の対象となることが
でき，しばしば小説と同様の体裁を持った本として出版される[13]。

第3章　物語の分解から合成へ

　歌舞伎であるが，ここでは人形浄瑠璃台本に基づくいわゆる義太夫狂言を
想定する。その場合台本が既にしっかりした文書として成立している。人形
浄瑠璃では，語り手（太夫もしくは大夫）は席に坐り，台本（床本）を読む
のである。あるいはそこに書かれている言葉を語るのである。台本は予め完
全に書かれている。この台本の中に，ストーリー，プロット，意味を伴った
単一要素としての登場人物，場所，物，時間など，意味を伴った複合要素と
しての事象，挿話，場面などが造形され，全体が作者特有の思想・主題・教
訓などによって支えられる。歌舞伎の場合，もともと人形浄瑠璃用に書かれ
たこの脚本に基づいて，さらに人間の役者が演じる歌舞伎を志向した変換，
改訂や演出が行われる。これが上演用台本という文書として整理されること
も多い。有名な『仮名手本忠臣蔵』や『義経千本桜』はもともと人形浄瑠璃
の台本として書かれたが，すぐに歌舞伎化され，我々は人形浄瑠璃版と歌舞
伎版の両方の台本を読むことができる[14]。そしてこれに基づいて劇場という
空間とその舞台装置において「見える要素」の生成が行われる。すなわち，
役者による演技（身体動作），その声（科白），演奏者・歌い手・語り手によ
る，楽器（太鼓や三味線など），声による歌や語り（常磐津，清本，長唄な
ど），浄瑠璃の語りと三味線，さらに音響効果などの複合によって，歌舞伎
における「見える要素」の全体像が構成される。
　以上を図3-2のような構図にまとめてみる。ストーリーやプロット自体は
「見えない要素」であるが，それらを具体的に構成するのは登場人物や物や
場所・舞台や時間（時代も）や個々の出来事としての事象やその集まりとし
ての挿話や場面などであり，これらの構成要素を通じて物語の「見える要

---

13 しかし，必ずしも演劇の場合の戯曲と並ぶ文学作品として認知されているようには思えない。戯曲
　には台詞劇という性格が強く，そもそもの初めから読まれることも想定して書かれるのではないかと
　考えられる。これに対して映画の場合は，台詞以外の表現形態が最終成果物に影響する程度が大き
　く，それだけ脚本の戯曲としての性格さらに文学としての性格が弱くなるのかも知れないとも思え
　る。しかし映画におけるシナリオを演劇の戯曲と同等に扱う書物もあり（ローソン，1958），著名な
　映画監督による映画シナリオの多くは本の形で出版されているなどの現状を見ると，そのシナリオ
　の戯曲としての独立性の低さという現象（の印象）は，演劇と比較した場合の映像物語の歴史の浅
　さにも由来するのかも知れないとも思える。

14 例えば，『仮名手本忠臣蔵』なら，乙葉（1960）による人形浄瑠璃台本，渥美（1928）による歌舞伎
　台本，『義経千本桜』なら，角田・内山（1991）による人形浄瑠璃台本，河竹・濱村・渥美（1925）
　による歌舞伎台本。

59

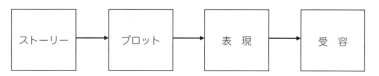

図3-2 物語生成─受容過程の単純図式

図3-3 物語の社会的な産出─消費過程の単純図式

素」化が図られる。これに基づき言語・映像・身体などを使用した具体的な表現行為が行われ，最終的な物語コンテンツとして固定される。そして受け手がそれをジャンルによって規定された諸種の方法で受容する。受け手の反応が即座に物語生成過程に影響を与え，相互作用として物語コンテンツが作られて行く場合もあるが，この図は生成から受容への単線的な流れに単純化されている。また，表現行為の結果ストーリー自体に修正が加えられるなど逆戻りも現実的にはあり得るが，この図では省略されている。あくまで大筋を単純化した図式である。

図3-2は物語生成過程の非常に抽象化された構図もしくは個人的な物語生成過程に近付けたモデルであるといえ，実際は物語のジャンルに応じて特定の部分が肥大化していたり分化していたりする。現実の多様な物語ジャンルの社会化された生成─受容過程すなわち物語産出─消費過程を取り込めるようにしたのが図3-3である。概略，最初の構想過程は，図3-2ではストーリーやプロットの生成過程に相当し，表現過程は同じく表現過程に相当する。そして前者すなわち物語生成─受容過程の単純モデルでは受容過程として一括して示した部分が，この物語産出─消費過程の単純モデルでは流通過程と受容過程とに分化・肥大している。また，構想過程と表現過程を合わせた部分が産出過程に，流通過程と受容過程を合わせた部分が消費過程に相当する。

図3-3の中には記述されていないが，ここで重要なのは，多くの場合，産

出過程および消費過程における流通過程の特定の部分を担う複数の主体が存在するということである。物語産出-消費過程が比較的単純もしくは小規模な小説の場合，構想過程は主にストーリーやプロットの発想・企画を意味し，次の表現過程で作家による執筆が行われる。伝統的な民話的物語ならそのまま目の前にいる受け手（聴き手）に送り手（語り手）の口から出た物語コンテンツが直接伝達されるが，そのような物語伝達の形態は寧ろ稀である。小説なら，作家と読者の間に普通出版社や印刷会社という社会的組織が介在し，具体的にはそれらの社会組織に所属する編集者や校閲者や製本技術者などの個々の主体の力によって，主に言葉という表現形態により表現された紙の本という受容メディアが作られ，出版の社会的流通経路を辿って（その際にも様々な役割を持った人々が関与する）書店に到達し，ある人がそれを手に取ってレジに持って行き金を払うことで所有権がその人に移転し，おそらくはその後のある時点で読書という行為が開始される（読まれないままに終わることもある）。書店を経由しない注文販売やネット販売など異なる流通形態もあるが，何れにせよ複数の社会組織やそれぞれを実際に担う複数の人々の介在によって流通過程が実現され，読者という受け手の受容過程への橋渡しが行われていることには変わりない。

　一方映画においては，構想過程では，プロデューサーや配給・興行組織による市場調査，作品のコンセプト策定，キャストやスタッフの企画などが行われ，脚本家による調査（シナリオハンティング）や脚本執筆が行われる。それに続く表現過程は映像を中心とした具体的な制作作業によって構成され，映画監督，助監督，俳優，技術・装置担当者，音楽監督など多様な人々の共同作業を通じて，脚本に基づく撮影，音楽制作，フィルム編集などが行われ，作品が完成し，次の流通過程に乗せられる。流通過程では，プロデューサー，広告企画・制作者，営業担当者，配給・興行組織などの共同作業により，劇場契約，営業，広告・宣伝，他メディア展開など多彩な業務が実施され，映画館で観客が映画を鑑賞する形態を初めとする展開と消費過程が実現される。このように映画の場合でも，物語の産出や流通に関わる多くの機能が，特定の組織そしてそれを構成する特定の人という主体に分化して担われている。

第 I 部　総論・理論

　これらの例で特に顕著な現象は，流通過程が肥大化・複雑化していること
であろう。つまり物語の産出（生成）と消費（受容）をつなぐ部分が複雑化
していることである。その肥大化・複雑化は，物語コンテンツの社会的な権
威付けやフィルターとして機能する一面も持っている。例えば，個人が趣味
で小説を書くことは自由にできるが，それを社会的な流通・展開過程に乗せ
てそこから経済的な対価を得ることは簡単にはできない。作家という職業が
あるとすれば，流通過程という審査装置によってお墨付きを与えられた者を
意味する。しかしながら，民話という原型的な物語の形態を見る時，その流
通過程は非常に簡単なものであり，図 3-2 に集約されてしまうようなもので
ある[15]。筆者のここでの目標は，図 3-3 の図式に沿って多数の旧来の物語
ジャンルの産出-消費過程を整理し，その実体を機能に抽象化することを通
じて，図 3-2 のような一般図式を完成し，物語生成システムおよびその実践
的な使用＝制作のための使用に結び付けて行くことである（小方，1999c）。

（小方　孝）

---

[15] ただし，民話を社会的文脈の中で見る時，それはやはり当該社会の制度や慣習などのシステムと切
り離せない関係にある。そしてこうした単純化は一つの理想化であるに過ぎないとも考えられる。
民話のような直接的な物語の場合，その社会の中でのお墨付きが流通過程の中に現れるというより，
その物語の無意識の構造や内容の方に既に現れている。一見文学的・芸術的のように見える物語で
もこの点に無自覚であれば，この種の無意識的なフィルターと社会的なフィルターとの双方によって
挟み撃ちにされ，実は文学的・芸術的な価値は限りなく低い（残るのは現象的な価値のみ）という
ことになりかねない。

第4章
切断技法と物語

◆ 1. ストーリーと切断技法

　一つの作品中に物語は複数存在する。物語には，作品内の要素を中心としたものと，作品内の要素だけではなく受け手の認知によって作品外の要素を取り込んで生じるものがあるのだが（小方・金井，2010a），本章では特に，「見える要素」として作品自体が内包している物語（作品内の要素を中心とした物語）を，コンテンツ上の物語として，ストーリー以外の側面を強調する物語と，ストーリー以外の側面に認知処理を変更する受け手の「認知的切断」の関係を考察してみたい。これによって「見えない要素」としての受け手内の物語が変化するのである。

　コンテンツ上の物語は，同質な部分が連続することで構成されているわけではない。そして，受け手も均一にそのコンテンツの物語を認知して行くのではなく，認知処理の強さや注目点を様々に変更して行く。一般には，物語上のストーリーを強調する部分と強調しない部分を混在させることで作られているコンテンツが多く，その混在のあり方によって物語の受け手が作品中の何に注目するのかが変化して行くことになる。

　また，ストーリーを強調した部分であっても，ストーリーの伝達だけでなく，同時にその表現方法にあたる物語言説や，映像・言葉そのものを重視している場合もある。物語にはストーリー以外の側面が存在しているのである。本章では，主に映像における物語に関し，ストーリーと共に，ストーリー以外の側面を導入して情報学的に分析する方法を考察し，コンピュー

第Ⅰ部　総論・理論

タ・プログラムによる物語生成への適用を論じる。

物語のストーリー以外の側面とは，例えば小説では，言葉遣いや，リズム，字の配置など，映画では，編集，撮影，演出，音や音楽の技法やその組み合わせである。映画や文学におけるストーリーは，作品中に明示的に表現されていないものも含めた作品中に起こる出来事のすべて，と定義することができるが，ストーリー以外の側面とは作品中の出来事以外の要素すべてであり，映画の映画的な側面，文学の文学的な側面である。

物語においてストーリー以外の側面は，ストーリーの流れが切断されることによって認知的には強調される。このための物語の修辞技法を切断技法と呼ぶ。物語における連続した部分における差異に関する技法であり，特に作品中の事象間の関係に差異を導入するための技法である。

例えば，実験的な映像作品であれば，登場人物が存在せず，完全に事象が存在しない作品もあり得るが，映画にとどまらず，現状の多くの映像作品は，人物が何らかの行為を行う映像，つまりは事象を中心に作成されている。また，受け手の認知も，人物とその行為に関するスキーマに基づく。そのため，人物と事象の連続性とその切断を基準に，コンテンツの分類と分析が可能になるのである。

切断技法は，物語の「見える要素」において，ストーリー以外を強調するための技法として定義できる。切断技法が存在し，それを認知した結果，受け手には物語に対する注目点の認知的移行が生じ，「見えない要素」としての物語が変化して行く。この，注目点の認知的移行こそ，物語作品の様々な効果の基となるので，物語を認知科学や人工知能的観点から扱うにあたって，重要なポイントとなる。

以上を，図4-1を基に説明してみよう。まず，受容の仕方自体が変化する場合がある。図4-1では切断1に相当する。これは例えば，ストーリーを前提とした認知をさせないように，コンテンツ上の物語を，切断技法を基に構成することで，ストーリー以外に注目させる場合である。また，ストーリーと同時に，演出や音などを用いて，映像に「非合理性」を切断技法として導入することなどで，ストーリー以外の側面による物語も受け手に生じさせる場合がある。これは図4-1では切断2に相当する。ストーリー上に切断技法

第 4 章　切断技法と物語

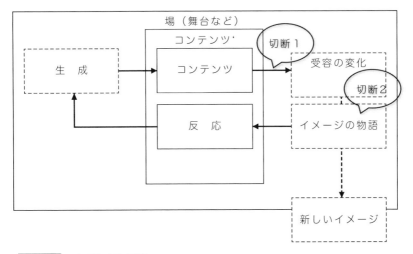

図 4-1　コンテンツと切断

が存在していない場合などでは，切断 1 は生じず，切断 2 のみが生じることもある。

　コンテンツでは，逆に切断技法の使用を意図的に抑制する場合もある。ストーリー的側面を強調することによって，物語の中に連続性を構築する場合である。広告や，映画，ドラマなどのストーリーの導入部では，この方法が用いられている場合が多い。

　切断技法の導入と抑制を戦略的に制御することで，様々なタイプの映像を物語生成として構成することが可能になるのである。

2. 映画と文学の切断技法

　映画と文学というコンテンツを例に，切断技法の具体例を論じてみよう。
　映画の切断技法には，三つのアプローチが存在する（金井・小玉, 2010）。まず連続するショット間の要素の間に差異（非連続性）を設けることによる場合（アプローチ 1）がある。これが主に図 4-1 の切断 1 に相当し，コンテンツの受容の仕方を，ストーリー的側面を中心としたものから，それ以外の側面を中心としたものに変更して行く必要がある。

65

第Ⅰ部　総論・理論

　連続するショットの要素間に非連続性が一切見られなくても，同一ショットにおける要素間の関係が，映画の規範から逸脱していることで，非合理的になっている場合があり，これによっても，受け手の認知は切断される。図4-1では，切断2に主に相当する。ストーリー的側面からの認知が可能で，かつ，それ以外の側面に関するイメージの蓄積も生じている場合である。例えば，起こっている事象と映像または音の間に非合理的関係が存在する（アプローチ2），音と映像の間に非合理的関係が存在する（アプローチ3）場合である。

　現在の映画においては，映像と音という二つのメディアがまず存在しているので，この二つのみをまず考えたが，近年の一部の映画館で導入されているような，振動や匂いなど他のメディアを導入する場合や，画面の分割，さらには複数のディスプレイなど映像環境を変化させることによる切断もあり得る。アプローチ1は映像内の要素の時間的関係における切断技法，アプローチ2は映像内の要素そのものによる切断技法，アプローチ3は映像内の要素の空間的関係における切断技法，といい換えることができるので，様々な応用が可能である。

　多くの映画で見られるのは，例えば以下の技法である。これによってストーリー以外の側面が強調され，「見えない要素」としての物語が変化する。まずアプローチ1の例としては，事象の連続性を壊すことにより，編集そのものを強調する。また，アプローチ2の例としては，対象を極端な構図から撮影することによってイメージそのものを強調する。さらにアプローチ3の例としては音声・視覚相互間の関連性をなくすことにより，音そのものを強調する。それ以外では，例えばアプローチ2では，色を極端に強調させることや，舞台装置の仕組みを意図的に明らかにすることによって，ストーリーを強調しない演出や撮影が適用されている場合も多くある。またアプローチ3では，一つの場面に別の場面の音が被せることや，音声を中途で遮断するなど，音とイメージの関係によって連続性を切断している場合がある。

　切断技法は特殊な技法ではない。コンテンツを離れ，人間の日常の認知活動を考えて見れば，人間の記憶とその想起においては必ず切断が存在すると

66

すらいえる。記憶は連続的というよりも，様々な断片の集合体であるからである。人が，ある記憶を想起する時，それは，あるイメージを認知的に構成しているともいえようが，そのイメージは，出来事が生起した順番ではなく前後し，ある出来事は誇張され，さらに実際の現場とは異なる音が付加されたり，あるいは無音だったりする。それ故に，コンテンツでも特に，記憶や過去を扱った映像の多くには切断技法が用いられている。

切断的な認知の特質を作品に転用し，全編にわたって切断技法の三つのアプローチが全編に導入されている映画の近年の例では，2007 年のカンヌ国際映画祭で，映画祭の 60 周年記念特別賞を受賞した，ガス・ヴァン・サントによる『パラノイドパーク』（2007 年）がある。この作品は切断技法を通して，主人公が過去の自分の行動・記憶に対する認知を行い，その結果，映画中の台詞にもあるように，「何かをした人に謝る」。

『パラノイドパーク』は，主人公のアレックスが友人であるメイシーに対し，ある事件についての手紙を書くという設定になっているため，手紙を書くシーン以外は，全編が主人公の記憶に相当するといえる。そのため，この映画では，時間軸が前後し，映像の質感も，ショットのスピードも，音や音楽の挿入方法も様々であり，一貫していない。事件後に友人に手紙を書くという設定は，映画の冒頭部から提示されているのであるが，受け手は冒頭部ではそれが誰に向けられているのかの情報を直接的には与えられず，81 分（ラストのクレジット部分を除けば 78 分）の映画の 74 分の時点で初めてその設定が明かされる。つまり，全編を通して見なければ，全体の構成を捉えることができず，映像のストーリーよりも，切断技法そのものを受け手は認知することになる。

全編にわたって切断技法の三つのアプローチが導入されている映画『パラノイドパーク』の全編を大学生の被験者に見てもらい，切断技法が行われたシーンごとに，どのように雰囲気や印象が変わったか，どこを意識して見ているかを質問することで，切断技法の受け手への効果を調査したことがある。アプローチ 1 によるショット間の連続性の切断は，この映画では，時空間・映像の質感・カメラの動き・事物の動きの速さ・音の入れ方の五つの変化によってなされている。その結果，受け手のストーリーの理解が阻害さ

第Ⅰ部　総論・理論

れ，切断技法そのものに意識が向かうことが確認された。アプローチ２に関
しては，スローモーションによって極度に動的イメージが高められるシー
ン，長回しによって緊張感が張り詰めるシーンなどにおいて，受け手がス
トーリーを追う映像の接し方とは異なる接し方をしていることが確認され
た。アプローチ３の音と映像が反目する使い方をしているシーンにおいて
は，音そのものに意識が集まると同時にイメージとの関係による違和感か
ら，結果としてイメージそのものが伝える感情以上のものが受け手には生じ
ていた。

　小説でも例えば，ウィリアム・バロウズが用いている「カットアップ技
法」，「フォールドイン技法」も切断技法の一種と見なすことができる。ジェ
イムズ・ジョイスの『フィネガンズウェイク』（1939年）などは全編が切断
技法で構成されているといってもいいだろう。そしてこのような極端なもの
でなくとも，小説における，場面や語り手の変化やあらゆる過剰な描写はス
トーリー以外の側面を強調する切断技法として捉えることができる。

　小説における切断技法に対しても三つのアプローチを適用することができ
る。連続する文章間に差異（非連続性）を存在させる（アプローチ１）。起
こっている事象と，文章または言葉の間に非合理的関係を存在させる（アプ
ローチ２），文章とそれに付加されている情報の間に非合理的関係が存在さ
せる（アプローチ３）場合である。映画と同様に，アプローチ１は小説の要
素の時間的関係における切断技法，アプローチ２は小説の要素そのものによ
る切断技法，アプローチ３は小説の要素の空間的関係における切断技法，と
いい換えることができる。

　小説で見られるのは，例えば以下の技法であり，ストーリー以外の側面が
強調される。アプローチ１の例では，文章間の連続性を壊すことにより，文
章間の関係そのものを強調する。アプローチ２の例では，過剰な描写や字の
表機，配置を変化させることにより，文章や単語そのものを強調する。アプ
ローチ３の例では，注やルビと基になる文や単語との関連性を低くし，注や
ルビの独立性を高めることによって，注やルビそのものを強調する。アプ
ローチ３の例としては，挿絵や図と文章の間に非合理的関係を作る場合もあ
る。さらに，既存の文章を引用する場合に非合理的関係を作ることも，この

68

アプローチ3の変形として捉えることができよう。

　また，Webメディアなどを活用すれば，リンクを利用して以上のような非合理的関係を作ることもできる。小説では複数メディアが共存しにくいので，映画に比べれば，アプローチ3は適用されることが少ない。とはいえ，小説をコンピュータ上などの紙以外のメディアに移植し，他の小説や音楽，映像と共存させる場合や，朗読などの場においては，様々な切断技法を導入することができる。さらには，他の小説や現実との間には様々な非合理的関係を作れるので，それもアプローチ3の拡張例であるといえるであろう。

　切断技法によって，映画と文学の受け手はストーリーを追う認知的制約を緩和し，ストーリー以外の側面に視点を再設定する。映画であれば，映像内の人物や背景そのもの，音や音楽そのもの，映像の編集そのものに，また，文学であれば描かれている文章そのもの，文章のリズムそのもの，単語そのもの，に視点設定することができる。また，切断そのものに視点設定することもできる。切断技法が存在することによって，受け手の物語への接し方や「見えない要素」としての物語が変化して行くのである。

◆ 3. 切断技法による物語生成

　映画，文学の物語に接する受け手は，事象の連続性，ストーリーに注目することが多いのだが，そこに切断技法が存在すれば，受け手は映画または文学というメディアの持つ独自性そのものに目を向ける。さらには，受け手はストーリーに関する認知的制約さえも切断されてしまうために，映画ならば光や音，文学ならば文字そのものに注目する。これによって受け手は，映画と文学が，映画として文学として，立ち上がる瞬間を経験する。切断技法の導入は，本来の映画，文学という媒体のあり方そのものを受け手に対して強く問いかける効果をもたらすため，受け手にとってだけでなく，送り手の側からの情報学的な物語生成においても，重要なポイントとなる。

　物語生成においては，一般的には，ストーリーや物語世界に関連する事象と，それぞれの事象間の因果関係に関連する設定が重要になる。この場合，物語における時間の設定は，事象に関連して設定されることになる。また，

第 I 部　総論・理論

一つのストーリーを前提に，語り手あるいはコンピュータによって物語言説あるいは修辞が構成されて行く場合でも，事象と語り手の間の相対的な時間が物語生成においては重要視される。

　だが，物語生成において，ストーリーや，それを構成する事象を最重要視しない立場もある。例えば，ノンストーリー的な物語生成を，金井・小方・篠原（2003）や金井・小玉（2010），小方・金井（2010a）では映像を題材に考察している。ここでは，要素間の切断的な関係（切断技法）をストーリーよりも優先し，どのように受け手の視点を変化させて行くかが重視されている。

　さらに，ノンストーリー的な物語生成として，過去に関する文章や写真，映像といった素材そのものを，過去に対する認知的効果であるノスタルジアに関する戦略と共に，ストーリーより先にまず設定する場合がある。この場合，ストーリーあるいはその構成要素としての事象ではなく，過去に関する写真や映像などから物語生成を行うのである。この場合，時間の概念は，現実と過去，そして受け手との認知的な関係によって設定されることになる。コンテンツはどのようなものであっても，完成後時間が経過したものであれば，受け手にノスタルジアを生じさせる可能性が高まって行くので，ノスタルジアを戦略的に利用することで受け手の認知を変化させることができる。過去に関する物語生成では，ストーリーや物語言説に基づき生成の多様性を確保して行く方法以外に，過去によって受け手に生じる感情を基準にして，用いる修辞を変更して行くことによっても，その多様性を確保して行くことができるのである。これは切断技法の用い方を変更することによって，受け手への効果を変化させることによる多様性である。そしてこの方法は，ドキュメンタリー作品でもフィクション作品でも変わらず適用することができる。

　例えば，前述の『パラノイドパーク』はフィクションの作品であるが，過去と映像の関係に関しては，ドキュメンタリー的な作品と共通するものがある。『パラノイドパーク』は原作のある作品であるが，主要な登場人物はアマチュアの役者を用いている上，その登場人物以外に，実在する「パラノイドパーク」のスケーターのショットを多用することなどによってドキュメン

タリー的な要素を導入している。また，ガス・ヴァン・サントは，この映画の前後には，『エレファント』（2003年），『ラストデイズ』（2005年），『ミルク』（2008年）といった，アメリカの有名な過去の事件や人物に基づく作品を監督しており，過去と映像の関係を大きなテーマとしている。その流れの中で，無名な若者が起こしたかも知れない過去の事件として『パラノイドパーク』を位置付けることもできる。

映像は記録された時点，あるいは完成された時点以降はすべて過去の映像となる。と同時に，映像を見る瞬間は常に現在である。そのため，物語においてストーリーを強調するのか。切断を強調するのかによって，受け手の効果も変化する。切断の強さによって，コンテンツと過去との関係が定まり，現在ではなく過去として映像を認知させることにつながる。また，ドキュメンタリーの物語と認知の理論も，過去に対する認知的効果（ノスタルジア）と切断に関する議論に直結することになる。切断を基にすることで，ドキュメンタリー作品とフィクションの作品に共通する認知的側面を捉えることが可能になる。

◆ 4. 過去と認知における切断

切断技法は，前述のように三種類の分類が可能である。そして，この三種類の切断を利用することで，情報学的な物語生成への応用が可能になる。ノスタルジアを例に，コンピュータによる物語生成へ向けた切断技法の効果の例を解説してみよう。

Davis（1979）の『ノスタルジアの社会学』では，ノスタルジアには三つの属性が存在するとし，肯定的要素のみならず，否定的要素も含むものとして捉えている。本論文でも，否定的要素も含めたノスタルジアを物語生成と結び付けて考え，ノスタルジアを，「ある過去の時期における盛衰に対して生じる感情」とする。

例えば，パトリシオ・グスマンによる『光のノスタルジア』（2010年）は，天体観測で有名なチリのアタカマ砂漠が舞台となっているドキュメンタリー作品であるが，過去に発せられた星の光に接せざるをえないこと，および，

第 I 部　総論・理論

この砂漠が遺跡の場所であると共にピノチェト政権時の虐殺の場であること
など，過去との複雑な関係をノスタルジアというタイトルにしている。ここ
でのノスタルジアは，一般的に捉えられているような，過去を肯定的に賛美
することにとどまるものではない。本章でも，肯定的な感情のみにとどまら
ず，広くノスタルジアを扱う。

　ノスタルジアは，過去に対する受け手の感情であり，ストーリーが存在し
ない物語に対しても生じる。例えば，時間や場所がテロップとして表示され
た過去の写真や映像が物語として提示される場合，現在と過去の関係を探る
認知が発生するため，ストーリーが存在しない場合でも，受け手には上記の
いずれかのノスタルジアに関する認知が生じる。このため，ノンストーリー
的な物語生成にノスタルジアの理論を応用できるのである。そして，ノスタ
ルジアの三つの属性は物語における切断の強さと関連して論じることができ
る（内藤・金井，2011；内藤・金井，2012）。

　ノスタルジアの第一の属性は「素朴なノスタルジア（simple nostalgia）」
である。これは，否定されるべき現在に対し，賛美されるべき過去を求める
ものであり，最も生じやすいノスタルジアである。例えば，古い街並みや建
物に対して無意識に起こるノスタルジアの多くがこれに分類される。これは
ノンストーリー的な物語生成においては，切断技法においてストーリーが切
断されているが，ノスタルジアによる物語は切断されていない場合に相当す
る。つまり，現在と過去の関係がはっきりしている場合である。これは，物
語を提示して行くにあたって，時間の変化を一つの流れとして明確にするこ
とで可能になる。図 4-1 では，切断 1 が認知の最初にのみ生じる場合になる。

　第二の属性は「内省的ノスタルジア（reflexive nostalgia）」である。これ
は，過去に比べて現在を否定するが，再考し，時代を遡及することで，その
過去に対しても現在に当てはめて疑問を持ち始めた状態であり，否定的な要
素を持ったノスタルジアである。昔の良かった時代と比べて今を否定する
が，さらに，過去への賛美に対しても疑問を持ち始め，過去への賛美を確か
めるために再度過去との比較を行っている場合を指す。対象こそ否定的要素
を含むが，結局はそれを打ち消してしまうので，こちらも肯定的な要素を
持ったノスタルジアである。廃墟に対するノスタルジアや，戦争の傷跡が残

るものに対するノスタルジアなどはこれに当てはまる場合が多い。これはノンストーリー的な物語生成においては，ストーリーが切断され，ノスタルジアによる物語も一度切断されるが，さらにその上でノスタルジアの物語を再構築しようとさせている場合に相当する。つまり，現在と過去の関係が何度も問い直される場合である。これは，物語を提示して行くにあたって，時間の変化を複数設定することで可能になる。図 4-1 において，切断 1 を常に生じさせる場合に相当する。

　第三の属性は，「解釈されたノスタルジア（interpreted nostalgia）」である。これは，内省的ノスタルジアからさらに発展したものである。過去に疑問を持ち，さらに，その疑問を持ち始めた意味さえ問い始めるものであり，否定的要素が重なり合い，混乱した状態を表している。謎や不明点，未解決事項を含んだ過去に対するノスタルジアなどがこれに当てはまる。これはノンストーリー的な物語生成においては，ストーリーが切断され，さらにノスタルジアの物語も切断され，物語の構築をできにくくさせている場合に相当する。つまり，現在と過去の関係がはっきりしていない場合である。これは，物語を提示して行くにあたって，時間の変化を切断によって明確化させないことで可能になる。図 4-1 において，切断 1 と共に切断 2 を常に生じさせる場合に相当する。

　場所や時間を説明するテロップを存在させないなどによって，過去との関係を受け手に把握させないことでノスタルジアを発生させない場合も含め，三種類のノスタルジアと非ノスタルジアをコンピュータによる物語生成の出発点にすれば，ストーリーや事象に囚われない多様な物語生成が可能になる。この場合，三種類のノスタルジアの差は，用いる切断技法の種類数と，それぞれの種類ごとの頻度となる。ストーリーではなく，切断の積み重ねが物語となる。

　ノスタルジアを認知させることは，ストーリーを用いても可能であるが，ストーリーを前提としない場合を想定することで，生成に向けた可能性が，より広がる。単一の一貫した出来事から成る狭義のストーリーにとどまることなく，幅広く物語を扱うことができるわけである。

　現在だけではなく，過去との時間差を基盤とする物語生成においては，ノ

スタルジアに対する戦略，つまりは切断に関する戦略も重要になる。さらに，ストーリーではなく，ノスタルジアを前提にすることによって，ストーリーに関する制約の緩和を送り手側からも，受け手側からも促すことができるため，ストーリーに囚われない物語生成が可能になる。ノスタルジアが先行し，ストーリーがそれに続いても続かなくとも良い，という形での物語生成が存在するのである。この物語生成のさらなる詳細はまた14章で論じる。

◆ 5. 物語と時間

　物語を受け手が認知する時，そこに時間が必ず関係する。例えば映像上の物語の場合，受け手は認知時にそのコンテンツを，過去の映像であっても，現在の時間感覚から見る場合もあれば，過去の映像を過去と現在との関係からノスタルジア的に見る場合もある。そしてさらにそれらが混在する。時間に関する受け手の認知の変化に物語とその切断が影響しているのである。これによって，受け手に生じるノスタルジアの種類や強さが変化する。

　切断技法によって，物語のストーリー以外の側面が強調されるとき，物語の細部が強調される。それが過去の記憶と結び付き，ノスタルジアが生じる場合がある一方で，逆に映像や言葉の細部が現在として浮かび上がる場合がある。さらには映像の物語を離れ，その場の時間そのものが強く浮かび上がることもある。

　映像は，それを見る瞬間は常に現在なのであるから，どんな映像であっても現在の映像としても見ることができる。だが，過去の映像であることが認知できる場合，受け手は過去に関する記憶の強い影響の下で映像に接している。つまりは，映像を映像としてのみ見ることが難しくなる。その中で何らかの切断技法が存在することによって，受け手の受容やイメージの蓄積の仕方が変化し，過去に関する映像であっても素朴なノスタルジアにとどまらない多様な観点から接することが可能になる。

　例えば，ジャ・ジャンクーによる『長江哀歌』（2006年）は，長江の三峡ダム建設で現在は沈んでしまった街におけるフィクション作品なので，現在の受け手がこの作品に接する時には，必然的に過去と現在の関係に基づく感

情が生じるため，ノスタルジアの認知が伴うものとなる。だが，この作品では「煙草」「酒」「茶」「飴」といったテロップの事後的な挿入や，唐突に空に飛び立つ建物などの CG の使用によって，受け手には認知の切断が生じる。素朴なノスタルジアにとどまらない多様なノスタルジアの認知に向けて，切断技法が用いられているのである。

　さらに，物語には空間的な側面もある。これについては，詳しくは金井（2013）などで論じている。物語の空間的な側面は，特に映像においては，送り手側にとっても，受け手側にとっても，時間よりも軽視されてきたといえるであろう。空間よりも時間が強く作用するのは受け手の映像認知の特質からの必然ではある。映像においては，短時間に複数の要素が提示されるので，そこで提示される空間を完全に認知することは難しいし，映像上の空間の認知が可能になるのは，それが十分な時間をかけて提示された場合になる。この，時間・空間と認知の関係があるからこそ，ノスタルジアの認知が生じるのである。その中で，あえて過去の時間ではなく，その場の時間，さらには，空間自体を強く浮かび上がらせることもまた，切断の意義なのである。前述の『長江哀歌』における切断も，この効果がある。

　切断が，映像単体ではなく，映像の環境そのものを強く浮かび上がらせる場合もある。物語はありとあらゆる場所に存在しているのであるから，ある特定の場所の特質を浮かび上がらせるためには，時間に関連したノスタルジアを切断あるいは抑制することが必要になる。現在は，映像は固定された空間で接するものだけではなく，ありとあらゆる場所でありとあらゆる方法で接するものとなっている。配置されたディスプレイの中の映像だけでなく，プロジェクターによって様々な場所に映像を同時に複数投影することが可能である。そこでの何らかの切断によって，時には時間を，時には空間を，環境を，そして画面そのものを強く浮かび上がらせることができる。

　物語は，他の物語や記憶も含め，現実世界やその環境との関係を結ぶことによって，その価値や効果が定まる。その価値や効果の差異は，物語における切断と密接なつながりがある。また，コンテンツの物語においては，同質的な部分を連続させないためにも，切断の導入が必要になる。切断によって，物語と現実，そして過去との関係を作ることができる。コンテンツだけ

第Ⅰ部　総論・理論

で完結せず，人の認知の理論，現実の理論，時間の理論，空間の理論，そして過去と歴史の理論と結び付くために，切断が必要とされるのである。

　また，切断に逆らい，一つの強い効果を生じさせることで，弁証法的な効果を引き出すこともできる（金井・小玉，2010）。これが，モンタージュ理論としてセルゲイ・エイゼンシュテインが提示しているものである。この場合，コンテンツの物語から生じる「見えない要素」としての物語も一つに定まる。非合理的な切断は，弁証法的に生じる一つの物語や効果を越え，物語の多様性に至るためのものであり，モンタージュ理論的な力を抑制させる。

　一方で，Manovich（2001）は，エイゼンシュテイン的な時間を重視したモンタージュと，合成などによるショット内のモンタージュを区別し，そこにデジタル時代のアート，デザイン，映像の可能性を見ている。これも時間的な一つの連続からの切断である。

　時間の流れを基に物語が一つのイメージとして弁証法的に定まるモンタージュは，あくまでも物語の可能性の一つであり，そこに切断を導入することで，多様な時間，空間を伴う物語が出現する。特に，現在のように人々が同時に複数の物語に複数のディスプレイなどで接することが常態化している時代にあっては，切断的な物語の要素の関係をまず前提とすることで，様々な物語を扱って行くことができる。切断を含まないストーリー的な物語と，それ以外の切断を含んだ物語，さらに例えば本章で論じたノスタルジアなどの過去と記憶も含めた切断の多様性を扱って行くために，物語を切断から考察して行く立場が存在し得る。これによって，物語の要素から成るコンピュータ上のデータベースなどから，複数の物語の生成が可能になるのである。

（金井明人）

第**5**章

社会過程による物語生成

◆ 1. 広告コミュニケーションの特性とモデル

1.1 広告コミュニケーションの特性

　コンテンツを活用したビジネスには様々なものがある。小説，映画，演劇などのコンテンツビジネスでは，コンテンツそのものが商品となり，コンテンツの受け手（消費者）がそれに対する対価として料金を支払うビジネス形態となる。ビジネスが成り立つためには，そのコンテンツに料金を支払っても良いと消費者に思わせる必要がある。ただし，それを満足させることができれば，コンテンツの送り手は，どのような内容のコンテンツを生成しても良い。また，消費者は料金を支払った後にコンテンツを受容することも多いので，コンテンツに対する一定の興味を持った上で受容する。

　一方，広告のコンテンツでは，コンテンツの受け手（消費者）がそれに料金を支払うのではなく，消費者がそのコンテンツをきっかけとして，コンテンツの中に表現されている商品・サービス（以降，「商品」と呼ぶ）に対して料金を支払うビジネス形態となる。広告ビジネスが成り立つためには，そのコンテンツを通じて商品に料金を支払っても良いと消費者に思わせる必要がある。コンテンツの送り手（広告主）は，商品の特徴やそれを消費する消費者の行動に関する内容のコンテンツ（以降，「広告コンテンツ」と呼ぶ）を生成する。ただし，消費者は広告コンテンツに対する興味を事前に持っていない場合が多く，広告主は消費者の商品に関する知識を把握しつつ，限られた接触場所・時間の制約の中，消費者の注意や興味を引くため，社会に存

第 I 部　総論・理論

在する多様な物語（流行，動向，消費など）を広告コンテンツに取り込もう
とする。広告主は社会に存在している様々な物語の集合体を母体として，商
品と関連しそうな物語を抽出し，それらと商品，消費および広告主の物語を
合成することにより，広告のストーリー，イメージおよびコンテンツを生成
していると考えることもできる。例えば，物語の合成の仕方として，以下の
ような方策がある。

①消費者が広告主や商品のことを知らない場合，広告主は消費者の注意を引
　くために社会の流行や動向に関わるストーリー，イメージおよびコンテン
　ツ（以降，「社会の物語」と呼ぶ）を広告コンテンツに合成する。

②消費者が広告主を知っているものの，商品のことを知らない場合，広告主
　は消費者の注意を引くために広告主に関わるストーリー，イメージおよび
　コンテンツ（以降，「企業の物語」と呼ぶ）を広告コンテンツに合成する。

③消費者が商品のことをある程度知っている場合，広告主は消費者の興味を
　喚起するために消費者が共感できるようなストーリー，イメージおよびコ
　ンテンツ（以降，「消費の物語」と呼ぶ）を広告コンテンツに合成する。

④消費者が商品に対する知識や興味をある程度持っている場合，商品の良さ
　を消費者に理解してもらうために商品の機能に関わるストーリー，イメー
　ジおよびコンテンツ（以降，「商品の物語」と呼ぶ）を広告コンテンツに
　する。

1.2 広告の物語の類型

　広告コミュニケーション過程により取り扱う物語には，1.1 で説明したよ
うに，社会の物語，企業の物語，消費の物語，商品の物語などがある。

　社会の物語は，社会の流行や状況，社会に提供されている様々なコンテン
ツ，社会で話題になっている（あるいは過去の）出来事・事件のヒストリー
などやそれらを基に抱かれるストーリーやイメージである。広告コンテンツ
に起用される出演者の物語も社会の物語である。

　企業の物語は，企業理念，企業特性，企業の活動履歴などやそれらを基に
抱かれるストーリーやイメージである。その企業が販売している商品の物語
の集合体も企業の物語になる。

消費の物語は，消費者の生活スタイル，生活履歴などやそれらを基に抱かれるストーリーやイメージである。特に，その企業が販売している商品に対する消費履歴やそれらを基に抱かれるストーリーやイメージは重要な消費の物語である。本章で消費の物語と呼ぶ場合，消費者個人あるいは小さな集団における物語を意識しているが，それらの消費の物語の集合体が社会において多数を占める物語である場合，それは社会の物語と考える。

商品の物語は，商品のコンセプト，商品特性，商品履歴などやそれらを基に抱かれるストーリーやイメージである。

1.3 広告コミュニケーションのモデル

嶋村（2008）によれば，広告は「明示された広告主が，目的を持って，想定したターゲットにある情報を伝えるために，人間以外の媒体に料金を払って利用して行う情報提供活動」と定義されている。この定義と第1章（図1-4）に示したモデルと照らし合わせると，広告は，「送り手である広告主が，目的を持って，商品，企業，消費などに関わるコンテンツを，媒体（メディア）を活用して，想定した受け手（消費者）に提供すること」と考えることができる。

一方，近年のソーシャルメディアの発展によって，従来，受け手と考えられていた消費者から豊富な情報（あるいはコンテンツ）が提供されるようになり，広告主から消費者への情報提供だけでなく，消費者から広告主への情報提供も含んだ双方向のコミュニケーション過程として，広告を捉えることが必要となっている。本章では，広告を「広告主が，目的を持って，広告コンテンツを，メディアを活用して想定した消費者に提供し，消費者の反応や消費者が生成したコンテンツを，ソーシャルメディアなどを活用して収集・解釈し，目的に基づき，（次の）コミュニケーション時にフィードバックを行う過程」と捉え，図5-1に示した広告コミュニケーション過程のモデルに基づき解説してゆく。

広告コミュニケーション過程に関しては，広告活動全般や広告に関連する各種モデル（嶋村，2008；岸・田中・嶋村，2008），広告生成のための方法や戦略（阿部，2003；植条，2005；清水，2005；川村，2009a）についての

第Ⅰ部　総論・理論

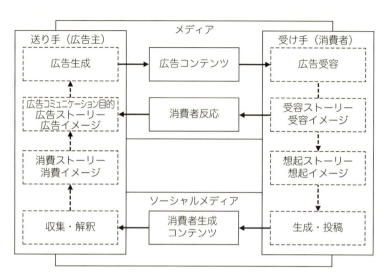

図 5-1 広告コミュニケーション過程のモデル

解説や手順（マニュアル）に関する文献があるが，広告コミュニケーション過程全体を情報モデル化するという観点からの文献は存在しない。本章では，既往の解説やマニュアルを参考にしつつ，広告コミュニケーション過程が生成する物語，そしてそれらの物語を生成する広告コミュニケーション全体をシミュレーションによって再現・生成するシステムを構築するという観点からモデル化を試みる。シミュレーションを行うためには，何らかの定式化が必要となるが，複雑な広告コミュニケーション過程のすべてを定式化することは困難であるため，ここでは，広告コミュニケーション過程によって生成される 1.2 の物語が，どのような主体により生成されるのか，どのような要素により構成されるのか，どのような過程により生成されるのかの流れを明らかにすることを目指す。

◆ 2. 送り手の過程（前半）

2.1 送り手の構成主体

1.3 では，送り手を広告主としたが，現実の社会における送り手は，広告

主，広告会社（「広告代理店」とも呼ぶ），広告制作会社などで構成される。広告主は広告コンテンツを対象とする消費者に知らしめようとする主体であり，広告コミュニケーション目的，商品コンセプト，企業情報などの設定，広告費の負担，広告費用対効果の判断などの役割を担う。広告会社は広告主からの要請を受けて広告コンテンツを生成する主体であり，広告コンセプト，広告ストーリー，広告イメージなどの設定，メディアの手配，広告費用対効果の調査・解釈などの役割を担う。具体的な広告コンテンツ制作を広告制作会社に委託することも多く，広告制作会社は広告会社からの要請を受けて広告コンテンツの撮影・編集などの役割を担う。また，広告調査会社あるいはマーケティング調査会社が広告費用対効果の調査・解釈などの役割を担う場合もある。

2.2 広告生成に活用される要素

　広告主および広告会社は，広告生成のために表5-1に示す要素などを活用する（清水，2005）。表中の例は，大日本除虫菊株式会社（以降，「キンチョウ」と呼ぶ）の「虫コナーズ」（商品）について，広告クリエイターへのインタビューやホームページ情報（大日本除虫菊，2015）を基に作成した。広告主は，競合他社との差別点を考慮して商品開発を行い，商品コンセプトを設定し，市場環境を踏まえ広告コミュニケーション目的を設定する。商品名の認知がまだ成されていない場合は，消費者が興味を持つ物語を基に商品の位置付けや商品名を認知させるようにしたりする。また，商品名の認知が十分に成されている場合は，商品の機能や商品が持つ世界観を理解させるようにしたりする。なお，広告コミュニケーション目的は，広告に関わる制約（広告費，広告費用対効果）を考慮しつつ設定される。

2.3 広告生成の過程

　広告会社は，商品情報，広告情報，企業情報，消費者情報および社会情報を基に，商品イメージ，広告イメージ（既往の広告），企業イメージ，消費者イメージおよび社会イメージを膨らませ，広告コンセプトを設定し，広告ストーリーおよび広告イメージを生成する（表5-2）。表中の例は，キンチョ

第Ⅰ部　総論・理論

表5-1　広告生成に活用される要素

項目	主 な 要 素	キンチョウ・虫コナーズの例
広告コミュニケーション目的	意図	基本的には商品がどういうものなのかをわかってもらいたい。
	消費者の設定	主婦
	消費者のエリア（カバレッジ）	
	効果指標の設定	商品機能認知率
商品情報	商品コンセプト（商品の競合他社との差別点など）	ベランダや玄関にぶら下げて虫の侵入を防ぐ
	商品特性（名称，機能，デザイン，価格，広告，売上，評価など）	
	商品履歴（ヒストリー）（商品販売，売上実績など）	2007年　「虫コナーズ プレートタイプ」・「虫コナーズ リキッドタイプ」発売 2008年　「虫コナーズ アミ戸用スプレー」発売 2010年　「ガラスに虫コナーズ」，「衣類に虫コナーズ」発売 2011年　「虫コナーズ アミ戸に貼るタイプ」発売 2012年　「虫コナーズ 玄関用」発売 　　　　：
広告情報	広告コンセプト（既往の広告）	
	広告ストーリー（既往の広告）	
	広告イメージ（既往の広告）	
	広告履歴（ヒストリー）（キャンペーン，出稿実績など）	2009年　ベランダで踊るシリーズ開始 　　　　：
企業情報	企業理念	昔も今も品質一番
	企業特性（名称，ロゴ，業界，評価など）	
	全商品履歴（ヒストリー）（商品発売，売上実績など）	1890年　世界初の棒状蚊取り線香発明 1952年　日本初のエアゾール殺虫剤「キンチョール」開発 1983年　ニオイのつかない衣料用防虫剤「ゴン」発売 　　　　：
消費者情報	購買志向，生活スタイル	
	消費者属性（年齢，性別，職業など）	
	生活履歴（ヒストリー）（商品購買実績，各種行動など）	

第5章　社会過程による物語生成

	流行，状況	
社会情報	社会コンテンツ（名称，ストーリー，イメージ，出演者など）	ダンスアイドルの流行を CM に反映
	社会ヒストリー（イベント，流行，賞罰，事件，スキャンダルなど）	1989 年　ダンスアイドル流行 　　　　　　： 2007 年　ダンスアイドル流行 　　　　　　：
広告費	制作費，メディア出稿費	
広告費用対効果	（商品認知率，商品理解率，商品売上など）／（制作費，メディア出稿費など）	

表5-2 広告生成の過程における情報

項　　目	主 な 要 素	キンチョウ・虫コナーズの例
広告コンセプト	コンテンツの全体的なメッセージ	「ベランダにぶら下げて虫除けするもの」をわかりやすく，伝えたい。
広告ストーリー	商品ストーリー	商品の機能
	企業ストーリー	
	消費者ストーリー	消費者の（商品をきっかけにした）効果
	社会ストーリー	
広告イメージ	世界観や雰囲気	踊りは上手すぎず下手すぎず好感が持てる。
	画像・映像イメージ	主婦が虫コナーズの CM ソングをベランダで歌って踊る。踊りはダンスアイドルのダンス。
	音響イメージ	CM ソングの中に商品名と商品機能を込める。
表現計画	演出（空間，時間，登場人物，登場人物の特徴・行動，登場ロゴ・テキスト，撮影など）	空間・時間：ベランダ，昼間 登場人物：主婦，30〜50 歳代・踊る，踊りはダンスアイドルのダンス テロップ：最後の日まで，しっかり効く。 　　　吊るだけ簡単　虫よけ　虫コナーズ
	音　響（科白，効果音，音楽など）	歌詞：テクノテクノテクノで逃げテクノ 　　　虫が家から逃げテクノ 　　　虫コナーズテクノ 　　　虫コナーズテクノ ナレーション：キンチョウ　虫コナーズ
	編集（事象の関係・連結，テンポ）	

第Ｉ部　総論・理論

ウの虫コナーズについてインタビューや CM のコンテンツを基に作成した。

　商品イメージは，商品情報（商品コンセプト，商品特性，商品履歴）を母体として広告会社の広告クリエイターが抱くイメージである。そのイメージは明確な構造を持ったものとして構成されている場合もあるし，そうでない場合もある。広告イメージ（既往の広告）は，既往の広告コンテンツ（広告コンセプト，広告ストーリー，広告イメージ，広告履歴）を母体として抱くイメージである。企業イメージは，その企業が提供する商品イメージを総合させたイメージであるが，そのイメージと企業情報（企業理念，企業特性，企業ヒストリー）を含めて総合的に抱くイメージである。また，消費者イメージは，消費者情報（購買志向，生活スタイル，消費者特性，生活ヒストリー）を母体として抱くイメージである。社会イメージは，社会情報（流行，状況，社会コンテンツ，社会ヒストリー）を母体として抱くイメージである。

　広告クリエイターは，これらのイメージを基に，広告により何を訴求するのかを広告コンセプトとしてまとめ，外的表象化する。例えば，テレビコマーシャル（以降，「CM」と呼ぶ）の場合，15 秒あるいは 30 秒の時間的制約があり，多くのメッセージを伝えることができないため，その時間内で何を訴求するのかを広告コンセプトとして厳密に設定する。また，消費者は一般的に広告コンテンツに対する興味を事前に持っているわけではないため，多くのメッセージを表現しても伝わらないという事情もある。次に，広告コンセプトに基づき，前述の商品イメージ，広告イメージ，企業イメージ，消費者イメージおよび社会イメージから，商品の物語，企業の物語，消費の物語，社会の物語のどれに焦点を当てるのが効果的かを決定し，広告ストーリーを設定する。そして，広告ストーリーに基づき，具体的な表現形態（画像，映像，音響など）として広告イメージを膨らませ，表現計画としてまとめる。例えば，CM の場合，4 コマ漫画のような CM コンテを生成する（植条，2005）。広告イメージと表現計画の違いを明確に示すことはできないが，広告イメージが広告クリエイターの内部に存在する内的表象であり，明確な構造化がなされていないのに対し，表現計画は，構造化がなされた外的表象である点が異なる。キンチョウ・虫コナーズの表現計画の例として CM コン

第5章 社会過程による物語生成

図5-2 表現計画例－キンチョウ・虫コナーズのCMコンテー

テを図5-2に示す。広告制作会社は，表現計画を基にして，具体的に出演者，登場物，背景などを撮影（あるいは原稿作成）し，必要に応じ音響を加え，編集を行うことにより広告を生成する。例えば，CMの場合，いくつかの事象をカメラにより撮影し，科白，効果音，音楽などの音響を付加して，映像ショットの時間的編集を行い，15秒あるいは30秒の広告映像を生成する。

2.4 広告クリエイターの発想と選択

2.3に示した過程では，広告クリエイターが大きな役割を果たす。広告ク

85

第Ⅰ部　総論・理論

リエイターの発想・選択過程は，現時点では属人的な過程であり，一般化してメカニズムを明らかにした研究は存在しない。また，2.3に示した過程では，広告コンセプト→広告ストーリー→広告イメージ→表現計画の流れで解説をしたが，広告クリエイターによってはCMコンテ（表現計画）から発想する人もいる。ここでは，キンチョウに携わった広告クリエイターに対するインタビュー内容を整理する。これらの処理は，将来的には，見えない要素から見える要素に変換するためのルールとなる。

(1) 発想過程－インタビュー内容－

商品機能，今までのCMのトーン（イメージ），企業イメージ，最近のターゲットの人物像（消費者像）などすべてを頭の中でイメージし，つながる事柄を探す。例えば，商品機能から出発して，「ぶらさげる」といったことから「『ぶらじる』とダジャレにしたらどうか」とか，くだらない案もいっぱい出して考える。また，商品機能だけでなく，商品の嬉しさ・メリットを考え，「誰がどういう気分の時に商品を欲しい・必要と思うか」など，人が商品を使うことによる感情や行動の変化，商品を使う必然性から連想をめぐらせる。そして，広告主の好みや表現したいトーン（イメージ）も配慮する。好みは，広告主により異なる。例えば，「明るく健康的な感じでやりたい」とかである。また，競合商品の広告のトーンとはかぶらないようにする。

逆に商品とは直接関係のないこと，例えば，「世の中で今何が流行っているのか」から始め，「今国会で何やっているか」といったことを考えたりする。社会の人々が興味を持っている出来事を出すと視聴者が取っ付きやすくフック（注意や興味のためのきっかけ）になる。広告表現に社会の気分を構成する要素（コンテクスト）との接点を仕込んでおくことにより，その先にある解釈やイメージにまで視聴者の意識を関連付けることができ，視聴者に広告表現を強く定着させることができる。

また，個人的な「最近こういうことが好き」「気になっている」から始めたりする。様々な角度から穴を掘ってゆくうちに，たまに良いアイデアが出る。

(2) 選択過程－インタビュー内容－

　企画は個人の発想を出発点とする。「商品の価値をどういう観点から考えるか」，さらに，基本的な価値観として「何を面白いと感じるか」「何を興味深いと思うか」は（広告クリエイターにより）違う。合理的・演繹的に答えを出した場合，ある程度の答えは出るが，どこも似たような答えになる場合が多い。広告は「差別化」が重要であり，他と同じにならないために，より多角的・多面的な思考を経て企画し，他と違うものを目指す。ただし，データ重視の広告主は，データで説明しきれない要素に不安をおぼえたりすることも多い。そのギャップは不可避的に存在し，それは広告クリエイターと広告主の信頼関係によって乗り越える。（例えば，おばちゃんがアイドル風ダンスを踊る理由について）「ターゲットの年齢層の人が80年代ダンスアイドルを好きだ」といった後付のデータで説明するという決め方もあるが，キンチョウはそのようなことは求めなかった。キンチョウは，広告クリエイターの個性を許容し，感性的な部分を広告クリエイターと共有している。

　広告を見て，「視聴者が友人や家族にこんなCMを見たと一言で説明できるか」といったことを，企画として成立しているか否かの基準として考える。

　面白がらせるという意識が前に出すぎると恥ずかしいとも考える。実際に見た時の面白さの度合いに比べて，送り手がもっと面白いと思ってしまうとその（送り手側の方が浮き上がってしまっているという）感じが出てしまう。第一想起で考えた案は浅いので，クリエイティブのチーム間で，「それだったらこうしたらどうか」といった議論をして一段階深くする。例えば，ベランダでぶら下げる商品だとすると，「ベランダを六本木ヒルズのベランダにしたらどうか」というのが第一想起だとすると，それを少しずらして「ヴェルサイユ宮殿の方が意外性があるのではないか」とかを考える。人の意見を聞くことにより，また（新しいことを）思いついたりする。それは，表現レベルだけでなく，「この商品は本当に使うのか，必要なのか」といった感じで，商品の価値の真ん中（源流）にまで遡って考える。その過程は常に試行錯誤である。例えば，「主婦はしょっちゅうベランダに行くのだろうか」「行く必然性があるとすればいつなのか？洗濯の時か？」といったことである。

第Ⅰ部　総論・理論

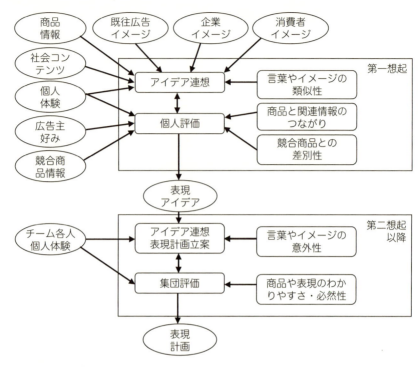

図 5-3 広告クリエイターの発想・選択（評価）過程

(3) 発想・選択（評価）のモデル化

これらのインタビュー内容を踏まえ，広告クリエイターの発想・選択（評価）過程をモデル化すると図5-3となる。図中では省略しているが，第二想起においても，商品情報，既往広告イメージ，企業イメージ，消費者イメージ，社会コンテンツ，広告主好み，競合商品情報などの情報は参照される。

◆ 3. メディア

3.1 提供のためのメディア

現実の社会におけるメディアは，広告コンテンツを提供するものとして，テレビ，ラジオ，新聞，雑誌，ダイレクトメール，折込，屋外，交通，POP

（Point Of Purchase），展示，電話帳，衛星メディア関連，インターネットなどがある（嶋村，2008）。これらは，表現形態，提供カバレッジ，地域選別性，消費者層カバレッジ，特定層選別性，受容環境（接触時間，保存時間），訴求性（認知性，理解性，イメージ形成性，インパクト），インタラクティブ性などが異なる（表5-3）。

　広告会社は広告主が設定した広告コミュニケーション目的（消費者の設定・エリア）や広告費（メディア出稿費）を基に，消費者への到達率（リーチ），到達頻度（フリクエンシー），延べ到達率（到達率×到達頻度），到達

表5-3　メディアの特性

区分	主な特性	特性例
提供	表現形態	文字，画像，映像，音響
	提供カバレッジ	全国，地域
	地域選別性	全国，県単位，市単位，地域単位，路線単位
	消費者層カバレッジ	全年齢層，特定層
	特定層選別性	時間帯による消費者層選別，興味による消費者層選別
	接触時間	15秒，30秒，数分
	保存時間	日，週，月，年
	認知性	メディア到達率，広告到達率
	理解性	メッセージ，わかりやすさ，説得性
	イメージ形成性	画像・映像，雰囲気
	インパクト	色彩，動き，音響
	インタラクティブ性	なし，時間差，リアルタイム
反応収集	収集形態	数値，文字
	収集カバレッジ	全国，地域
	地域選別性	全国，県単位，市単位，地域単位，路線単位
	消費者層カバレッジ	全年齢層，特定層
	特定層選別性	時間帯による消費者層選別，興味による消費者層選別
	収集精度・間隔	リアルタイム，分，時，日，週，月
	フィードバック間隔	日，週，月，年
	収集効率	反応率，信頼性，代表性
	収集情報	メディア到達率，広告到達率，認知率，理解率，好意的態度率，評価，感想，購買率，売上

出所：川村（2009a）を基に筆者が作成

第 I 部　総論・理論

費用効率（Cost Per Mille：1000人の消費者に広告コンテンツを到達させるための費用）などを算出してメディアを選択し，効率的に広告コンテンツを提供する（川村，2009a）。

3.2 反応収集のためのメディア

　一方，広告コンテンツに対する反応を収集するものとして，広告コンテンツの消費者への到達レベルでは，視聴率・聴取率調査，発行部数・紙面接触率調査，ページビュー・クリック調査などがあり，広告コンテンツに対する心理変容や行動レベルでは，好感度・好感要因調査，関心度・印象度・理解度調査，購買調査，ソーシャルメディア投稿調査などがある。これらは，収集形態，収集カバレッジ，地域選別性，消費者層カバレッジ，特定層選別性，反応精度（収集精度・間隔，フィードバック間隔）などが異なる（表5-3）。

　広告会社は広告コンテンツの提供前と提供後に，消費者への到達レベルとして，到達率，到達頻度，延べ到達率，到達費用効率などが達成できているかどうか，心理変容や行動レベルとして，関心度・印象度・理解度，好感度・好感要因などが達成できているかどうかを調査・集計し，メディア設定，広告コンテンツ表現が妥当であったかどうかを評価する（川村，2009a）。

◆ 4. 受け手の過程

4.1 受け手の構成主体

　1.3 では，受け手を消費者としたが，現実の社会における受け手は，消費者に加え，コンテンツ会社などがある。消費者は広告コンテンツの受容をきっかけとして，商品を認知・理解・購買する可能性のある主体であり，商品イメージ，生活体験，社会興味情報を基に受容イメージを抱き，受容ストーリーや受容コンセプトを解釈する。消費者は大きく分けて3種類（キャスター，インベスティゲイター，アクセプター）あり，キャスターは自らが想起したコンセプト，ストーリーおよびイメージを消費者生成コンテンツと

して社会に提供する場合がある（川村，2013）。コンテンツ会社はテレビ，新聞などのメディアを活用してコンテンツを提供する主体であり，話題になった広告コンテンツをニュースや番組として社会に提供したりする。

4.2 広告受容に活用される要素

消費者は広告受容のために表5-4に示す要素を活用する。表中の例は，キンチョウの「虫コナーズ」（商品）について筆者の推測を基に作成した。

商品イメージは，企業情報，商品特性，商品購買・消費履歴（ヒストリー）などに関して消費者が抱いているイメージである。生活体験は，消費者が日々体験している行動の履歴である。生活体験における購買は，広告コンテンツに関わる商品だけでなく，生活を進める上で関係しているすべての商品が対象となり，行動は，生活を進める上で関係しているすべての行動が対象となる。社会興味情報は，消費者が興味を持った流行，社会コンテンツ，社会ヒストリーなどである。

4.3 広告受容の過程

消費者は，商品イメージ，生活体験，社会情報および広告表現関連知識を基に広告コンテンツ（複数の事象の連鎖）を受容し，受容イメージを膨らませたり，収束させたりしながら，受容イメージを抱き，受容ストーリーや受容コンセプトを解釈する（図5-4，表5-5）。広告受容で解釈される内容の例を表5-5に示す。この時，消費者にとって広告コンテンツがわかりにくいものである場合，送り手の知識と消費者の知識が著しく異なる場合，消費者は広告ストーリーや広告コンセプトを理解できない。

一方，商品の物語，企業の物語，消費の物語，社会の物語が，理解しやすく，説得力があり，好感が持てて，イメージが広がり，関与しようと思う内容である場合，消費者は記憶を強化する。理解・説得力・好感・イメージ・関与のすべてを満足する広告コンテンツはないであろうが，どれか一つでも満足することが広告コンテンツに求められる。

受容コンセプト，受容ストーリーおよび受容イメージは，消費者の内的表象であるため，具体的にどのような構造を持っているかわからないが，広告

第Ⅰ部　総論・理論

表5-4 広告受容に活用される要素

項目	主　な　要　素	キンチョウ・虫コナーズの例
商品イメージ	企業情報	キンチョウ，家庭用殺虫剤を販売しているなど
	商品特性	キンチョール，スプレーで害虫駆除など 虫コナーズ，玄関で使っているなど
	商品購買・消費履歴（ヒストリー）（購買実績，商品評価など）	1985年　キンチョール購入 　　　　： 2015年　虫コナーズ購入
生活体験	生活信条，購買志向	清潔好き（毎日洗濯している）
	生活履歴（ヒストリー）（生活全般に関わるもので購買履歴含む）	朝起きて，朝食を準備し，朝食を食べる 洗濯を行い，洗濯物をベランダに干す ベランダでよく蚊に刺される 昼食を食べる スーパーに買い物に行く テレビドラマを見る 夕食を準備し，夕食を食べる 歌番組を見る バラエティ番組を見る お風呂に入る 寝る 　　　　：
社会興味情報	流行，状況	
	社会コンテンツ（名称，ストーリー，イメージ，出演者など）	ダンスアイドルのダンスのイメージ
	社会ヒストリー（イベント，賞罰，事件，スキャンダルなど）	1989年　ダンスアイドル流行 　　　　： 2007年　ダンスアイドル流行 　　　　：
広告コンテンツ	演出	おばちゃんがダンスアイドルっぽいダンスを踊っている
	音響	ダンスアイドル曲っぽく，軽快なテンポ
	編集	
広告表現関連知識	演出要素知識	主婦は洗濯物をベランダで干す ダンスアイドルのダンス
	音響要素知識	ダンスアイドルの曲

コンテンツのどの要素が受容・記憶に効果があったかについては調査が行われる。3.2に示した反応収集メディアによる好感要因調査における受容・記

第5章　社会過程による物語生成

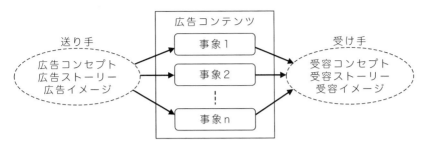

図 5-4 広告コンテンツとコンセプト・ストーリー・イメージ

表 5-5 広告受容で解釈される内容の例

項目	主な要素	内　容　例
受容イメージ	世界観や雰囲気	いい歳したおばちゃんが踊っている。現実とのギャップ，違和感，微笑ましい。
	画像・映像イメージ	ダンスアイドルグループを真似たダンス，おばちゃん，生活場面（ベランダ，洗濯物）
	音響イメージ	軽快なテンポ
受容ストーリー	商品ストーリー	虫を寄せ付けない
	消費者ストーリー	ベランダで洗濯物を干す時に，虫に困らされている。虫コナーズがあると楽しい。
	企業ストーリー	
受容コンセプト	コンテンツの全体的なメッセージ	虫コナーズが虫を寄せ付けない場所で楽しくなる。

表 5-6 受容・記憶に関する指標例

項目	主な要素	受容・記憶に関する指標例（好感要因調査）
受容イメージ	世界観や雰囲気	ユーモラスなところ，ダサいけど憎めない，心がなごむ，セクシー，かわいらしい，時代の先端を感じた
	画像・映像イメージ	出演者・キャラクター，映像・画像が良い
	音響イメージ	音楽・サウンドが印象的
受容ストーリー	商品ストーリー	商品にひかれた
	消費者ストーリー	ストーリー展開が良い
	企業ストーリー	企業姿勢に嘘がない
受容コンセプト	コンテンツの全体的なメッセージ	宣伝文句（メッセージ）が印象的，説得力に共感

第Ⅰ部　総論・理論

憶に関する指標例を表5-6に示す。

4.4 生活体験の過程

　消費者は，広告コンテンツを受容した後，解釈した受容コンセプト，受容ストーリーおよび受容イメージを記憶し，日々の生活を営むことになる。表5-4に示した商品イメージ，生活体験および社会興味情報の要素が絡み合って連結し，記憶が強化される場合があるが，多くの消費者は時間と共に記憶した内容を少しずつ忘却する。そのような中，生活において体験する様々な事象や社会の物語と，受容コンセプト，受容ストーリーおよび受容イメージとを絡ませて変容させ，新たな何らかのコンセプト，ストーリーおよびイメージを抱く（以降，これらを「想起コンセプト」「想起ストーリー」「想起イメージ」と呼ぶ）。例えば，キンチョウ・虫コナーズを購入し消費した体験，あるいは競合他社の商品を購入し消費した体験などに基づき想起したりする。

4.5 生成・投稿の過程

　消費者は，商品や広告コンテンツに対し，好感が持てて，イメージが広がり，関与しようと思う場合，想起コンセプト，想起ストーリーおよび想起イメージを基に何らかのコンテンツを生成し，ソーシャルメディアを介して投稿する。例えば，キンチョウ・虫コナーズでは，出演者の「おばちゃん」の踊りについての感想・発見，出演者の「子役」の演技についての感想，ストーリーが実生活でよくあるものであるという共感，出演者の「おばちゃん」の踊り映像を基にしたMADムービー（既存の映像素材を再編集・構成した映像）などの投稿があった。消費者生成コンテンツの多くは，商品や広告コンテンツに対する評価を行う内容であるが，広告コンテンツをきっかけとして，広告コンテンツの要素（例えば，出演者など）に関わる思い入れや商品活用場面などの「消費者が生成する物語」が投稿される場合がある。それらは，消費者の内部に存在する想起コンセプト，想起ストーリーおよび想起イメージを外的表象化したものである。

◆ 5. ソーシャルメディア

5.1 消費者から見たソーシャルメディア

　ソーシャルメディアは，消費者がコンテンツを提供するものとして，電子掲示板，ブログ，ユーチューブ，フェイスブック，ツイッター，ラインなどがある。これらは，表現形態，視聴者カバレッジ，視聴者選別性，匿名性，操作性などが異なる（表5-7）。消費者は，自分のコンテンツを提供したい視聴者を設定し，ソーシャルメディアを操作する時間や労力，自分が表現したいコンテンツの表現形態を踏まえ，メディアを選択する。

5.2 広告主や広告会社から見たソーシャルメディア

　消費者生成コンテンツを収集するメディアとして，投稿量（定量的情報）や投稿内容（定性的情報）を収集できる（表5-7）。ソーシャルメディアは消費者自らが関与してコンテンツを投稿するメディアであり，広告主（あるいは，広告会社，広告調査会社，マーケティング調査会社）が実施する各種調査よりも消費者の定性的情報を安価に収集できるという長所がある。ただし，収集した膨大な定性的情報から，消費者の本音，ストーリー，イメージなどをどのように解釈するかについては試行錯誤の段階である。

■表5-7 ソーシャルメディアの特性

区分	主 な 特 性	特 性 例
提供	表現形態	文字，画像，映像，音響
	視聴者カバレッジ	会員総数，年齢構成
	視聴者選別性	公開，会員制
	保存時間	日，週，月
	匿名性	匿名参加かどうか
	操作性	送信，受信，検索，閲覧
収集	投稿量	投稿数，投稿者数，投稿連鎖数，投稿頻度など
	投稿内容	消費感想，意見，要望，日記，エッセイなど

第Ｉ部　総論・理論

◆ 6. 送り手の過程（後半）

6.1 収集・解釈

　広告主や広告会社は，収集した投稿量や投稿内容を基に，消費者の関与度，消費ストーリー（消費状況，商品機能，商品受容，消費効果など）や消費イメージ（商品イメージ，企業イメージ，消費空間，消費時間，消費者イメージ，興味キーワード，生活ルールなど）を解釈する。

6.2 コミュニケーション評価とフィードバック

　広告主および広告会社は，調査・解釈した結果を踏まえ，広告費用対効果を算出し，広告コミュニケーション目的が達成できたかどうか，設定した広告コンセプト，広告ストーリーおよび広告イメージが妥当であったか，生成した広告コンテンツが効果的であったかを評価する。そして，評価結果をフィードバックして，次の広告コミュニケーションをどのようなものにするかを立案する（本章の2.で記述した段階に戻る）。立案の際には，解釈した消費ストーリーや消費イメージを消費者情報として，生成した広告コンセプト，広告ストーリーおよび広告イメージを広告情報として活用する。

6.3 広告コミュニケーション戦略

　広告主は消費者に広告コンテンツを効果的に認知させるため，以下に示す戦略をとる。

①**受け手主導型戦略（注意喚起）**：商品あるいは企業に競合他社と差別化が図れる要素が存在しない，あるいは存在しているとしてもそれらが消費者に認知されていない場合，小説，映画，ニュース，雑誌記事，口コミなど消費者が興味を持つ社会の物語に商品を絡ませて広告コンテンツを生成する。

②**受け手主導型戦略（共感喚起）**：消費者にとっての商品の価値が消費者に認知されていない場合，消費の物語に商品を絡ませて広告コンテンツを生成する。

③**受け手主導型戦略（コミュニケーション関与喚起）**：消費者にとっての商

品の価値を探索したい場合，消費の物語に商品を絡ませて広告コンテンツを生成する。この時，消費者に何らかのきっかけ（情報欠如感，問題提起など）を与え，消費の物語を引き出そうと試みる。そして，消費者が注意を払い興味を持つ物語に商品を絡ませて広告コンテンツを生成する。

④**送り手主導型戦略（商品機能・企業訴求）**：商品あるいは企業に競合他社と差別化が図れる要素が存在し，それらが消費者に認知されている場合，商品や企業の物語を訴求する広告コンテンツを生成する。広告コンセプトや広告ストーリーが消費者に伝わりやすい表現形態でコンテンツを生成し，消費者の反応を基に，広告コンセプトや広告ストーリーが消費者に伝わっているかどうかを確認しつつ広告コンテンツを生成する。

◆ 7. 社会コミュニケーションによる物語生成

7.1 コミュニケーションサイクルによる物語生成

2.〜6.のコミュニケーションサイクルでは，広告主（広告会社含む）が生成する（広告ストーリーや広告イメージに基づいた）広告コンテンツ→消費者が抱く受容ストーリーや受容イメージ→消費者が受容ストーリー・受容イメージ・社会コンテンツ・生活体験などに基づいて抱く想起ストーリーや想

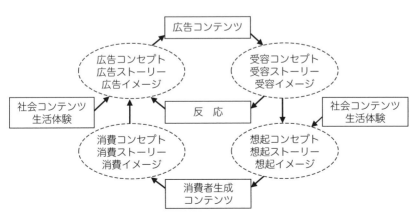

図5-5 コンテンツ・コンセプト・ストーリー・イメージの変遷サイクル

起イメージ→消費者が生成するコンテンツ→広告主が解釈する消費ストーリーや消費イメージ→広告主が消費ストーリー・消費イメージ・社会コンテンツ・生活体験などに基づいて抱く広告ストーリーや広告イメージ→広告主が生成する広告コンテンツ→……などの過程が進行し，その進行がすなわち物語生成の過程となる（図5-5）。

7.2 社会による物語生成

　図5-5に示した変遷サイクルのモデルに基づき，現実の広告コミュニケーションでは，物語生成の過程はサイクルとして循環し無限に連鎖する。

　このような連鎖により，広告コミュニケーションを介して社会には様々な物語が集合体として存在することとなる。集合体がどのような構造を持つのかを一様に結論付けることはできないが，広告コミュニケーションの過程が時系列に連鎖することから，それらを一連の履歴（ヒストリー）と考えることにより，物語の集合体を構造的に捉えることができるかも知れない。

　サイクルの連鎖を一連のヒストリーとして見ると，ある時点におけるサイクルに関わる広告コンテンツ，反応，社会コンテンツおよび消費者生成コンテンツは一つの事象として認識される。それらが連鎖することにより社会コンテンツ'が構成され，それを受け手が受容することにより，社会コンセプト'，社会ストーリー'および社会イメージ'が抱かれる（図5-6）。ただし，受け手はすべての事象を受容するわけではないので，社会コンセプト'，社会ストーリー'および社会イメージ'は一様なものにはならない。

　作品としての広告コンテンツおよびそれに関連する広告ストーリーや広告

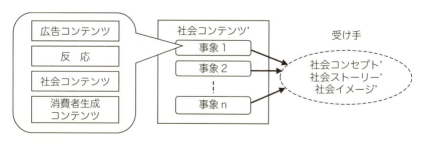

図5-6 社会コンテンツ'とコンセプト'・ストーリー'・イメージ'

イメージを作品としての物語とすれば，社会に共有される社会コンテンツ'およびそれに関連する社会ストーリー'や社会イメージ'はマクロの物語である。例えば，個々の映画作品の連鎖を通じて抱かれる「溝口健二」「小津安二郎」「黒澤明」（映画監督），「田中絹代」「笠智衆」「三船敏郎」（出演者）などの物語や，個々の広告コンテンツの連鎖を通じて抱かれる「キンチョウ」（企業），「キンチョール」「虫コナーズ」（商品），「沢口靖子」「大滝秀治」「おばちゃん」（出演者），「堀井組」（広告クリエイティブチーム）などの物語がある（川村・小方，2000c）。

　これらの物語は，個々のコンテンツの演出者，出演者，役柄，商品，企業，場所などを軸とした連鎖により構成され，「ブランドイメージ」という名称で語られることもある。このような物語を誰が生成するのかということは，事案により異なる。ブランドイメージが確立されている場合やこれから確立しようと試みている場合，そのブランドの維持を狙った送り手主導型戦略をとる。また，アイドルを売り出す芸能プロダクションは，かなり意識的にキャラクターイメージの維持を目指す。このような場合，物語は企業が生成することになる。

　しかし，「反応」「社会コンテンツ」「消費者生成コンテンツ」は，送り手が制御し切れない要素であり，これらの物語は「結果として連鎖した事象」により構成されることが多い。その場合，社会に存在する様々な主体が絡み合い，それらのコミュニケーションにより物語生成がなされることから，物語は「社会」が生成するとみなされる。

◆ 8. 広告映像の分析と生成の試み

　本書では，本章で解説したモデルに基づき，第9章にて広告映像のコンテンツ（構成要素，構造）分析，第10章にて広告映像のイメージ・反応分析を行う。そして，第15章にて広告映像の生成システムについて解説する。

（川村洋次）

第6章

体験としての物語
―学問としての物語を支えるもの―

　本書において，物語や物語生成は学問的な分析，モデル化，そしてシステム化の対象である。しかしながらこれらの学問的営為の背後には，三人の著者の三者三様の個人的・私的な物語体験があり，執筆における動機付けを成している。本章では，各著者が一つないし一連の異ジャンルの物語の作品またはテクストを選び，その個人的・私的体験を紹介し，本書におけるそれぞれの担当章との関わりについて論じる。埴谷雄高は様々なところで（例えば，埴谷，1976），文学の歴史は精神と観念のリレーであり，ある先行する作品や作家によって火を点された後代の人の頭脳が，新しい作品を生み出すという，極めて個人的・私的な出来事の連続が文学史を創出するのだという意味のことを述べているが，文学もしくは文学的・芸術的テクストの受容経験が，本章で示されるように，ジャンルを超えて，新しい物語の学問の創出に結び付く精神のリレーのあり方があっても良いだろう。この学問は，次には逆に文学作品の創出の連鎖に介入して行くかも知れない。以下，小方は歌舞伎『籠釣瓶花街酔醒』を，川村は広告『おけいはん』シリーズを，そして金井は *ISAM LIVE* や *Layer3* を取り上げる。

◆ 1.『籠釣瓶花街酔醒』

　平成22（2010）年2月のある日の夜，昭和通りの歩道を宝町方面に向かって，旧歌舞伎座の通用口付近に近付いて行くと，人だかりがしていて，立ち止まった。ちょうどそこに，十八世中村勘三郎がこのビルの地下駐車場の方

第 I 部　総論・理論

から一人で歩いてきて，歩道に現れた。ひとしきり周りを取り囲んだファン
との挨拶や握手が終わり，車道の端に止まっていた車に乗り込もうとする
前，少し離れて立っていた筆者らの方をちらっと見て，少し近付いてきた。
連れの者は二言三言話しながら握手してもらったが，筆者は是非声を掛けた
いと思いながらも何となく躊躇しているうちに，車に乗り込んで走り去って
行った。十八代目はその後，病を得て，平成 24（2012）年 12 月 5 日に亡く
なる。

　「中村勘九郎（五世）」は，筆者のような者にとっても，しばしばテレビの
画面に現れる有名人であり，その少ししわがれた個性的な声と潑剌とした語
り口と共に，子供の頃に観たテレビ番組は今でも印象に残っている。しかし
その後筆者が歌舞伎に興味を持つようになった後，中村勘九郎〜中村勘三郎
のことは，歌舞伎役者としては少し引いた目で眺めてきた。平成 21（2009）
年 1 月から平成 22（2010）年 4 月まで続いた旧歌舞伎座取り壊しに伴う「歌
舞伎座さよなら公演」と銘打たれた一連の興行の中でも，筆者の興味は，五
世中村富十郎，二世中村吉右衛門，五世坂東玉三郎，九世中村福助などにあ
り，勘三郎が出演する舞台は，客席がざわざわして騒がし過ぎることもあ
り，少々敬遠気味の気持ちであった。ただ，どんなに鳴り止まない拍手の中
でも，一旦定式幕が閉まれば，この時ばかりは二度と現れることはないこと
に，歌舞伎役者としての気骨を感じた。例えば，同じシリーズにおいて，二
世中村勘太郎（現・六世中村勘九郎），二世中村七之助と共演した『連獅子』
（平成 22（2010）年 4 月）（歌舞伎座，2010b）では，歌舞伎座では稀なこと
に，30 分以上にわたり文字通り割れるような拍手が続いたが，とうとう舞
台上に戻ってくることはなかった。歌舞伎座でカーテンコールは極めて稀に
だがある。勘三郎自身，平成 13（2001）年 8 月歌舞伎座における野田秀樹
の『野田版研辰の討たれ』（野田，2008）[16] の公演後，鳴り止まない拍手の中
で舞台上に戻っている（長谷部，2016）。坂東玉三郎は，六世中村歌右衛門
が最初に歌舞伎化し，自らもそれを継承して成功させた泉鏡花による戯曲

---

16 原作は木村錦花の『研辰の討たれ』（木村，1928a）である。研辰シリーズの戯曲作品として，他に
　『稽古中の研辰』（木村，1928b），『戀の研辰』（木村，1928c）もある。

「天守物語」（泉，1942d）の歌舞伎座での最近の上演（『天守物語』，平成 26
（2014）年 7 月）の際，十一世市川海老蔵や八世市川門之助ら多くの出演者
と共に，それ自体が芝居の一部といっても良いような，長いカーテンコール
を繰り広げた。古典かどうかの違いもあるが，勘三郎は旧歌舞伎座での最後
の舞台においては，矩を守った。あるいは守らざるを得なかった。なお鏡花
作品は，明治 27（1894）年「義血侠血」（泉，1942a）の劇化『滝の白糸』
が川上音二郎の一座で上演されて以来，『婦系図』（小説「婦系図」，前篇，
後篇（泉，1940a）），『日本橋』（小説「日本橋」（泉，1940b）；戯曲「日本
橋」（泉，1942c））などが新派の人気演目となったが，歌舞伎では『天守物
語』が初めての上演である。

　さて，旧歌舞伎座取り壊しに伴うある種の熱気の中で観たのが，坂東玉三
郎と共演した三世河竹新七作『籠釣瓶花街酔醒』という有名な作品であっ
た。脚本（台帳）はかなり長いもので，現在全編が通しで上演されることは
ない。筆者が観たのも無論，主人公佐野次郎左衛門の吉原仲之町における花
魁八ツ橋への見染め（見初め）の場面から始まり，愛想づかしの場面を経て
殺しに至る定番の部分であった。この月の夜の部の最終演目として上演され
た。実は，その舞台に感銘を受け，あるいは圧倒されたため，普段そんなこ
とをすることはないのだが，終演後関係者通用口の方に回ってみたのであ
る[17]。黒塗りの窓を閉ざした車が何台か地下駐車場から現れては通り過ぎた
後，前述のように，十八代目勘三郎は一人歩いて現れたのである。

　公演筋書（歌舞伎座，2010a）によれば，その日の主な配役は次の通りで
あった―佐野次郎左衛門：中村勘三郎，兵庫屋八ツ橋：坂東玉三郎，同じく
九重：二世中村魁春，同じく七越：中村七之助，下男治六：中村勘太郎，立
花屋長兵衛：五世片岡我當，立花屋女房おきつ：二世片岡秀太郎。

　ここで，『籠釣瓶花街酔醒』という作品と作者および今回主演した二人の
歌舞伎役者に関する基本情報を整理しておこう。

　『【新版】歌舞伎事典』（服部・富田・広末，2000），『歌舞伎名作事典（新
装版）』（金沢，2009），『最新歌舞伎大事典』（富澤・藤田，2012）によれば，

---

17 実際にこの芝居を観た直後だったのか，それともその後の別の日だったのか，はっきりしない。

第Ⅰ部　総論・理論

『籠釣瓶花街酔醒』は，明治 21（1888）年 5 月に東京の千歳座[18]で初演された八幕の世話物歌舞伎狂言で，作者は，二世河竹新七（河竹黙阿弥）の高弟で，二世が黙阿弥に改名した明治 17（1884）年に河竹新七の名跡を与えられた三世河竹新七（前名は初世竹柴金作）である。三世新七は『塩原多助一代記』，『怪異談牡丹燈篭』，『江戸育御祭佐七』など現在でも上演される作品を初め多くの作品を書いた多作の歌舞伎狂言作者であり，『籠釣瓶花街酔醒』は代表作の一つとされる。なお前の二つの作品は初世三遊亭円朝の落語を原作とする。

　春陽堂から昭和 4（1929）年 7 月に出た日本戯曲全集第三十二巻『河竹新七及竹柴其水集』（著者代表：竹柴金作）所収の河竹繁俊（1929）による「解説」（pp.712-721）の冒頭「三世河竹新七に就いて」では，その作品として，『夏雨濡神輿（女團七）』から『殺生石（玉藻前，能和尚問答）』まで，77 編が挙がっている。そのうち同書に収録されているのは次の 7 編である──①『籠釣瓶花街酔醒』（八幕）（pp.2-116），②『復讐談高田馬場』（二幕）（pp.117-140），③『塩原多助一代記』（六幕）（pp.141-234），④『指物師名人長次』（五幕）（pp.235-312），⑤『羽衣』（新古演劇十種之内）（pp.312-320），⑥『闇梅百物語』（浄瑠璃）（pp.321-334），⑦『通俗西遊記』（浄瑠璃，三場）（pp.335-354）。なお，東京創元社より昭和 46（1971）年に刊行された名作歌舞伎全集第 17 巻『江戸世話狂言集三』（監修・郡司正勝，山本二郎，戸板康二，利倉幸一，河竹登志夫）においては，『籠釣瓶花街酔醒』（pp.111-157）は，「序幕」が本来は五幕である「仲之町見初の場」となっており，本来の七幕は省略されている。従って，収録されているのは，五幕，六幕，八幕（大切）のみであり，細かな違いも随所にある。五幕の最後の場面では，名作歌舞伎全集の科白が大幅に省略されており（減少），六幕では登場人物の「はる」が「とら」に変わっている。名作歌舞伎全集版の方が，通常の上演部分と重なっている。ただし，八ツ橋殺し以降の連続殺人と次郎左衛門捕縛の最終場面（下記のあらすじを参照）は上演では省略される。

---

18 日本橋浜町にある現在の明治座の前名で，明治 6（1873）年当時の日本橋久松町に喜昇座として開場，久松座，千歳座を経て，明治 26（1893）年明治座に改称した。明治時代には初代と二代目の市川左團次の拠点となり，その後大正時代にかけては新派の伊井蓉峰が座主になった（阿部，2000）。

104

第 6 章　体験としての物語

　このように，『籠釣瓶花街酔醒』は，現在の上演では五幕以降しか上演されないが，実際の歌舞伎台帳ではその前段がある。すなわち，見初め−縁切（愛想づかし）−殺しという流れの現行上演すなわち原作の五幕，六幕，八幕までの前に，主人公佐野次郎左衛門の父次郎兵衛が，元妻である女乞食お清を惨殺する話と，次郎左衛門が妖刀籠釣瓶を手に入れる件が描かれている。「次郎佐衛門は下男治六を連れ，商用ではじめて江戸へ上り，吉原へ足を運び全盛の花魁兵庫屋の八ツ橋の道中姿を見て魂を奪われる。吉原へ通い詰めた次郎佐衛門は，八ツ橋身請の下相談まで整える。八ツ橋の親判をしている権八は八ツ橋の情夫の繁山栄之丞をたきつけ，八ツ橋に縁切を迫る。八ツ橋の愛想づかしにあった次郎佐衛門は，やむなく佐野に帰る。次郎佐衛門は八ツ橋殺害の決意をして，財産を整理し，籠釣瓶の一刀を携えて江戸へ引き返す。八ツ橋に恨みを述べて責めた上，次郎佐衛門は妖刀の魔力によって八ツ橋をはじめ権八，栄之丞らを惨殺，やがて縛につく。」（小池，2000）。現行上演から省略され，名作歌舞伎全集版にも収録されていない本来の七幕は，佐野に戻った次郎左衛門が八ツ橋殺害を決意し，剣術を習い，また財産を整理して家族らに心の別れを告げる場面である。近代的な解釈では，失恋の恨みからの復讐譚という心理劇として読めるが，次郎左衛門は，親の代からの因果の果てに，籠釣瓶という刀の力に魅入られたように殺人に走るのである。

　なおこの作品は師の黙阿弥作『八幡祭小望月賑』との類似性が指摘される。佐野次郎左衛門を材料とした作品に四世鶴屋南北の『杜若艶色紫』がある。

　初演時の配役は，次郎左衛門が初世市川左團次，八ツ橋が四世中村福助（後の五世中村歌右衛門）であった。明治時代の大興行家にして批評家でもあった田村成義（1922）は，初演時の感想として，「吉原の百人切とて口碑に傳わる佐野次郎左衛門の事蹟を左團次に嵌め新七筆を執って材を講釋種に得たるものなれど新七の作としては出色のものなり併し左團次の次郎左衛門が舞臺を仕活かしたる功も亦歿すべからず」と評している。

　その後，次郎左衛門の役は二世市川左團次，初世中村吉右衛門らの当たり芸となった。上記筋書（歌舞伎座，2010a）所収の「解説とみどころ」（p.51）

105

第 I 部　総論・理論

によれば，この芝居はもともと初世市川左團次に当てて書かれたが，その後初世中村吉右衛門が当たり芸とし，さらにその代役として出演した十七世中村勘三郎もその後この役を自分のものとした。同筋書中の今井（2010）の記事によれば，初演当時原作に則って八幕二十場あったこの作品は，初世吉右衛門によって現行の形に整理・圧縮され，その際もともとの因果話の側面は大幅に割愛された。

　一方八ツ橋の方は六世中村歌右衛門から九世中村福助，五世坂東玉三郎らへと継承されて今日に至る。昭和20年以降の上演回数は57回に及ぶが，そのうち中村歌右衛門は六世中村芝翫時代を含め33回この役を勤め，その他の上演回数として，七世大谷友右衛門時代を含む四世中村雀右衛門と五世中村児太郎時代を含む九世中村福助がそれぞれ6回，坂東玉三郎が5回である。

　なお，初世市川左團次は，三世新七の師匠である河竹黙阿弥の盟友として二人で組み数々の傑作・名作を生み出した四世市川子團次の養子であり，子團次没後黙阿弥の後ろ盾もあり次第に大成し，九世市川團十郎，五世尾上菊五郎，七世市川團蔵，五世中村歌右衛門らと共に，明治劇団の中心的存在となった。明治座の経営に携わり興行法を改革するなど，九世團十郎とは異なる形で歌舞伎の近代化を志向した。その進取の気性は二世市川左團次に引き継がれた。作中での次郎左衛門は，父親の悪事の報いでひどい痘痕面になった醜い男であるが，それでも八ツ橋にも取り巻く吉原の人々にも好かれる一種の好男子として描かれている。それは優れた恰幅と風貌を持った初世左團次に合わせてこの狂言が書かれたからだといわれる。なお渡辺保（1989b）は，佐野次郎左衛門の性格特徴を「人柄の良さ」に見ている。

　十八世中村勘三郎（昭和30（1955）年5月30日-平成24（2012）年12月5日）は，十七世中村勘三郎の長男である。江戸時代における江戸幕府官許の芝居小屋は，元禄時代（1688-1704）には中村座・森田座（後守田座）・市村座・山村座の四座があったが，その後山村座が廃絶され，「江戸三座」と呼ばれるようになった。中村座は，近藤（2000）によれば，初世中村（猿若）勘三郎によって創始されたとされるが，これには客観的裏付けはないという。しかし代々中村家の血縁が勘三郎の名で座元を世襲し，江戸時代を通

じて権威を保持した。十七世勘三郎はこの系統を直接引いているわけではなく，松竹[19]の意向もあって昭和 25（1950）年にこの名跡を襲名した（前名は四世中村もしほ）。父は三世中村歌六であるが，十七世は妾の子であり，年の離れた本妻の長兄が初世中村吉右衛門と三世中村時蔵であった。十七世は，六代目尾上菊五郎の娘と結婚し，その長男が十八代目ということになる。従って，菊吉と並び称された二人の名優と血縁である。本名は波野哲明，平成 17（2005）年に勘三郎を襲名する以前の名は五世中村勘九郎であった[20]。

　五世坂東玉三郎（昭和 25（1950）年 4 月 25 日 -）は，十四世守田勘彌の養子であり，本名は守田伸一，前名は坂東喜の字，昭和 39（1964）年 14 歳の時五世坂東玉三郎を襲名した[21]。エッセイ集（坂東，1976）には，「私は，四月二十五日の午前二時から三時頃の真夜中に，東京・大塚の病院で五人兄弟のいちばん末に，上の四人とはずっとはなれて，生まれました。」（p.19），「幼稚園は，とうとう入園式一日でやめてしまいました。」（p.20），「最初に役者になるかいって聞かれた時，私は六歳でした。」（p.33），「楽屋で，初めて行った時，幼稚園や学校で感じるような違和感はありませんでした。楽屋にいる大人のひとたちが，みんな友だちのように思えたのですから，生意気な子供に見えたことでしょう。」（p.34）などと書いている。父の十四世勘彌の前名は四世坂東玉三郎であり，三世坂東玉三郎の子供で，初世水谷八重子と結婚し，現在の二世水谷八重子を儲けた。三世坂東玉三郎は，本名守田みき，女歌舞伎役者であり，新富座の創立者で明治の大興行家であった十二世守田勘彌の五女であった。明治 37（1904）年米国万国博覧会に舞踊で出演し，翌年修行中にニューヨークで客死した。

　その日の上演で筆者が最も強い印象を受けたのは，勘三郎が持つ一種の異様さ，狂気，暗さといったものであった。無論この芝居の筋書きそのもの

---

19 明治 35（1902）年，白井松次郎と大谷竹次郎が松竹合名会社を創始，歌舞伎興行では明治期に新富座を買収，大正以降は歌舞伎座や明治座を直営，現在に至る歌舞伎の主流を形成した（野口，2000）。

20 以上の勘三郎に関連する記述は以下の文献も参照した（中川，2013a, 2013b；野島，2002；山本，2013；渡辺，1989b）。

21 中川（2010）その他も参照した。

第Ⅰ部　総論・理論

が，大詰めにおける前段との落差，対比を眼目としているので，どんな役者が演じたとしても，終局の狂気と異様さというもの自体は必須の要素なのであろう。また特に異様さというものは，原作の七幕が上演では省略されているため，愛想づかしから唐突に殺しに至る印象を観客が与えられるところからきている部分もある。あるいは，両者の間に時間的隔たりがかなりあり，その間に次郎左衛門が復讐を周到に準備することと，籠釣瓶の妖刀を媒介とした殺しとの間でのストーリー展開における一種のちぐはぐさも，異様さの原因になっているかも知れない。それらのことを承知した上で，勘三郎の最後の「籠釣瓶，よっく斬れるなあ」という，少し笑いを含んだようにも見える狂気の眼差しと，玉三郎の死骸を踏んまえた絵面の不気味さは，格段のものであった。

　無論歌舞伎に狂気は付きものである。筋書きレベルとしては，例えば，『菅原伝授手習鑑』四段目の「寺子屋」の場，初世奈河亀助（亀輔）『伽羅先代萩』の「御殿」の場（飯炊きの場として知られる），同じく『伊賀越乗掛合羽』や近松半二『伊賀越道中双六』など，多くの歌舞伎作品に共通に見られる「子殺し」の主題は，我々の目から見ると何れも一種の狂気を孕んでいる。役者の芝居としては，平成26（2014）年12月に国立劇場[22]で上演された近松半二らによる『伊賀越道中双六』（五幕六場）の四幕目「三州岡崎山田幸兵衛住家」の場[23]（国立劇場，2014）における二世中村吉右衛門による子殺しを巡る芝居は，文字通り恐るべきもの，芝居としての限界を今にも踏み越えようとする異常なものであった。この時の吉右衛門の何重にも絵の具を重ねるような演技と比べると，勘三郎のこの最後の殺しの演技は，寧ろ極めて簡潔・簡素なものであり，吉右衛門の狂気の全面表出と比べれば，内燃的なものであった。勿論それは，「岡崎」におけるこの狂気の表出が実は筋書きとしてそれ自体が芝居であるとみなせることにもよるだろう。ともあれ，勘三郎のここでの狂気の表出は，寧ろ控え目なものであるからこそ，一

---

22 昭和41（1966）年11月東京隼町に最初の国立劇場が開場，歌舞伎に関しては通し上演や復活上演にも力を注いできた。その後，国立演芸場（東京），国立能楽堂（東京），国立文楽劇場（大阪），新国立劇場（東京），国立劇場おきなわ（沖縄）が設立された（高橋・藤波，2000）。

23 国立劇場文芸研究会補綴による。

瞬の風情の中に本物が滲み出るような，そういう類のものであったような気がする。

　以下，本書において筆者が執筆を担当した各章の主題や内容をこの歌舞伎作品と結び付けながら見て行きたい。本書全体を通じ，かなり抽象的且つ技術的なやり方で物語を取り扱っているが，実はそれは，このような個人的で私的な物語体験ともいうべきものに裏付けられ動機付けられているのである。

(1) 物語生成研究の素材としての歌舞伎（全般に関連）

　歌舞伎を物語の一つと捉え，物語生成研究の最も主要な一素材として見るということは，談話の（様々な種類がある中での）単なる一つの種類として物語を扱うという位置付けを超えたものとして，筆者が物語や物語生成の研究を意識・実践していることを示す。狭い意味では歌舞伎はそれ自体が物語であるのではなく，その中に物語的要素を含む芸能である。しかしながら，寧ろ筆者はそのようなものをこそ，つまり一種の全体性をこそ物語と捉える。それは，例えば中上健次（中上，2004）が物語と呼んだような，ある概念と類似しているかも知れない。筆者の研究体系において，物語とは，談話のタイプによって規定されるものというより，生成-受容構造，現実との関係，社会的産出-消費構造など，様々なレベルの総体として織り成される一つの全体性である。そしてこの種の全体性は，近・現代的な小説や演劇よりも，歌舞伎において如実に現れる。それは部分的にはどうあれ，全体としては禁欲を美徳とはしていない。

(2) 多重物語構造としての歌舞伎（第2・3・11・12章）

　この全体性を取り扱うための多重物語構造モデルは，筆者の研究における基幹概念の一つである。物語における多重構造の典型は，その送り手と受け手であり，物語内部に仮構された語り手-聴き手，現実における作者-読者，社会・組織における集合的な送り手-受け手といった諸相にそれは多重化され，様々なレベルでの声が融合・交響する。物語はこのような重層性・多重性を通じて，生成・産出され，受容・消費される。歌舞伎という物語の全体性は，さらに多くの多重構造をいわば大規模に含み，組織化される。二つの章（第11章と第12章）は具体的に物語の多重構造の問題に焦点化しながら

第Ⅰ部　総論・理論

歌舞伎を取り上げる序説的な試論であるが，直接歌舞伎を取り上げるかどうかにかかわらず，多重構造的な物語観そのものが，そもそも歌舞伎あるいは歌舞伎的なるものへの嗜好に支えられているのである。

(3) 歌舞伎的な物語生成システムとしての芸能情報システムあるいは物語芸能の観点（第11・12・16章）

　歌舞伎において典型的且つ大規模に見られるような多重的な物語生成機構を，総体として物語生成システムモデルとして構成しようという構想が，芸能情報システムであった。それは，単体としての物語生成システム＝物語生成–受容システムが複数，多重的に内蔵されたところの総体的な物語産出–消費システムのモデルである。本書の共著者の川村（川村・小方，2000a，2001）による芸能情報システムは，主に近・現代の大衆芸能や芸能組織の経営学的研究の知見を取り入れたアイデアであった。それに対して筆者は当初から，民俗学や能–狂言–人形浄瑠璃–歌舞伎と続く芸能の知見を取り入れた芸能情報システムを目指していた（小方，1997；小方・川村，1997, 1999c；小方・網野，2002）。これらの研究は1990年代後半から2000年代初頭にかけて行われ，その後途絶えていたが，Ogata（2016c）による論考および本書における幾つかの論考で初めて，歌舞伎の多重性の分析を芸能情報システムモデルに架橋する筋道を付ける。さらにマクロな視野で眺めれば，歌舞伎的なものをこそ物語と捉えること，物語生成システムを上述のように芸能情報システムとして発展させて行こうとしていることは，物語と芸能を巡る問題の議論を再燃させる。これは筆者にとっては懸案の問題であり，前著『物語論の情報学序説―物語生成の思想と技術を巡って―』（小方・金井，2010a）の第5章「「物語生成システム」の背景及び物語と文学の間」（小方，2010c）や第6章「「物語生成システム」の大局的結構―物語の技術と経営への序―」（小方，2010d）でも言及した。前述のように，狭義の物語をその中に包含した全体性としての物語は，近・現代的な文学や芸術としての物語においてよりも，歌舞伎的な芸能においてこそよく現れるのである。同時に，演劇ではなく寧ろ語り物としての要素の強かった芸能の系譜をも歌舞伎は引き継いでおり，必ずしも人形浄瑠璃台本を元とする義太夫狂言のみならず，三世瀬川如皐や河竹黙阿弥など幕末から明治にかけての比較的新しい歌

舞伎作品も，この語り物としての性格を濃厚に保持している。これらの伝統を受け継ぐ『籠釣瓶花街酔醒』も，語りをベースとする竹本劇の手法を一部で採用している（前記春陽堂版四幕目の pp.53-58）。身体動作の面でも見世物性を濃厚に宿しているという側面はここでは擱くとして，日本芸能における語り物としての特質は，芸能が物語であることを証する。

(4) 私的体験としての物語，一回的な経験としての物語（第6・17章）

　物語には，多くの物語に共通の普遍的な側面と，個々の物語ごとに異なる一回的・特殊的な側面とがある。普通，学問の対象は普遍的側面であり，ストーリーのように多分に心理的なものではあるが多くの人々の間で共通化・共有化され得る対象や，さらに物語を表現する言語のように多数の物語において共通に使用されるだけでなくその他のジャンルにも使用される共通記号（の特に特殊的なあり方）などが取り扱われる。それに対して，個別的な物語，さらに個々人の物語体験といった側面は，普遍性・共通性・一般性に準拠する学問の対象とはなりにくく，その代わりにエッセイ，文芸評論，さらには小説など書き手の主観性を排除しない言説スタイルによって主に扱われる。本節で今現に述べているように，個人的・私的な読書や観劇などの経験・体験は，学問的営みに関してもそれを背後で支え動機付けているのであるが，学問の世界では，せいぜい本の後書きの中で遠慮がちに触れられる程度で，それが直接学問の対象となるということはあまりなかった。本書の最後の第17章では，個人的・私的な体験や物語を直接学問的対象につなげることを試みる。しかし心理学的もしくは内省的な分析対象として取り扱うのではない。筆者の個人的なるもの，私的なるものを，物語生成システムの知識内容の一タイプとして取り扱う。人工知能の知識表現やオントロジーの研究は，諸種の限定付きではあれ多くの人々に共有された知識内容を客観的に分節化・格納してコンピュータで扱う方法を提供したが，個人的・私的な知識内容といえども，この種の枠組みの拡張または変容において形式化することができる筈である。両者は明確に二分されているわけではなく連続性を持っている。筆者の物語生成システムの多重物語構造において，諸種の機構や知識は多重的に組織化され，個人的・私的な知識内容が導入されるべき部分ないし層は，その他の部分ないし層との境界線を有する。比較的客観的・

第 I 部　総論・理論

形式的な機構の中に，個人的・私的な知識内容が格納される。そしてこの作業は，その先に，筆者自らの物語の制作という行為を展望している。本書では少なくともそのいわば宣言にまでは到達したい。本書の第 1 章で詳説した「コンテンツ」とは，筆者の場合，物語生成システムを踏まえた，一般的なものから私的なものにわたる知識内容さらに物語の作品そのものを意味する。

（小方　孝）

◆ 2.『おけいはん』シリーズ

　『おけいはん』シリーズ（以降，『おけいはん』と呼ぶ）は，京阪電気鉄道株式会社を中核企業とする京阪ホールディングス株式会社（以降，「京阪」と呼ぶ）の広告キャンペーンである。ここでは，「おけいはん」誕生の経緯や『おけいはん』の考え方（広告クリエイターに行ったインタビュー内容）を示し，『おけいはん』の CM 全体を視聴してそのストーリーやイメージを整理する。そして，『おけいはん』のマクロの物語について言及する。

2.1 シリーズ広告の先進事例としての『おけいはん』

　近年，広告キャンペーンでは，シリーズ広告が大きな役割を果たすようになった。主なところでは，サントリー・BOSS の「宇宙人ジョーンズ」，ソフトバンクの「犬のお父さん」，KDDI・au の「三太郎」などがある。ただし，シリーズ化を狙っていてもそれを完遂することは容易ではない。広告の大きな目標は商品の売り上げ向上であることから，広告そのものが評価されても，売り上げが達成できない場合，そのキャンペーンは見直しを迫られるからである。このようなことを考えると，十五年以上（2000 年〜）にわたりシリーズが継続されている『おけいはん』は稀有な事例である。

　シリーズ化といっても，何を軸としてシリーズとするかは，様々である。広告の場合，商品や企業が軸になるのは基本であるが，広告表現を考える場合，多くは出演者となる。例えば，前述のソフトバンクでは白い犬のお父さんの家族，KDDI・au では三太郎（松田翔太，濱田岳，桐谷健太）が軸であ

る。『おけいはん』の場合，出演者（ただし，三年を一区切りとして交代）と京阪沿線（京都を中心とする場面）がシリーズ化の軸である。

　『おけいはん』のドラマは，京阪沿線に住む人や京阪電車を利用する人の分身（＝「お客さまの代表」）として「おけいはん」を位置付け，京阪沿線を舞台に，その地域が持つ魅力を様々な物語（現在までは，コメディ，学園，ミュージカル，日常，体験などの要素で構成）を交えて描く構成となっている。

2.2「おけいはん」誕生の経緯や『おけいはん』の考え方－広告クリエイターへのインタビュー内容－

　京阪は 2000 年まで，（主に東京で活躍する）有名タレントを使った広告を提供していたが，「何故東京のタレントが京阪電車に乗っているのか」という話になり「本当に京阪電車に乗りそうな人を京阪電車に乗せて CM を作った方がいい」と考えるようになった。たまたま，プレゼント用として考えていた人形の名前が「おけいはん」で，それをきっかけに「京阪のる人，おけいはん。」というコンセプトで，テレビの連続ドラマのようにリアルな話で CM が作れると思った。今まで有名タレントに支払っていた資金を，CM の制作費に振り替え，具体的な京阪電車の良さを連続ドラマシリーズとして伝えていったら良いと提案した。

　出演者として，「おけいはん」（苗字を京阪電車の駅名に，名前を「けい子」とし，京都風の呼び方としてネーミング），お父さん，お母さんなどが出てくるが，背景として「京都」の場面が貫かれており，シリーズとして「京都」が主役になるように考えた。

① 『おけいはん』のコンセプト

　京阪のる人、おけいはん。（旅客誘致を中心とした総合キャンペーン）

② 『おけいはん』の広告表現コンセプト

　「おけいはん」（初代は OL が主人公）のドラマとし，今まで京阪電車を強く意識していなかった人が，「京阪のる人、おけいはん。」になることで京阪電車と京阪沿線に興味を持ちはじめる。

③ 『おけいはん』の目標

第Ⅰ部　総論・理論

今まで京都に行く時に阪急電車やJRに乗っていた人に，実は便利な京阪電車を思い出してもらい，京阪電車の利用を促進すると共に，印象を良くする。『おけいはん』の「お○○はん」は京都を連想させる。「おけいはん」を等身大のキャラクターとして，お客さまが「おけいはん」に自分自身を当てはめて貰えるようにする。OLの方は，「おけいはん」が自分自身のことだと感じることができたらいい。年配の主婦の方も「おけいはん」が内面的に自分自身であると思えたらいい。

④シリーズ化のために

シリーズ化を考えた時から，全体のストーリーや各代のストーリーを予め描いている。登場人物の人間関係も考えた。シリーズ化のために新しい登場人物を盛り込むことはあまり考えない。シリーズは十五年くらい続いているが，まだ十五年と考えることもできる。京都には千年以上の歴史がある。

⑤「おけいはん」の設定

初代は「OL」，二代目は「学校の先生」。三年に1回代替わりする。三代目は「音楽学院生」，四代目は「大学生」，五代目も「大学生」。五代目はリポーター風になっており，ドラマはやっていない。おけいはんがリポーターとして登場している。五代目は初めての公募で，1800人の中から選ばれた。五代目の公募は書類選考を京阪の方々と私達が行い，Web投票を行って，最終選考で，社長を含めた審査委員（数名の有識者）が決定した。初めて公募で選ばれたということに意味がある。選ばれた「おけいはん」ということで，これまで以上に親しみやすさが増した。六代目も公募で選ばれた。六代目の公募は「おけいはん検定」という検定仕立てで選考を行った。Web試験に合格した436人の中から書類選考を行い，最終選考で，社長を含めた審査委員（数名の有識者）が決定した。二代目以降の主人公設定は，複数立案して，クライアントたる京阪に選択してもらった。

2.3 『おけいはん』のストーリーとイメージ

川村の『おけいはん』視聴体験を基に，ストーリーとイメージを整理する。

第6章　体験としての物語

京阪ＴＶＣＭ　　「おけいはん登場」篇　　　15秒

リビングで話す
父と母

母「今まで黙ってたけど」

不思議そうに聞く
娘・けい子

娘「何言ってんの？
　　私，けい子でしょ？」

つめよる父

なにげなく語る
けい子

父「ほな，京都行くとき
　　何乗る？」

娘「そら，淀屋橋から京阪に」

父の顔ＵＰ
動揺するけい子

Ｓ：京阪のる人，
　　おけいはん。

清水寺

娘「京阪…」

特急走行

翌朝，
つぶやきながら
歩くけい子
胸に決意

Na「京阪のる人，おけいはん。」

娘「京阪のる人，おけいはん！」

図 6-1「おけいはん登場」篇の CM

第Ⅰ部　総論・理論

(1) OL おけいはん（初代）

「おけいはん（淀屋けい子）」は大阪の会社に勤める OL で，仕事やデートなどで京阪電車を使う。ある日，突然，両親から自分が「おけいはん」であることを宣告され，京阪沿線における生活場面が展開される。「おけいはん登場」篇（第１回）の CM を図 6-1 に示す。ドラマは，「おけいはん」と，お父さん，家族，恋人などとの軽快な会話のやり取り（なぞかけ，駄洒落，川柳など）を通じたコメディである。また，CM ソングとして中之島ゆき（三浦理恵子）が歌う『出町柳から』が使用された（出町柳は京阪電車の京都方のターミナル駅）。CM は三年間で 26 種類制作された。ドラマの場面は，清水寺，伏見稲荷大社，（京都とわかる）町並み，茶屋，平等院，法観寺（八坂の塔），比叡山，祇園，ひらかたパーク，大阪のオフィス街，京阪電車の中，鴨川，京橋駅，伏見（酒蔵，十石船），萬福寺などであった。

(2) おけいはん先生（二代目）

「おけいはん（京橋けい子）」は新任の教師で，学校行事などで京阪電車を使う。学校に赴任早々，「おけいはん先生」と名付けられ，京阪沿線における学園ドラマが展開される。ドラマは，教師と生徒との溌剌とした学園ドラマ（新任あいさつ，たこ揚げ遊び，いたずら，引率，遠足，駄洒落）である。CM は三年間で 14 種類制作された。ドラマの場面は，教室，川の土手，運動場，法観寺（八坂の塔），新撰組関連，比叡山，伏見稲荷大社，鞍馬，（京都とわかる）町並み，茶屋，京都市動物園，祇園などであった。

(3) 音楽学院生おけいはん（三代目）

「おけいはん（森小路けい子）」は音楽を学ぶ学生で，京阪沿線で生活している。謎の教授（モーツアルト北浜：キダ・タロー）から，「おけいはん」といわれ，京阪沿線でよく見かけられる。ドラマは，謎の教授（あるいはピアノの先生），家族などとの軽快な会話のやり取り（サスペンス風，ミュージカル，川柳など）を通じたミュージカルコメディである。CM は三年間で 21 種類制作された。ドラマの場面は，音楽学院キャンパス，洋館の部屋，法観寺（八坂の塔），伏見稲荷大社，清水寺，（京都とわかる）町並み，祇園，中之島，神宮丸太町駅・祇園四条駅・清水五条駅（駅名変更），円山公園，花見小路，中村楼，国立国際美術館，京都市美術館などであった。

116

(4) 学生おけいはん（四代目）

　「おけいはん（楠葉けい子）」は京都の大学に通う学生で，通学・遊びなどで京阪電車を使う。ある朝起きると「おけいはん」になっており，京阪沿線における生活場面が展開される。ドラマは，「おけいはん（ごく普通の大学生）」と，仲良し友達，お母さん，外国人などとの微笑ましい（少し笑えるような，ほのぼのとした）エピソードである。また，CM ソングとしてつじあやのが歌う『Oh, My Friend』が使用された。CM は三年間で 13 種類制作された。ドラマの場面は，中之島線の駅，（京都とわかる）町並み，祇園，寺田屋，長建寺，明保野亭，貴船，鞍馬，京阪電車の中，清水寺，法観寺（八坂の塔），甘味処，宇治，平等院，鴨川，伏見（酒蔵，十石船），京橋駅，ひらかたパーク，中之島公会堂などであった。

(5) チャレンジおけいはん（五代目）

　「おけいはん（中之島けい子）」は学生で，公募で選ばれた「おけいはん」として，京阪沿線の体験スポットで様々なことにチャレンジする。明確なドラマは存在せず，着物で祇園散歩，比叡山周遊，清水でやきもの入門，宇治でお茶，競馬場で初めての競馬などの（「おけいはん」がリポートする）体験ムービーが展開される。明確なドラマ性は存在しないものの，競馬場での初めての競馬体験では，初代の「おけいはん」と一緒に体験をしており，シリーズとしてのつながり・歴史が表現された。また，CM ソングには，アンダーグラフが歌う『明日は続くよどこまでも』が使用された。CM は三年間で 4 種類，体験ムービーは 6 種類制作された。体験の場面は，祇園，着物屋，比叡山，清水，宇治，京都競馬場，錦市場，私市などであった。

(6) 沿達おけいはん（六代目）

　「おけいはん（出町柳けい子）」は，「おけいはん検定」（Web 試験，審査会）により選ばれた「おけいはん」として，京阪沿線の歴史，文化，グルメなどの達人に教わりながら京阪沿線を深く広く楽しむ達人を目指す。明確なドラマは存在せず，宇治茶，京の花，現代建築などの分野の達人の直伝（見どころ，味わい方，作り方・作法・見方のコツなど）を紹介する Web ページが展開される。達人に会う場面は，宇治，京都などである。なお，CM はこれまで 6 種類制作され，コミカルなタッチで京阪電車と沿線の観光スポッ

第 I 部　総論・理論

トが紹介されている。

2.4『おけいはん』のマクロの物語

　『おけいはん』は，2000 年〜2015 年までで，五代にわたる「おけいはん」のドラマを展開しており，十五年間では 78 種類の CM が制作された（体験ムービー含むと 84 種類）。現在，公募で選ばれた六代目の「おけいはん」が活躍中で，シリーズは継続している。

　シリーズの場面は，主に「京都」であり，京都の季節行事（初詣，桜，祭り，納涼，紅葉など）や名所を場面として，「楽しい家族」「溌剌とした学園」「ミュージカルな生活」「普通の学生生活」「様々な体験」がつづられ，「おけいはん」（出演者）を通じて，京阪沿線に住むこと，京阪沿線を旅することが身近で楽しいというマクロの物語が浮かび上がる。また，シリーズ CM で頻繁に出現する要素，例えば，「京阪電車」（企業），「清水寺」「伏見稲荷大社」「平等院」「法観寺（八坂の塔）」「祇園」「比叡山」（名所），「京都」（地域）などが主役となり，京都の様々な名所・行事・季節が昔も今も変わらないというマクロの物語も浮かび上がる（第 5 章参照）。一方，これらの名所は，社会の物語（歴史ヒストリー，様々なエピソードなど）を内包した場所であることから，それらと CM が結び付くことにより，様々な新しい物語が浮かび上がる可能性を秘めている。

　『おけいはん』は三年を一区切りとして出演者を変化させているが，視聴者を「飽きさせない」ためには必要であろう。ただし，出演者が交替してもシリーズを構成する大きな流れ（マクロのストーリー）や全体雰囲気（マクロのイメージ）は大幅に変更することは行われていない。そのような形でシリーズが十五年以上続いた CM は他にない。

　最後に，広告クリエイターへのインタビューで印象に残ったコメントを付して締めくくりたいと思う。「シリーズは十五年くらい続いているが，まだ十五年と考えることもできる。京都には千年以上の歴史がある。」

(川村洋次)

第6章　体験としての物語

◆ 3. 映像を見続けるための不確定性

　映像は，映画やドラマ，アニメなどのフィクションの作品においても，
ニュースやスポーツ，討論など現実の出来事を題材にするにしても，何らか
の事象を中心とし，それを伝達するのに適しているメディアであるかのよう
に一般的には扱われている。それとは逆に，映像を，事象中心主義に見るの
ではなく，映像を映像として見続けるというのは，どのような場合に生じる
のであろうか。映画館やテレビ，インターネットではそれはなかなか難し
い。短時間では事象ではなく映像そのものに注目することが可能であって
も，すぐにそれだけでは耐えられず，事象やそこに写っている人物に注目す
ることになってしまう。インターネットやテレビにおいて，見る映像を次々
に変えていってしまうように，同一映像を見ることを持続し続けることが，
受け手の認知的制約も要因となり，ストーリーや人物設定がしっかりした事
象中心の映像でなければ困難な場合が多いのである。プロジェクション・
マッピングやインターネット上の様々な動画，あるいは，爆音映画祭やノン
ストーリー的な映画などで，ストーリーに囚われずに映像を見せる多くの試
みがなされているにしても，それらが完全に主流になっているわけではな
い。

　とはいえ，現在，映像に接するのは，映画館やテレビ，インターネットに
は限らない。例えば，音楽のライブ会場などでは，アーティストの演奏と同
時に流される映像に接することも多い。この種の映像が他の映像と大きく異
なるのは，映像の始めと終わりの概念が薄いことである。確かに，映像を流
し始める瞬間，そして流し終える瞬間を特定することは可能である。だが，
ライブ会場の映像では映像に一貫したストーリーがない場合がほとんどであ
るし，受け手もそれをほとんど期待していない。この自由度の高さは映像の
可能性を考える上で大きな示唆を与えてくれる。要は，映像表現として何を
してもいいのだから。そしてライブに参加している受け手は，ライブ会場の
映像を見ても良いし，見なくても良いのだから。

　だがその自由度の高さこそがライブにおける映像の弱点でもある。何をし
てもかまわない，ということは，何をしても評価されない，ということでも，

119

第 I 部　総論・理論

ある。何らかの制約がそこには必要になる。作品上の制約が認知的な制約につながることで初めて物語がそこに生じるわけである。

　そのため，ライブにおいて，アーティストよりも映像の方が強く強調されたものはそれほど多いわけではない。その中で，2010 年前後に世界的に大きく注目を集めたのは，アモン・トビンの *ISAM LIVE* とフライング・ロータスの *Layer3* であろう。そして，この両者のライブはアーティストが映像を映すスクリーンやキューブの中に入ってしまい，見えるものはアーティストのシルエットが中心で，その姿を基本的にははっきりと見せないことが共通している。

　フライング・ロータスは 2012 年から *Layer3* と名付けられたシステムを用い，スクリーンとスクリーンの間に立ってライブを行っている。この場合，前後の半透明なスクリーンに上映される映像の両方と，アーティスト本人が浸透しあっている姿を見ることになる。David Wexler（Strangeloop）と，John King（Timeboy）によって，二つのスクリーンに，プロジェクターによって毎回異なるタイミングで映像が投影される。

　このライブではライブを見る位置によって，見えるものが異なってくる。映画館のスクリーンでも実際は同様なのであるが，それがさらに際立ち，不確定性が増している。例えば，スクリーンの正面ではなく，ななめ横からステージを見る場合，受け手の視界において，二つのスクリーンが完全に重ならないため，画面のズレが生じる。映像と音楽の複数の要素が，毎回新たな形で結び付き，それが受け手の身体と絡んで行く。その体験の在り方は，受け手の数だけの差異があり，共通性よりもその差異の方が大きいであろう。

　フライング・ロータスの 2014 年のライブからは，『Hyper Cube』または *Layer3* と名付けられた中に凹凸のある六角形のスクリーンに進化している。ライブ時にフライング・ロータス本人よりも前に設置されるスクリーンが平面ではなくなり，前方に盛り上がる部分と下がる部分が存在することで受け手には立体的な効果が生じると共に，後ろの平面のスクリーンとの違いが際立つことになった。

　またここでは，プロジェクション・マッピングなどとは異なり，スクリーンがスクリーンとして映像に対応して制作されることで，固定化し制度化さ

120

れている。その限定が，制約としてむしろ強い効果を生み出しているといえる（筆者は東京駅の駅舎を利用したプロジェクション・マッピングなどを体験したが，切断の少なさや駅舎上の画面への慣れから，映像の見始めの数分間の認知には適しているものの，長時間の映像作品としての認知には適していないと考えている）。

フライング・ロータスのライブでは，映像は，音に合わせて即興的に流されているという。また，Saeed（2014）によれば，「映像によるスペクタルよりもパフォーマーから生まれてくるエネルギーを見せたかった」としている。つまり，音楽と映像による強度そのものが目指されているといえよう。そのため，映像も，そしてフライング・ロータスの音楽自体も，共に即興的に，切断的な変化を伴いながらも連続的に提示される。これこそが，ストーリーのない物語であるといえるのではないだろうか。

彼らによれば，*ISAM* は，「セットがショーの中心になってしまい，演奏するパフォーマーの存在感が薄まってしまっている」とされている。筆者は2012 年のエレクトラグライドでのライブ，および DVD で，*ISAM* に接しているが，フライング・ロータスに比べると映像に切断による変化が少なく，統一された物語性が高い印象があった。断片と断片による切断の力の強調が，フライング・ロータスの方が強いのである。その結果，フライング・ロータスのライブの方がパフォーマー自身の存在感も強くなっている。これはスクリーンとスクリーンの間に立つことで，フライング・ロータスの存在が浮かび上がる余地を残しているためでもある。また，2013 年のライブからは，スクリーンの両横に縦に沿って，点滅するライトが立てられていて，その光の動きに合わせて見ることの切断が必ず生じるようになっていることも影響している。さらに，『Hyper Cube』のライブではフライング・ロータス自信が発光するサングラスをかけているため，この光による切断も存在する。

フライング・ロータスのライブの映像では，ストーリーではなく，純粋に見ること自体が強調される。もちろん，映像には流れがあり，音にはっきりと対応した映像が出ることもあるため，ある種の物語性は切断的であるとはいえ生じている。だが，登場人物が定まらず，抽象的な画面も多く，それが次々と光による切断を伴って変化するため，具体的に何が出来事として生じ

第 I 部 総論・理論

ているのかを認知することが難しい瞬間が多い。そのためライブの場での受け手は，常に見るという行為自体に立ち返らざるをえなくなるのである。彼らは，オープニングの画面などは，スタンリー・キューブリックの『2001年宇宙の旅』（1968年）の終盤に挿入されている宇宙空間における転送の場面であるスターゲート・シークエンスの効果を模しているとしている。このシーンは金井（2005）でも認知的切断と絡めて論じているが，日常の認知とは異なる，そのライブの会場限りでの認知を生じさせるための切断技法としてスターゲート・シークエンスを模した映像が用いられているといえよう。さらにライブ会場で初めて目にすることになる『Hyper Cube』というセットと，3Dメガネを用いない立体的な視覚の不確定性は，一つの場所から一回限りの映像を見る，ということを強く意識させる。なお，2017年からのフライング・ロータスのツアーは，3Dメガネを用いたものであるとのことなので新たな試みに期待したい。

　近年のライブ中に用いられている映像では，スクリーン自体の切断も追及されている場合がある。2013年のフジロック・フェスティバルにおけるナイン・インチ・ネイルズのライブ（偶然にも，別のステージでフライング・ロータスを見た直後のライブ）では，七つの大型ディスプレイを用い，それらを曲ごとに手動で動かし，時にはつなげて一つの映像を流し，時には分割して前後に置いて空間を変化させるなどの複雑な操作を行っていた。ここでも映像の形状や大きさ，位置が自由に変化することで，映像に対する認知は定まらず，複数化せざるをえない。

　この種の，映像の不確定性は，ジャン＝リュック・ゴダールの初の長編3D作品である『さらば，愛の言葉よ』（2014年）での立体感の使い方とも共通点があるといえるかも知れない。この映画では，3Dの使用の仕方の一貫性を意図的に切断していて，例えば，左目と右目に映るものを大きく変えることで見えるもの自体を重層化させている。また3Dの画面の中に2Dの画面が挿入されると共に，多数の過去の白黒映画が画面上のテレビの中で流されることで，さらに多様な画面を存在させている。3D映像は同時に二つのカメラで撮影することによって成立しているので，予め原理的に複数性が内包されているわけであるが，それを強調することが行われているのであ

122

る。

　あるいは，ウェス・アンダーソンの『グランド・ブタペスト・ホテル』
（2014 年）やジャ・ジャンクーの『山河ノスタルジア』（2015 年）に見られ
るように，近年では映像中で複数のスクリーン・サイズを用いる例も増えて
いる。『グランド・ブタペスト・ホテル』と『山河ノスタルジア』では物語
上の時代に応じて，スタンダード，シネマスコープ，ビスタの三つの画面サ
イズが登場する。ホウ・シャオシェンの『黒衣の刺客』（2015 年）でも回想
場面とそれ以外の場面で画面サイズを変えている。グザヴィエ・ドランの
『マミー』（2014 年）のように登場人物が画面を広げる設定のある映画もあ
る。これらは 2010 年代において映画がデジタル上映中心になると共に画面
サイズの不確定性が増した結果であるのだろう。

　映像に様々な環境で様々な手段で接することが増えると共に，映像の不確
定性が，これからさらに様々な方法で強調されて行くのであろう。その中で
フライング・ロータスのライブ中の映像は様々な切断と固定を音楽のライブ
の中で顕在化させた試みとして特筆すべきものとなっていた。この切断と固
定の多様性こそが，今後映像メディアがどれだけ変化し続けていったとして
も普遍の，イメージの物語生成上のキーポイントとなるであろう。

（金井明人）

第**II**部

分　析　論

第**7**章

映像認知方略の可能性

◆ 1. 映像に対する視点

　映像には映画，テレビや，様々な広告，音楽のプロモーションビデオ，ネット上の動画など様々な種類がある。なかでも，人が特に集中して映像を見るのは映画であろう。特に映画館で映画を見る場合，固定された席にその始まりから終わりまで座り続け，他の画面を見ることも，誰かと会話することもなく，終了まで見続けることが通常である。では，そもそも，映画を見るとはどのような行為であるのかを，その認知方略の可能性の観点から論じてみたい

　映画を見るにあたって，受け手にはほとんどの場合，予備知識なく映画を見ることはあまりなく，前もってまず特定の視点が存在する。映画館で見る場合やソフトを購入する場合では，意図する，しないにかかわらず，その映画のテーマやジャンル，タイトル，監督，俳優，簡単なストーリー，評論家の批評やネット上の書き込みなどの評価，友人からの評判などを予め視点として持っている。映画祭や，シネマコンプレックスなどでは，その映画の知識をほとんど持たない状態で，ただその時間に見ることが可能だというだけで見る場合もあるが，それでも，その特定の映画祭のある部門での上映であるという環境や，シネマコンプレックスの上映スケジュールなどが視点となる。視点を，宮崎・上野（1985）を基に，映像を見るにあたっての立場・関心事だと定義しよう。一つの映像を見るにあたっても，その視点は複数あり得るので，複数の視点の取り扱いが，映像認知には重要になる。Cowen

第Ⅱ部　分析論

(1988, 1992) などの先行研究が示すように，ストーリー，つまり出来事を捉えようとする視点に受け手の認知処理は制約されている場合が多い。だが，映像によっては，ストーリーの理解以外の側面から映像に接することが重要になるケースもある。

　デンマークのラース・フォン・トリアーにより監督され，2000 年のカンヌ映画祭で最高賞であるパルム・ドールと主演のビョークが主演女優賞を受賞した，『ダンサー・イン・ザ・ダーク』を例に考えてみよう。この映画は，映画の撮影や上映がデジタルからフィルムへの移行が試みはじめられた時期の作品にあたる。デジタルカメラで撮影され，デジタルで記録された映像素材で上映される映画が近年は多数になってきているが，この作品ではデジタルカメラで撮影され，フィルムに変換されて映画館では上映されていた。とはいえこの作品では，現在の HD 化された解像度の高いカメラは用いられていないので，デジタル的な画面の手触りが今の多くの映像とは異なる。2017 年の現在からすると，『ダンサー・イン・ザ・ダーク』は，映画のフォーマットの過渡期の作品となっている。また，ラース・フォン・トリアーは作品ごとに様々な実験を行っているため，床に白線を引いただけのセットを用いた次作の『ドッグヴィル』(2003 年) とも全く異なる技法が用いられた作品となっている。さらに 1995 年にラース・フォン・トリアーが中心になって宣言したドグマ 95 の「純潔の誓い」と呼ばれる撮影現場からの乖離をできる限り行わない制作ルールの影響下にあると共に，前作のドグマ 95 作品『イディオッツ』(1998 年) とは異なり，その宣言に意図的に逆らったミュージカル部分も混在している作品でもある。音楽に関していえば，主演のビョークは，俳優としてよりも歌手として名高い存在であるから，その面での注目も集めた作品である。

　この映像の「見える要素」に接する視点として，例えば，次のようなものを考えることができる。「ビョークなど俳優を見る」「ビョークの音楽に注目する」「監督（ラース・フォン・トリアー）の映像技法（修辞）を見る」「ストーリーを見る」「映画のコンセプトを見る」「ミュージカル的側面を見る」「カメラワークを見る」「監督とビョークの関係を見る」。

　とはいえ，映画を見る視点は以上のものにはとどまらない。映像の修辞

を，送り手の，ある目的に基づく，技法の組み合わせとして定義すれば，その要素は，Chatman（1990）を基にすれば，以下のように分類できる。

事象　時間，空間，役者（外見，演技），物
イメージ　編集，撮影（照明，色，カメラ（距離，アングル，動き），演出）
音　声，音楽，ノイズ

受け手は，視点を，これらの要素のうち，どれを，どのように組み合わせても，設定することができる。時には，複数の視点を同時に設定して映像に接する場合もあるだろうし，視点が移り変わって行くことも考えられる。

以上は，映像を見る瞬間における視点であるが，その基になるものとして，「評価が高いから」「旧作を見るため」「映画の歴史を知るため」「映画に関連する国を知るため」「話題になっていたから」「映画祭が好きだから」「映画館が好きだから」「映画が好きだから」「暇つぶしとして」などの動機付けから見る場合もあるだろう。公開から十五年以上が経過した現在では，テレビでたまたま放送されていたから，あるいは，ネット上でストリーミング配信されていたから，などの場合もあり得る。この場合は，先に挙げた視点を様々に行き来しながら映像に接することになる。以上のどの視点を取るかによって，認知処理は異なるものと成り得る。

認知処理に影響するのは，映像を見るにあたっての視点だけではない。例えば，ショットが切り替わると，受け手が意識を向けている場合は，何らかの形でその変化に対する処理を認知的に行う。少なくとも，受け手は，前後のショットの「関連付けを行う」・「関連付けを行わない」の二つの処理のどちらかを行う。映像の様々な要素を関連付けすることで，まとまった形で「見えない要素」としての物語とすることができるのである。もし例え，認知的な関連付けを行わずに映像に接するとしても，それは，関連付けを行わないことを選択する，何らかの処理に基づいている。

また，関連付けを行う場合も，その基準は，事象・イメージ・音など様々な方略があり，それぞれによって，効果は変わる。

つまり，映像の認知方略には，映像を見る前の，「見える要素」としての

第II部　分析論

物語に対する視点についての方略と，それを見た後に，どのように関連付け
を行って「見えない要素」としての物語を作り上げて行くかについての方略
の二つが大きく存在するわけである。両者は，相互に影響しあいながら，映
画を見て行く過程の上で，絶えず更新されて行く。

◆ 2. 複数の認知方略

　受け手の認知方略を『ダンサー・イン・ザ・ダーク』の具体的なシーンを
例に見てみよう。『ダンサー・イン・ザ・ダーク』はミュージカルシーンと，
リアリズムが強調された場面が混在されている映画である。ミュージカル
シーンは，ビョークの演じるセルマが精神的に追い詰められた時に，頭の中
で夢想することで出現すると Björkman（1999）などで監督自身によって解
説されている。例えば，この映画の連続するショットでは，セルマが歌う
ショット，貨物列車に乗る労働者が映されるショット，その後鉄橋にたたず
むセルマを映すショットとなる部分がある。これらは，映画の中で2番目に
現れるミュージカルシーンの最後の部分と，曲が終わった直後のショットで
ある。ここでのショット間の関連付けの処理として次のようなものを挙げる
ことができる。「主人公の幻想」「友人の幻想」「全く関係のない複数のショッ
ト」「連続する出来事」「音」「歌詞」「カメラワーク」。

　受け手は，何れかの立場でこのシーンを関連付ける。第一に挙げた，
ビョークの演じる主人公であるセルマの見た幻想（の一部）であるとして，
ショット間を，ストーリーを基に関連付けしてこのシーンを見るのが，最適
な方略であろう。だが，カメラワークや，音楽についての視点を重視すれ
ば，幻想である，というようなショット間の関連付けを，受け手が重視しな
い場合もあり得る。関連付けが変われば，当然その効果も変わり，ストー
リーに関する効果は抑制される。

　そもそも，ミュージカル映画である，という視点を前もって持たずにこの
シーンに接した場合はどうだろうか。主人公の幻想である，という視点より
も，音楽やカメラの変化に注目せざるを得ないだろう。また，この部分は，
そのまま予告編として映画館などで流されていたので，その場合も，幻想な

130

第7章　映像認知方略の可能性

のかどうなのかは判別しにくい。そもそも，このシーンがどこまで幻想であるのかは，Björkman（1999）で監督本人が語っているような，この映画の語りのルールを完全に把握していない限り，判断が難しい。さらには，これらのショットの切断や非連続性をどのように捉えればいいのか。セルマの幻想自体は，このようにショットに分かれているのだろうか。

　注目すべき点は，この場面では音のみならず，映像も変化することである。画面は急に，それまでのリアリズムを強調した，手持ちカメラから固定カメラになり，曲が終わるとまた手持ちカメラに戻る。画面も固定カメラ部分ではやや明るくなる。音楽や，それに対応した出来事の一貫性で，このシーンを捉える以外にも，注目すべき点は存在するのである。

　このミュージカルシーンは，100 台のデジタルカメラをランダムに配置し，撮影したといわれている。ミュージカルシーン以外では，手持ちカメラで主人公を追い，カメラは主人公を上からや下から捉えることはない。それが一転，真下からや，ななめから主人公を追ったショットが挿入される。ここではカメラの位置が定まらないような撮影と編集が意図的に行われている。ビョークを捉えるカメラの位置が右からのものと左からのものが連続しているのも通常の映画の撮影ルールとは異なる。これによって，受け手の視点や関連付けの方略は変わって行かざるを得ない。あるいは，受け手によってはこの種の操作に対する認知を放棄する場合もあるだろう。

　この映画では，Björkman（1999）にも記されている，ドグマ 95 のルールがミュージカルのシーン以外は適用されている。そのためルールにより，ミュージカルのシーン以外は，映像とは別なところで音楽は作り出されていない。また，時間的，地理的な乖離がない。だが，ミュージカルシーンになると，出来事も音も映像も，それまでのショット間のつながり方とルールが変更される。その結果，受け手は，何らかの関連付けの方法の変更を強いられる。

　この，処理の方略は受け手にまかされている。正しい認知，というものはないだろうし，送り手の意図があったとしても，それは受け手による変更可能性の中にある。確実であるのは，受け手が認知プロセスの変化を意図的に受け手の中に生じさせる，ということである。受け手の認知方略が，意図的

第Ⅱ部　分析論

にしろ，無意識にしろ，切断的に更新される。これによって，「見える要素」に対する認知方略が変化し，「見えない要素」としての物語の特質が変更されるわけである。

◆ 3. 受け手の認知プロセス

　1本の映画の限られたシーンにおいても，その認知処理の可能性は様々に開かれていることを前節では論じた。

　受け手が映像を認知するにあたって，視点の設定や関連付けなどで，同時に非常にたくさんの処理を行っている。そして，その処理の何を重視するかによって，受け手に生じる効果は異なる。ここで，映像に関する認知プロセスについてまとめてみよう。

　受け手は，ある視点から「見える要素」として映像に接し，それを何らかの形で関連付けて「見えない要素」としてまず残す。これは小説でいう物語言説に相当する。ストーリー（物語内容）を「顕在的または潜在的な，物語上の出来事のすべて」として定義すれば，その「見えない要素」としての物語言説から，省略されている事項や時間的に操作されている事項を補い，修正し，再構成することで「見えない要素」としての物語を組み立て直すことによって，ストーリーを，受け手は内的に構築していることになる。物語言説は，映像作品上の，出来事の継起順であり，それを事象が生じた時間軸通りに再現したものがストーリーとなる。それらの処理に，映像には必ずしも含まれていない物語世界の情報が影響する。また，映像自体の効果もある。例えば，カメラの撮影方法や編集方法などによって，同じ物語言説であっても，その効果は変化する。また，前節で見たように，映像はストーリー理解以外の観点からも，接することができ，その観点から「見えない要素」としての物語を作り上げもする。以上が映像に関する認知プロセスの概略である。

　例えば，前述の『ダンサー・イン・ザ・ダーク』のミュージカルシーンの直後に，カメラが手持ちに戻り，場面も，歌が始まる前の状態に戻る。受け手は，その物語言説から，時間が経っていないこと，場所が変わっていない

ことをストーリーとして認知的に構成するわけである。

　では，ある映像を認知する視点や処理方略はどのように決定されるのだろうか。そしてそれは映像のタイプにどのように影響されているのだろうか。これを説明する概念として，スキーマと呼ばれるものがある。

　スキーマは認知科学における概念で，人が物事に接するにあたってのルールや知識の集合である。もともとは，物語の理解に関する概念として，Bartlett（1932）により導入された。スキーマには，映像や物語に対するものとしてのスキーマと，映されているものについてのスキーマの2種類がある。前者は物語（ストーリー）スキーマ，と総称して呼ばれる場合がある。例えば，物語文法（ストーリー・グラマー）は，物語スキーマに関する代表的な研究である。Rumelhart（1975）の物語生成のためのルールを基に，Thorndyke（1977）は，受け手のストーリーの認知の根本原理である物語文法として，10のルールを挙げている。そのルールの最も根幹となるのは，Setting（設定）と Theme（登場人物の行動の目的）と Plot（筋）と Resolution（解決したか）の解を探すようにストーリーに接する，というルールである。映像認知の場合も，このルールに近いものが存在する。しかし，前節で論じたように，この処理以外を重視することもできる。さらに近年では Cohn（2013, 2014）のように物語文法と共存する視覚的な文法についても研究されている．

　多くの映像の修辞はストーリーを表象する目的で構築されている。その結果，ストーリーを頭の中で認知的に再構築することが重視される。つまり，物語スキーマを用いることが重視される。例えば，映画監督の側からの映像理論として大きな影響力を持った Eisenstein（1942）のモンタージュ理論では「展開されるテーマの要素から取り上げた断片 A と，やはりそこから取り上げた断片 B とは，対置されると，テーマの内容をより明確に具象化するイメージを生み出す」とされている。ワンショットの映像は，他のショットと結び付くことによって，はじめて一定の意味となるとされるクレショフ効果も，モンタージュによる意味の創造を取り上げている。これらでは，映画のショットの連鎖により物語スキーマにより構築される一貫したストーリーや，ストーリーに基づき映像全体で生じる効果に重点が置かれている。

第Ⅱ部　分析論

モンタージュそのものは，アメリカのグリフィスなどで，先に用いられていたものであるが，物語スキーマが重視されることでは同様の側面がある。

ただし，映像の制作者側の立場では，一貫したストーリーを必ずしも重視しない場合がある。Deleuze（1990）は「第二次大戦後から映画が＜映像＝運動＞であることを止め，＜映像＝時間＞になっていった」とし，近年の映画の作者は「映像の相互間にあらゆる種類の非合理的切断や共通尺度なき関係性を成り立たせようとしている」と論じている。これは，映像を，因果関係に基づく，全体で一貫したストーリーに従属したものとして捉えるだけではなく，「非合理的切断や共通尺度なき関係性」を持つ構造として捉える必要がある場合があることを示唆している。例えば，「つなぎまちがい」と通常捉えられるような映像の編集を，意図的に行っているような作品が登場しているとされている。このような映像では視覚的・音響的な状況の出現が目的とされていて，主人公の行動だけではなく，描写そのものに力点が置かれている。Deleuze の分類には数々の批判があるが，ストーリーの扱い方に，制作者側にとっても受け手の認知と関連付けた複数の立場があることを論じていることは重要である。

『ダンサー・イン・ザ・ダーク』のミュージカルシーンに，100台のビデオカメラが導入されているのは，このような映画の流れを踏まえた上での，当時としては新しい試みであった。そのため，意図的に，通常の映画や，この映画のミュージカルシーン以外では用いられていないようなアングルが用いられていて，さらにそれを「つなぎまちがい」と捉えることも可能な編集でつないでいる。その結果，映像は，作品全体のストーリーに向けた意味を持つだけでなく，一つ一つの画面の微妙な要素自体についても重要になる。

ストーリーを認知的に構築することや，物語スキーマを用いることを重視しなければ，映像の画面の細部に注目した処理を行うこともできる。いわば，映像を見る瞬間を重視した処理が可能になる。これは，『ダンサー・イン・ザ・ダーク』で，幻想である，という視点のみに囚われない場合に相当する。そのような受け手はショットの奇妙なアングルや画面の光の変化こそを注目することになる。だが，受け手は，物語スキーマを，例え，一貫したストーリーが存在しない映像であっても，重視して用いる傾向があることを

134

金井（2000, 2001）は，論じている。

◆ 4. ストーリー理解に関する制約緩和と視点の再設定

　上記の，物語スキーマを受け手が重視する場合と，それ以外で，どのように受け手の処理は変化するのであろうか。金井・小方・篠原（2003）では，ストーリーに関する方略以外の側面に，転じる場合とそうでない場合の差についての調査を行っている。ここでは，広告やミュージック・ビデオ，映画の予告編など，ストーリー以外の観点によって，構成されている映像は，複数回の視聴が前提になっているため，2回同じ映像を見せ，それぞれで調査票を用いた質問を行っている。

　ここでの実験の素材は，フランク・ザッパの楽曲，*Tell Me You Love Me*を全編にわたって用いて，ウォン・カーワイが監督し，香港返還の直前の1997年にNHKでビデオ作品として放送されたもので，音楽のプロモーションビデオではない。特定の人物を追って，映像が作られているわけではないのでストーリー性も持たされていない。映像では，画面をぼかし，ショットとショットの間を意図的に曖昧にする操作がなされている。また，ショット間にストーリー的側面からは，一切つながりが見られない。ゲームの画面など，人物以外が画面に映っている時間が長く，一度登場する人物も，以降で登場することはない。

　この映像に，受け手がどのように接するかについて，2回映像を見せることで，調査を行っている。大学生の参加者45人に対して，映像を無指定で見せ，その直後に調査票で「今，見たことについて頭に浮かんだことを素直に書いてください」という質問をすることによって，受け手に生じた認知的効果に関して自由回答をさせ，その結果を分析している。また，調査票回答後に，「映像に一貫した物語が存在しない」ことを説明した後，全く同一の映像を見せ，その直後に調査票で前回と同じ質問をしている。

　映像の修辞とストーリーの関係を送り手がどのように設定するかによって，受け手に生じる認知的効果は変化する。自由回答の記述から，1回目の受け手で，ストーリーに注目していた受け手について，参加者内の分散分析

第Ⅱ部　分析論

を行った結果，2回目の実験では，意に面白さの評価が上昇している。これは，1回目の視聴時においては，ストーリー理解のプロセスが，映像の修辞から生じる認知的効果を抑制しているためである。

　ストーリー理解に関する制約の緩和を，映像のショットの連鎖を一貫したストーリーとして心的に構築しようとする認知上の制約を緩和し，一貫したストーリーの理解をしなくても良いような状態を作ることである，と定義すれば，受け手は，ストーリー理解に関する制約の緩和を，このような映像に対しては行う必要があるわけである。つまり，物語スキーマを用いることを，意図的に放棄することが求められる。

　制約の緩和は無条件に行われるわけではない。この調査におけるように，音があれば，無条件に，関連付けを音により行うわけでもない。受け手は，例え，音があり，それに関連付けを行うことができたとしても，ストーリーに関連した方略をとる傾向がある。

　では，受け手が制約緩和した場合，映像の何に注目しているのだろうか。調査票の自由回答の結果は，以下の四つに分類されている。

・一つ一つのショット上の要素
・連続したショットにおける，要素の共通性
・連続したショットにおける，要素の差異
・映像全体における，ショット上の要素間の関係

　受け手が制約緩和を行った場合，修辞中のショット間の同一性と差異に視点を再設定することで，新たな関連付けを行うことができるわけである。この，映像認知における視点の再設定は修辞の効果としてなされる場合もあるし，受け手が自ら行う場合もある。これらが，ある映像に対する，認知プロセスの多様性を生む原因となっている。また，制約緩和と視点の再設定ができず，受け手に違和感のみが生じる映像認知もあり得るが，その違和感自体が重要になることもある。

　映像を認知科学的に分析し，その多様性を捉えるには，緩和を行うにしろ，そうでないにしろ，受け手のストーリー理解に関する制約と視点の再設

定に，特に注目する必要がある。『ダンサー・イン・ザ・ダーク』のミュージカルシーンも，ストーリー理解に関する制約の緩和と視点の再設定を促しているといえよう。

　ストーリー理解に関する制約の緩和と視点の再設定を促す方法は，切断技法として捉えることができる。これは音楽や編集，カメラワーク以外にも様々な方法があり，例えばラース・フォン・トリアーの『ニンフォマニアック』（2013 年）では，Vol.1 でも Vol.2 でも，「3＋5」という数式がテロップとして画面いっぱいに示される場面がある。こういった数字（この場合はフィボナッチ数列）へのこだわりも，ストーリーとは異なるショット間の関連付けに至るため，制約緩和につながる。

　チャプター方式を用いて物語が構成されているラース・フォン・トリアーの『奇跡の海』（1996 年）では，新しいチャプターに入るごとに固定カメラによる風景の画面と共に音楽が流される。これもまたストーリーのみへ向けられた視点を，再設定させる効果がある。特にエピローグでの音楽であるデヴィッド・ボウイの *Life on Mars* は 1 分 20 秒にわたって，人物の登場しない，流れる小川と橋の風景の，微妙に光が変化して行く映像上で音楽が流されるので，強い制約緩和と視点の再設定の効果がある。

◆ 5. 制約緩和と視点の再設定に関する調査

　前節で触れたウォン・カーワイの作品は，プロモーションビデオではなく，独立した映像作品である。音楽が絶えず流れているとしても，映像の方が前面に出ている。また，映像と音が必ずしも連動していない。そのため，ストーリー理解に関する制約と視点の再設定を即座には行いにくい。逆に，映像と音楽が連動して作られている，楽曲のプロモーションビデオでは，その処理を行いやすくなっている場合がある。この過程を，より，詳細に見てみよう。

　登場人物であり，楽曲の作者であるビョークが，最初と最後のみにか登場せず，ストーリーが十分に存在しない，ミシェル・ゴンドリーが監督している，*Jóga* のミュージック・ビデオを題材に，映像を 30 秒ごとにブロック分

第Ⅱ部　分析論

割した上で，ブロックごとに発話プロトコルを喚起させる実験（プロトコル実験）を行った。プロトコル実験は，映像の進行プロセスにおける受け手の思考・推論を抽出するためによく用いられる，認知科学の実験方法である。プロトコルデータの測定を容易なものにするために，映像を30秒ごとにブロック分割した上で，二人の被験者にそれぞれ，音ありの状態と音なしの条件で，各ブロックそれぞれの終了時において映像提示を中断し，下記のようなプロトコルを喚起させる質問を行い，プロトコルを録音した。

　質問1：今見たものについて頭に浮かんだことを素直にお話しください
　質問2：今自分が話したことについて感じたことをそのままお話しください

　結果では，音楽ありの場合の方が，音楽と音との関連の中で印象が増大している様子がうかがえた。映像は，60秒から90秒の間で，CGを用いて映像が音楽に合わせて断続的に変化するシーンがあり，音楽ありではそれを予測し，関連付けた処理を行っていた。それに対し，音楽がない場合は90秒から120秒までの「なんなんだこれは」というようなプロトコルのように，ストーリーが存在していないことに対応しきれていない様子が見られた。これは，視点の設定がうまく行かないためである。同じシーンで，音楽ありの場合は，この部分を「よりこう広がりというかそういうものを感じました」として視点設定がうまくいっていた。
　以上のように，この映像では，視点を適切に設定するためには，ストーリー理解の制約を緩和する必要がある。つまり，ストーリーに関する方略を，視点に関しても，見た後の関連付けに対しても，用いない必要がある。視点も関連付けも，ストーリーではなく，音と映像自体を用いることになるわけである。音がある場合は，関連付けを，音を基に行いやすい。これは，音があることで，ショットのつながりを，音のつながりに同化させて処理することができ，ストーリー理解に関する制約緩和と視点の再設定を行いやすいためである。しかし，音がない場合はそれを行いにくいわけである。
　*Jóga*のこの映像は，ビョークの2011 - 2013年のBiophiliaツアーや2016-2017年のVulnicuraツアーなどにおいても使われている。例えば，

138

2013 年に苗場で行われたフジロック・フェスティバルにおけるビョークの
演奏時には五つのスクリーンで同じビデオが同時に流されていた。このツ
アーでは，すべての曲の演奏時にビデオが流されているわけではなかったの
で，ここでの使用は，送り手にとって，強く意図的なものであるといえよ
う。Biophilia ツアーは，自然と音楽，科学技術の融合がテーマとなってい
る。*Jóga* は 1997 年に発表されたアルバム『ホモジェニック』中の曲であり，
このツアー時から約十五年前の曲であるが，この時のビデオのコンセプトが
より拡大されて再登場しているともいえよう。なお，*Biophilia Live* として
このツアーのライブをソフト化したものでは，この曲は取り上げられていな
いものの，ビデオと同様に自然を描いた映像が，度々ライブの映像に重ねら
れて登場していることからも，*Jóga* のビデオのコンセプトがビョークにとっ
て重要なものであることがわかる。

　このようなライブ会場で映像を見る場合はストーリー理解に関する制約緩
和と視点の再設定を行って映像を見ることが容易になる。そもそも，会場で
は映像を見ずに，登場しているアーティストを見ていても良いのであり，必
ずしもストーリーを追って映像を見ることはしない。映画館での映像の認知
と，これが大きな違いである。

◆ 6. 認知は決められない

　映像にはショット間のつながりを強く意識してみる場合とそうでない場合
があり，また受け手もそれぞれの映像に反応し，その認知の仕方を変更して
行く。だが，その認知の変更が映像に適合的に行える場合とそうでない場合
があり，適合的に行えない場合は違和感が強く生じることになる。そして，
その違和感をむしろ意図的に追及している作家もある。ラース・フォン・ト
リアーはそのような映画作家の一人である。

　『ニンフォマニアック』と同様に，『ダンサー・イン・ザ・ダーク』でも画
面にテロップが切断的に挿入される場面がある。ビョークが歌う最後の歌の
シーンでは，ミュージカルとしての側面が消える。主人公の幻想としての画
面ではなく，ストーリー上で実際に生じた出来事として，伴奏のないアカペ

第Ⅱ部　分析論

ラの状態で，曲というよりも歌そのものを強く浮かび上がらせている。ここでは初めて固定ショットではなく，手持ちのぶれたカメラで歌を捉えている。今までの映像的な違和感はここでは生じない。逆にストーリーがそのまま進んで行く。そのこと自体が逆説的に強い効果を受け手に生じさせる。そして，最後にビョークが歌い続けることができずに曲が途切れた後に，最後に歌詞が文字として画面に表示される。この歌詞を書いたのは誰なのか。歌詞は，ビョーク演じるセルマの視点であるともいえるが，それ以外に監督の視点であるとも，神の視点であるとも，語り手の視点であるともいえる。映画というメディアそのものの視点であるのかも知れない。解釈を一つに定めることは，誰かが絶対的な正解として提示でもしない限りはできない。とはいえ，映画館で映画に集中していれば，誰の解説も映像と同時には入ることはない。この定まらなさに向かいあえるのは，映像を集中して見る瞬間のみなのである。そして，映像では監督や制作者といえども認知を唯一のものに定めることはできない。

　映像は，要素間を関連付ける複数の可能性がある。出来事を中心にした場合はストーリーになるが，その制約を緩和し，認知処理の方略を変更して行くことによってストーリー以外の様々な修辞的要素も含め，切断的に自由につなげて「見えない要素」としての物語を作り出すことができる。それが物語コンテンツの可能性である。その可能性をより顕在化させるために，映像の認知において，そして映像制作において，認知処理の制約とその緩和に向かい合うことが重要になるのである。

（金井明人）

第**8**章

映像からストーリーを認知すること / しないこと
―認知的リアリティの発生要因―

◆ 1. 映像と認知科学

　1989 年の映画，『都市とモードのビデオノート』において，映画監督であるヴィム・ヴェンダースは映像の未来について語っている。「未来の作家とは，CM やビデオ，コンピュータゲームの作者か」。これは映像メディアにおいて映画が特権的な存在ではなくなり，ビデオの存在がより大きくなることに対する予測である。そして，現在 2017 年の，映像をネットに投稿する人々も作家として扱われている状況は，ヴェンダースの予測が，それを大きく超えて現実化しているといえる。さらにアナログとしての映像が，映画にしてもビデオにしても新しく作られることは圧倒的に少なくなってきている一方で，撮影および上映や放送，再生は高解像度でデジタル化されたものが増え続けている。

　だが，映像の作られ方や見られ方が変化してきているとしても，受け手の映像に対する認知の方略やプロセスは変化したのだろうか。映像のデジタル化・高解像度化などに伴い，アナログとデジタルに関する映像の認知処理やそれにより生じる様々な意味は変質してきているが，映像により生じる「見えない要素」としての，ストーリーとその切断に関する認知処理については変化していないのではだろうか。

　映像は，今や映画やテレビでのものだけでなく，インターネット上のもの，屋外や交通機関でのものなど様々な領域で増殖し続けている。同じ映画であっても，映画館で見る場合，家でブルーレイや DVD あるいはテレビや

第Ⅱ部　分析論

ストリーミングで見る場合，野外上映で見る場合など様々な状況が考えられる。そして，いつ，どこで，どのように映像を見るかによって，映像の認知的リアリティや印象の強さは変化する（金井，2013）。テレビモニターで見る場合，プロジェクターでスクリーンに投影して見る場合，パソコンの画面で見る場合，スマートフォンの画面で見る場合などでそれぞれ変化する。しかし，いずれの場合でも，そこにストーリーを重視する受け手の認知が関わることは変わらないのである。それゆえ，ストーリーが切断されることによって生じる認知的リアリティの意味もまた普遍的なものである。

　映像は様々な立場を基準にして分析することができる。その立場は，送り手・映像自体・受け手の三つに大きく分類することができる。もちろん，これらの立場は絡みあっているし，それぞれに社会や文化，歴史など様々なものが影響する。認知科学的観点が，以上の三つを共通の枠組みとして捉える有力な手段の一つである。特に，ストーリーとその切断，およびその効果に関する分析において有効である。

　受け手の立場を分析するにあたっては，映像を見ることに必ず受け手の認知が関わっているので，認知科学的観点が有力であることは自明であろう。それだけでなく，映像自体の分析や制作においても，認知科学的観点が密接に関わっている。そもそも映像の送り手は，映像制作時に受け手を前提に構成せざるを得ない。受け手がどのように映像に接するかを，理論的にしろ，直感的にしろ，把握することなく映像を構成することは難しいのである。

　また，映像の特質を人間が分析するとすれば，そこに認知的なバイアスが入らざるを得ない。人間の何らかの認知との関係の上での分析から逃れることはできないためである。極論すれば，映像はその制作においても，分析においても，認知科学的観点無しでは成立することがないといえよう。とはいえ，現在の認知科学はまだ映像に関する認知を完全に理論化するだけの精度は持ち合わせていないことも確かである。なので，ここでの認知科学は，あくまでも理想像としてのものとして捉えてほしい。

　映像は複数のショットあるいはフレームを編集することで完成される。そのショット間あるいはフレーム間の関係を，受け手は，映像の前後のつながりなどを基に，全体の中で物語的に位置付ける（金井・丹羽，2008）。その

第8章　映像からストーリーを認知すること／しないこと

つながりの付け方は無数に存在する。受け手はショット間の関係を出来事として捉える場合もあれば、そうでない場合もある。では、その判断はどのようにしてなされるのであろうか。このような問いに対する解析や、予測・分析にも、認知科学的観点が関わってくる。そしてこの認知的判断こそが、映像作品の質の評価に直結している。

　ではそもそも、映像を認知科学的に分析する、とは何を指すのだろう。それは、受け手の認知プロセスやその効果を分析すること、そのプロセスや効果の基となった映像の修辞や物語、環境を分析することである。また、受け手の認知方略にはどのような可能性があるのかを分析すること、そしてその認知方略が映像によってどのように制約されているかを明らかにすることである。同じ映像に対しても、対応する認知プロセスは、一つではない。受け手の認知方略によって、映像の効果も変化する。特に重要になるのは、映像中のストーリーを重視する認知方略と、ストーリーにとどまらずに映像そのものをも重視する認知方略の間の変化や、二つの方略の共存である。この変化や共存が映像中の切断などによって生じた時に、受け手には強度のあるリアリティが認知的な効果として生じる。これは映像の認知体験自体の、体験としてのリアリティであり、映像と現実との近さとは無関係に生じる効果である。ヴァーチャル・リアリティ（VR）や拡張現実（AR）などで用いられるリアリティは現実との近さに基づくリアリティであるが、現実に近い場合でも、近くない場合でも、強度ある認知体験になった時に受け手に生じているのが認知的リアリティなのである。

　映像を認知科学的に分析することで、受け手に生じる効果との関連の中で、映像の持つ多様性や固有性を顕在化させることができる。また、受け手にとっての認知的リアリティや強度の存在、および、それらが成立するプロセスを明示することができる。認知的リアリティや強度を感じる「瞬間」とは、受け手が新たな「意味」を見出す瞬間であるともいえる。ここでの意味は、言語化できるような意味以外のものも指す。それは、第一の意味（記号の意味するもの）や、第二の意味（象徴作用）と区別して、Barthes（1970）が「第三の意味」として捉えようとした意味や、生命としての意味でもあり得る。この、意味の生成される瞬間とは、認知プロセスの中で、今までな

第Ⅱ部　分析論

かった何ものかが生成される，またはその何ものかが再生される瞬間であるだろう。この瞬間があるからこそ，人は映像に接するともいえよう。だからこそ，「瞬間」の認知プロセスこそ，分析する意義がある。

　例えば，近年のドキュメンタリー映画を代表する作品ともいえるワン・ビンによる『鉄西区』（2003 年）では，鉄道のシーンが作品中で何度も反復されている。この映画では第一部「工場」冒頭での雪の中を走る画面に続いて，約 1 時間後にまた機関車からの画面が挿入される。それまでの閉鎖が近づく工場内の労働者の場面から外を走る画面となる。ここでは薄暗い曇り空の下を機関車が走って行くのだが，そのまま編集でいつのまにか快晴時の機関車の画面に切り替わる。その間にどれくらいの時間が開いているのかは不明である。受け手はこの画面をただ見ることもできれば，そこに鉄西区における鉄道の意味を探ることも，また，工場内と外の時間や空間の差を認知することもできる。機関車が運転手の操作によって走行するという第一の意味や，寂れ行く工場を象徴する第二の意味ももちろん存在するのだが，古びた鉄道独自のくすんだ感触も，くすみそのものとして第三の意味的に認知できる。それは見る瞬間に生成される映像的なリアリティである。

　『鉄西区』の第一部の英題は Rust である。Rust，つまり錆は，第一部全体に漂う感触であり，これを映像のそれぞれの瞬間で認知できる。そしてそれは，様々な認知的切断の結果，一貫したストーリーに囚われることがなくなることで浮上するリアリティとしての効果なのである。

　以下ではこの映像的瞬間としての認知的リアリティが浮上するための条件を認知科学的観点から論じてみたい。

◆ 2. 映像の認知と切断

　映像の認知は，映像中のストーリーに関する何らかの切断によって変化することは 4 章で論じた。切断によって，ストーリー以外へと受け手の視点が変化するのである（金井，2005）。これを受け手の認知プロセスの傾向を踏まえ，ある既存の 1 曲に映像を付ける場合の映像タイプに関連させて論じてみよう。これによって，受け手の様々な認知方略と映像タイプとのつながり

第 8 章　映像からストーリーを認知すること / しないこと

を論じることができると共に，映像的瞬間としての認知的リアリティが浮上する場合と浮上しない場合を明らかにすることができる。ここではアイスランド出身で，三十年以上にわたって世界的な女性アーティストとしての地位を一貫して保っているビョークの楽曲に対する有名作家による映像作品を取り上げてみたい。

　視点設定に影響する，映像のタイプ分けの基準として，出来事が一貫しているか，否かをまず，挙げることができる。出来事の一貫性は，そのままストーリー理解の制約に結び付く。これは逆にいえば，ストーリー理解を行う受け手の認知方略が切断されていない場合である。ストーリー理解を行う受け手の認知方略が切断されなければ，認知的リアリティもストーリー的観点から生じることになる。

　ストーリー上の出来事は，基本的には，人物によって起こされる。受け手は主要人物が関わる出来事を捉えようと，まず映像を認知する。人物が画面上に登場していなければ，出来事は生じにくい。そのため，さらなる基準として，主要人物が登場するか否か，という区分も挙げられよう。7 章でも論じたミシェル・ゴンドリー監督によるミュージック・ビデオである *Jóga*（1997 年）は，出来事こそ一貫しているが，人物が最後にならないと登場しない。そのため受け手はストーリーを追い続けることを行いにくい。ここではストーリーには注目することはできないものの，映像としての流れには切断は存在していないので，一貫して映像中の自然には注目することができる。その意味では映像的瞬間としての認知的リアリティは生じにくい。

　出来事を一貫させることで，ストーリー性を持たせている場合も，同時に他の側面が強調されている場合もある。この方法として，印象の強い映像を入れる場合，ストーリーとは関わらない映像を部分的に挿入する場合などがある。これらによって，受け手の認知方略が変わり，ストーリーを重視するか，映像を重視するかが変化し，瞬間としての認知的リアリティが浮上することになる。

　例えば，映像よりもストーリーを重視して受け手が接してしまう例としてビョークのミュージック・ビデオで，クリス・カニンガムが監督した，*All Is Full of Love*（1997 年）がある。それに対し，ストーリーと直接的には関

145

第Ⅱ部　分析論

わらない映像が切断的に挿入されている例がラース・フォン・トリアー監督
による『ダンサー・イン・ザ・ダーク』（2000 年）のミュージカルシーン
（例えば，*I've Seen It All*）である。*All Is Full of Love* は，『ダンサー・イ
ン・ザ・ダーク』の *I've Seen It All* の他に，タイプの異なる，ビョークの
ミュージック・ビデオとして，前述の *Joga*，後に取り上げる *It's Oh So
Quiet*（1995 年）を取り上げ，どのように印象が異なるかを筆者が大学生 55
人に，評定させた時に，最も映像が印象に残ったものとして挙がっていた。
それと同時に，*All Is Full of Love* は，曲自体の印象の強いものとしては，
この 4 作品の中で，最も挙げられていなかった。ここで挿入されている「印
象の強い映像」は，様々な受け手のスキーマに合わない映像，といい換える
こともできる。*All Is Full of Love* は，基本的には，主要人物を映すショッ
トによって構成されている。7 章で説明した物語文法レベルでの構造は，他
のものと変わらず。一貫したストーリーが強調されている。つまり映像技法
としての切断は行われていない。異なるのは，スキーマに反することが強調
されている点である。

　このミュージック・ビデオではビョークの顔をしたロボットどうしの表情
豊かに歌いながらキスシーンが描かれる。それは，次のようなロボットにつ
いてのスキーマに反している。「ロボットは恋愛をしない」「ロボットは歌を
うまく歌わない」「ロボットは表情がない」などである。このミュージック・
ビデオが，最も記憶に残るものになっているのは，スキーマに反した映像が
用いられているためである。しかし，これは曲そのものの印象には必ずしも
結び付いていないため，曲としての印象は残りにくくなっているともいえ
る。映像的瞬間としての認知的リアリティというよりは映像上のストーリー
からの認知的リアリティによる効果が強く生じている。

　逆に，音楽が印象に残ると評定されたのは，スパイク・ジョーンズによ
る，*It's Oh So Quiet* のミュージック・ビデオであった。ここでは，出来事
を一貫させることで，ストーリー性を持たせ，アーティストかつ主要人物で
もあるビョークを映し続けている。ビョークは歌を歌いながら外に出る。一
貫してカメラは主人公を追い続けていて，主人公が画面からいなくなった
り，急に場所が変わったりすることはない。このミュージック・ビデオで

は，『ダンサー・イン・ザ・ダーク』とは異なり，ビョークを映さないショットがない。逆にいえば，物語文法を映像認知にあたってのスキーマとして，用い続けることができる。*It's Oh So Quiet* は，編集が印象に残った作品として挙げた人が前述の調査では，極端に少なかった。この作品では，音楽のサビの部分以外ではスローモーションが用いられている。そのため，速度の異なる映像が結合されている。また，日常シーンとミュージカルシーンの融合が成されている。つまり，決して，編集に凝っていない映像ではない。しかし，ストーリーが前面に出ている場合，編集には意識が向きにくい。これについては，金井（2001）による，エイゼンシュテインについての実験でも同様のことが示されている。ミュージック・ビデオでは，編集を強く印象に残す必要はない。曲自体の印象が映像の印象にすりかえられてしまう恐れがあり，それが望ましくない場合もあるためである。これは，楽曲としてのリアリティはあるのだが，映像としての認知的リアリティがあまりない場合に相当する。その他に，受け手の認知方略を変化させる映像のタイプ分けの基準として，曲が途中で切断されているか否かも挙げることができる。これは，映画においてはよく見られ，『ダンサー・イン・ザ・ダーク』の3番目のミュージカルシーンでも用いられている。この切断により，受け手の視点設定や関連付けの方略が変化するので，映像自体を見る瞬間に，強い印象としてのリアリティを生じさせることができる。

　逆に，映像での切断，すなわちカットを行わず，ワンシーンワンショットで撮ることでも，認知方略は変化する。ストローブ＝ユイレによる『アンナ・マグダレーナ・バッハの日記』（1968年）では，曲が演奏される様子が，ただひたすら後ろから，カメラの移動も少なく，映されることが多い。この場合，後ろからの撮影であるため，演奏者の顔も捉えにくく，映像のイメージに注目し続けることが難しい。そのため，音楽に視点が移る。だが音楽に視点を固定できない受け手の場合は，音楽にも映像にも視点設定ができなくなる場合もあり，その場合受け手は虚実をさまようような感覚を感じる。また，映像を見た後の，ショット間の関連付けの戦略も，曲中では，ショットが変わらないのだから，持ちようがない。物語文法も，他のスキーマも，用いること自体は可能だが，その処理はすぐに終了する。この場合，ただ，見

ること，聴くことのみが求められる。ある認知方略が前提とされた作品が多い中で，認知方略を決定させることをしない，『アンナ・マグダレーナ・バッハの日記』のような作品は，逆説的に，最も強い効果を生じさせ得る可能性を持つ。受け手の映像の認知過程が浮き彫りになるという点で，認知的リアリティを含んだ映像となっているのである。

　以上のように，ある既存の1曲に映像を付ける場合にも，多様な映像タイプが想定され，これによって，受け手の様々認知方略とその効果は変化し，生じるリアリティも異なってくる。そして，映像を見る瞬間そのもの，あるいは認知過程そのものとしての認知的リアリティは切断が強調される場合に，または全く強調されていない場合に，受け手の視点設定の制約がはずれ，映像と向かい合わざるを得なくなる時に生じるのだといえるだろう。近年ではビョークは「Björk Digital」というプロジェクトで，360度のVR映像を駆使したミュージック・ビデオの提示やARを用いたライブ配信を試みていて，日本でも2016年に日本科学未来館で開催された。2016年時点では受け手にVRやAR映像に接するためのスキーマがまだ確立されていないため，その新規性が切断となることで認知的リアリティを生じさせていた。とはいえ，今後VRやARに対する受け手のスキーマが確立されて行けば認知的リアリティのためには新たな認知的切断が必要になるであろう。

◆ 3. 映像とドキュメンタリー

　受け手の様々な認知方略とその効果の変化を最大限に用いているのは，受け手の認知が，ストーリーに制約されがちな劇映画や，楽曲に制約されがちなミュージック・ビデオよりも，ドキュメンタリーに関する映像である。とはいえ，決められた登場人物を時間的に追って行く場合，劇映画とは異なる意味合いがあるとしても，一貫した出来事をストーリー的に認知して行くという意味では劇映画と同様の認知処理を行いつつ受け手は映像に接することになることが多い。

　だが，ワン・ビンの『鉄西区』『原油』『収容病棟』といったドキュメンタリー映画では，場所こそ特定の地域内で定まっているものの，主要な人物が

第 8 章　映像からストーリーを認知すること／しないこと

定まらないため，受け手の側でも一貫したストーリーの認知という制約からの逸脱を行いやすい。そもそも映画全体での一貫した出来事は存在していないともいえる。

『鉄西区』の冒頭シーンでは，前述のように列車が工場に入るシーンが続く。登場人物も特に示されない中，ただただ運転席からの風景が映される。ワン・ビンのドキュメンタリーでは，認知的リアリティや強度を感じる「瞬間」のみで成立しているといえるかも知れない。人の動きやそれを追う，あるいは固定されるカメラの存在，周囲の環境そのもの，そしてその場の時間そのものを追い続けることになる。

何を見ても良いのであるから，そこではストーリーに基づく物語ではなく，それぞれの瞬間に見たものが様々な認知的連想と結び付くことによって生じる物語がある。そしてこれこそが認知的なリアリティなのである。

テレビ番組のドキュメンタリーでは，このような技法が用いられることは少ない。例えば，日本では WOWOW で放送され，DVD としても発売されたビョークのテレビドキュメンタリー『ビョーク×アッテンボロー：自然が創る神々の音楽』を取り上げてみよう。このドキュメンタリーは 2011 年に発表したアルバム『バイオフィリア』のためのドキュメンタリーであり，映像およびビョークとアッテンボローによるここでの対話がアルバムに従属したものになっているため，このアルバムから独立して映像に接することは難しい。自然の景色や，このアルバムのために作られた楽器に関する映像が挿入されるのだが，二人の会話が一貫性を保つため，自然のシーンであってもアルバムと関連付けずに見続けることは難しい。

このテレビドキュメンタリーは，ナレーションの存在しないワン・ビンのドキュメンタリーとは一貫性のあり方が異なる。映像的瞬間としての認知的リアリティではなく，二人のアーティストとしてのリアリティが浮かび上がることが想定されている。このような映像構成は，多くのドキュメンタリーにおいても同様であり，その素材への理解を深めることはあっても，映像自体のリアリティが最重視されているわけではない。だからこそ，映像を見る過程で受け手自身の認知が問われ，それによって認知的リアリティを生じさせているワン・ビンのドキュメンタリーのような作品は，様々な映像の中で

149

第Ⅱ部　分析論

特に際立つ存在となっている。

◆ 4. 映像と認知的リアリティ

　映像の認知科学的分析の可能性について触れてきた。次にもう一度，『ダンサー・イン・ザ・ダーク』のミュージカルシーンに戻り，その認知的リアリティについて考察してみよう。一般にミュージカルシーンは，映像では特殊な意味を持つ。それは，ここで認知処理の方略が変更され，それが，あるリアリティにつながる場合があるためである。

　この『ダンサー・イン・ザ・ダーク』のシーンは，ある強度を持った認知的リアリティがある。そして，手持ちカメラによって，リアリズム的に撮られたシーンよりも，主人公の幻想によるミュージカルシーンの方にむしろ，強度を持った認知的リアリティがある。これは，それ以前のシーンにラース・フォン・トリアーが関わっていたドグマ95的な映像撮影や編集の縛りがあり，それがミュージカルシーンにおいて破られるためである。リアリズム的に撮影された映像にリアリティがある，というよりも，それを意識させる技法が用いられているからこそ，認知的なリアリティが生じている。映画では，さらに，歌の後に，再び，音楽のないシーンが現れる。そこで，また処理の変化が起こる。その変化を意識することで，認知的リアリティが生じる。この映画の3番目のミュージカルシーンは，それまでに提示されている2回のミュージカルシーンとは異なり，曲が途中で切断される。そしてここで事件が起こる。そのため，処理の変化が重層化され，その事件の認知に対する受け手のリアリティの強度はさらに高まる。

　認知的リアリティはそれまでのルールが破られた時にこそ生じるといえる。映像のショット間を関連付ける視点は複数存在するのだが，その視点設定のルールの固定化を受け手は意識的に行っているとは限らない。だからこそ，視点設定を意識する瞬間は，それまでのルールが破られ，認知的リアリティが生じる瞬間の一つとして定義することができる。この，認知的リアリティが生じる瞬間を体験することこそ，人が映像を見る大きな理由であろう。そして，その過程の解析には，映像の認知科学的分析が必要になるので

150

第 8 章　映像からストーリーを認知すること / しないこと

ある。

　ワン・ビンの『鉄西区』でも，それまでのルールが破られた時に強い認知的リアリティあるいは映画的現実が生じる。例えば，開始から 1 時間後の鉄道のシーンの直後に画面は廃工場の中が手持ちカメラにより捉えられる。これがこの映画で初めての廃墟内の映像である。それまでの有人の工場の画面と異なり，人が存在した痕跡は存在するものの，それがもう過去のことであることが暗示される。閉鎖された工場内に窓から注がれる光がただ映され，さらに工場の歴史を示す字幕の後，氷の中を流れ落ちる水が，音が強調されながら示される。工場の外が映されても続くその水音が，人の姿のない静寂の中で響き渡ることに強い認知的リアリティがある。

　冒頭に記した『都市とモードのビデオノート』に戻ろう。この映画はアナログビデオで撮られた画面を映すモニターをさらにアイモ 35 ミリフィルムで撮影するなどの処理がされている。撮影場所に関してもパリの映像の中に東京を撮影した画面を映したりするなど，画面の中にさらに画面がある複雑な撮影をしているため，映像を見る視点が一つに定めることができない。定めようとしても，それが常に切断されるためである。ここにも，映像とメディアの認知をめぐる認知的リアリティがある。1989 年の時点でのヴェンダースの予測を超えて，映像をとりまく世界は変革しているとはいえ，この認知とリアリティに関する作品としての取り組みに関しては，アナログの時代からデジタルの時代に移行した今でも，普遍的なものがある。

　2010 年代後半の現在では，アナログフィルムやアナログビデオを全く知らない映像の受け手が徐々に増えているが，そのような受け手であっても『都市とモードのビデオノート』を見る場合，複数回にわたって認知方略の変化を行わざるをえないし，それによるリアリティから逃れることもできない。映像的瞬間としての認知的リアリティは，作品が古びたとしても，常に「見る瞬間」に認知的に回帰するわけである。

　認知的リアリティが何であるか，どのようにして生じるか，その強度は何であるかなど，映像の認知に関わる最重要ともいえる問いに関する答えを，認知科学的に提示するのは，まだ難しいとはいえるだろう。しかし，本章で論じた，視点の再設定とストーリー理解に関する制約緩和などの処理の変換

第II部　分析論

や，ストーリーとストーリー以外の側面との相互作用に関する映像の認知科学的分析をさらに深めることで，答えに接近して行くことができる。その時に，映像と認知科学の研究は，今までなかった何ものかが生成される，またはその何ものかが再生される「瞬間」を，捉えることができるであろう。

◆ 5. 映像の認知科学的実験

　最後に，映像の認知科学的実験を，映像的瞬間としての認知的リアリティの検証として行う場合の注意点をまとめておきたい。

　まず挙げられるのは，映像の認知科学的実験を行うと，受け手に実験者が想定した効果が生じない場合が多いという点である。この原因は，映像によるリアリティなどの効果は，映像を見るにあたっての視点と，見た後の処理方略によって変化するためである（金井，2001）。視点と関連付けの二つの処理を，実験者の想定通りに，設定することは極めて難しい。視点は受け手が暗黙的に前もって持っているものなので，その統制を厳密に行うことはほぼ不可能であるし，実際にどのような視点だったかを，映像のストーリーに関するスキーマや切断の影響を含めて厳密に調査することも難しい。結果として，実験者が想定していない視点に基づく実験結果が出てしまうことが多い。また，ストーリーなど特定の視点に偏った結果になりがちで，それ以外の結果を導くのは難しい。ストーリー理解に関する受け手側の制約は強固なものなのである。だが，この考察を通して，映像について，認知について，物語について，そして認知的リアリティについての理解や考察が深まるともいえるので，試行錯誤して行くしかない。

　認知科学実験において，映像をストーリーの観点からのみ分析することも，映像の可能性を閉ざしてしまうことにつながるため注意が必要である。映像中のストーリー以外に関する切断的な要素を基に，違和感を受け手に生じさせること・緊張感を高めることで，受け手に対し，強度ある認知的リアリティを体験させることができるのである（金井・小玉，2010）が，この側面を捉えることができなくなってしまうのである。とはいえ，受け手のストーリー理解の制約とその緩和によって映像的瞬間としての認知的リアリ

ティは生じるので，切断的要素と同時にストーリーに関する考察を行うことも必要になるのではあるが。また，切断的な要素にも複数ある。『ダンサー・イン・ザ・ダーク』のような，ストーリーを重視した映像における切断的要素の分析も重要であるが，さらには『鉄西区』や『都市とモードのビデオノート』のように，ストーリー以外を切断的に強く強調した映像にも目を向ける必要がある，このような映像は，既存の方法論に抵抗し，新たな認知的リアリティを産み出しているともいえる。ストーリーを重視するにしろ，しないにしろ，映像の範囲を限定し，切断的な認知を無視した分析を行うことは，認知そのものの可能性を狭めてしまうので避けねばならない。

　以上は映像制作においても同様であり，切断的側面を無視することは映像の可能性を狭めることにつながる。認知科学的な分析や，それを基ににした映像制作においては，どのような意味であれ，広義のスキーマが関わってくるので，ストーリー的側面が重視されてしまいがちであるが，そのことにより，抜け落ちてしまう要素を忘れてはならない。この要素があるからこそ，映像的瞬間としての認知的リアリティが生じるのだから。

（金井明人）

第9章 広告映像の構成要素・構造分析

◆ 1. 本章の視点

　第1章で示したように，コンテンツは送り手が生成した表現物そのものであり，「見える要素」（外的表象）から構成される。広告映像は受け手の視覚や聴覚を刺激する光波形および音波形そのものであり，図9-1に示す構成となる。

　ただし，第3章で小方が説明したように，コンテンツという表現物を考える場合，その物理的波形に込められた意味的要素も視野に入れるべきであろう。例えば，広告映像の一場面（映像ショット，音響含む）には，図9-2に示すような意味的要素が込められている。

　このような意味的要素を，本章では表現要素と呼び，「見える要素」（外的表象）と考える。そして，これらの表現要素から構成された場面が連鎖する

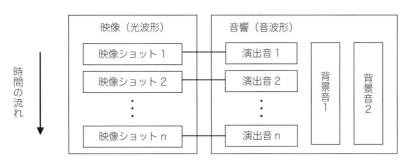

図9-1 広告映像表現の構成

第Ⅱ部　分析論

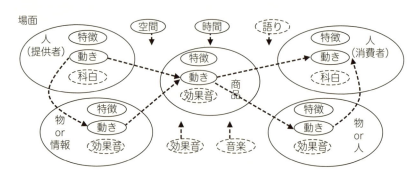

注：実線〇枠は映像要素，点線〇枠は音響要素，点線矢印はつながり

図9-2 広告映像の一場面に込められた意味的要素例

ことにより，広告コンセプト，広告ストーリーおよび広告イメージが「見えない要素」（内的表象）として構成されていると考える。本章では，まず，広告映像を構成している要素の体系の考え方をまとめ，それに基づいて具体的な広告映像の構成要素を紹介する。そして，広告映像の広告ストーリーと編集要素について考察する。

◆ 2. 広告映像の構成要素の体系

2.1 広告生成と広告映像

広告コンテンツの生成過程については，第5章の2.で解説しているが，ここでは，広告映像の生成過程とその構成要素との関係に着目して整理する。

送り手（ここでは「広告クリエイター」とする）は，広告映像の生成において，まず，商品情報，広告情報，企業情報，消費者情報および各種制約条件を分析し，何を表現するか（広告コンセプト）を設定する（清水，2005）。広告コンセプトを考える過程では，企業と消費者の商品・サービスを介したコミュニケーションに関して，映像化の候補となる事象群（広告ヒストリー）を想起し，時間的な制約（テレビCMで15〜30秒）があることから，想起した広告ヒストリーの中でどの事象に焦点をあてて映像化するか（広告ス

第9章　広告映像の構成要素・構造分析

トーリー）を設定する。

　次に，どのように表現するか（表現技法）を考える。表現技法を考える過程では，広告コンセプトに基づき，広告映像全体に統一感を持たせるためのトーン（雰囲気，作調などの広告イメージ）を設定する。そして，映像化の対象となる事象をどのような視覚的要素により構成し映像ショットとして表現するか（演出）を考え，複数の映像ショットをどのような時間順序でつなげるか（編集）を考えて，編集した映像にどのような聴覚的要素（音響）を付加するかを考える。これらは，CMコンテ（演出要素の絵，科白，音楽などを注記した4コマ漫画のようなもの）として作成される（植条，2005）。

　そして，具体的に映像ショットを撮影し，撮影した映像ショットを編集して，音響を付加することにより物理的波形としての広告映像を生成する。

　これらのことや既往の映像研究（Monaco，1977；浅沼，1990）を踏まえ，広告映像の構成要素として①〜⑥を考える。なお，イメージは，第1章にて「内的表象におけるストーリー以外の要素全般」としたため，広告イメージは③〜⑥が範囲となるが，本章では，表現要素と区別するために，④〜⑥を踏まえ総合的に構成される概念として広告イメージを考える。

① 広告コンセプト：広告映像全体の訴求点
② 広告ストーリー：商品コミュニケーションの焦点事象とその流れ
③ 広告イメージ：広告映像全体の雰囲気や作調
④ 演出要素：映像ショットを構成する視覚的情報要素
⑤ 編集要素：映像ショットの時間的要素や時間順序の並べ替え
⑥ 音響要素：映像ショットや広告映像全体に付加する聴覚的要素

　このように，抽象的な広告コンセプトから具体的な表現要素に至り，最終的には広告映像の物理的波形に至る過程があることから，図9-3に示す体系を考える。広告映像が図9-3に示したような階層構造によって記述できるかどうかは明確ではないが，広告映像の構成要素と構造を探るための枠組みとして図9-3を考える。

　この時，広告コンセプトから広告ストーリーに至る過程で，広告クリエイターは広告ストーリー技法を活用する。また，広告ストーリーおよび広告イメージから演出要素，編集要素および音響要素に至る過程では演出技法，編

第Ⅱ部　分析論

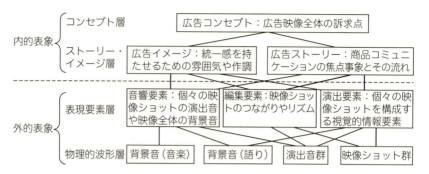

図9-3 広告映像の構成要素

集技法および音響技法を活用する。本章では，活用された様々な技法のパターンを広告映像の構造と考える。既往の映像研究（Whitaker, 1970；Stewart & Furse, 1986；八巻, 1994）の映像構成要素や図9-3などを踏まえ，構成要素の体系を具体化したものを図9-4に示す。図9-4は主に広告コンセプト→広告ストーリー→演出要素・音響要素に至る体系を示している。広告イメージについては，次章（第10章）にて考察を行う。

2.2 広告映像と広告受容

　広告クリエイターと受け手（ここでは「消費者」とする）の知識と経験が異なることにより，通常，両者の内的表象にはギャップが存在する（図9-5）。しかし，広告クリエイターは消費者の知識レベルや知識処理を詳細に想定し，広告クリエイターが伝えたい内的表象（広告コンセプト，広告ストーリー，広告イメージなど）を消費者が受容できるように広告映像の生成を試みる。

　また，広告クリエイターは基本的にチームで活動するので，広告コンテンツにより，広告クリエイターが伝えたい内的表象を消費者が受容できるどうかをチームメンバーが評価しつつ，試行錯誤を繰り返しながら広告映像を生成する（これらについては第5章で言及した）。このようなことから図9-3に示した内的表象をすべての消費者が忠実に受容するとはいえないものの，一定の（あるいは多数を占める）割合の消費者は，広告クリエイターが生成

第9章 広告映像の構成要素・構造分析

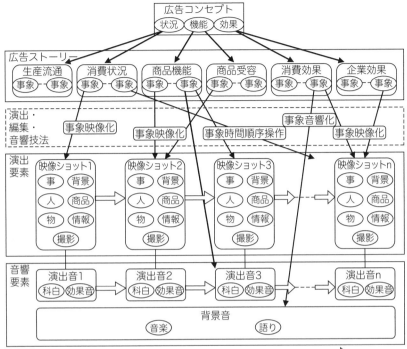

図9-4 構成要素の体系の具体化

図9-5 広告クリエイターと消費者のギャップ

において行った過程の逆の過程，つまり，物理的波形→表現要素→受容ストーリー・イメージ→受容コンセプト（図9-3の下から上に至る流れ）の過程により受容していると考えることもできよう。従って，本章では図9-3および図9-4の体系を基に広告映像が構成されていると想定して分析・考察を

159

第Ⅱ部　分析論

進めることとする。

3. 広告映像の構成要素

3.1 見える要素

　広告映像の見える要素は，厳密に考えれば物理的波形そのものであるが，その意味的要素を視野に入れることを前述した。ただし，意味的要素を考える場合，留意すべき点がある。それは，全く同じ物理的波形を視聴したとしても，その物理的波形が持つ意味的要素は個人により違うという点である。例えば，日本人の多くは富士山の形を見るとそれを「富士山」と認識するであろうが，富士山を知らない外国人がそれを見ても「（単なる）山」と認識する。つまり，意味的要素には多義性がある。

　川村（2004）では，ビールの広告映像を10人に視聴してもらい，図9-3や図9-4の構成要素を枠組みとして，複数（一定の割合）以上の視聴者が抽出した要素を広告映像に内包されている構成要素として整理している（表9-1，表中では演出音を演出要素として整理）。表9-1の演出要素，編集要素および音響要素は，広告映像の物理的波形の要素に対応した要素であり，見える要素として捉える。視覚的要素として，人（商品の提供者，消費者），物（商品），情報（商品），背景（空間，時間），撮影（カメラ位置，動き）などの演出要素がある。また，映像ショットの区切り（時間，区切りの仕方），時間順序操作（付加，削除）などの編集要素がある。そして，音響的要素として，画面内の人や物の科白や効果音，画面内には現れないが付加される語り，音楽，効果音などがある。

3.2 見えない要素

　広告映像の見えない要素は，演出要素，編集要素および音響要素を基にした広告コンセプト，ストーリーおよび広告イメージである。表9-1の広告ストーリーは，演出要素，編集要素および音響要素を基にした総合的な要素である。（主に演出要素により）映像ショットの事象（場面）が構成され，それらの連鎖（主に編集要素）により広告映像全体の事象の流れ（ストーリー）

第9章　広告映像の構成要素・構造分析

表9-1 広告映像を構成する構成要素例（抜粋）

技法	大分類	小分類	構 成 要 素 例
広告ストーリー	生産流通		製造者，配送工程，原料提示，終業，発送
	商品機能		商品提示
	消費状況		試合，意見，休息，接触，開始，勝利，乗馬，疲労
	商品受容		充足，消費，消費開始，欲求，安堵，疑問，準備
	消費効果		充足，疑問，休息
広告イメージ	雰囲気		おいしそう，さわやか，軽快，楽しそう，スピーディ，まぶしい，テンポ，スポーツ感，明るい，リズミカル，緊張感，シンプル，暑そう，和気藹々，冷たそう
	気づいたこと		必死，のど，渇，背景，イメージ，飲む，びっくり，わかる，曲，現代風，光，地味
演出要素	商品	名前	スーパードライ，ラガー，黒ラベル，モルツ
		特徴	グラス，ラベル，缶，円柱型，泡，コップ，マーク，商品ロゴいり，絵，麒麟，瓶，中，白い，琥珀色，銀色，赤，白地，茶色，透明，おいしそう，冷えて，たくさん
		動き	飲まれる，取り込まれる，干されて，スロー，注がれる，置かれて
		効果音	シュワー，洗濯バサミ，ゴクゴク，プシュー，カチン，トクトクトク
	人（消費者）	名前	不明，宅間伸，釣り人，仲代達也，中年男，落合信彦，鈴木京香，武豊
		特徴	男性，女性，中年，50代，若い，40代，シャツ，帽子，白い，黄色い，俳優，アウトドア派，健康そう，温厚そう，笑顔，表情，おいしそう，楽しそう，真剣
		動き	普通，飲む，釣り，話して，持ち，しゃべる，グラス，男性，笑う，速い，様子
		科白	ゴクゴク，うまい，アー，英語，いる，こっち，これ，ハハハ，ヨイショ，何で
	人（提供者）	名前	不明
		特徴	男性，性別不明，作業服，スタッフ，ウェイター，手，店員，白い，笑顔，真剣
		動き	うなずいて，ビール，商品，ジョッキ，運ぶ
	人（その他）	名前	畑山隆則，豊川悦司，桑田佳祐，山崎努，不明，観客
		特徴	男性，30代，40代，50代，中年，青年，細身，Tシャツ，ジーパン，浴衣姿，ユニフォーム，白髪混じり，白い，赤，プロボクサー，俳優，健康そう，必死
		動き	速い，取り込む，ひたすら，スロー，ジャンプ，急いで，持って，手際，普通
		科白	足音，息，ハァハァ，荒い，エッホエッホ，ファイトー，ワー

161

第Ⅱ部　分析論

演出要素	物（その他）	名前	ピンポン玉，ボール，ネット，卓球台，馬，お店，スリッパ，看板
		特徴	玉，サラブレッド，白い，茶色，黒，赤色
		動き	スロー，普通，はねる，飛ぶ，ネット
	情報	文章	ビール，20歳，リサイクル，企業ロゴ，辛口，生
		特徴	縦書き，中央表示，横書き，文字，中央配置，白字，黒字，赤字
		動き	画面中央，配置，フェードイン，現れる，表示，画面，登場，ズームアウト，固定
	背景（空間）	場所	高知県，四万十川，不明，温泉旅館，外国，清流，証券取引場，サッカー場，家，庭，部屋，空，室内，屋外，洗濯物干し場，海，砂浜，温泉，白一色，温泉宿
		色彩	明るい，白，黒，青，緑，茶色，暗い，琥珀色，水色，小麦色，銀，黄色，透明
	背景（時間）	季節	夏，不明，秋，春，初夏
		日中時間	昼，不明，夜，日中，朝，夕方
		動き	普通，スロー，ストップ
	撮影	視点	第三者，消費者
		位置	ミドル，ハイ，ロー
		動き	固定，ゆっくり移動，激しい移動，パン，ズーム
編集要素	時間順序操作	付加	商品場面，冷却場面，練習場面回想，梱包場面，育成場面回想，消費場面予想
		削除	消費動作，仕事動作，準備動作，熱唱動作，作業動作，訓練動作，輸送動作
	ショット境界	秒数	2，1，3，0.5，1.5，2.5，4，10，5，6，14，3.5，7，8
		区切り	カット，オーバーラップ，フェードイン，フェードアウト
音響要素	語り		スーパードライ，黒ラベル，ラガーラガーイェイ，キリン，サッポロ，辛口
	音楽（曲名，歌手名）		不明，井上陽水，TOKIO，乾杯，ハウンドドッグ，とんねるず，桑田佳祐
	音楽（調子，楽器）		ボーカル，リズミカル，アップテンポ，明るい，ギター，ロック，オーケストラ風
	効果音		手拍子，ザー，セミ，ミーンミーン，歓声，せせらぎ，カーン

出所：川村（2004）を基に筆者が編集・作成

が構成される。広告ストーリーの要素としての事象は，生産流通では「製造者」「配送工程」「原料提示」，消費状況では「試合」「休息」「開始」「勝利」「疲労」，商品受容では「充足」「消費」「欲求」「安堵」，消費効果では「充足」「疑問」「休息」などがある。事象の流れについては，4. にて検討する。広告イメージは，演出要素，編集要素および音響要素を基にした総合的な要素である。（主に演出要素により）映像ショットの雰囲気が構成され，それらの連鎖（主に編集要素）や音響要素の付加により広告映像全体の雰囲気が構成される。広告イメージは，「おいしそう」「さわやか」「軽快」「楽しそう」「スポーツ感」「明るい」「緊張感」などがある。

◆ 4. 広告映像の構造

　表 9-1 では広告映像の構成要素を網羅的に整理したが，これらの多様な構成要素がどのような関係（構造）を持っているのかを探ることは容易ではない。川村（2009b）では，高関与（消費者が商品を購入する際，商品機能などに対して関心・興味の度合いが高い）商品 140 本（携帯電話 61 本，パーソナルコンピュータ（以降，「パソコン」と呼ぶ）79 本）と低関与（商品機能などに対して関心・興味の度合いが低い）商品 140 本（コーヒー 36 本，ビール 64 本，お茶 40 本）の広告映像を分析している。ここでは，広告映像の構造を探る一歩として，川村（2009b）による広告ストーリー技法と編集技法の分析の試みを紹介する。ここで「技法」とは，構成要素を合成してストーリーやイメージを構築する際のパターンやルールのことである。広告ストーリー技法にはどのようなパターン（構造）があるのか，編集技法にはどのようなパターン（構造）があるのか，について説明し，それらの商品カテゴリーによる差について言及する。

4.1 広告ストーリー技法

　広告ストーリー技法を構成する場面と事象の考え方を，表 9-2 とし，広告映像の映像ショットごとに出現パターンを分析した。280 本の広告映像のパターンを分析し，広告ストーリー技法（①～④）を抽出した（表 9-3）。

第Ⅱ部　分析論

①**提供者ストーリー型**：主に広告主（ここでは「提供者」とする）ストーリー（生産流通，商品機能，企業効果）を表現する構造である。その中に生産流通に主体を置くサブ構造（提供者型（生産）），商品機能に主体を置くサブ構造（提供者型（機能））および企業効果に主体を置くサブ構造（提供者型（効果））がある。これは第5章で示した「商品の物語」「企業の物語」のストーリーである。

②**消費者ストーリー型**：主に消費者ストーリー（消費状況，商品受容，消費効果）を表現する構造である。その中に消費状況に主体を置くサブ構造（消費者型（状況）），商品受容に主体を置くサブ構造（消費者型（受容））および消費効果に主体を置くサブ構造（消費者型（効果））がある。これは第5章で示した「消費の物語」のストーリーである。

③**全体型**：提供者ストーリー（生産流通，商品機能，企業効果）と消費者ストーリー（消費状況，商品受容，消費効果）の全般にわたって表現する構造である。これは上述の①＋②である。

④**イメージ型**：消費者の状況に関わる映像と商品機能を表現する（広告映像の中で商品受容と消費効果が表現されない）構造（イメージ型（状況））である。あるいは，提供者でも消費者でもない映像（その他）と商品機能を表現する構造（イメージ型（他））である。これらは第5章で示した「社会の物語」と商品機能を結合したストーリーである。消費に関連しそ

表9-2 広告ストーリー場面と事象の考え方（川村，2009b）

広告ストーリー場面		事象の考え方
広告主に関わるもの	生産流通	商品の生産（材料，生産過程，生産者，生産技術など）や流通（流通過程，流通者，流通技術，流通手段など）に関わる事象
	商品機能	商品の機能（商品名，商品ロゴ，色，性質など）に関わる事象
	企業効果	企業の状況（企業名，ブランド，企業評価など）に関わる事象
消費者に関わるもの	消費状況	商品の受容にいたるまでの状況（仕事，スポーツ，肉体的状況，心理的状況，雰囲気など）に関わる事象
	商品受容	商品の受容（飲食，消費など）に関わる事象
	消費効果	商品の受容後の状況（表情，行動，肉体的状況，心理的状況，雰囲気など）に関わる事象
その他		商品や消費のどちらにも関係しない事象

第9章　広告映像の構成要素・構造分析

表9-3　広告ストーリー技法の構造

広告ストーリー技法 \ 広告ストーリー場面	広告主に関わるもの			消費者に関わるもの			その他
	生産流通	商品機能	企業効果	消費状況	商品受容	消費効果	
提供者ストーリー型	○	○	○				
提供者型（生産）	◎	○					
提供者型（機能）		◎					
提供者型（効果）		○	◎				
消費者ストーリー型		○		○	○	○	
消費者型（状況）		○		◎	○		
消費者型（受容）		○		○	◎	○	
消費者型（効果）		○		○	○	◎	
全体型	○	○	○	○	○	○	
イメージ型		○		○			○
イメージ型（状況）		○		◎			
イメージ型（他）		○					◎

注：○＝表現されている　◎＝主に表現されている
出所：Kawamura（2016）を基に筆者作成

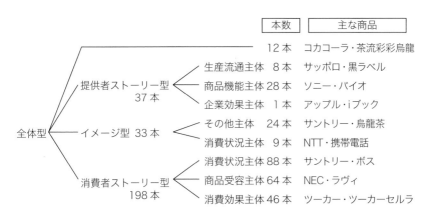

図9-6　広告ストーリー技法の体系と本数（川村，2009b）

うな状況や物語と商品機能を結合させることにより，消費者に商品受容や消費効果をイメージさせたり，商品と直接関係しない物語と商品機能を結

合させることにより，消費者に商品と社会の関連性をイメージさせたりする。

280本の広告映像を分析したところ，図9-6に示す体系と本数であった。198本（71%）が消費者ストーリー型であり，その内，消費者型（状況），消費者型（受容），消費者型（効果）がそれぞれ88本（31%），64本（23%），46本（16%）であった。7割を超える広告映像は，消費者を登場させる広告ストーリーとなっており，消費状況を訴求するものが多い。

4.2 編集技法

広告ストーリーを構成する場面のつながりとして，生産流通→消費状況→商品機能→商品受容→消費効果→企業効果の流れを時系列型と考え，生産流通，商品機能，商品受容，企業効果などのショットを操作して，時系列の流れに挿入する編集技法を操作型と分類した。

操作型には，生産流通ショットを操作する構造（生産流通挿入型），商品機能ショットを操作する構造（商品機能挿入型），企業効果ショットを操作する構造（企業効果挿入型），その他ショットを操作する構造（その他挿入型），消費状況ショットを操作する構造（消費状況挿入型），商品受容ショットを操作する構造（商品受容挿入型），消費効果ショットを操作する構造（消費効果挿入型）があった。280本の広告映像を分析したところ，図9-7

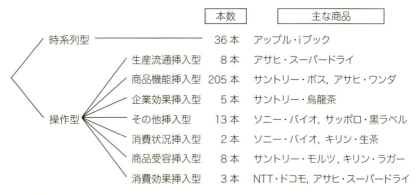

図9-7 編集技法の体系と本数（川村，2009b）

に示す体系と本数であった。244本（87%）が操作型であり，その内，商品機能挿入型が205本（73%）であった。ほとんどの広告映像は，何らかの時間順序操作が施されており，商品機能を操作するものが多い。

4.3 広告ストーリー技法と編集技法の組み合わせ

　広告ストーリー技法と編集技法の組み合わせは，以下（①〜④）に示す構造であった。「商品の物語」「企業の物語」においてはあまり時間操作を行わず，広告コンセプトをじっくり時系列に表現する構造が主流であった。「社会の物語」においてもあまり時間操作を行わず，その他の事象をじっくり時系列に表現する構造が主流であった。「消費の物語」においては時間操作を行い，消費者の場面に商品機能をテンポ良く挿入する構造が主流であった。

①**全体型**：平均ショット秒数を短くし，生産流通のショットを消費者の流れ（消費状況，商品受容，消費効果）に2〜3回挿入する。

②**提供者ストーリー型**：平均ショット秒数を長くし，時系列の編集とする。時間順序の操作を行う場合，商品受容のショットを提供者の流れ（生産流通，商品機能）に1〜2回挿入する。

③**消費者ストーリー型**：平均ショット秒数を短くし，商品機能のショットを消費者の流れ（消費状況，商品受容，消費効果）に1〜2回挿入する。

④**イメージ型**：平均ショット秒数を長くし，商品機能のショットをその他（その他と商品受容のない消費状況）に1〜2回挿入する。

4.4 商品カテゴリー別の構造

　商品カテゴリー別に広告ストーリー技法の割合を集計したものを図9-8に示す。コーヒーは，消費者ストーリー型が最も多く，90%以上を占めた。ビール，お茶，携帯電話およびパソコンにおいても消費者ストーリー型が最も多く，全体型も消費者ストーリーを含んでいることから，消費者が登場するストーリーは70〜80%を占めた。低関与商品（コーヒー，ビール，お茶）は消費者ストーリー型の中でも，消費状況に主体をおく消費者型（状況）が多く，高関与商品（携帯電話，パソコン）は，商品受容に主体をおく消費者型（受容）が多かった。お茶は，イメージ型や全体型が多かった。また，

第Ⅱ部　分析論

ビール，パソコンは，提供者ストーリー型が多かった。商品カテゴリー別に構造の特徴をまとめたものを表9-4に示す（表中のショット数は，広告映像が15〜30秒であることを踏まえ算出した）。低関与商品は時間順序を操作する回数が多く，高関与商品は時間順序を操作する回数が少なかった。

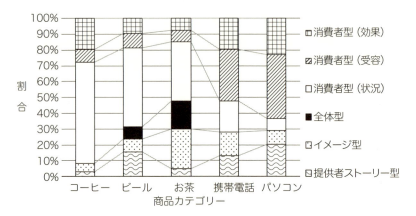

図9-8 商品カテゴリーと広告ストーリー技法（川村，2009b）

表9-4 商品カテゴリー別の構造の特徴（川村，2009b）

		コーヒー	ビール	お茶	携帯電話	パソコン
ショット数		6〜12	6〜13	5〜9	5〜11	5〜9
広告ストーリー型		・消費者型（状況） ・消費者型（効果）	・消費者型（状況） ・提供者ストーリー型	・消費者型（状況） ・全体型 ・イメージ型	・消費者型（受容） ・消費者型（状況） ・消費者型（効果）	・消費者型（受容） ・消費者型（効果） ・提供者ストーリー型
編集型	全体・提供者型の時		・商品受容挿入型	・生産流通挿入型	・時系列型	・時系列型 ・その他挿入型
	消費者・イメージ型の時	・商品機能挿入型	・商品機能挿入型	・商品機能挿入型	・商品機能挿入型	・商品機能挿入型
挿入先		・消費効果 ・商品受容	・消費状況 ・商品受容	・消費状況 ・商品受容	・商品受容 ・消費効果	・商品受容 ・企業効果
挿入回数		1回	1〜3回	1〜3回	0〜1回	0〜1回

第9章　広告映像の構成要素・構造分析

◆ 5. まとめ

　広告ストーリー技法には，提供者ストーリー型，消費者ストーリー型，全体型およびイメージ型があり，消費者ストーリー型が主流であることを示した。編集技法には，時系列型と操作型があり，操作型では，商品機能挿入型が主流であることを示した。これらは商品カテゴリーにより差があり，低関与商品は広告ストーリーが消費者型（状況）で時間順序を操作する回数が多い構造が主流であり，高関与商品は広告ストーリーが消費者型（受容）で時間順序を操作する回数が少ない構造が主流であった。

　これらの構造をとる理由として，第5章に示した広告コミュニケーション戦略を基に考察すると，低関与商品では商品による差別化が図りにくいため，受け手主導型戦略（注意喚起，共感喚起）をとり，消費や社会の物語を基盤としてそれらに商品を絡ませる。また，高関与商品では商品による差別化を目指し，送り手主導型戦略（商品機能，企業訴求）をとり，商品や企業の物語をじっくりと訴求すると考えることができるであろう。

　これらの構造は，広告クリエイターから見れば，ごく当たり前の結果であるかも知れないが，このような当たり前の構造を明らかにすることには大きな意義がある。第15章における広告映像の生成システムの開発においては，これらの知見を踏まえてシステム仕様を考案している。

（川村洋次）

第**10**章

広告映像のイメージ・反応分析

◆ 1. 本章の視点

　「イメージ」は多様な観点から論じられる概念であるが，マーケティングではブランドイメージ（企業・商品に対して社会や消費者が抱いている印象）として取り扱われることが多く，企業・商品に関わるヒストリーを基に消費者が想起する，「企業・商品の属性（機能，価格，使用者イメージ，フィーリングなど），ベネフィット（利便性，満足感，自己表現など），態度（全体的評価など）」と考えられている（Keller, 1998）。広告クリエイターは，これらのブランドイメージの維持や刷新を目的として，広告イメージを設定し，広告映像（外的表象）を生成する。広告映像には，広告コンセプト，広告ストーリーおよび広告イメージが内包され，演出要素，編集要素および音響要素が表現されている。第9章では，広告映像の広告ストーリー技法や編集技法について考察したが，これらについては言語化や構造化が比較的容易であり，送り手が伝えたい内容を構成しやすいのではないかと考える。例えば，広告生成の際に広告クリエイターが作成するCMコンテは，広告主，広告クリエイターおよび広告制作スタッフ間において広告ストーリーや映像展開（編集技法）の共有に活用されている。一方，受容イメージは，消費者がイメージを抱く際に活用する知識や知識処理が多様であり，構造化や言語化も難しいことから，伝えたい広告イメージを忠実に受容させるのは容易ではない。例えば，広告クリエイターの「透明感」「突き抜ける感じ」などといった説明は，その言葉自体が広告クリエイター自身の抱いてい

第Ⅱ部　分析論

るイメージを忠実に表現できているかわからない場合があり，その言葉を共有した，広告主，広告クリエイターおよび広告制作スタッフ間が同じようなイメージを抱いているかどうかも疑問である。さらに，消費者がどのような受容イメージを抱くかについては伺い知れない。このようなことを背景に，広告映像がどのような効果であったか，どのようなイメージであったかを評価するために，送り手は消費者の反応を様々な観点から調査する。テレビCMでは，CM認知状況，CMキャッチコピー認知・評価，内容理解度，好感度，好感要因（印象に残ったクリエイティブ要素），イメージ評価（19項目），出来映え採点，キャラクター適合度，商品興味関心度，商品ジャンル関心度，商品購入喚起度，企業認知，企業イメージ評価，ブランド認知，ブランド購入経験，ブランドイメージ評価などの指標で調査する（ビデオリサーチ，2015）。これらを踏まえ，本章では以下（①〜⑤）のデータを基に考察する（図10-1）。

①受容イメージ：川村（2006, 2007）の視聴実験によるイメージ単語（主にフィーリングに関わる雰囲気の単語）
②好感要因：CM総合研究所（2004〜2005）のCM好感度調査による好感要因，川村（2007）の視聴実験による好感要因
③好感度：CM総合研究所（2004〜2005）のCM好感度調査による好感度
④興味：川村（2015）の視聴実験による興味度
⑤購買意欲：川村（2015）の視聴実験による購買意欲度

本章では，まず，広告映像技法の組み合わせとしての広告映像修辞の考え方を示す。次に，各種調査に基づき広告映像技法・修辞と受容イメージ・反応の関係について整理する。そして，整理した関係に基づき広告映像技法・受容・反応の構造をまとめる。図10-2の実線部分が本章で考察する内容で

図10-1 消費者の内的表象と反応

172

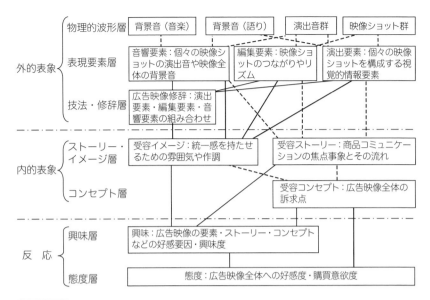

図10-2 外的表象・内的表象から反応に至る流れ

ある。最後に，構造に基づき表現ノウハウをまとめる。

2. 広告映像技法と広告映像修辞

　広告映像が内包する広告映像技法は，様々な表現要素を含む複雑なものであるが，消費者はそれらの技法や表現要素をすべて把握した上で受容イメージを抱くのではない。特に，時間的制約（15〜30秒）のある広告映像においては，言語化できない生理的な要素を直感的に感じ，自己の現実世界との違いにまず注目して受容するのではないかと考える。

　広告映像は，消費者が現実世界で商品を消費するという物理的現実に対して，何らかの乱れをもたらした映像表現であり，その乱れ（何らかの操作：付加あるいは削除）の観点から広告映像技法・修辞を分類する。ここでは，広告映像技法・修辞を体系的に捉えるために，広告映像技法・修辞を「基本的な広告内容・演出・編集・音響に何らかの操作（付加あるいは削除）を加えたルール」と考える。この時，「基本的な広告内容・演出・編集・音響」

第Ⅱ部　分析論

とは，一般的な消費者が現実世界で商品を消費することと考え，広告ストーリー技法は「商品機能（商品自体，商品性能など）」「商品受容（消費者が商品を受容する場面）」を表現，演出技法は「現実の空間」「消費者は一人」「主人公は，芸能人，有名人などのキャラクターを持たない人」「主人公や商品が速い動きやスローモーションではない」「カメラの動きが固定」，編集技法は「テンポが遅い（平均ショット秒数が長い）」「連続（動きのつながりが普通）」「時系列（時間順序操作なし）」，音響技法は「静寂（テンポが遅いあるいは音楽なし）」とする。

そして，広告ストーリー技法を「受容表現（消費者が商品を受容する場面を表現）」「受容削除（消費者が商品を受容する場面を表現しない）」の2タイプ，演出技法を「変化（主人公や商品の動きが速い・遅い・回る，あるいは，カメラの動きが固定でない）」「安定（主人公や商品が速い動きやスローモーションではない，カメラの動きが固定）」の2タイプ，編集技法を「変化（テンポが速い，あるいは，動きのつながりが不連続）」「安定（テンポが遅い，動きのつながりが連続）」の2タイプ，音響技法を「変化（速いテン

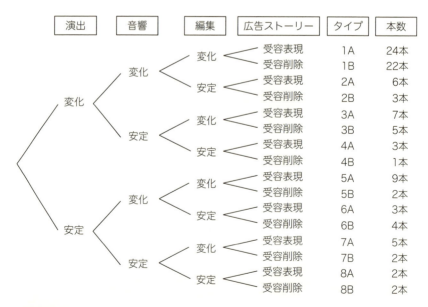

図10-3　広告映像修辞の体系（川村，2007）

第10章　広告映像のイメージ・反応分析

ポ）」「安定（遅いテンポ，あるいはテンポなし）」の2タイプに概括的に分類し，これらを技法タイプと呼ぶ。そして，これらの技法タイプの組み合わせを全体修辞タイプとする。組み合わせの種類は2×2×2×2＝16パターンである。

川村（2007）は，100本の広告映像について全体修辞タイプを分析している（図10-3）。演出技法，音響技法および編集技法がどれも変化であるタイプ（1A,1B）が多く，1Aと1Bで全体の46％を占めている。

◆ 3. 広告映像技法・修辞と受容イメージ・反応の関係

3.1 広告映像技法・修辞と受容イメージ

川村（2006）は，ビール（16本）とパソコン（22本）を対象として，広告映像技法・修辞と受容イメージの関係（相関）を分析した。広告ストーリー技法として，生産流通付加と「新鮮」，消費状況・効果付加と「楽しそう」，演出技法として，背景削除と「未来的」「デザイン性」「透明感」，スポーツ人付加と「焦って」「必死」，編集技法として，流通場面付加と「新鮮」「冷たそう」，音響技法として，ロック付加と「リズミカル」「迫力」，ジャズ付加と「デザイン性」「透明感」などが関係している。広告映像修辞の全体修辞タイプ（1A〜8B）と受容イメージの関係（相関）を見ると，1Aが「おいしそう」「新鮮」「冷たそう」，1Bが「リズミカル」「迫力」，2Bが「クリエイティブ」「鮮やか」，3Aが「清潔感」「おしゃれ」，7Aが「自然豊か」「涼しげな」「のどかな感じ」，8Bが「哀愁漂う」「素朴」「無機質」など，全体修辞タイプと受容イメージには一定の関係（構造）がある（表10-1）。抽出したイメージ単語106種類の内80種類（76％）が全体修辞タイプと相関することを示した。

3.2 広告映像技法・修辞と好感要因

川村（2007）は，CM総合研究所（2004〜2005）の毎月の新作トップテンにランクインした広告100本を対象として，広告映像技法・修辞と受容イメージ・好感要因の関係（相関）を分析した。抽出したイメージ単語77種

第Ⅱ部　分析論

表10-1　全体修辞タイプと受容イメージ・好感要因の関係

受容イメージ	受容イメージ・好感要因 \ 全体修辞タイプ	1A	1B	2A	2B	3A	3B	4A	4B	5A	5B	6A	6B	7A	7B	8A	8B
	おいしそう, 新鮮, まぶしい, 冷たそう, 寒そう, 楽しそう	△															
	焦って, 必死, スポーツ感, 急い, 戦って, びっくり, リズミカル, 痛快, 迫力, 高速, 未来的, 現代風			△													
	クリエイティブ, 鮮やか				○												
	スタイリッシュ, 清潔感, おしゃれ, エレガンス					○											
	ほのぼの, リフレッシュ							○									
	ゆっくり								○								
	デザイン性, 透明感, 白い, おとなしい, ムード感, 変化								△								
	しんどそう, コメディー										○						
	自然豊か, 涼しげな, のどかな感じ, 不思議												△				
	期待, 疑問, 不安, 室内, 生活感													○			
	地味, 家庭的, 純粋														△		
	温かみ																○
	哀愁感漂う, 素朴, 無機質, 穏やか, 家庭																△
	音楽・サウンドが印象的					▲								▲			△
	セクシーだから	△															
	企業姿勢にウソがない		△														

176

好感要因	ユーモラスなところ, ストーリー展開が良い				△									
	かわいらしい					△								
	商品にひかれた							△						
	ダサイけど憎めない									△				
	心がなごむ										△			
	説得力に共感した											△	△	
	時代の先端を感じた												△	
	宣伝文句が印象的, 映像・画像が良い													△

注：△＝正の相関，○＝強い相関（相関ありとする基準相関係数の2倍以上の相関），
▲＝負の相関

出所：川村（2006, 2007）を基に筆者作成

類の内 59 種類（77%）が全体修辞タイプと相関し，好感要因 15 種類の内
13 種類（87%）が全体修辞タイプと相関することを示した（表 10-1）。

3.3 広告映像技法・修辞・受容イメージ・好感要因と好感度

川村（2007）は，CM 総合研究所（2004〜2005）の毎月の新作トップテン
にランクインした広告 100 本を対象として，広告映像技法・修辞・受容イ
メージ・好感要因と好感度の関係（相関）を分析した。

受容イメージの「活発」「和やかな」「悲しい」「静かな」は性別年齢層を
問わず好感度と関係しているが，「かわいい」は女性，「斬新」「情けない」
「真剣」は男性中年層，「リズミカル」は女性若年層などと関係している（表
10-2）。好感要因の「ユーモラスなところ」「ダサイけど憎めない」は男性若
年層の好感度と関係があるが，女性の 60 歳以上とは負の関係にある。一方，
「心がなごむ」「説得力に共感した」「企業姿勢にウソがない」「時代の先端を
感じた」は 50 歳以上と関係があるが，6-19 歳とは負の関係にある。

3.4 好感要因と興味・購買意欲

川村（2015）は，広告映像 100 本（お茶 30 本，コーヒー 30 本，ビール
40 本）を対象として，好感要因と興味・購買意欲の関係を調査し，興味度

第Ⅱ部　分析論

表10-2　広告映像技法・修辞・受容イメージ・好感要因と好感度との関係

技法・修辞タイプ・受容イメージ・好感要因		男性全体	女性全体	男性 6-12歳	男性 13-19歳	男性 20-29歳	男性 30-39歳	男性 40-49歳	男性 50-59歳	男性 60歳以上	女性 6-12歳	女性 13-17歳	女性 独身18-24歳	女性 独身25-59歳	女性 主婦39歳以下	女性 主婦40-49歳	女性 主婦50-59歳	女性 60歳以上
技法・修辞タイプ	受容表現			▲														
	演出変化															▲		
	音響変化													△				
	1B							△										
	3B		△															
	6A		△	△		△					△		△			△		
	8A																	○
受容イメージ	困惑	△	△							△	△		△	△				△
	かわいい		△								△	△			△	△		
	嬉しい			△						△								
	キビキビ，色鮮やか，明るい			△														
	楽しい，早い，面白い				△													
	優しい							△				△		△				
	斬新							△										
	情けない，真剣						△											
	喜び									○						△	△	△
	リズミカル										△		△					
	テンポ，哀れ											△						
	ゆったり										▲							△
	壮大													△			△	
	希望，高級感																△	
	一生懸命																	△
好感要因	音楽・サウンドが印象的										△							
	かわいらしい										△							
	周囲の評判が良い	△	△			△					△			△	△			
	ユーモラスなところ			△	△			△										▲

178

第10章 広告映像のイメージ・反応分析

好感要因												
	ダサイけど憎めない		△	△			△					▲
	心がなごむ			▲			△	▲			△	△
	説得力に共感した					△	▲	▲				△
	企業姿勢にウソがない		▲					▲				△
	時代の先端を感じた		▲			△		▲				
	映像・画像が良い		▲	▲	▲			▲	▲			
	商品にひかれた	▲		▲		▲		▲		▲		
	セクシーだから			▲								

注:△＝正の相関，○＝強い相関（相関ありとする基準相関係数の2倍以上の相関），
　　▲＝負の相関

出所：川村（2007）より抜粋

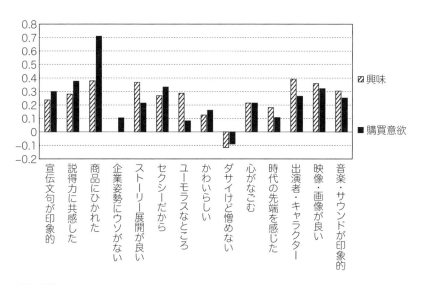

図 10-4 興味度・購買意欲度に対する好感要因の影響度（川村，2015）

と購買意欲度を被説明変数，好感要因を説明変数として回帰分析を行った。好感要因の係数（影響度）を図 10-4 に示す。最も興味度に影響を与えているのは，「出演者・キャラクター」であり，次いで「商品にひかれた」「ストーリー展開が良い」「映像・画像が良い」「音楽・サウンドが印象的」で

あった。「ダサイけど憎めない」は，負の影響を与えている。最も購買意欲度に影響を与えているのは，「商品にひかれた」であり，次いで「説得力に共感した」「セクシーだから」「映像・画像が良い」「宣伝文句が印象的」であった。「ダサイけど憎めない」は，負の影響を与えている。

3.5 広告ストーリー技法と興味・購買意欲

　3.4で紹介した川村（2015）の視聴実験に活用した広告映像100本は，川村（2009b）で分析した280本の広告映像の一部分であり，それらの広告ストーリー技法の分析データを基に，広告ストーリー技法と興味・購買意欲との関係を集計すると図10-5となった。最も興味が持たれたのは，消費者型（効果）であり，次いで消費者型（状況），提供者型（生産）である。最も興味が持たれなかったのは，消費者型（受容）である。最も購買意欲がそそら

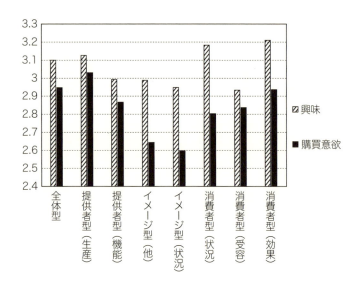

興味度：5（非常に興味を持った），4（わりと興味を持った），3（やや興味を持った），2（あまり興味を持たなかった），1（全然興味を持たなかった）とした場合の回答平均
購買意欲度：5（非常に購買意欲がそそられた），4（わりと購買意欲がそそられた），3（やや購買意欲がそそられた），2（あまり購買意欲がそそられなかった），1（全然購買意欲がそそられなかった）とした場合の回答平均

図10-5 広告ストーリー技法と興味・購買意欲との関係

第 10 章　広告映像のイメージ・反応分析

れたのは，提供者型（生産）であり，次いで全体型，消費者型（効果）である。最も購買意欲がそそられなかったのは，イメージ型（状況）である。

◆ 4. 広告映像技法・受容・反応の構造

4.1 広告映像技法・修辞と受容イメージ・好感要因の関係のまとめ

　川村（2006）では，抽出した受容イメージの内 76％において全体修辞タイプとの相関が見られ，川村（2007）では，好感要因の内 87％，受容イメージの内 77％において全体修辞タイプとの相関が見られた。

表10-3 広告映像技法・修辞と受容イメージ・好感要因との関係のまとめ

タイプ		演出	音響	編集	受容イメージ（川村，2006）	受容イメージ（川村，2007）	好感要因（川村，2007）	効果タイプ
技法	受容表現	－	－	－	－	＜驚き，真剣＞	セクシーだから，商品にひかれた，＜ダサイけど憎めない＞	
	演出	変化	－	－	＜静か，生活感，温かみ＞	＜穏やか＞	＜心がなごむ＞	
	音響	－	変化	－	おいしそう，冷えて，新鮮，スピーディー，軽快	＜哀れ，静か，悲しい，やわらかい，喜び，ゆっくり，自然的，物知り，穏やか＞，	音楽・サウンドが印象的，＜心がなごむ，ストーリー展開が良い＞	
	編集	－	－	変化	さわやか，購買意欲，刺激	＜斬新，落ち着いた＞	＜音楽・サウンドが印象的＞	
全体修辞	1A・1B	変化	変化	変化	冷えて，新鮮，まぶしい，冷たそう，寒そう，楽しそう，にぎやか，和気藹々，焦って，必死，スポーツ感，急い，戦って，スピーディー，軽快，目立つ，緊張感，びっくり，リズミカル，痛快，迫力，高速，未来的，速さ，現代風	早い，現実的，不気味，驚き	セクシーだから，企業姿勢にウソがない	痛快

181

第Ⅱ部　分析論

2A・2B	変化	変化	安定	クリエイティブ, 鮮やか	激しい, キビキビ, 軽快, 豪華, 色鮮やか		軽快・鮮明
3A・3B	変化	安定	変化	速さ, スタイリッシュ, 清潔感, おしゃれ, エレガンス, シンプル, さわやか	真剣, 癒し, 面白い, 嬉しい, 和やかな, 悲しい, 哀れ, 困惑, 情けない	ユーモラスなところ, ストーリー展開が良い, かわいらしい, ＜音楽・サウンドが印象的＞	テンポ愉快
5A・5B	安定	変化	変化		インパクト, クール, 優しい, 壮大	商品にひかれた	壮大
4A・4B	変化	安定	安定	シンプル, ほのぼの, 日常, 夫婦, リフレッシュ, リラックス, のんびり, マイペース, 激しい, ゆっくり, デザイン性, 透明感, 白い, おとなしい, ムード感, 変化	オシャレ		日常
6A・6B	安定	変化	安定	しんどそう, コメディー	のんびり, コミカル, 愉快, 希望	ダサイけど憎めない	ほのぼのの愉快
7A・7B	安定	安定	変化	自然豊か, 涼しげな, 静か, 疾走感, のどかな感じ, 不思議, 期待, 疑問, 不安, 室内, 生活感	優雅, 自然的, 物知り, 不思議	心がなごむ, 説得力に共感した, ＜音楽・サウンドが印象的＞	自然・和み
8A・8B	安定	安定	安定	地味, 家庭的, 純粋, 温かみ, 哀愁感漂う, 素朴, 無機質, 穏やか, 家庭, しみじみ, ゆったり, 壮大, 日本, 落ち着いた, 暗い	ゆったり, 穏やか, 華やか, ほのぼの, 清々しい, 薄暗い, 一生懸命, 力強い	説得力に共感した, 宣伝文句が印象的, 時代の先端を感じた, 映像・画像が良い	休息・審美

（全体修辞）

注：表中の＜　＞は負の相関関係を示す
出所：川村（2006, 2007）を基に筆者作成

　川村（2006, 2007）を基に，技法・全体修辞タイプと受容イメージ・好感要因との関係を表10-3にまとめた。川村（2006）は，ビール（16本）とパ

ソコン（22本）の広告映像を分析し，川村（2007）では，それ以外の商品種別の広告映像を主に分析しているが（広告映像100本の内，ビール3本，パソコン1本，その他96本），異なる商品カテゴリーの広告映像を分析したにもかかわらず，全体修辞タイプと受容イメージは，近い関係（構造）を持つことがわかる。

4.2 広告映像技法・受容・反応のモデル化

　3.で解説した広告映像技法・修辞と受容イメージ・反応の関係は，異なる条件（被験者属性，商品ジャンル）で集計された調査に基づくものであることから，それらを合成してモデル化を図ることは少し乱暴であるが，広告映像技法・受容・反応の全体像を捉えるために，表10-3および図10-4〜5に示した関係を踏まえ，広告映像技法，受容および反応の関係についてまとめたものを図10-6に示す。なお，図10-5は，「広告」ストーリー技法と興味・購買意欲の関係であるが，図10-6では「受容」ストーリーとしてまとめた。

◆ 5. まとめ

　広告イメージは，消費者がイメージを抱く際に活用する知識や知識処理が多様であり，構造化や言語化も難しいことから，伝えたい広告イメージを忠実に受容させるのは容易ではないが，広告映像技法の組み合わせとしての「全体修辞タイプ」という枠組みを導入することにより，全体修辞タイプと受容イメージ・好感要因とに相関が見られることを明らかにした。全体修辞タイプは，広告映像技法から広告映像を分類するアプローチであるが，それが消費者の受容イメージや好感要因と相関することが明らかになったことは興味深い。

　また，受容イメージや好感要因と興味・購買意欲との関係について分析し，広告映像技法→受容→反応に至る流れを構造化した（図10-6）。この構造を基に広告映像を制作すれば，そのまま興味・購買意欲を高めることができるわけではないが，一定の表現ノウハウとして活用できる。例えば，

　①全体修辞タイプ1（演出・音響・編集のすべてを「変化」）は，消費者

第Ⅱ部 分析論

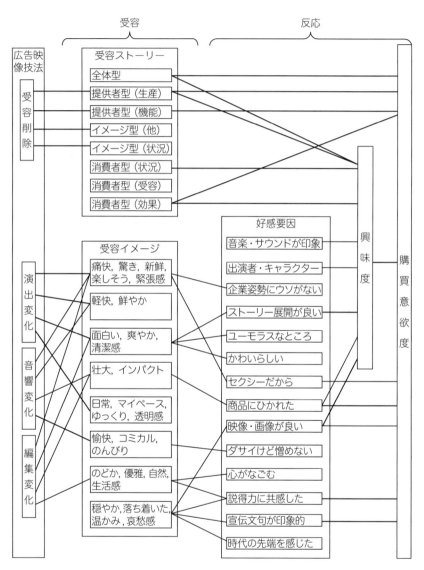

図10-6 広告映像技法・受容・反応の構造

を圧倒し，出演者や企業の力をアピールする。

②全体修辞2・3・5（演出・音響・編集のどれか一つを「安定」）は，出演者の動き，ストーリー，商品などに対する消費者の注意・興味を引く。

③全体修辞タイプ4・6・7（演出・音響・編集のうち二つを「安定」）は，広告内容や表現に対する消費者の関与・共感を想起させる。

④全体修辞タイプ8（演出・音響・編集のすべてを「安定」）は，広告コンセプトや表現に対する消費者の審美的評価を想起させる。

⑤消費者に興味を抱かせることを目標とする広告映像では，消費者ストーリー型の広告ストーリーとし，一定の興味を獲得した場合は，提供者ストーリー型の広告ストーリーとし，広告コンセプトをアピールする。

といった表現ノウハウである。

　本章での考察は，限られた本数の広告映像を基にしたものとなっているが，網羅的に調査を行えば，図10-6に示した広告映像技法→受容→反応に至る流れの構造が，商品カテゴリー別，消費者の属性別に定量化できることになり，より精緻な表現ノウハウが明らかにできるだろう。

（川村洋次）

第**11**章

歌舞伎に向けて（1）
―恣意性と編集性の物語から多重性と実存の物語へ―

◆ 1. 私的歌舞伎論に向けて

　歌舞伎には膨大な量の研究や批評がある。中でも狭義の研究を超えた「歌舞伎批評」は江戸時代の「役者評判記」に始まる。中野（1985）によれば，江戸時代，宝暦（1751-1763）から文化（1804-1817）にかけての時期，多様な「名物評判記」が叢生するが，その先蹤を成したのが「遊女評判記」と「役者評判記」であったとされる。松崎（2000）や田口（2003）によれば，役者評判記とは，歌舞伎役者の技芸を批評する書物であり，17世紀後半から明治20年代まで続いた。元禄から享保期の主要な執筆者が浮世草子作者の江島其磧であったことが知られている。明治時代以後現在に至るまで，役者の「型」の記録と伝承を目的とした新しいタイプの歌舞伎批評も，三木竹二（三木，2004），志野葉太郎（志野，1991），渡辺保（渡辺，2004, 2013b）その他多数の人々によって行われており，歌舞伎の研究と批評は一つの独特の領域と伝統を形成している。これらの例からも分かるように，歌舞伎は受け手側にも優れて実践的であることを要求するため，研究と批評は分かち難く結び付いた面がある。いやしくも歌舞伎について批評的・研究的に論じようとするのなら，江戸時代の役者評判記の幾つかや，歌舞伎批評の明治時代以降の動向をそれ自体批評的に綴る上村（2003）が紹介したような批評作品から主要なものぐらいは読んでおくべきなのであろうが，現状では到底その域に達しない。物語論や文学理論を援用して歌舞伎を取り扱った文献についても今後調査する必要があり，文献的渉猟はこれから長期の課題となるだろう。

187

第Ⅱ部　分析論

　そしてまた，劇場という現場で歌舞伎の舞台を観ていることも，それを論じるための重要な前提である。山本（2013, 2015）は十八世中村勘三郎論や女形論を映像資料に依拠して検討するが，この著者には，若い頃からの豊かな観劇体験があることが窺え，その上で映像としての歌舞伎を意識的に取り扱っている。この点でも筆者の経験は貧困である。高校生の時，六世中村歌右衛門や三世實川延若らの舞台を歌舞伎座で観て以来，映像を含め歌舞伎や人形浄瑠璃や能・狂言，舞踊その他の日本の芸能の舞台に関心を持って断片的に観てはいたが，若い頃生の舞台で頻繁に通ったのは寧ろ（西洋）クラシック音楽のコンサートであり，それもほぼ三十歳代初めを境に個人的事情により劇場通いを自分の生活から封印してしまった。名残の三日間（平成2（1990）年3月末），サントリーホールの日本の芸能（声明や歌舞伎舞踊も含む）のオムニバス上演に毎日通った。封印を切って後，三十歳代後半からの約十年間，最も足繁く通ったのはジャズのライブハウスに変化していた。結局歌舞伎や人形芝居に回帰したのは，五十歳を過ぎてからであった[24]。

　以上のことから，筆者は歌舞伎についての批評や研究論文を書く十分な資格を持っているとはとてもいえないので，本章と次の第12章は，歌舞伎論ないし歌舞伎研究そのものというより，あくまで歌舞伎を素材に使った物語生成システムの将来に向けた一考察であるに過ぎない。しかしながら，歌舞伎という物語且つ芸能であるものの性格が，筆者の物語生成研究の問題意識の最も本質的な部分を刺激するものであることは確かである。その意味で，物語生成システムとしての歌舞伎の調査・研究およびそのシステム構築への反映は筆者にとって一つのライフワークとなるだろう。

　ところで，確か平成7（1995）年，大阪・通天閣近くの芝居小屋である時代劇を，本書の共著者川村洋次との「芸能情報システム」（第16章で詳しく述べる）の共同研究との関わりで，観たことがある。その時面白かったのは，場所，例えば「港町」が舞台のみならず話（対話など）の中でも出てく

---

24 この種の，読者にとっては全く興味がないだろう，また「学術書」にとっては無駄な，凡人の私的挿話を時々，所々に入れてしまう癖は，本とは論文と随筆（さらに小説？）が入り混じった文章の形式を試行する場であるという筆者の意識による他に，第17章に述べるような，筆者の研究プログラムにおける「私物語」の問題にも関係している。

188

ると，そのキーワードを含む，しかしその物語の内容とは無関係な歌謡曲・流行歌（殆ど演歌）が一種のバックグラウンドミュージックとして流れてくる，という仕掛けであった。それは，御都合主義，記号性，さらに恣意性といった言葉で表現できるような特徴であった。そしてこれらは，歌舞伎にも同じく付与されている特性である。歌舞伎がある決まった素材のセットの柔軟な組み合わせから成るシステムであることは，渡辺保が様々な箇所で論じ（渡辺，1989a，2012b など），中村（2004，序）もこれを歌舞伎の大きな特徴として捉えている。歌舞伎はもともと，「一座」がどんな場所でもその少数の構成員によってどんな芝居の演目もこなせるようなシステムとして成立していた。何時如何なるレパートリーも上演（組織化）可能なように，その諸構成要素が準備されているのである。主に松竹という興業企業の管理下にある現在の，あえていえば高尚な芸術歌舞伎の世界においては，このような一座性はそれ程目立たなくはなっているが，それでも菊五郎劇団，吉右衛門劇団といった一座の単位が興業の核を成していることには変わりない。しかし寧ろ大衆演劇の世界に，殆ど家族的な一座が同じ顔触れで様々な演目をこなすというシステムの特徴が現在も濃厚に，原型的な形で現れているともいえる。

　この種の，作劇上の，さらに物語制作・上演に関連する一見したところの御都合主義・記号性・恣意性は，『詩学』（1997）に開陳されたアリストテレス的演劇（物語）観（ロースン（1958）や渡辺守章（渡辺，1996）などに解説がある）の対極にある。アリストテレス的物語構成モデルは，筋（ミュートス）がその他の諸要素を統制的に管理する，という強固なテーゼに基づく一元的・階層的なシステム論の上に立つ。戯曲中心主義といっても良い。歌舞伎の場合，その発祥において，役者の演技（芸）の都合に合わせて物語を構成（付加）して行く，という芸能的性格が強かった。見世物的性格ともいえる。アリストテレス的な戯曲中心主義的性格はもともとなかった[25]。河竹

---

25 寧ろ人形浄瑠璃の方に一種の戯曲中心主義が認められる。多くの人形浄瑠璃台本は強固に構築された，書かれた作品であり，語り手である大夫（太夫）はその文章を読み上げるないし語り上げる。ある作品の改訂版や拡張版ができることはあるとしても，ある作品そのものとしての劇の構成や，書き手たる作者の言葉を変更することはできない。

第Ⅱ部　分析論

登志夫（Kawatake, 2008）は，歌舞伎の海外上演の経験において，当初は『京鹿子娘道成寺』[26]のような花やかで印象的な舞台効果を持つ舞踊作品の方が，『仮名手本忠臣蔵』や「俊寛（鬼界ヶ島の段）」（近松門左衛門『平家女護島』二段目）のような長く複雑な人間関係やドラマ構成を持つ作品より海外の観客に受けるだろうと予想していたが，結果はその逆であったことを述べ，その理由を寧ろ堅固なストーリーラインの存在に求めている[27]。そのことは，歌舞伎が，アリストテレス的な意味での演劇として一義的に観られていたことを示唆しているように思われる。

　戯曲を巡っては，日本の歌舞伎論において，例えば次のような議論が行われている。渡辺保（渡辺, 1997）や今尾哲也（今尾, 2009）は，二世河竹新七が古河（河竹）黙阿弥となる過程で，江戸歌舞伎的な座付作者，すなわち特定の劇場や劇団に所属しその役者に直接合わせて作品を書く台本作者から，近代的な戯曲作家，すなわち特定の役者や劇団を想定しないで作品を書き，独立したものとしても存在し得る一個の戯曲作品を雑誌に掲載するなどして一般に公表する作者に変貌しつつあった推移を捉えている。そして，もし黙阿弥本人あるいは同時代の歌舞伎狂言作者達が，そうした動向をより意識化・推進していれば，歌舞伎が近・現代の演劇としてある意味順調に推移・発展して行った可能性を示唆している。しかし実際は，江戸歌舞伎の諸作品は，古典化されて反復上演されるようになり，それとは分断された形で，新劇の影響を受けた「新歌舞伎」などの新しいレパートリーが登場することになった。中村（2004）の場合は，新歌舞伎を含む明治時代以降の歌舞伎作品により積極的な評価を与え，その成立・発展過程の中で，歌舞伎においても戯曲中心主義的な性格が一つのあり方として定着して行ったとの観点を取っている。この中村の論の前提となっているのは，江戸時代と明治・大正・昭和・平成時代とを合わせて四百年余りの歴史を持つ，そして双方の時代を共に不可欠のものとして含む総体として，歌舞伎を捉える思想である。

---

26 その成立経緯や内容に関しては渡辺保（渡辺, 1986）が詳細な情報を提供している。

27 渡辺保（渡辺, 1986）によれば，『娘道成寺』にも明確なストーリーラインが存在する。しかしそれは舞踊によって象徴的に表現される。さらにその舞踊は，物語を直接的に表現するようにはできていない。

第 11 章　歌舞伎に向けて（1）

歌舞伎は分断され，現在は過去の古典を反復上演しているだけであるかのように一見見えないでもないが，明治以降も多数の新作・改訂などを輩出しているのが実態であり，歌舞伎は両者を蓄積としてさらに新しい創造へ向けて発展して行くという，動的且つ進歩的な歴史観である。このように，アリストテレス的な意味での戯曲への志向も明治以降には根強く存在するが，しかしながらプラスもマイナスも含めて，歌舞伎には，戯曲による一元的・階層的な管理に馴染まなかった出自と育ち故の，多元的とでも呼べるような性格が今でも強固に保持され続けていることは確かだろう。それが一方では歌舞伎の近代化・現代化を阻む要因になったと同時に，その豊饒さを育むのにも寄与したのではないかと筆者は考える。

　その原初的なあり方において，「歌舞伎的物語生成システム」は寧ろ，一つかそれ以上の単独の場面の集合【○○】をベースに，これらを含む【□→○→□→□→○→□】のような形態のストーリー[28]への拡張を図って行く。完全なストーリーが予め存在してすべての情報を一元的・階層的に統制・管理するわけではない。しかしながら同時に，その歴史的展開の中で，戯曲的・ストーリー的な要素が全体の制作を制御するという性格が濃厚に現れることもあった。特に，歌舞伎の最も強力な源流となった人形浄瑠璃芝居にはそうした性格が強い。上述のように，明治以降の新歌舞伎も，従来の古典歌舞伎と比べ戯曲性を強く押し出している。

　歌舞伎においては，そのようなことが必ずしも全面的に妨げられるわけではなく，寧ろ重要なのは，それが方法的な多元性を備えているということである。歌舞伎の場合，物語を駆動する要素は非常に種々様々，すなわち多元的なのであり，ストーリー優先・戯曲優先のあり方も，その可能性の一つとして十分にあり得るのである。しかしながら，歴史的・現実的には，上述のような非アリストテレス的ストーリー構成原理が最も支配的なものとして存在する伝統を，保ち続けている。これは歌舞伎のストーリーやプロット自体の構成法の特徴と結び付いているものでもあり，河竹登志夫（河竹，1989）

---

28 最終的に表現される物語の構成という意味では寧ろプロットと呼んだ方が良いかも知れない。しかしここでは，物語の時間的進行の構造としてのストーリーと上記のような意味でのプロットとが一致するものとして，ストーリーという用語を使用している。

第Ⅱ部　分析論

は古典主義的演劇に対立するバロック的演劇として，歌舞伎を含む演劇タイプとその物語の特徴を定義しており興味深いが，この問題への言及は他日に期す。

　歌舞伎の異種混淆的で多元的な性質については様々な論者が指摘している。同じ河竹登志夫は，坪内逍遙の「歌舞伎カイミーラ（キメラ）説」を紹介している。その意味は，それが様々な異なる性質を持つ要素を，一つの枠組みの中に集積・混淆させているということである。筆者の考え・いい方では，このキメラ性は多様で多元的な編集性と結び付いている。また歌舞伎は，文学でも演劇でもなく，芸能という性質を色濃く持っていたからこそ，異質な諸要素を包括し混淆させる過剰なまでの編集性により，物語としての豊かさを獲得して行ったと考えられる。またそれ故に，近代の生真面目な「芸術としての演劇」[29] の理念の導入と共に，政治的・政策的なレベルでの危機をも経験し[30]，様々な変化の波には洗われたものの，結果的にそれ自体は消滅しなかった。江戸歌舞伎の古典化・反復上演や新作歌舞伎との分断が，本来的な意味での活力の保持であるのかについては様々な意見があるだろう。しかし，完全に伝統芸能化しているわけではなく，現在なら松竹という興行会社を中核として商業演劇としてもまた成立し続けていることは事実である。そのようなある意味中途半端な存立様態も含めてキメラ的であるともいえる。前述の中村（2004）の論に見られるように，新たな総合と創造を展望する論も十分に可能だろう。何れにしろ，現在まで滅亡することなく残存し続けただけではなく，不可思議ともいえる生命力を保ち続けているのは，寧ろそのキメラ的な多元性・編集性の故なのであるといえよう。

　この坪内逍遙により唱えられ河竹登志夫により再度取り上げられた歌舞伎キメラ論は，渡辺保（渡辺，1989a）の記号論的発想と，大きな観点から見れば，相互に響き合うものを持っている。またこの渡辺の著書からは，それ

---

29 渡辺保は様々な箇所で（『昭和演劇大全集』（渡辺・高泉，2012）など），西欧由来の「演劇」と芸能の伝統に由来する「芸」としての歌舞伎の異質性について言及する。

30 明治時代，末松謙澄らは「演劇改良運動」（野村，2000；渡辺，2012a）によって旧来の歌舞伎を政治的・政策的に善導しようと画策した。また，太平洋戦争後の米国占領下で歌舞伎上演の禁止や検閲が行われた（河竹，2005）。

が出版された1980年代に相応しく，物語論や記号論の声が直接・間接に聞こえてくる。渡辺はあくまで歌舞伎の受容の徹底度の中から論を構築する「劇評家」であると同時に，記号性に歌舞伎の本質を見る理論的志向を併せ持つ。この傾向は近年まで変わらない。物理学科出身でもあった河竹登志夫（河竹，1989）は歌舞伎の「様式」や「型」を物理学の発想の応用によって定義するが，渡辺の方は，先にも述べたように，劇場という物理的実体と劇団という人的実体の制約により限定された要素から極めて多様な演目のヴァリエーションを上演可能な記号的システムとして歌舞伎の上演機構を捉える。このような記号的システムは，実践においては一種の御都合主義を招き寄せる。橋本治（橋本，2006）も，歌舞伎は一方では極めて形式的なルール＝「定式」に基づきながら，あるいはそうであるが故に，その中で記号性・御都合主義を徹底させた機構であることを述べる。

　今まで，しばしば「芸能」という言葉を使った。筆者の歌舞伎への興味は，恣意性・記号性・多元性・編集性のような用語で表現される概念と関連するが，それらは，近代的な意味での文学というより，寧ろ芸能というもののイメージと強く結び付いている。そのため，従来から物語生成システムの総合的形態を前述のように芸能情報システムという言葉においてイメージしていた。博士論文執筆直後の平成7（1995）年から平成9（1997）年にかけて，直接それを拡張・発展させる作業を中断して日本民俗芸能史の文献調査を行い，さらに平成21（2009）年頃から再び歌舞伎や人形浄瑠璃にコミットしているのもそのためであった。芸能情報システムは，実際の物語現象の分析をも包括するような形で構成されるべき（現在のところ）概念的なモデルであり，特に民俗芸能の系譜をベースに，能・狂言から人形浄瑠璃，そして歌舞伎へと続く芸能の系譜とその産出–消費過程を具体的な素材として構築されるべき，一つの特殊的且つ一般的な物語生成モデルとして意図されている。その中でも，歌舞伎を中心的な基盤に据えて，芸能情報システムとしての物語生成システムを再デザイン・再構築して行くことが今後の方針である。恣意性・編集性・多重性・多元性といった言葉で表現できる，反アリストテレス的ないし非アリストテレス的な物語の性質は，芸能という物語においてこそよく生じる性質である。

第Ⅱ部　分析論

　なお，何故，能・狂言ではなく，また人形浄瑠璃以上に，歌舞伎なのか，であるが，まずそれぞれの仕方で，能・狂言や人形浄瑠璃は純化され研ぎ澄まされて行ったということがある。つまり，それらは歌舞伎のようなカイミーラ（キメラ）あるいはごった煮となる道とは異なる道を歩んだのである。そしておそらくはそのことと関連して，それらは伝統芸能化し大衆的な芸能としての現在進行形の生命力は既に絶えている。それに対して歌舞伎は不純化と混合の道を歩み，大衆芸能としての活力を（ある程度は）未だ保持している。特に，後の多重性・多元性という論点との関わりで，この不純化・ごった煮という特徴が重要である。なお郡司正勝（郡司，1963）は，こうした性格を持つ，芸能としての歌舞伎（かぶき）の美学の包括的体系化を試みた。

　さて，本章の主題は，かなり抽象的・概念的なものである。それは，歌舞伎が，上述のような性質を持つにもかかわらず「実存的」たり得る理由は何かを探ることである。予め結論を述べておけば，本稿でそれに対する回答を十分に与えることはできなかった。その意味では本稿は単なる問題もしくは問題意識の提示に過ぎない。しかしながら，芸能情報システムとしての物語生成研究における実存性への回路を探ることというこの問題・問題意識は，筆者自身の個別的な研究を超えて，物語生成システムという機械芸能の将来の展開の可能性と方向性を考える上でも，重要な意味を持つと考えられる。また，ここでいう実存性を予め明確に定義することも困難であるが，あえていってみれば，ある主体が，ある対象によって，一種生命的な存在と触れ合う感覚的経験のようなもの，を意味する。一種の「感動」であり，「それが必然的にそうであるしかない」との感覚と共に，あるいはそれにもかかわらず，呼び起こされるような何かと関連しているかも知れない。歌舞伎の場合，主に，それを観る観客において生じる，生命的存在の感覚を意味する。物語生成システムの文脈では，その成果物の実存性という意義・価値は，本質的に，人間の巧みで自然な模倣といった俗受けのする要素に由来するのではなく，それがその内部においておよび外部において，種々のものと取り結ぶ多重的・多元的な関係を通じて現れる，と筆者は考えている。

◆ 2. 恣意性と編集性の物語と実存，多重性

　そもそも本章の発想は，実は歌舞伎とは無関係な広告やハイパーテクストに関連する議論，岩手県立大学で平成18（2006）年から現在（平成29（2017）年）まで十年以上にわたり，看護学部および総合政策学部の教員と共同で開講してきた「科学と倫理」（平成26（2014）年度からは「科学技術と倫理」に名称変更）というタイトルの授業における筆者の担当分のここ数年の主要な主題に由来する。それは，「二十世紀の思想を席捲した「恣意性」，「記号」などと，ハイパーテクストからウェブに至る検索を媒介とした編集型情報技術の動向，商品訴求型広告から自律型広告・関係性マーケティングなどと関連する消費社会化の動向，さらにマルセル・デュシャン（デュシャン／カバンヌ，1999）以来の芸術・文学の状況をも重ねて捉え，その上で，恣意性と編集性の物語から再度実存的な物語が如何にして生成可能かを考察する」，このようなものであった。無論歌舞伎がこうした現代的・現在的なコンテンツやサービスを先駆的に実現していたのだといったことはここではいうまい。能のように純化され研ぎ澄まされていった芸能を現代の先駆であるかのようにいうこともまた可能であり，つまり恣意的な言説能力を駆使すればどんなことでもいえてしまう。ただ歌舞伎の場合，単なる現象としてだけ見ても，そのキメラ性・玉石混淆性の大規模さは何物かであり，またそれは実質的に滅亡し単に博物館的な劇場の中に格納・陳列されている伝統民俗芸能ではなく，とにもかくにも現在も生きて生命活動を続けていることは確かであり，上述のような技術やサービスやコンテンツとも現実的に並立する（さらに関係し合う）対象なのである。

　ソシュール（1972）の恣意性とは，言語記号において，意味するものと意味されるものとの結び付きが必然的ではないこと，さらにその拡張として（こちらこそが本質的に重要であるが），言語記号の分節化の体系が必然的ではないことを意味する。これは，もともとは言語の特性を示すために発案されたアイデアであったが，その後言語を包含する記号一般を扱う学問すなわち記号論もしくは記号学に拡張され，諸々の文化的産物のあり方を無意識的に支配する構造の問題として意識・考究されるようになった。二十世紀芸術

第Ⅱ部　分析論

史を彩るある種の実験や問題意識も，このような言語観・記号観との相関において捉えることが可能である。例えば美術においては，絵画に描かれる図像自体と現実の対象との結合関係が切り離され，独自の論理によって構成される絵というものが追及され（セザンヌ（ルイス，2005），ピカソ（末永，1992），モンドリアン（ヤッフェ，1971）など），また既存の美術作品の引用・借用による複製美術が真剣に制作され（デュシャン／カバンヌ，1999），森村泰昌（森村，2001）など），さらに引用・借用の対象は現実的・日常的事物に及んだ（デュシャン，ウォーホル（1998；ジェイムズ，2002）など）。文学でも，言語が言語自体で自立した体系を成す状態が時として一つの理想とされ，窮極的には音の響きの美や近縁言語との連想において形成される造語体系としての文学作品が制作された（フレーブニコフ（1990；亀山，1989），ジョイス（1991, 1993）など）。また，音楽としての言語が語られることもあった（マラルメ（1974），ヴェルレーヌ（1996），プルースト（ナティエ，2001），萩原朔太郎（萩原，1959）など）。

　この授業で積極的に取り上げた広告というものは，全くの無意識的産物であるのではなく，しかし芸術のような意図的・意識的産物であるわけでもなく，明確に双方の領域にまたがるという点で，無意識との民話的連関の度合いを高めているとしか思えない現代の小説のような文学としての物語と比べ，寧ろ物語として明らかに高度なものと見えないこともない。それはともかく，広告もまた，美術や文学や音楽に見られたような記号的自律，間テクスト的創出という事態を，こちらの方はしかし高度情報化社会の成立という時代的状況の中で経験する。無論美術や文学や音楽においても，上述のような意識的且つ尖鋭な諸試行の拡散と無意識化の流れの中で，高度情報化社会には，記号的自律や間テクスト的創出と関連した作品群が，大衆化・通俗化されて社会に充溢して行くことになるのであるが，広告は，こうした動向・流れにおける，一つの象徴的な現象として捉えられる。

　事例として，商品の広告から，商品から切り離された修辞的編集としての広告へ，さらに広告のための広告へ，という，日本における戦後広告（ほぼ1980年代まで）の歴史的変遷をざっと見て行こう（石井（1993）などを参照）。一旦表面的には御破算になった自由主義的な商業活動が戦後社会の中

で復活する際，その初期段階においては，「物資不足」という社会的条件の中で，広告は必然的に商品の存在と機能の訴求手段としての性格を基本とせざるを得なかった。広告はその対象としての商品の存在とのつながりを強固に保持しており，あくまで商品に奉仕する第二義的な手段としての記号であった。しかしその後の社会状況の進展の中で，商品が飽和しそれに伴って人々の欲望も飽和状態を迎えるようになると，広告の性格・あり方は劇的に変容して行く。広告が広告表現そのものを目的とするといういわば芸術的色彩を強めて行き，それが何の広告であるかという目的や対象との対応関係の非明示化という流れが進行する。その原初的形態はいわゆるイメージ広告（例えば今井和也・松尾真吾によるレナウンの「イエイエ」シリーズ（今井, 1995））であるが，やがて西武セゾングループの一連の広告のようないわば対象無化の広告が出現する。その流れはさらに，広告そのものの対象化（自己参照，自己言及）やその批評という方向にすら進んで行く。吉本隆明（吉本, 1984, 1989, 1990）の一連の高度消費社会論は，こうした状況における広告や，それ以外にも漫画を含め従来の文芸批評が取り上げなかった様々な種類のコンテンツを分析・検討の対象としたが，そのことは，文芸批評の対象が，高度に意識的・個人的な文学的芸術から，無意識的要素を多分に含む大衆的産物に拡大されたことを意味する。あるいは，送り手（生成・産出）主導型のコンテンツから受け手（受容・消費）主導型のコンテンツに対象が移行したこと，もしくは拡大したことを意味する。そしてその拡大に寄与したのは，上述のような記号的自律・間テクスト的創出という文学・芸術上の大きな潮流であった。この時代の主導的な広告制作者の一人糸井重里が吉本の影響を受けていたことから分かるように，広告制作は必ずしも無意識的にのみ行われていたとはいえなかった。経済的な力を背景とした彼らの意識的努力によって，広告もまたその社会的規約において僅かに対象である商品との結合関係を名目的に保持してさえいれば，その表現そのものにおいては恣意的な「記号の戯れ」であることを許可されるようになったわけである。こうして日本の戦後広告は，数十年の時間経過の中で，「恣意性と編集性の物語」となった。

　以上が最初の一サイクルだとすれば，平成2（1990）年前後から次のサイ

第Ⅱ部　分析論

クルが始まったと考えられる。筆者は1990年代前半から平成22（2010）年頃にかけて，物語生成の修辞・技法との関連で，何度かに分けて広告の分析を行ったが，上記のような問題意識とは十分に接合されていない。しかしながら，その後の日本社会の経済的退潮と混乱の中で，特に平成23（2011）年以降，広告にもまた一つの根拠が求められるようになってきたように思われる。それは，芸術としての広告，文学としての広告の達成の目から見れば退歩かも知れないが，必然的なプロセスであることは否定し得ない。そして結局のところ，広告をいわば現実的に支える根拠というものがあるとしたら，それは商品なのであろうか。例えば大地震や大津波そして原発爆発と放射能大飛散に襲われた土地では，恣意性に戯れるより先に，食うことや飲むこと，さらに安全な食糧を確保することが先決し，最終的には物そのものとしての食べ物や飲み物というものが浮上するのであろうが，現在相当に危機的な状況下にあっても，それは商品であろう。我々は畑に乱入するのではなく，スーパーマーケットやコンビニエンスストアの前に行列を作る。このような意味で商品は，人間の実存と結び付いているといえ，これが広告における最も重要な根拠を成しているのは確かである。しかしまた，恣意的な編集性を通じて構成されもする広告の物語が実存と結び付く根拠は，果たして商品だけなのであろうか。

　広告の物語が実存性と結び付くより本質的な根拠を，「多重性」に求めたい。ここでいう多重性とは，ある広告が，内部的には，時として相互に矛盾し合う様々な意味を含み込みながら，全体として存在しており，また外部的には，様々な他の対象・存在との関係の交点にあるということを意味する。内部的にも外部的にも，たまたま形成されることになったに過ぎないのかも知れない意味や関係の中で危うく一つの集合的存在として分節化されているのであるが，その形成後その存在はいわば必然的なものとなり，世界の中にある堅固な位置を占めるようになる。常に崩壊しずれる危機を孕みながら。筆者はこの，いわば流動的性格と固定的性格との危うい均衡の中の存在という点に実存性の根拠を求める。これは，その他の多様なコンテンツにも当てはまる特質であり，コンテンツにおける実存性の根拠となる。寧ろ広告が以上のような意味での多重性という実存的根拠をその身に帯びる時，それは一

つの物語のジャンルとして独立性を主張し得るものになると捉えるのである。

　例えば，上述のように，（比喩的な場合も含めて）モノとしての商品が広告にとっての最も強力な根拠なのは確かであるが，ある商品が表現するものは，その「モノ性」だけにはとどまらず，それを製造・販売する企業の歴史や哲学であり，またそこに描き出された消費者の生活の風景である。また，広告自体の制作者の思想や技法や歴史がその広告には凝縮されている。さらに，商品や経済活動に対する批評や批判すら，それは内蔵するかも知れない。これら様々な要素が，単に並置されて存在するという状況を超えて，ある必然的な集合性・多重性を備える時，その全体は実存的な性質を帯びるといえる。この種の多重性を一種の柵と捉え，そこからの解放を実存性に結び付けて考えるという思考も可能ではあろうが，解放は多重性をその前提に置く他はない。しかしながら，この種の多重的性格は，上述のような危機的状況においては結局は無益であるとの考え方もあり得るだろう。しかしあるモノが商品である以上，それは何らかの社会システムの中に顕在化する以外にない。広告の中にモノが投げ出されていても，例えば危機的状況にある人々の前にそれが直ちに存在せしめられるわけではない。広告を通じて本当に発信されるべきなのは，その商品が受け手にとって有益な種々なあり方の表現であり，現実の実存性との様々な経路による結合性の情報である。短い一編の広告の中にその種の情報を凝縮させ，最終的には何らかのモノとして顕在化されるべき商品の有益性を表現するためには，多重的な構造・性格を持つことが必要である。そしてこれが広告における実存性とつながっている。広告の多重性という概念を通じて筆者が主張したいのは，このような，その外部との多様で有益な有機的関係を潜在的に内蔵することを可能とするという意味での，多重的なコンテンツである。上述の戦後日本の広告の歴史的展開過程を総体として捉える時，広告というコンテンツは，その種の性格を獲得することに少なくとも部分的には成功したと考えられる。

　この授業では，恣意的編集による物語にとっての実存性を考察するためのもう一つの素材ないしジャンルとして，ハイパーテクストおよびハイパーテクスト小説を取り上げた。ハイパーテクストのコンセプトは，テッド・ネル

第Ⅱ部　分析論

ソンからさらに米国マンハッタン計画の統括者の一人ヴァネヴァー・ブッシュにまで遡ることができるとされる（ニールセン，2002）。もともとそれは，紙や本の上に実現される線状的なテクストに対する空間的・多次元的なテクストの構想であり，受容者の作業の進展や連想によって，今ここで必要なテクスト（私的テクストのみならず図書館などに収蔵された公共的テクストも含まれる）を検索によって直ちに手許に釣り上げられるような仕組み・システムを意味していた。現状においては，この構想は部分的に，インターネット上のコンテンツの組織化と閲覧を支える技術的枠組みとして実現されている。ハイパーテクスト的な小説や物語は従来から紙の本の形でも試みられ，もっと範囲を広げれば，古くから行われている双六やテーブルトークロールプレイングゲーム（TRPG），さらにコンピュータ上でのアドベンチャーゲームやロールプレイングゲームのようなインタラクティブなストーリーもその仲間に含めて捉えることができよう。ハイパーテクスト小説の芸術的な一つの達成がコルターサル（1984）の『石蹴り遊び』であるとされるが，狭義のハイパーテクスト小説とは，コンピュータ上にハイパーテクストの仕組みを用いて実現された小説のことを意味し，線状的に組織化され読者に対して原則としてページの最初から最後に向かって一方向的に読み進めて行くことを求める伝統的なテクストに対して，作者（送り手）は物語の断片を成す部分的なコンテンツおよびその相互結合関係（リンク）を用意し，読者（受け手）に読みの順序の決定権が委ねられるような小説を意味する。読者ごとに読みの順序は異なり，従って多様なストーリーもしくはプロットが読者ごとに形成される。日本では，井上夢人（井上，1996）が『99人の最終電車』をインターネット上で公開したが，現状では未完に終わっている。このように現状では実験的レベルにある新しい小説と物語の形態・構想である。筆者はこの授業でハイパーテクスト小説を，恣意性としての・編集性としての物語を表現するための一つのあり方として捉えてみた。

　前述の広告を意識的な技法ないし修辞のレベルで考える時，その物語の編集性は送り手側を主体として実現される。確かに広告の制作において，受け手の反応は本質的に重要であり，広告の送り手は常にそれを生成の側に取り込むが，広告というコンテンツ自体の素材の編集・物語化のすべてはあくま

で送り手が行う。これに対して、ハイパーテクスト小説では、コンテンツの素材の編集、最終的な物語化という作業は受け手・読者に委ねられる。また、紙の本の世界には既にゲームブックという娯楽読み物が存在していたが、コンピュータ上でのハイパーテクストの仕組みと結び付くことによって、ハイパーテクスト小説においては漸進的な拡張や実験的制作がより容易になった。ハイパーテクスト小説では普通、作者によって小説の内容もしくは素材が多数用意され、その間の結合関係も予め作者によって付与されるので、作者側の役割も大きく、またどの程度の制御性（ないし恣意性）があるのかは作品によって差があるが、その読みの順序の決定は個々の読者に任されており、読者ごとに（程度の差はあれ）異なるストーリーもしくはプロットがいわば編集される。本というテクストとしての小説の場合なら作者が行うべき後半の作業、すなわち線状のストーリーないしプロットの決定という作業が、読者の側に委ねられるのである。作者の側を中心に見れば、読者は所詮作者の掌の上で踊っている存在に見えなくもないが、もし読者による後半の物語生成が作者の想定を超えるような物語を実現する可能性に向けて開かれているとすれば、ハイパーテクスト小説は本としての物語が持たなかった新しい物語形態としての意義を持ち得る。また、筆者は「流動-固定」と呼ぶ、物語生成システムのための主導的概念について考察を続けている[31]が、例えば単純化して、作者が作り出し用意する素材の集合としての可能性の空間が流動に、読者によって選択された個々の部分とその連鎖の物語が固定に相当すると考えれば、ハイパーテクスト小説を流動-固定という概念が具現化する物語の新形態として把握することが可能になる。筆者がハイパーテクスト小説の物語にある魅力を覚えているのは、このように流動-固定の概念とそれが親和性を持つように感じられるからである。

　しかしながらそれは物語としての実存性とつながっているのであろうか。ハイパーテクスト自体がインターネット上でのいわゆるウェブとして実用的に成功している、というより常時増殖・変化し続ける巨大流動テクストとして世界を席捲しているのに対して、ハイパーテクスト小説の方は現在までに

---

31 第2章（p.39）に関連論考をまとめて示した。

第Ⅱ部　分析論

それ程の成功を収めたわけではなく，一般に広く普及しているわけでもない。一見ハイパーテクスト小説のように見える上記『石蹴り遊び』も，その実態はハイパーテクスト小説を模擬した伝統的小説であるといっても良い（しかしそこに一つのヒントがあるともいえる）。ハイパーテクスト小説における上述のような特性は，その実，実存性の獲得に，あるいは物語としての多重性の繰り込みにつながっているのであろうか。読みの過程の意識化・前景化，読みを通じた物語生成という，それ自体としては一見非常に興味深くさらに顕著な利点とも見える特性に関しても，種々の検討が可能であり必要であるように思われる。例えば，物語の読者というものは，ある種固定されたものの中に，作者が密かに——多層的・多元的に——仕組んだ諸々の機構を，様々な形で読み取ることあるいは見透かすことに楽しみを見出す存在でもある。物語という運命は，読者（受け手）自らの意思で主体的に選択し獲得しに行く対象ではなく，向こうから押し寄せてきて，取り囲んでくる，避けられない必然的なものなのである。そのような物語を冷静な視点で選択的・意思的ないし分析的に受け止めるという受容のあり方があっても良いだろうが（それは物語の批判的・批評的な受容・受け止め方に相当する），普通物語の享受はそうしたものではない。一般テクストを対象とした実用目的のハイパーテクストは，普通使用者（受け手・読者）が意思的に取り扱い，情報を取捨選択するための便利な道具であり，基本的に情報の一義性を旨とし，その中に秘密や謎が繰り込まれることは不要である。ただし，使用者が情報の海の中を漫然と漂流し，思いがけないものを見付けたり驚くべきものに遭遇したりするという現象は生じる。それはハイパーテクストの物語としての使用ないし物語としてのハイパーテクストの使用に接近する。しかしその種の受容経験を可能とする性質の欠如は，実用的な道具としてのハイパーテクストにおける致命的欠陥に即座にはつながらないだろう。しかしながら，ハイパーテクスト小説にとってそれは本質的欠陥となる。そこでの断片的なテクストの相互結合された配置は，単に受け手・読者が便利に辿ることのできる対象であるのではなく，それ自体が読者をある情況の中に，さらに運命の中に巻き込む仕組みとして構成されていなければならない。これは必ずしも送り手・作者の力が大きくなることを意味しない。受け手・読者との何らかの

第 11 章　歌舞伎に向けて（1）

やり取りを通じてそうした機構が漸進的に実現されて行くということもあり得る。重要と考えられるのは，ハイパーテクスト小説において，寧ろ書くこと（や書かれて存在せしめられるテクスト）と読むこととが多重的に関係し合うような機構が求められているということである。従ってハイパーテクスト小説における流動性と固定性との関係もより複雑になる。しかし従来の固定観念としては，ハイパーテクスト小説は読み手の側の役割を特権化する物語形態として意識され過ぎていた。これに対して逆に，ハイパーテクスト小説を，小説を書くことないし物語を語ることに革新的な新機軸を導入する方法としても位置付けて行くことが考えられる。ハイパーテクスト小説における代表的な二つの物語論的存在は作者（書き手）と読者（読み手）であるが，従来の単純モデルのように，後者が過度に強調されるか両者が単に並立するレベルを超えて，様々な仕方で双方が多重的に絡み合うような状況が可能となることが，それがある種の実存性を獲得するための一条件であるように思われる。その上に，それぞれが持つ歴史性の重層的な絡み合いが生じることが，その多重性をさらに強固なものにする。そうした点での進歩や革新がなければ，ハイパーテクスト小説なるものがある程度普遍的な物語としての実存性を獲得することは遂にないかも知れない。

　まだ仮説的な意見表明の水準を超えてはいないが，以上に述べてきたように，ここでは物語コンテンツにおける実存性の根拠・由来を多重性に置く。広告の場合，受け手との関係，広告そのものの歴史との関係，商品との関係など多重的な関係によってその実存性が支えられている。ある商品の優れて多重的な広告であれば，仮に危機的状況であっても，そのモノとしての実存性の表明がなされ得る。何らかの危機的状況の下で商品広告がテレビなどのメディアから一斉に消滅してしまうというような高度消費社会にふさわしくない退行現象は起こり得ない。ハイパーテクスト小説のこれまでの試みで十分な社会的流通性を備えたものは殆どないが，将来的には，上述のようなものを含めた多重性の繰り込みによって，より実存的な，優れたコンテンツの形態もしくはジャンルになる可能性が全くないではない。

　授業では，広告，ハイパーテクストその他現在的なコンテンツのジャンルを取り上げ，その恣意的編集性の特徴の検討を媒介に，議論を多重性や実存

第Ⅱ部　分析論

性の問題系に架橋して行くことを試みた。無論この授業自体は歌舞伎論への序論として構成されたわけでは全くなかったが，ここでは歌舞伎論への一つの導入経路として利用する。以上の論述において，恣意性，編集性，多重性，多元性，そして実存性といった言葉をやや未整理に使用してきたが，次節では歌舞伎という対象との関わりにおいてこれらの用語・概念をもう少し整理してみたい。その作業を踏まえ，恣意性や編集性を特質とする歌舞伎が，それにもかかわらず（これは限りなく，それ故に，という意味と重なる），実存的な物語として現在的であることについて試行的に述べ，第12章の試論に架橋する。歌舞伎に見られる多重性自体が恣意的なものなのではないか，長い歴史を持つことの必然としての多重的な柵が鬱陶しく絡まり合っているだけなのではないか，といった疑問が湧いてこないでもないが，多重性の理由や根拠や実態はともあれ，それが極めて多重的な存在であることには間違いがないだろう。逆に，高度に多重的なものであるが故に，その徹底的な解体ないし解剖の可能性も開けてくるであろう。

◆ 3. 多重性から実存性へ―歌舞伎論の基幹ストーリーに向けて―

　まずここで編集とは，複数の要素を集めて一つの全体にまとめることであるが，構成とか構築よりも一種アドホックなニュアンスを含み，最終的に一つのまとまりが形作られていれば良いのである。従ってそれは，本来的に恣意性のニュアンスを含んでいる。比較としては，恣意的な編集性とそうでないつまり恣意的でない編集性とがあると考えるべきであろうが，編集性という用語を，恣意性という意味を含意しているものと捉える。従ってここでは，恣意性と編集性という二つの用語は，恣意的な編集性のような組み合わせとして表現される必要はないのであるが，あえてその意味（両者の関係）を確認ないし強調する際には，恣意的な編集性といういい方をする場合もある。

　こうした意味での編集性と多重性・多元性との関係を歌舞伎を想定して考えてみる。編集が諸要素の相互結合そのもの・それ自体を現す一つのまとまりであるとすれば，多重性・多元性の方はこの編集をいわば特殊的に行うた

第 11 章　歌舞伎に向けて（1）

めの原理や戦略を含み込んだ概念である。多重的・多元的でない編集も当然
あり得る。潜在的な意味では，歌舞伎における編集性の制約は一見弱く，あ
たかも如何なる具体的編集をも許容するかのように見える。しかし現実に
は，ある一座や劇団が保持する資産という制約ないし条件の下でその編集が
遂行される。歌舞伎における編集は，制作から上演まで，現実的に使用可能
な要素とその組み合わせによって行われる他ない。従って，歌舞伎における
コンテンツの制作にとっては，まず現実的制約条件の下での潜在的に自由な
あるいは恣意的な編集性という特徴が現れる。ここまでは確かにそうなので
あるが，しかしながら歌舞伎においては，ここに多重性・多元性という要因
が紛れ込む。与えられた条件下での潜在的に自由な編集可能性を戦略的・制
御的に多重化・多元化するという意味では必ずしもないことが，多重性や多
元性を単に戦略とはいわなかった理由である[32]。上に現実的制約条件と書い
たが，歌舞伎の場合おそらくはその中に既に多重性や多元性という性格が入
り込んでいる。従ってこれは固定性さらには制度性と短絡しがちな特徴でも
あり，下手をすれば恣意的な編集性どころかその逆の外的制約による容易な
決定に結び付いてしまいかねない危険性をも孕む。このように，現実的な条
件下における恣意的な編集性を戦略的に制御するものとしての多重性・多元
性という単純な図式を描くことはできず，予め使用可能な要素の中に既に拭
い難く付属している多重性や多元性を寧ろ恣意的編集性の力によっていわば
解体するような作業をも含めた意味で，恣意性・編集性および多重性・多元
性という概念は相互に関連付けられている。つまり，歌舞伎は一見その恣意
的な編集性によって，最低限の制約や条件のみの考慮によって，全く自由・
放漫に作られることができるが，しかしまさにこの制約の条件の中に既に多
重性や多元性という特徴が内在しており，極めて広い意味でのこの戦略的な
取り扱いを通じて，その物語としての実存性の獲得が果たされ得るのであ
る。

---

32 歌舞伎では，伝統的に独立した演出・演出家というものはなく，一定のヒエラルキーは存在したと
　はいえ，役者達がコミュニケーションを通じて個々の上演を遂行していた。従って，戦略というもの
　が存在するとしても，上位からのトップダウンによるもの，あるいは外部からの極めて意識的なもの
　というわけではないのであった。

第Ⅱ部　分析論

　なお，多元性に関しては，小方（2010e）が一度これを整理している。空間的な観点から見れば多重性と多元性とは殆ど重なる概念として捉えられる。しかし時間性を組み込むと，多元性は，時間的推移に伴って移り変わって行くものであり，ある時点での特定要素への焦点化が別の時点では他の要素に移行して行くことを含意している。これに対して多重性とは，時間的推移を含まない，諸要素の空間的な重層性そのものとしての見方を意味している。この狭い特殊な意味においては，多重性がより静的な概念であるのに対して多元性はより動的な概念である。歌舞伎においては，その多重性にいわば動きを与えるのが多元性である。多重性そのものはあくまで一つの様態であり，多元的な能力によってその具体的な駆動と使用が行われるようになる。生成の側の視点に立った場合，多重的な歌舞伎の物語はいわば何処を・何を切掛けにして生成を開始・展開しても良い自由さをもたらす。しかしこの多重性によって，自由でありながらも同時に緊密にすべてのものが綯り合わされているような，物語としての緊張（実存性）をもたらすことが可能である。上述したことから分かるように，この多重性は，意図的・意識的な操作・制御の結果としてもたらされるだけではなく，予め使用可能な素材の中に既に封じ込められている多重性によってももたらされるのである。

　多重性に基づく多元性は，時間的な軸において見れば，循環的ないし反復的な性格と結び付く。歌舞伎のみならず演劇（さらに広げて劇場芸術）は，同一の演目を普通複数回にわたって繰り返し上演するという意味で循環的・反復的なものであるが，特に歌舞伎はこの性格を強化する様々な機構を持っている。ある演目中のある登場人物は繰り返される上演の度にその登場人物として反復的に演技を行うが，さらに役者自らの名前としては，多くの場合長い年月の循環と反復の最先端に現在がある。また，それが古典化ということの意味なのであろうが，現在の歌舞伎では，ある演目は多くの場合繰り返し上演され，観客の方も同じ演目を繰り返し鑑賞する。異なる下位ジャンルにわたる複数の演目の多くの場合部分を取り集めて上演する見取り上演が一般化している現在，歌舞伎を数年継続的に観るだけでも，観客はおそらく幾つもの同じ演目に遭遇するだろう。この種の循環性・反復性は歌舞伎の大きな特徴である。そしてこの時間的な循環・反復の中で，歌舞伎における多重

性はその様相を徐々に変えて行くと共に，多元性と組み合わされることによって，絶えずその焦点は変化し続ける。そこから，たとえ同一の作品であっても流動的に変化し続けるという性格が与えられることになる。しかしながら同時に，流動的な反復・循環過程の中で，たまたまのように一瞬固定化された個々の作品は，それ独自の多重性に基づく物語の力によって実存化される。

　以上のように，歌舞伎における実存性は，その恣意的編集性が多重性・多元性に支えられているということに由来する。これが筆者の歌舞伎論の基幹ストーリーを導き出す。多重性とは複数の要素が反復的に重ね合わされているという現象そのものに照準化した概念であり，多元性は多重的な対象の生成や参照の際すべての構成要素が等しく処理の対象になり得るということに基づく。従ってここでいう多重性とは，対象の多元的な選択・操作の可能性を基盤とした概念である。歌舞伎の例でいえば，ある一つの上演作品は，ある特定の構成要素群の多重性の上に編集されているが，どの構成要素を選択し強調するかには多元的な可能性がある，ということを意味する。

　例えば，歌舞伎ではしばしば，ある作品が筋や物語としては単純あるいは粗雑だったとしても，上演されると観客に大きな感動を与えるといった事態が語られる。そうした議論では，演じる役者のことを含めた身体性が持ち出されることが多い。しかし，一言で身体性といい切れる程に事態は単純ではない。例えば役者を支える歴史性のような意味もそれは含み込んでいるであろう。その時いわれる身体性は，（生身のものとしての）役者の身体というものから出発して，多様な要素へ結合して行ける潜在可能性を持った，非常に広い意味を併せ持つ身体性である。狭い意味での身体性のみを殊更に強調するような発想は，歌舞伎の美を単に絵面の様式に解消して行くような単純化された議論につながりやすい。これまで論じてきたように，ここでは，身体性や歴史性といった単独の要素に歌舞伎の実存性の由来を求めることはせず，寧ろ様々な要素の複合自体にそれを求める。何処から出発しても，何から出発しても，歌舞伎における実存性は，個々の要素単独の特性を超えて，諸要素の多重性に結び付いて行く。様々な箇所や対象が一種の起点ないし操作点になり得るという多元性がそこに関与する。

第II部 分析論

　ところで，なぜ歌舞伎なのかということに最後に触れる。現状での最も大きな研究目標である統合物語生成システムとそれを内蔵した芸能情報システムの設計・構築作業における歌舞伎の知見の導入と関連しており，歌舞伎分析は物語生成システムの観点・枠組みにおいて行われなければならない。多重的＋多元的物語生成システムにアプローチするための最も身近で強力な素材が歌舞伎なのであった。あるいは，歌舞伎への志向を追及して行ったところ，多重的＋多元的物語生成の概念に（改めて）逢着し，それを今後のシステム開発の一つの指針として定めたともいえる。これはさらに，物語生成システムの「研究」を「作品」の制作に架橋するという課題にもつながる。前述のように，この課題は，流動と固定という筆者の物語生成研究のコンセプトとも関連し，重ね合わされる。作品の制作を，物語生成の流動状態と固定状態との関連において検討しているが，ここで流動状態とは，多重的構造を持った物語の生成過程が多元的な動的過程にあることを，固定状態とはある一定の多重構造体としてそれが定義された状態を意味する。そして流動と固定の間での循環的過程としての物語生成過程において，生成される物語が，単なる恣意的な編集性—制度的な意味で強制された編集性も含む—による物語を超えて，ある種の実存性を備えるための基軸概念が多重性と多元性である。特に，第12章の第二試論でその諸相を詳しく見て行くように，歌舞伎では，生成される作品構造やその素材など，多様なレベルにおいて多重性が関与しまた実現される。歌舞伎は筆者の物語生成研究にとって恰好の題材である。

（小方　孝）

第12章

歌舞伎に向けて（2）
―多重物語構造の諸相―

　第11章では，歌舞伎における恣意性・編集性が多重性および多元性を媒介として実存性と連絡するという回路について基礎的な考察を試みた。本章では，この議論の中の多重性に焦点を当て，「多重的な物語としての歌舞伎」の諸相を包括的に整理する。本章は，物語生成システムに歌舞伎の知見を取り込むための歌舞伎そのものの調査・分析の出発点である。

　まず，多重的な物語としての歌舞伎の大きな見取り図を図12-1に素描する。第2章の「見える物語」と「見えない物語」の議論を踏まえ，ここでは単純に，この図に示された15の項目―現実（事件），作品，ジャンル，題材（素材），人物，ストーリー（筋書き），場所（舞台空間），時間（時代），芸能様式，劇場（舞台・客席など），観る者（観客など），テクスト，制作（台帳），演出，上演を，順番に考察して行く。それぞれの記述内容は，概要・例・（あれば）補足に分かれる。本章の内容はそこまでは達しないが，これらの個別的な多重的特性は，さらに相互に絡まり合い一つの多重的全体を構成する。つまり歌舞伎における多重性，具体的にはここで挙げたような諸々の多重構造は，多元性―ここでは多重性に時間を加えたもの―に基づく動的な遂行原理を通じて，具体的な個々の作品の形態に編集・実現されて行く。なお，小方（2015）は上記項目を要約的に記述し，Ogata（2016c）は多重物語構造モデルや芸能情報システムとの関連で上記項目の記述を試みている。15のリスト自体は重なっている。さらに，小方（2016）は歌舞伎のみならず日本の文学や芸能にしばしば現れる，対象の組織的羅列としての「尽し（つくし）」の方法について，上記15の項目の幾つかとの関わりにおいて

第Ⅱ部　分析論

論じ，Ogata（2017）は上記項目のうち人物に焦点化した考察を示した。小方（2017）はこれらの分析を統合物語生成システム（本書第13章）や芸能情報システム（同じく第14章）に反映させる方式を検討し，Ogata（2018a）は筆者によるこれまでの歌舞伎研究を総括すると共にストーリー（筋書き）の要素に関する調査分析を発展させた。またOgata（2018b）は歌舞伎の様々な要素を合成して一つの作品を作り上げる「綯い交ぜ」の技法を物語生

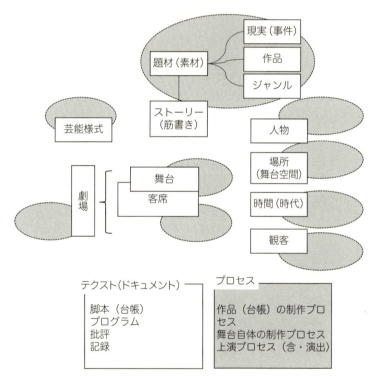

図12-1　歌舞伎の多重物語構造の諸要素

成との関連で論じた。

(1) 現実（事件）

概要：歌舞伎におけるストーリーやプロットは，非常にしばしば，現実の何らかの事件を下敷きにして構成されている。事件は複数の出来事ないし事象によって構成され，登場人物など必須の要素が含まれる。典型的に使用される歴史的事象のセットが存在し，繰り返しそれらの作品化が図られた。同時代の社会的事件を題材とした作品も多く作られた。現実と虚構との関連は単純ではなく，現実の事件を元に作られた虚構の要素（例えばある登場人物の造形）が逆にその現実像に影響を与えることも多かった。

例：広く人口に膾炙している例としていわゆる「忠臣蔵」の仇討ち事件[33]があるが，渡辺保（渡辺，2013a）は大石内蔵助を演じた初世澤村宗十郎のイメージが，現実の大石を凌駕してその歴史的形姿をも決定付けたことを論証している。また，近松門左衛門の『曽根崎心中』や『心中天網島』のような心中物や『大経師昔暦』のようなそれに準じる作品は多くその当時の庶民による実際の事件の作品化である。これら同時代の現実的事件に対して，曽我兄弟の仇討ちのような歴史的事件の多数のセットは（多くの虚構的脚色を加えられながら）多数の作品の中に反復的に描き出された。多くの場合物語としての人物像と歴史的人物の形姿は見分け難く混融する。

(2) 作品

歌舞伎においては，ある作品自体が改変されて別の作品になるという事態が頻繁に起こる。これには，著作権的な意識が希薄であったことや，ある作品を役者や劇場（芝居小屋）の特性に合わせて臨機応変に・恣意的に作り変えるといった興行上の方式が関与していた。これは次の「ジャンル」の越境を伴うことも多かった。

例：赤穂浪士の事件の劇化は，『鬼鹿毛無佐志鐙』，『碁盤太平記』，『仮名手本忠臣蔵』，『東海道四谷怪談』，『盟三五大切』，『元禄忠臣蔵』のような系列の作品群を擁する。『源氏物語』（紫式部，1965-1967）や『平家物語』（高

---

33 元禄14年3月14日（1701年4月21日），播州赤穂城主浅野内匠頭長矩が高家筆頭吉良上野介義央を江戸城内松之廊下で切り付けた事件に始まり，元禄15年12月15日（1703年1月30日）早朝，四十七人の浅野家浪人が吉良邸内で上野介の首を討ち取るという，仇討ち事件（今尾，2000b）。

第Ⅱ部　分析論

橋，1972）などと並んで，忠臣蔵の作品群は，日本文芸・芸能史における一つの巨大なグループを成す。忠臣蔵物の一始発点としての『鬼鹿毛無佐志鐙』とその作者吾妻三八については渡辺保（渡辺，2013a）がかなり詳しい情報を提供している。

(3) ジャンル

　過去の物語から題材を借り受けて新たな作品を作り出すことは能や狂言や人形浄瑠璃にも，というより日本における文学や芸能の多くに見られる普遍的現象であるが，歌舞伎の場合それが極端である種濃厚なレベルに達している。歌舞伎は多くの既存ジャンルの集成であり，演劇としての能・狂言・人形浄瑠璃，舞踊，語り物としての『平家物語』や説教節，江戸小説，音楽としても，能・狂言の音楽や江戸三味線音楽，無論義太夫節に代表される語り物の音楽などの混淆として成立している。そしてそれ自体は江戸時代における殆ど唯一の演劇というジャンルを形成している。

例：最も重要なのは人形浄瑠璃との異ジャンル混淆である。もともと舞踊や一種の見世物性を中心としていた歌舞伎の中に一貫した物語性を導入するに当たって，原初の歌舞伎とは違って文学的な脚本劇として確立されていた人形浄瑠璃の台本・戯曲が大きな力を持ち，それとの融合形態は丸本物，義太夫狂言，院本物，デンデン物，竹本劇，丸本歌舞伎（戸板康二（戸板，2011）による）などと呼ばれ，歌舞伎における最も大きな，そして強力な下位ジャンルを形成した。古典歌舞伎における三大作品と称えられる『菅原伝授手習鑑』，『義経千本桜』，『仮名手本忠臣蔵』はどれも義太夫狂言である。また，能の様式を取り入れた歌舞伎を松羽目物と呼び，代表作に能『安宅』に拠る『勧進帳』がある。

補足：「ジャンル」は次の「題材（素材）」とも関連する。例えばある題材のジャンルを超えた共有によって新しい作品が制作されることが頻繁に行われた。歌舞伎というジャンルを越境した展開である。そして，同じ題材を扱っても歌舞伎において独自の構成的特徴を持つようになった。歌舞伎における諸種のジャンルの混淆という現象は，そのジャンルとしての最も大きな特徴を成す。ただ，それだけなら，能もそれ以前の芸能や物語の諸要素を集大成して出来上がった芸能ジャンルであった。しかし能の場合，その発展・生

212

成・伝承過程において，作品は固定化・古典化されて行き，新作は稀にしか書かれず，演技の質も純粋性を指向して研ぎ澄まされて行った。何よりもそれは江戸時代を通じて幕府の式楽として体制に組み込まれた（渡辺，2009）。これに対して歌舞伎の方はより不純な芸能であり，伝統的並びに現在的な芸能ジャンル，物語，舞踊，音楽などの雑多な要素を積極的ないし無差別的に吸収することによって，進展・拡大して行ったジャンルであった。明治時代以降古典化の力が強まったとはいえ，「新歌舞伎」と総称される作品群を初め多数の新作が執筆・上演されたのは事実であり（明治以降の歌舞伎の作者と作品を中心とした詳細な記述は中村（2004）が行っている），近年も，毀誉褒貶相半ばするとはいえ，三世市川猿之助（二世市川猿翁）の「スーパー歌舞伎」や十八世中村勘三郎による「コクーン歌舞伎」，「平成新歌舞伎」といった「不純な」試行が存在し，商業的に成立したことも事実である。

　視界をもっと広げてみれば，ある文学作品や娯楽作品の映像化としての映画作品は例えば多数存在する。現代の小説でも，特に通俗的な小説は，過去の作品やその部分を題材として使用しているものが多い。歌舞伎のジャンル間変換も，多くの場合，異分野でヒットした作品を貪欲に取り込むという商売上の都合もしくは戦略に起因していた。そのような意味では，歌舞伎におけるジャンルの多重性やジャンル間変換そのものは，取り立てて珍しいものとはいえない。文学や芸術一般において普遍的な現象であるところの間テクスト性（クリステヴァ，1985；ジュネット，1985）の一つの具現に過ぎないともいえる。しかし歌舞伎のジャンル間変換で特徴的なのは，元のジャンルの様式や構成的特徴がそれを取り入れた歌舞伎の中に残ること，というより，歌舞伎の構成や形式が明らかにそれに影響されて変化するということであった。人形浄瑠璃が歌舞伎に導入されると，三味線演奏を伴奏として語り手が物語を語るという様式も，かなり直接的に取り入れられた。歌舞伎の様式というものがあって，その中にこれらの要素が解消されるということはなかった。あるいは，有機的に導入されるにしても，これが純化されるということはなかった。歌舞伎に見られるジャンル間変換は，単にストーリーやキャラクターのレベルでの題材や素材の変換ではなく，結果としてもたらされる歌舞伎の中に新たな様式を導入するのである。小説–映画や漫画–映画の

第Ⅱ部　分析論

間での変換において，このような現象が全く見られないとはいえないが，歌舞伎のようにあからさまなものではないだろう。

　上述のように，それは，人形浄瑠璃の諸相の導入という現象として最も典型的且つ大規模に発現した。人形浄瑠璃における，人形の使用による人間的能力を超えた見世物性は歌舞伎に導入され，人間の役者の身体動作の可能性や演劇的な演出の可能性の範囲を大きく拡大するのに貢献した。ただ，このことはもともとあった歌舞伎の見世物性と大きく関連する。また，「書かれた物による語り物」という特殊な性格を持っていた人形浄瑠璃にあっては，台本は力のある芸術家的な作者が作品として完全に仕上げるものであり，近松門左衛門，紀海音，竹田出雲親子（初世竹田出雲および二世竹田出雲＝竹田子出雲），並木宗輔（または千柳），三好松洛，近松半二等々の錚々たる大作家群を生み出した。歌舞伎はある時代から，人形浄瑠璃の骨格のしっかりした，そしてまた大きく複雑な物語を借り受け，歌舞伎自体の方式も変化させて，義太夫狂言という大ジャンルが生み出されることになった。義太夫狂言では，「人形浄瑠璃の台本／それに基づく歌舞伎自体の台本」というテクストの二重性という現象が生じる。人形浄瑠璃では，その台本を，三味線弾きの伴奏と共に，語り手（太夫または大夫）が語り，人形遣いが演じる（人形を操る）。これに対して義太夫狂言では，人形浄瑠璃の台本から語りの部分と役者による科白の部分が腑分けされ，新たな演劇台本が作られ，舞台上では，竹本による語り，三味線弾きによる演奏，役者による生身の演技と発声が行われる。無論人形浄瑠璃にはないその他の要素（例えば音―音楽や効果音）も使用される。人間の役者は人形と比べれば生身の写実的演技が可能であるが，逆に人形の様式的・機械的な動作を模倣した人形振りと呼ばれる身体動作を役者が行うこともある。人形に代わった人間は，単に写実を追及して行ったわけではなかった。人形振りが出現する場面は，作品におけるクライマックスや重要な箇所であり，人間による写実を極度の様式性によって切断し，全体としての歌舞伎の本質的な意味での演劇的性格を強化する。

(4) 題材（素材）

　歌舞伎では共通の題材ないし素材が頻繁に取り上げられる。そしてこれは，ある題材が取り上げられある作品が作られると，その作品に基づく他の

214

第 12 章　歌舞伎に向けて (2)

作品が作られるという，制作の連鎖的展開と結び付く。つまり，題材における編集性と作品における編集性とは密接に結び付いている。この問題は，前述の「現実（事件）」と類似するが，ここでいう題材・素材というのは必ずしも現実の事件とは限らない。また，もともとは現実の事件や出来事に由来するものであったとしても，十分に物語化されたレベルの題材・素材になることがある。このような多重化された題材の選択は，特定の作者の好みや趣味によって恣意的に行われたというより，歌舞伎の制作のための一つのシステムとして組織化された「世界」に基づいていた。世界とは，ある作品がその上に置かれるところの物語の枠組みであり，そのレパートリーは時代ごとにある程度決まっていた。池上（2000）によれば，作品の背景となる時代や事件を指すだけでなく，登場人物の役名から基本的挿話なども含む広い概念であり，作者は特定の世界の上に趣向を加えたり複数の世界を融合したりして，一つの作品を作る。これは，制約であると共に，作品の制作や上演をしやすくするという実用的な意味も持っていた（後述の「上演」とも関連）。

例：「仇討物」という，歌舞伎と人形浄瑠璃とに共通する古典歌舞伎においてポピュラーな題材があり，曽我物から始まり，忠臣蔵物や伊賀越物などが形成された。またしばしば使われる歴史上の人物の素材として，源義経（『義経千本桜』，『一谷嫩軍記』，『勧進帳』など）や明智光秀（近松柳，近松湖水軒，近松千葉軒作『絵本太功記』，四世鶴屋南北作『時今也桔梗旗揚』など）がある。一人の作者を取り上げても，同じ題材を基礎とする複数の作品を作っているのが普通であり，近松門左衛門も，全集に当たると，曾我兄弟（曾我十郎祐成，曾我五郎時致）の仇討ちを題材とする多数の時代物の作品を書いている[34]。いうまでもなく別の作者による同じ題材を扱った作品の例も多く，例えば伊賀越物の仇討ちという題材を使って，奈河亀助（亀輔）は歌舞伎『伊賀越乗掛合羽』を書き，近松半二らは人形浄瑠璃『伊賀越道中双六』を書いた。この例は人形浄瑠璃→歌舞伎という順番ではない。二つのジャンル間では，奈河亀助（亀輔）のような強力な歌舞伎狂言作者の登場に伴って，徐々にこの種の相互乗り入れが行われるようになって行った。そも

---

34 『大磯虎稚物語』（近松，1987a），『本領曾我』（近松，1986），『曾我会稽山』（近松，1989）など。

第Ⅱ部　分析論

そもは，近松門左衛門にも歌舞伎作者であったかなり長い時期があり，その経験が後期の人形浄瑠璃に生かされた。

(5) 人物

　演じられる劇としての歌舞伎の「人物」には，「役者」と「登場人物」がある。何れも，それ自体としても，それらの関係においても，時間的・空間的に極めて多重的な存在として形成される。

　まず役者という人物は，出演作品における登場人物を演じるが，同時に生身の役者の名前を持つ存在としての側面も大きく本質的な意味を持つ。歌舞伎ではしばしば，普遍的なドラマとしての側面，すなわちどんな役者が演じようと変わらぬ質を持つドラマとしての側面以上に，「その役者が演じる」という事実が重要な役割を持つ。もともと歌舞伎の台帳（台本）というものは，登場人物の名前によってではなく，役者の名前によって書かれていた。つまり役者の個性や特徴に応じて，あるいはそれをより強く引き出すように，ある作品が書かれるという面が強かった。元来，ある作品が書かれ，それにふさわしい役者が選ばれる，という関係にあるのではなかった。また，その役者という人物は，生身の身体を持つ現実世界の人間であるが，多くの場合，「芸名」として表現される役者としての生身の存在と，「本名」として記号化される人間としての生身の存在という，二つの部分に分かたれている。それは多くの芸能人や俳優において共通の空間的存在様態であるが，それと同時に特徴的なのは，その芸名が，多くの場合代々継承されてきた時間的な性格を帯び，そのヒストリー，それ自体としての一種のストーリーを強く持ち合わせているという事実である。それは，生身の身体としては異なるが，同じ芸名を持つ役者が過去に存在し，彼（ら）との連続性の中に，現在時点におけるその名前の役者が存在している，ということを意味している。こうしてある役者は，時間的・歴史的継続性の中にプロットされるのである。このように，今現在，その上演作品の中に登場する人物としての役者（とその物語），その役者の芸能者としての現在と近過去（の物語），その役者の普通の人間としての現在と近過去（の物語），その役者へと連なる大過去の役者達（の物語），という種々の人物とその物語が，多重的に存在するということになる。

他方，登場人物としての人物の方は，その作品にのみ限定された人物であるのではなく，例えばその他の歌舞伎作品，異ジャンルのその他の作品，虚構ではないものとしての歴史，等々の中にも現れる人物であることが多い。このようにそれは，ある作品の空間・時間の中で，他の登場人物との関係において筋書きを醸成する存在であると同時に，その他の作品やその他のジャンルの中にも登場する，その人物のその他の姿と重ね合わされて存在する。この側面は従って，既に述べた「現実（事件）」，「作品」，「ジャンル」，「題材（素材）」などと関連する。

例：五世坂東玉三郎は，第6章の小方が担当した箇所に記述したように，守田伸一という本名を持つ男性であり，上記の役者としての名前を養父（十四世守田勘彌）らから継ぐ歴史的存在としての役者であり，真女形として数々の古典歌舞伎の登場人物として出演すると共に，泉鏡花による「天守物語」（泉，1942d）などの戯曲を歌舞伎に導入するという作業を継承する一種の革新者であり，これを初めとする歌舞伎ジャンルにとどまらない諸作品の演出者であり，舞踊・パフォーマンス・京劇・朗読・歌唱などジャンルを越境する芸術家であり，さらに映画監督として鏡花原作による『外科室』（1991年）（原作は泉（1942b）），『天守物語』（1995年）などの映画作品を上映し，近年は一種の教育者として後代の幾人もの歌舞伎役者の（多くの場合共演を通じた）育成を図っている。

補足：「人物」について付け加えるとすると，まずは「女形」である。歌舞伎は元来「遊女歌舞伎」（高野，2005）に発祥するが，その後「若衆歌舞伎」から「野郎歌舞伎」へと，男性だけの芝居に移り変わって行った。現代に至る歌舞伎の様式は野郎歌舞伎に基づく。歌舞伎は生身の女性が登場しない芝居であり，女形は男性という生身の性別との多重化として存在する。女形は歌舞伎の歌舞伎らしさの魅力を生み出す最も大きな因子であろう。それ故時に議論の焦点ともなり，渡辺保（渡辺，1965）は『歌舞伎に女優を』を書いた。実際に女優が出演することもある。最近では，平成27（2015）年5月の前進座国立劇場公演で，岡本綺堂作『番町皿屋敷』に同座の女優今村文美，西川かずこ，妻倉和子らが出演した（前進座，2015年）。もともと女性で歌舞伎の芝居自体に携わる人が全くいなかったわけではなく，江戸時代大

第Ⅱ部　分析論

名家の女性に芝居を教えたり見せたりする芸人（「お狂言師」）について十世坂東三津五郎（坂東，2015）が述べている。三津五郎自身，子供の時分に習った最初の先生は上記の伝統を引き継ぐ女性であったという。また多重性ということでいえば，平成28（2016）年3月に七世中村芝雀は五世中村雀右衛門を襲名したが，彼は役者の名前の多重性，父四世中村雀右衛門からの連続性という生身の人間としての多重性の他に（戦争が関わる四世の物語については渡辺保（渡辺，2006a）），三世中村雀右衛門と四世が確立・大成させた女形を引き継ぐことによって，男女の多重性をも生涯にわたり背負い込むことになる。

　「人物」に関してはまた，「実は」という「変身」（今尾，1970）のモチーフが，歌舞伎の物語では極めて重要な役割を果たす。歌舞伎の多くの登場人物は「実は」を通じて多重化され，その複雑なイメージを醸成する。多くの場合，「実は」による変身は，名もない市井の一庶民としての人物から，高名な歴史上の人物へ向けて行われる。例えば『義経千本桜』三段目中の「鮨屋」において，山国の慎ましい鮨屋に身を窶した弥助実は平維盛が，その高貴な姿を現す場面は，舞台全体が輝かしい後光に包まれたような印象を与える。歌舞伎には世話物と時代物という概念があり，全体としての時代物の中に世話物の要素や性格が混じっていることがあるが，「実は」による変身はしばしば，時代物において，世話物的場面から本来の時代物の場面に移行するきっかけを成す。これらの概念はまた，よりミクロな演技の上に現れる場合もあり，例えば世話物の中で役者が時に時代がかった身振りや発声をすることがある。これは，写実（世話）と様式（時代）という演技上のタイプを示す概念でもあり，写実の中に様式を入れ，様式の中に写実を入れるといった多重的なリズムが，歌舞伎特有の触感を生み出す。

(6) ストーリー（筋書き）

　歌舞伎という物語，筆者がいうような広い意味での物語の諸レベルにおいて実現されている多重性，あるいはその複合によって生じている多重性は，歌舞伎の知覚に一種の難解さをもたらすだろう。歌舞伎の筋書きの中にも，例えば『勧進帳』のように単純明快なものもあるし，特に一段だけというようにその部分部分を取れば寧ろ圧縮されたストーリーを持つものは多い。そ

れが見取り上演と呼ばれる方式を十分に成り立たせる理由でもあろう。なお
ここでいう筋書きをプロットに近いものと捉えれば，それはストーリーを含
みつつも様々な脚色を加えたものであるから，両者は異なるが，芝居は多く
の場合ストーリー展開に沿って筋書きが形作られるから，ここでは類似した
一まとまりの概念として捉えておく。

　さてしかしながら，歌舞伎のストーリーもしくは筋書きは，全体として見
ると，不思議な多重性に包まれているように思われる。一編の作品は，しば
しば一編のと呼ぶことを憚られるような複数の要素の集合体として成立して
おり，傍系の物語が肥大して大きなドラマになることもあり，また本来主人
公であるべき筈の人物が単なる狂言回しとなることもある。それぞれの部分
の結び付きが恣意的に見えることもあり，展開の様式が非常に脱力的である
こともある。一段のような一つの部分を取り上げても，しばしば始めから中
盤にかけては一見だれた脱力的な展開がある。しかしその後何時知れず，大
抵の場合は前述のような主要登場人物の一種の変身を契機として，急激に極
点へと盛り上がる。全体としても，しばしば相互に恣意的に結合しているだ
けのように見えないこともない全体構成の中から，ある必然性が，近・現代
文学とは異質な性格を持った一種の緊密性が発生する。おそらく歌舞伎の物
語とは，今現在ここで上演されている対象単体でのみ成立しているものでは
ないのであり，それをその中に含む作品全体は無論のこと，その外側におい
てそれを取り巻く多様な要素との多重的な関係の中に存立するのであり，そ
うであれば，現実がしばしばそうであるように，部分部分を見れば，出来事
どうしの関係が一見恣意的な偶然のように見えることも，自然に許容されて
しまうのではないかと感じられる。また個々の部分だけを個別に見ると，単
調で恣意的にすら見えるような構成要素が，その他の要素と重層的に結び付
く時，必然的で，それ以外にはなかったものであるかのような様相を呈す
る。その意味では，そのストーリーの展開論理を観客が奇異なものと感じた
り笑ったりすることもたびたびであるが，そんな場合でも登場人物の行動の
選択は非常に重い。それしかないというような重さ，ばかりではなく，どち
らを選択しても地獄という類の重さもある。筋書き・ストーリーのレベルで
は，部分においても全体においても，一見お定まりの世界設定から，徐々に

第Ⅱ部　分析論

抜き差しならぬ―必然的な物語への質的転換が，役者／登場人物の劇的身体性と共に，思いがけない形で実現される様を，現場の時間感覚の中で体験することが，歌舞伎を観ることの醍醐味であるように筆者には思える。

例：『仮名手本忠臣蔵』のお軽と勘平を巡る挿話における二重三重に入り組んだ筋書きの変転のような例は，それ自体として見れば，編集性の勝った技巧のように見えなくもないが，物語のそもそもの始発点からの偶然性の積み重なりという事情を振り返ってみれば，この筋書きの編集的な複雑さは，必然性の感覚・実存性の感覚を観客の中に生じさせずにはいないだろう。また，『助六由縁江戸桜』では，一見単調で羅列的な人物紹介から一転して一挙に緊密な収束，曾我物の露出によるそれがくる。その他，四世鶴屋南北による『盟三五大切』も，重層的なストーリー展開の例としてしばしば論議の対象になる（犬丸，2005；淺沼，2007）。これらの筋書き・ストーリーを貫く十分に写実的とはいえない編集性は，その発生当時には，外側の文脈的・状況的知識によって必然性や実存性がかなりの程度担保されていたのであろうが，それが欠如した現在においても，それらは残存している。そのことの意味が考えられなければならない。

(7) 場所（舞台空間）

　渡辺保（渡辺，1989a）によれば，ある劇団すなわち「一座」は，それを構成する数の限られた役者が，歌舞伎におけるあらゆる物語のあらゆる登場人物を上演可能なように，仕組まれていたのだという。すなわち，歌舞伎の登場人物や舞台空間（場所）は，一座の資産によってカバーされていた。登場人物は比較的少ないカテゴリーに分けられ，具体的な名前を持った個々の登場人物が特定のカテゴリーに分類される。この分類を利用しさえすれば，一人の役者であっても，衣装や化粧の変化を以って異なる登場人物を上演することが可能となる。歌舞伎の場所・舞台空間もこれと同じ原理に基づいており，登場人物との組み合わせによって多数の演目が構成される。この場所（舞台空間）と登場人物の組み合わせを通じて，考えられる限り多くの演目・作品を上演可能なのが，歌舞伎（における一座）というシステムなのである。その上でさらに，演目・作品は，上述の「現実（事件）」，「ジャンル」，「題材（素材）」など物語の内容的諸要素の付加・組み合わせによって，具体

化される。

例：歌舞伎の舞台を継続的に観ていると，異なる作品で共通の装置（書割）が使用されていることに気付く。例えば，吉原仲之町という花やかな場所は，『籠釣瓶花街酔醒』や四世鶴屋南北の『浮世柄比翼稲妻』の大詰め「仲之町鞘当の場」等々異なる作品で共通に使用される。また，同じく南北による『慙紅葉汗顔見勢』では，一人の役者が十人の登場人物―仁木弾正，赤松満祐の霊，足利頼兼，細川勝元，政岡，絹川与右衛門，荒獅子男之助，累，高尾，土手の道哲―を兼ねて演じるが，登場人物のパターン化がこれを助けている。場所（舞台空間）の多重性ということでは，例えば隅田川の代わりに鎌倉の稲瀬川の舞台設定が使われることも多い（鎌倉の由比ガ浜に注ぐ稲瀬川は実際は隅田川のような大河ではない）。

(8) 時間（時代）

異なる時間（時代）が，一つの作品の中に混在するということが普通に見られる。より正確にいえば，ある歴史的時代設定であるにもかかわらず，舞台・場所の建物や家具，調度品，人物の服装や話し方，背景や風景からはどう見ても江戸当時の同時代としか思えないような現象が普通に生じる。従ってこれは，前記「場所（舞台空間）」や「人物」の多重性などの特徴と混じり合っている。このような時間的多重性には，江戸幕府による検閲も深く関与していた。現在的な事件を（その当時の）現在の枠組みにおいて直接表現することが許されなかったため，時間的位置付けすなわち時代設定を変えて（多くの場合異なる時間帯における世界を借りて）表現した。しかしそれは名目だけで，実際の舞台装置などは江戸の同時代そのままということが多い。この時間的・時代的変化は，上述のように空間的・場所的変化と連動する。

例：『仮名手本忠臣蔵』の場合，題材となった出来事・事件が生起したのは江戸時代の元禄期であるが，物語としての時代設定は足利時代（室町時代）（延元元（1336）年－元亀4（1573）年，異説あり）となっており，それに応じて，登場人物や舞台装置にも異なる時代のものの混在が見られる。『菅原伝授手習鑑』の物語の時代は，モデルとなった菅原道真の時代（平安時代。延暦13（794）年－建久3（1192）年，異説あり）であるにもかかわら

第Ⅱ部　分析論

ず，江戸時代の寺子屋が現れるなど時代的な矛盾が存在し，それに応じて登場人物の衣裳も異なる時代のものが混在している。道真やその敵役藤原時平は平安王朝貴族の衣裳で身を固めているが，道真の元部下であった寺子屋の師匠武部源蔵は江戸時代の武士の恰好をしている。これは時代物と世話物という歌舞伎における代表的な二つの演技様式とも関連する。つまり，道真や時平の演技が時代物的な大袈裟な様式性を備えているのに対して，源蔵らは当時の同時代の写実的な世話物の演技様式を基本とし，両者が同じ舞台上に平然と共存する。三島由紀夫（三島，1956）は『近代能楽集』に収められた戯曲において，能に由来する登場人物を二十世紀後半の日本の登場人物に移し替えたが，歌舞伎的には，例えば元禄時代の江戸の家屋の舞台設定の上に，現代日本の人物と室町時代の人物が共存していたりするだろう。歌舞伎ではないが，小説『新カラマーゾフの兄弟』（亀山，2015）では，ドストエフスキイの舞台設定と登場人物はすべて現代日本のそれらに変換・改訂されているが，歌舞伎的には，例えば，舞台設定が19世紀ロシアのままだったり，19世紀のロシア人と20世紀の日本人が共存することもあり得る。ただし，検閲的制度が江戸時代のようにあからさまにはない現在においては，その種の細工を施すだけの動機付けが存在していないということが，問題といえばいえるのであろうか。

(9)　芸能様式

　ここで芸能様式と呼ぶのは，舞踊や音楽や語り，さらに役者の型のような，芸能としての歌舞伎に現れる諸々の要素と様式（表出方法）のことを意味する。その多重化のパターンは一定ではなく，用意されている要素や様式の組み合わせには様々な可能性がある。例えば，音楽は長唄・清元・常磐津など多様な種類があり，その技法も流派や演者により多彩であり，様々な役者の型は代々伝わる歴史的個性を持ち，竹本の語りは人形浄瑠璃からの連続性と切断による独自の性格を帯びる。このような芸能様式の多重性は，歌舞伎が能・狂言や人形浄瑠璃のように収束と純化へ向かう芸能ではなく，融合――いわば拡散的な融合に向かう不純な芸能様式集合体であったことに由来する。それにもかかわらず，全体としてはそれは，歌舞伎以外の何物でもないと思わせる強烈な特性を備えている。その秘密を探ることは，歌舞伎の実存

性の探求の一つの手段であるかも知れない。

例：『義経千本桜』三段目の「いがみの権太」に関しては，権太を江戸っ子として扱う菊五郎系演出と大和のごろつきとして扱う團蔵系演出とがあるとされる（今尾，2000a）。また，『一谷嫩軍記』三段目「熊谷陣屋」に関しては，三世中村歌右衛門から四世中村芝翫に伝わる芝翫型と，七世・九世市川團十郎に始まり初世中村吉右衛門に伝わる團十郎型がある（向井，2000）。このように，代々伝承されてきた役者の型[35]というものが，同一の戯曲に由来する作品の性質を最終的に決定する。人形浄瑠璃の人形の動きを人間が模倣する前述の人形振も演技に関する一つの芸能様式であり，そこでは人形芝居に由来する劇を演じる生身の人間がさらに人形の真似をするという，入り組んだ多重構造が実現される。最も複雑な例として，『菅原伝授手習鑑』第二段切の「道明寺」では，人形芝居中に出現する無機物である木像を人形が演じるが，これが歌舞伎に取り入れられ，生身の人間が人形振において木像を演じるという複雑な事態が起こっている。例えばこれを演じる十五世片岡仁左衛門は，平成27年3月の歌舞伎座公演（歌舞伎座，2015a）の極めて印象的な舞台で，自身の生身の身体により，木像から人形へ，そして人間へ，それから再び人形と木像に戻るという連続的な変容を表現した。

(10) 劇場（舞台＋客席）

　河竹登志夫（Kawatake, 2008）によれば，日本の伝統的な演劇は，劇場を特定ジャンルの必須の構成要素として組み込んでいる。普遍的な空間としての劇場／舞台が存在し，そこで様々なジャンルの演劇が上演されるというわけではなく，能には能の，人形浄瑠璃には人形浄瑠璃の，歌舞伎には歌舞伎の，劇場と舞台がそれぞれごとに存在した。歌舞伎の劇場を他のそれと分かつ一つの大きな特徴は花道の存在である。花道自体の淵源に関しては，専門的な立場からの考察がある（諏訪，1991；倉田，2013）。その存在によってもたらされる，あるいはその存在が象徴する歌舞伎の特質は，舞台と客席との関係が流動的であるということである。実際に役者が客席に乱入してく

---

35 特定の役者は特定の家系に属するという意味で，「家の芸」のように呼ばれることもある（松井，2002）。

第Ⅱ部　分析論

るなどといった前衛演劇的な演出を使用しなくとも，歌舞伎の場合花道を
使って舞台と客席とが多重的に重なり合う状況を象徴的に表現することがで
きる。また歌舞伎の劇場における客席は，時に桟敷や立見席を含み，掛け声
は天井桟敷の三階席か四階席でといった慣習ないし暗黙の規則もあり，同質
のものから構成されているのではない空間として，多重的に構成されてい
る。

例：花道は，役者が本舞台との間を往復する場として，つまり入口と出口と
して機能するだけではなく，演技や語り―特に述懐的な語りや名乗りの語り
（例として河竹黙阿弥の『青砥稿花紅彩画』第四幕「稲瀬川勢揃いの場」で
の五人の白波（盗賊）の登場の場面）や舞踊の場・空間（同じく『助六由縁
江戸桜』における助六登場の場面），さらに人間以外の魔界の住人・妖怪変
化が出現し消え去って行く，異界との通路（奈河亀助（亀輔）他『伽羅先代
萩』の「床下の場」で仁木弾正（実は鼠）が煙と共に花道に空いたすっぽん
と呼ばれる穴から登場する場面）でもある。また元来は客からの花（贈り
物）を役者が受け取る場であったという由来（諏訪，1991）の名残として，
役者が観客に挨拶をする場としての性格も残されている。つまり，こうした
境界的な場の特性に従って，歌舞伎の「人物」もまた登場人物としての人物
と役者としての人物，さらには本名として名指されるところの現実界の人物
の間を融通無碍に移行することができる。逆にいえば，歌舞伎の「人物」の
多重性は，劇場のこうした構造的特徴にも支えられているのである。

(11) 観る者（観客など）

　その受け手にとって，歌舞伎とは何よりもまず劇場で観るものである。こ
れは何も劇場での観劇という現象を特権化しているわけではなく，上述のよ
うに，様々な意味で，歌舞伎というもののあり方が，その劇場というものの
存在と，密接に連携し合っているという以上に，一体化しているからであ
る。そして，観る者としての観客もまたその多重的な編集の一翼を担ってい
る，というのが歌舞伎の大きな特徴である。もともと映画館という劇場で観
るために作られた映画を，テレビやその他の小型の映像装置で観ることと映
画館でそれを観ることとの間にある差異以上の差異が，歌舞伎の映像を観る
ことと歌舞伎を劇場で観ることとの間には，存在する。映画の場合，作られ

第 12 章　歌舞伎に向けて（2）

た映像作品の中に視点は予め（作者の意図や技法において）繰り込まれており，映画を映画館で見る場合にも，どの位置から見ても予め繰り込まれている視点のあり方が変化するわけではない。これに対して歌舞伎の場合は，劇場の中のどの席に座るかによって，対象の見え方は大きく異なる（二次元平面と三次元空間との差異もある）。つまりそのことが視点の選択を意味する。確かに映画の場合も，予め作り手の視点が繰り込まれたものとしての映像画面そのものを対象と見做せば，劇場（映画館）の座席の位置によってその見え方が異なるという事情は，歌舞伎の場合と同じである。しかしやはり，この予め繰り込まれている視点というものの存在によって，大きな差異がもたらされている。また歌舞伎の舞台の三次元構造のあり方そのものが窮極的な意味では観客の視点を制約するというふうにいうこともできるだろうが，二次元平面としての映画の映像画面の場合との違いは，かなり大きなものとして把握して良いだろう。このように，歌舞伎が，映画とは違って，予め観る視点が繰り込まれたものとして作られていない以上，劇場の中で花道を含めた舞台を観るという行為そのものが，歌舞伎の場合視点という物語論的技法の一翼を担う。無論以上は劇場演劇全般に共通のことと考えることもできる。しかし，花道，花道のスッポン，本舞台のセリ，役者のみならず演奏者や竹本の配置など，歌舞伎の舞台は他の多くの演劇のそれと比べて異質ではるかに複雑・多重的であり，そのことは観客の観るという行為に本質的な影響を及ぼすと考えられる。これとは別の話題として，観客の問題は，金銭と連動する客席の階層性と関連する経済的問題と結び付けて考察することもできるかも知れない。しかし現代の歌舞伎の劇場において，例えば一階の値段の高い席に一般の招待客が座ることも多く，三階の安い席に評論家や研究者を含めた常連が座ることも多いなど，観客の経済事情や社会階層を反映した単純な棲み分けがなされているわけではない。

例：旧歌舞伎座（第四期歌舞伎座）[36] では，二階席，三階席，四階席の後方

---

36 歌舞伎座はもともと明治 22（1889）年に洋風の劇場として開場したが，明治 44（1911）年日本式宮殿風の建物に建て替えられ，消失を経て大正 14（1925）年桃山時代風の外観を持つ建物として再建された。その後さらに戦災で焼失したが，昭和 26（1951）年再建，平成 22（2010）年建て替えのために取り壊された（阿部，2000）。

第Ⅱ部　分析論

からは花道は全く見えず，声と周囲の雰囲気のみから役者の演技を推測するしかなかった。特に花道で花川戸の助六による長大な芝居が早過ぎる一つのクライマックスを成す『助六由縁江戸桜』のような演目では，想像力を凝らして実際には視えないものを凝視し続けるしかなかった。また一階席花道側の後方にも，太い朱色の円柱に阻まれて舞台への視界が悪い席があった（その席はしかし，役者の花道の出入りを真近で視るのには向いていた）。新しく建て直された歌舞伎座（第五期歌舞伎座。平成25（2013）年‐）では以上の問題は解消されたが，それでも客席の位置による差異の大きさは，歌舞伎見物の一つの特徴である。三階席に座って，隣や近くの席の人が掛け声を掛けるような事態にたまたま遭遇すると，こちらのワクワク感も高まる。あるいは煩わしい時もある（旧歌舞伎座において，第6章で取り上げた十八世中村勘三郎の公演では三階席は特にひどく落ち着かない雰囲気で，近くの席の者と諍いが生じたこともある）。近くの席の観客のビニール袋の音や話し声がうるさくて険悪な雰囲気になる時もあり，それは舞台での芝居と客席での出来事が多重化され，不快ではあるが印象的な記憶として残る。前述のように，平成27（2015）年3月，歌舞伎座の二階席前方の席で，十五世片岡仁左衛門による『菅原伝授手習鑑』を観たが，特に二段目「道明寺」の山場を成す菅丞相の述懐に重なる最大の見所で，近席の客が起こし続ける不快なビニール音は，生の劇場ならではの現象であったと，いえばいえる。

補足：観る者（観客）の多重性に関して，幾つかの観点から補足する。

　まず，「一人の観客における多重性」というものが考えられる。役者に空間的位相と共に時間的位相があるように，個々の観客の中にもそれらは存在する。空間的位相とは，ある劇場の中で，どの席に座って芝居を観るのかということであり，同じ演目の芝居の上演を複数回異なる席で観たとすれば，その一人の観客にとって観劇という事象は多重性を帯びる。現在の歌舞伎座で，舞台全体を見渡せるが花道は（本舞台寄りの）七三の辺りまでしか見えない三階席正面や四階幕見席と，一階の花道七三のすぐ脇で芝居を観るのとでは，どちらが良いかどうかという意味ではなく（それぞれの良さがあり，変化による良さもある。さらに経済的問題と絡む可能性もある），その受容の感覚には明らかな差があるだろう。

第12章　歌舞伎に向けて（2）

　映画を映画館という劇場で観ることとの共通性と差異について補足する。対象を見る場所の違いによりその見え方が異なるというのはどちらの場合も同じであるが，映画の場合出来事が展開する場が予めある視点（カメラ）によって切り取られており，劇場と比較して一つ操作が追加されている。歌舞伎における劇場中の場の違いというものは，視点の選択に相当する。映画を映画たらしめる本質的要素がカメラという視点の存在なのであろうが，劇場は，そのプロセスを映画のように作者側ではなく受け取り手側に委ねている。無論劇場での舞台は客席に座る観客から正面が見えるように設定されており，ある意味でこれが映画の場合の視点に相当するものと考えることもできるが，少なくとも映画において頻繁に現れる特定対象の拡大映像の類の技法を現状での歌舞伎の劇場で実現することはできない。映画におけるカメラという視点を単純には肯定しない筆者のような者にとっては，劇場における舞台というかなり大きな対象をある位置から，すなわちある特定の観客の位置から俯瞰的に撮影した原始的記録映像の方が寧ろ魅力的なものに見える。溝口健二という名前が挙がってくるのかも知れないが，その議論は他日のために取っておく。このような劇場という空間内部での位置・場所という要素に時間的経過の要素を付加すると，個々の観客はそれぞれの人生のヒストリーを持ち，そのある一点で劇場の場との交錯が起こっている。客席では潜在的な膨大な物語が―歌舞伎との関わりの部分のみに限っても―，展開されていることになる。歌舞伎を上演するスタイルの劇場にある程度の期間通っている観客にとっては，どのような席で芝居を観たのかという時々の空間的事情との接点の積み上げの中に，その歌舞伎のヒストリーが形成される。

　観る者に含まれるのは観客だけではない。劇場そのものも歌舞伎の中に含めて考えれば，直接的には歌舞伎を演じる者としての役者をも，歌舞伎を観る者に類別できる。役者もまた舞台から客席を見る。そして，その劇場のその時の状況を認識し，多かれ少なかれそれに影響を受ける。そのような現象は，様々な「芸談」の中に語られている[37]。普通役者と客席の観客との間に

---

37 上村（1997）が紹介する十五世市村羽左衛門，馬場（1998）による様々な芸談の紹介，二世尾上松緑（尾上，1989）や十世坂東三津五郎（坂東，2015）の芸談等々。

第II部　分析論

直接的なコミュニケーションが発生することはない。近松半二らの『伊賀越道中双六』六段目通称「沼津」では，登場人物の十兵衛と平作が舞台上手側から客席に下り，時として観客に話し掛けるような和やかな場面が展開されるが，これは既に演出に組み込まれた技法であろう。役者の側からも客席の反応が現実的に見えている以上，そこに間接的な，しかし対面的であることには変わりのないコミュニケーションが発生していることは確かである。小説のような物語では，物語の内部に仮構された受け手もしくは聴き手ならともかく，その語り手（話者）や登場人物と読者との間に対面的コミュニケーションが生じることはなく，その間の関係は常に遅延されたものとしてあるのとの違いである。このように，観る者という観点は，ある場合，演じる者（役者）と観る者（観客）との間の一種のコミュニケーションの問題に帰着する。このことは無論，このコミュニケーションがより直接的になることがいわば奨励されているということを意味してはいない。花道という機構を持つ歌舞伎では，ある状況下での役者と観客との距離の近さがその一つの特性なのでは確かにあるが，上述の『伊賀越道中双六』の例にも見られるように，舞台と客席とはそれにもかかわらず，本質的に相互に異質な空間として厳然と区画されている。

　また，観客は，個人としての観客であると共に，集合としての観客でもある。集合としての観客というあり方は，それ自体一つの有機体であるかのように振る舞い，掛け声は確かに個人としての観客によって発されるが，劇場空間全体として見れば一つの全体性として機能する。ある場面で客席からじわじわと起こるざわめきのことを業界用語で「ジワ」と呼んだりするが，これもまた一種の集合的現象を指す。役者の方も，多くの場合個人としての観客と対峙するわけではなく，この観客全体のレベルすなわち集合としての観客と対峙する。推測するしかないが，舞台から客席を見る役者は，おそらくは日々微妙に異なる集合的な反応に多かれ少なかれ影響を受けているのだろう（この推測は部分的に，「教室」という空間で授業をし，同じく教室や類似の講演空間で発表をする筆者自身の経験にも拠っている）。

　さらに，「観る者」を，「素人」としての観客と「玄人」としての観客とに類別することができる。後者の極限形は，江戸時代なら役者評判記の書き手

になり得る観客であり，現代なら批評家ないし評論家（より簡明には劇評家）になり得る観客である。書かれたものとしての評判記や評論・批評は，劇場の内部での即時的な反応の言語化ではなく，やはり遅延された反応であるが，「観る者」である素人としての観客との間にコミュニケーションの共同性を形作る。もし役者がそれに何らかの形で触れるとすれば，そこにはやはり一種のコミュニケーション（間接的なコミュニケーション）が生じる。役者がある劇評家の批評を読み，後日それについて執筆者本人に直接話をするということもあるだろう。逆に，評論家や批評家や劇評家が，遅延された反応としての書かれた評論や批評ではなく，上演の後に直接的な言葉で役者に何らかの言葉を付与することもないではないだろう。結局のところ，内容を無視すれば，そのようなことは素人に関しても同じであり，素人が間接的に感想に類する言葉を記述し，現代ならウェブで公表することもあり得るし，上演後直接言葉を役者にかけることもあり得る。従って，その現象形態のみに着目すれば，批評的・評論的な言説の直接的・間接的な表現は，いわゆる素人の場合も玄人の場合も変わらず，批評的・評論的な言説を媒介とした直接的・間接的なコミュニケーションという様態として，一括して把握可能である。しかし，それにもかかわらず，歌舞伎にあっては「玄人の言説」というものが非常に重要であり続けた。歌舞伎が歌舞伎としての生命力を保ち続ける上で，玄人による評判や評論・批評と役者や作者など送り手側との強い緊張関係が欠かせなかったといえる。ここで玄人とは，作り手側に従属する受け手ではないが，かといって全く制約のない好き勝手な感想の主体でもない，一種の自立した（広義の）理論的存在であり，歌舞伎の世界では伝統的に，弛緩した馴れ合いではなく受け手側と送り手側の間での優れて拮抗的な関係に基づくコミュニケーションが成立してきたのである。

(12) テクスト

　小説や詩を読む（受容する）ということは，紙の本（あるいは現在ならそれを真似た電子的な本）の上に，活字などで物理的に表現された文字を読むという体験であり，その文字の羅列そのものがテクストを意味する。しかし演劇を受容するということは，第一義的には，舞台の上で，書割や装置（象徴的な舞台設定），そしてその中での役者という生身の人間が行う身体的動

第Ⅱ部　分析論

作を観ることであり，これは当然本のように文字の羅列として存在するので
はなく，状況の中での身体動作のある種の塊として存在する（舞台そのもの
が動きを伴う場合もある）。江戸時代の役者評判記をその源流とする，歌舞
伎に関する評論・批評の伝統が存在するが，そのスタイルがあくまで劇場で
舞台を観るという受け手の行為をベースとしていたことは，歌舞伎における
テクストというものが，あくまでも舞台上での役者の身体動作（や舞台その
もの）の集合としての上演にあった，ということを証する。その伝統は今日
も継承されており，例えば渡辺保（渡辺，2012b）のような批評家にして研
究者の批評はあくまで公演ごとの観る者としての視点に依拠している。しか
しながら，歌舞伎に，「戯曲」に擬せられるようなもう一つのレベルのテク
ストが，何らかの形で存在するということもまた事実である。読まれるもの
としての戯曲の発生は，歌舞伎の歴史の中では比較的新しい現象であるが，
現在江戸時代の古典歌舞伎の台帳を戯曲として本の形で読み鑑賞することは
可能である。ただし江戸時代にも狂言本もしくは絵入狂言本という形で，戯
曲そのものではないが，歌舞伎の物語が本による読書と結び付いた例もあ
る。さらに，このような意味でのテクストの多重性とは別に，異なるジャン
ルどうしのテクストの多重的関係，例えば能と歌舞伎，狂言と歌舞伎，人形
浄瑠璃と歌舞伎といった諸ジャンル間の変換関係による多重性というものも
存在するが，これについては既に述べた。

例：三世河竹新七による『籠釣瓶花街酔醒』という歌舞伎作品の戯曲は，本
書第6章中の筆者の担当箇所で示したように，厳密には版によってかなり異
なるが，大筋ではこれを渡辺保（渡辺，2004）に倣って「第一のテキスト」
（ここでは「第一のテキスト」）と呼ぶ。これに対する「第二のテキスト」
（同じく「第二のテキスト」）すなわち上演されたものとしての歌舞伎におい
ては，十八世中村勘三郎，二世中村吉右衛門，七世尾上菊五郎が佐野次郎左
衛門の役を務めたものでは，それぞれ印象が大いに異なる。我々が歌舞伎の
同じ演目を繰り返し何度も観るのは，この第二のテキストの種々相を求めて
のことであろう。異なる役者による種々相というだけではなく，同じ役者に
よる演技の歴史的変遷という意味での種々相を求めてのこともある。次に，
義太夫狂言の場合でも，元の人形浄瑠璃の台本と歌舞伎の上演台本には，当

然ながら大きな違いがある。前者は太夫（大夫）が朗読して語るための台本であり，あらゆる描写も科白も，その部分を担当する一人の人間が語り分ける。これを歌舞伎の上演台本に編集するに当たっては，大夫に当たる竹本による語りの部分，人間の役者の身振り・動作の部分，同じく科白の部分に分ける必要があり，さらに音楽も歌舞伎の方が多様性がある。今尾哲也（今尾，2010）は，初世竹田出雲の『芦屋道満大内鑑』第一段冒頭部を題材に，人形浄瑠璃台本と歌舞伎台本とを比較対照してその変換の実際を観察している。

補足：上述のように，渡辺保（渡辺，2004）は，歌舞伎における第一のテクストと第二のテクストという概念を提唱した。第一のテクストはいわゆる上演台本に当たる。演劇の台本のことを戯曲と呼び，小説や詩と並ぶ読書対象として文学の本の中に収められているが，歌舞伎の台本も，多くは失われたとはいえ，同じように戯曲として文字で読むことができる。『日本戯曲全集』全68巻のうち歌舞伎編50巻（春陽堂，昭和3（1928）年–昭和8（1933）年。渥美清太郎編集による），『名作歌舞伎全集』全25巻（東京創元社，昭和43（1968）年–昭和48（1973）年），『歌舞伎オン・ステージ』全26巻（白水社，昭和60（1985）年–平成20（2008）年），『歌舞伎台帳集成』全45巻（歌舞伎台帳研究会，勉誠出版，昭和58（1983）年–平成15（2003）年）などが企画・出版されている。しかし歌舞伎が特殊なのは，主にその「演出」が役者本位のものであったという事情から，台本としての戯曲への忠実性が必ずしも特に重要な規範とはならず，台本自体が生成的に変化し続けることが常態であったという点である。歌舞伎において残るものはその戯曲すなわち第一のテクストではなく芝居自体としての歌舞伎すなわち第二のテクストであり，歌舞伎にあっては第二のテクストこそが本質的に重要であると自然に見做されてきたのである。ある種の前衛演劇が実験的に行った類の即興的演技は，歌舞伎ではもともと，より（いわば）後衛的（塚本・鈴木，2010）な理由から寧ろ普通であった。近代戯曲観に基づいてこれが改訂され，さらにいわゆる前衛演劇が意識的な先祖帰りをしたということになる。ただし，「型」に支えられているという点が，歌舞伎の即興の特徴である。

　さて，渡辺保のいう第二のテクストとは，単にある作品の実際の上演の記

第Ⅱ部　分析論

録を意味するわけではない。それは実際の個々の上演を実現する際の規範となる一種のパターンを意味する。このパターンの中には，舞台装置や小道具，役者の衣裳の類も含まれる。実用的には，「＊＊の型」といえば，舞台設定や役者の衣裳などが自然に決まるような，そのようなパターンを意味する。しかし渡辺はもっと狭く，第二のテクストという用語を，ある役者によるある作品上演における演技の一定のパターン＝「型」（大阪では「風」）の記録と捉えている。歌舞伎の古典的な演目には，代表的な役者ごとの型が存在し，後代の役者は，様々な事情や制約に応じて特定の型に依拠して芝居をする。特定の型への従属の程度の違いなど曖昧な領域も現実的には存在するとしても。従って，後代の役者は先行するある役者の型を何らかの手段で，多くは先行する役者から，学ぶのであり，これが歌舞伎における技の伝承のうちの代表的なものである。実際に記号として明示的に記録されていなくても，このような意味での第二のテクストは常に潜在的には存在するのであるが，これは時に文字によって定着される。この意味で，前述のように，個々の芝居の上演の記録そのものが短絡的に第二のテクストであるとはいえないわけである。しかし映像技術が発達した今日，毎回の公演の映像記録を役者の型としての第二のテクストの同定につなげて行く作業も可能かも知れない。第二のテクストというのは，単なる受容の感想としての批評を超えて，演劇の一回性という限界を乗り超えるための手段であり，伝承の媒体として機能する。

　映像は第二のテクストのための可能性として考えることができるだろうか。現在商業的に販売・上映されている歌舞伎の映像作品は，ある特定の役者の演技（型）を追い掛けた技術的な記録という観点から見ると，カメラワークの工夫に逆に妨害されて非常に不完全なものである。それでも映像をベースとした役者の演技の論評は出現し始めている（山本，2013，2015）。もし特定の役者に完全に焦点化した動作の連鎖の映像化が可能だとすれば，それは型の記録につながり得るものであろう。その時点での外的事象を正確に記録するという意味では一見言葉より映像の方に優位性があるようにも思えるが，しかしこの場合でも映像の弱点は，その個性的特性と考えられているところのカメラワークの視点にこそある。仮に一人の役者を追いかけた映

像であっても，撮影の角度は別にしても，細部に焦点化した視点の場合全体の俯瞰が不可能であり，逆に全体を俯瞰する視点の場合詳細な観察が難しい。そうした弱点を補える可能性があるハイパーテクスト的な方式の利用には可能性があるかも知れない。また，言語は一見不自由な媒体であるが，視覚や聴覚で直接捉えられる情報を超えた情報を記録にとどめることができるので，言語的情報と視覚的情報との融合が模索されるべきだろう。

　さて第二のテクストとは，一種の様式記録であり，伝承媒体であり，後の者がそれを通じて学ぶことができる規範となる。実存的ともいって良い多くの歌舞伎批評や歌舞伎研究は，この役者による型という様式，第二のテクストの記述を大きな目的としてきた（三木，2004；志野，1991；渡辺，2004，2013）。それはいわゆる印象批評ではなく，いってみれば技術批評である。小説の批評に擬えて考えれば，その文章や構造の様式の詳細な記録・分析に相当するだろう。小説の批評でそうしたことが行われるのはごく稀で，多くの場合疎んじられる。技術批評としての物語論は一般化せず，その主流は相変わらず内容論的な広義のイデオロギー批評か印象批評に過ぎない。特に近代以降の文学では，先行作品の否定と乗り超えに価値が置かれ，その模倣と伝承は少なくとも表向きは軽視され蔑ろにされたのである。あるいは潜在化させられたのである。渡辺直己（渡辺，2012）の試行は稀な例外の一例である。歌舞伎の場合は逆に，先行の型の踏襲と模倣・伝承に価値が置かれたため，必然的に技術的な批評やテクストが発展せざるを得なかったともいえる。

　以上のように，歌舞伎には，幾つかのレベルでのテクストの多重性が存在する。「ジャンル」の多重性のところで述べた，人形浄瑠璃→歌舞伎のような異なるジャンル間の変換も，両者の複合の性質に着目するなら，テクストにおける多重性と捉えることができる。もしこの多重性が，単に様々な要素が重層的に存在していることを超えて，その中の焦点化の操作すなわち多元性にも配慮した概念であるとすれば，多重化されたすべてのテクストにおいてどれが最も活性化されているのかは，その時々において，演者や受容者が何に着目しているのか，などによって，異なってくる。逆にいえば，ある総体としての歌舞伎作品において，多重化して存在する複数のテクストのうち如何なるテクストが前景化し如何なるテクストが後景化しているか，という

第Ⅱ部　分析論

ことは，その時々の諸種の事情によって変化する。流動的な状況に置かれる。しかし，その何れものテクストが何らかの仕方で常時作動し得るという多重性の様態は変わらず，前章における議論を引き継げば，それが歌舞伎における実存的性格の醸成に大きな役割を果たすことになる。

　テクストについてはもう一つ，第一のテクストの分析・研究のある意義について付記しておきたい。歌舞伎に「戯曲史」が存在しないといわれるのは，芝居が多くの場合役者中心に作られ，書かれた台帳（台本・脚本（戯曲））に基づいて演技が構成されるというより，役者が中心になって芝居が作られて行くためである。特に初期の歌舞伎では専門の作者ではなく役者自身が芝居を作ることが多かったといわれる。また，現在の歌舞伎上演は，ある作品全体の中の一部分のみを取り上げる「見取り」上演が基本であり，「通し」上演であっても殆どは省略・補綴したものによって行われ，残された過去の台帳のすべてがそのまま上演されることはない。以上のような歌舞伎独特の事情は，一本の大きな戯曲としての作品の分析や研究が，比較的進んでいないことにつながってくる。しかしながら，莫大な分量の作品群のうちのごくごく一部が取り上げられしかも部分的に上演されているに過ぎない現在，歌舞伎のある作品全体を知ろうとすれば，その戯曲（台帳）を対象とする以外にないということもまた事実である。あえて歌舞伎を戯曲として見ようとする時，今日ではあまり上演されないが優れた作者達の作品は，最早一つの戯曲のレベルで分析・検討する以外に，その真価を推し量る術は我々に与えられていないのである。例えば，奈河亀助（亀輔）の『伊賀越乗掛合羽』のような極めて構成的で戯曲自体の価値も大きいと考えられる作品は物語分析の重要な対象になり得るだろう。また，同じ題材による近松半二らの『伊賀越道中双六』との比較による物語論的な共通性と差異の分析は，全体として間テクスト的ネットワークを成す歌舞伎の作品群を対象に，より多く上演される作品からの連鎖によって，最早戯曲としてしか残存していない作品の分析につなげるという類の試みにもつながる。歌舞伎や人形浄瑠璃の物語は多くの場合一見非常に複雑で難解であるが，具体的な実現形態は多様でありながらも，定型的な枷や制約・登場人物の多重化のパターン（聖と俗，時代と世話など）・複数の話型や世界の輻輳（四世鶴屋南北の文脈でしばし

234

ばいわれる綯い交ぜ)・ある物語の諸変形等々，物語論的に興味深い多彩な技法によって―時としてそれらを露出させながら―作り出されている。記号的で恣意的な編集性，そして流動性に満ちている。このような意味では，近・現代の文学以上に物語論さらに物語生成論に馴染みやすい性格を持つとも考えられる（ただし近・現代の文学を歌舞伎を含む江戸文芸と全く異質なものとしてそこから分離する思考は問題である)。

さらに，第二のテクストの記述自体も，メタ分析の対象になり得ると考える。第二のテクスト自体が台本を伴う第一のテクストの一種の分析であり，分析の分析ということになることもあり，第二のテクスト自体の物語分析は殆ど行われていない（「型」の「芝居そのまま」の構成および歴史的推移の研究が矢内（2011）によって行われている)。しかしこの第二のテクストには，多くの蓄積がある。上述のような観劇者によるものの他にも，役者自身による詳細な記録も残されている[38]。その分析もここでの物語分析の可能性に入る。特に，第一のテクストから第二のテクストがどのように具体化されているのか，すなわち第一のテクストと第二のテクストとの関係，抽象的な事象の記述と科白が，具体的にどのように仕草や音調に移行させられているのかを調べることは，興味深い課題である。

(13) 制作（台帳）

歌舞伎の上演台本すなわち台帳の制作という作業であるが，初期の台帳の多くは少数場面しか含まない見世物的および舞踊的な特徴の濃いものであった。しかし近松門左衛門や紀海音らを経て大規模化・複雑化して行った。その興行機構の方もシステマティックなものに発達して行き，台帳制作作業は共同制作という性格を強く持つようになって行った。共同制作とは一本の演目を複数の作者の共同作業によって仕上げる方式である。これは，特定の劇場が専属の作者グループ（座付作者）を抱え，その劇場と契約している特定の役者達に合わせて彼らが共同で作品を作り上げるシステムとして確立される。今尾哲也（今尾，2009）によれば，座付作者には，一つの作品の全体構成を構想し重要な部分を執筆すると共にその制作グループを統括・管理する

---

38 前出の尾上松緑（二世）（尾上，1989）や尾上梅幸（六世）（尾上，2014）等々。

第Ⅱ部　分析論

立場の立作者を頂点とする序列があった。

例：人形浄瑠璃『菅原伝授手習鑑』の中心を成す二段目，三段目，四段目は，何れも「別離」を主題とする異なる物語である。渡辺保（渡辺，1993）によれば，さらに「身替り」の主題がそれに重なる。それぞれ，異なる作者—三好松洛，並木千柳（宗輔），竹田小出雲（二世竹田出雲）によって執筆された。「道明寺」，「いがみの権太」，「寺子屋」という通称で親しまれているもので，人形浄瑠璃でも歌舞伎でも頻繁に上演される。この三人は何れも偉大な作者であり，誰が立作者であるのかについて，古くは竹田子出雲説が有力であったが，近年では並木宗輔説が強くなっているようである（内山，2009）。河合（2000）もその立場を取り，有名な「寺子屋」の主作者も並木であると結論付ける。普通は立作者とその他の作者との間の区分はより明瞭である。また，一人の作者にあっては，作者の序列の低層から上層へ上昇し，最終的に立作者になるというヒストリーがあった。早く上り詰める者もあれば，そうでない者もあり，時に天才作者とも称される四世鶴屋南北が48歳になってようやく立作者になったのは有名な話である。南北は75歳で死ぬまで劇界の第一人者として活躍し続ける（諏訪，2005）。

補足：近松門左衛門という人形浄瑠璃および歌舞伎の誰もが知る大作者は，津田左右吉（津田，2004）からドナルド・キーン（キーン，2001）への近・現代の批評，研究の系譜の中で，現実的で自然な情感の流露といった，写実主義的な観点から非常に高く評価されるようになった。特にいわゆる心中物の近・現代における高評価はこのようなことと強く関連していたと考えられる。確かに近松の心中物は傑出している。殊に大詰めの心中（あるいはその未遂）に至る経緯の迫力は並大抵ではない。しかし心中物の近松という近・現代的なレッテルは，その作品としての実態を正確に反映してはいない。実際に『近松全集』全17巻（近松全集刊行会，岩波書店，1985-1994）を読んでみると，近松の作品の多くの割合をいわゆる時代物が占めている。そして特に曾我物のような同一の世界を下敷きにした作品，題材において多くの部分が重なる作品が非常に多く存在する。また『酒呑童子枕言葉』（近松，1987b）のような写実とは関係ない殆ど異常な作品も存在する。無論近松の作品群は江戸時代から高く評価されていた。近松の文学理論を書きとどめた

『難波土産』（守随・大久保，1959）の作者である穂積以貫の息子である穂積成章が近松半二というペンネームを使ったところからも，その名前が一種仰ぎ見られるものであったことが想像される。しかし，倉田（2013）によれば，初演当時は殆ど再演されなかった近松による脚本が再演されるのは数十年後であり，それには人形上演に関わる技法・技術の進歩が大きく貢献していた。近・現代的な評価による復興とは異なる。何れにせよ，近・現代における近松への高評価は，その他の偉大な作者達やその作品の研究の遅れという不均衡を伴っていた。

　このような不均衡はまた，近松に「単独作」が多いということとも関連しているように思われる。近松が浄瑠璃や歌舞伎の創作活動を行っていた時代は，まだ合作制が普及する前であった。人形浄瑠璃や歌舞伎の歴史においては，合作制の方が新しく，寧ろ制作における一種のシステム化と連関する合作制の時代にこそ，人形浄瑠璃史上および歌舞伎史上における黄金時代がもたらされたのである。合作制とは，制作的編集性のための，一つの強力な技術であり方法でありシステムであった。近・現代における文学評価の基準は，個人の作者としての独創性・新規性にあり（著作権とも関連する），多くが単独作ではなくチームの作品であった歌舞伎や人形浄瑠璃よりも，近松の方が近代的評価の対象とするのに都合が良かったとも推測される。

　以上のような近・現代における近松偏重は，劇作家として明らかに近松に匹敵する，且つ現代における作品上演頻度も非常に多い並木宗輔や近松半二などの作者や作品研究の停滞を招くという明らかな弊害をもたらしている。従来のこのような研究・批評上の欠陥の是正や，特に合作制という制作システムについての積極的な観点からの検討が必要とされている。

(14) 演出

　「時間（時代）」やそれに伴う物語における「場所（舞台空間）」の混淆性は実際の舞台の「演出」に影響する。時代的に重ならない複数の衣装や話し言葉，音楽などの混在は寧ろ常態である。人物の化粧や装いがそれぞれの役柄に合わせて行われ，全体としての写実的一貫性・自然さのようなものが考慮されていないように見える場合も多い。非常に記号的であり形式的・様式的である。九世市川團十郎によるいわゆる活歴はこうした事態に対する実践

第Ⅱ部　分析論

的な批判を伴っていたが，結果的にそれがその後の歌舞伎の主流となることはなかった。当の團十郎自身も旧来の様式に回帰した（渡辺，2006b，2006c）。こうした意味での表象的演出ではなく，演出の実際の遂行形態の特徴は，歌舞伎には伝統的に，「演出家」と呼ばれるような舞台の管理的・統括的職掌は存在せず，出演する役者達の合議がその役割を果たしていたことである。このことも，歌舞伎の記号性という性質と関係する。つまり，そのシステムが保持する諸レベルにおける素材の，状況に合わせた柔軟な組み合わせ・編集によって作品の完成が可能であるという，歌舞伎の特質に由来する。さらに，役者達が「型」を長年にわたって習得するという歌舞伎の修行の特質がそれに貢献する。役者達は修行を通じて様々な演目の型を身に着けており，それぞれの場に応じてそれを容易に適用・応用する。

例：前述のように，『菅原伝授手習鑑』の時代設定は平安時代であり，主人公菅丞相（菅原道真）や敵対者藤原時平はその時代の衣裳を身にまとって現れるが，主要登場人物の一人武部源蔵は江戸時代の武士の姿で現れ，その主要な活躍舞台は江戸時代風の山中の寺子屋である。さらに，藤原時平の顔の化粧は人間離れのした魔物以外の何物でもない。次に，演出家不在という歌舞伎の特徴は現代にも受け継がれており，例えば三島由紀夫も，その最後の歌舞伎作品『椿説弓張月』（2002a）を昭和44（1969）年に国立劇場で初演した際，原作者による演出を役者が無視して家伝の型を勝手に演じる状況に絶望している（三島，2004）。そのため，厳密な脚本が存在する人形浄瑠璃形式への書き換えを企図したが，その完成は作者の死によって果たされなかった[39]。

補足：歌舞伎の演出もその多重性と多元性に深く関わっている。歌舞伎における「作品としての基準」が多元的である点に「演出」の多重性は求められる。何を基準に作品を制作，上演，演出するかというその基準が一元的ではない。流動的といっても良い。物語に関する一元的思想を代表するアリストテレス（1997）は悲劇『オイディプス王』（ソポクレス，1972）をベースに

---

39 上巻のみ全集に収録されている（三島，2002b）。解題・校訂（田中，2002）によれば，昭和46（1971）年11月に国立劇場文楽公演で上演された際の床本には，この上巻と共に山田庄一による中巻と下巻も収録されている。

した『詩学』の中で，演劇の構成要素を階層的に分類し，その「構造的な」重要度に序列を付けてみせた。この目的指向的な発想は，「筋」（プロットとストーリーを含めたものに相当する）を中心に演劇を解釈・編成しようとする。この意味で狭い意味での物語を中枢に据えた理論である（筆者がいう物語とは，必ずしも筋を中心にしてのみ捉えられるわけではない，より広い意味での物語である）。演劇という物語は，前述のように，舞台上で演じられたものとしての作品（第二のテクスト）だけでなく，その土台としての脚本・台本を持ち（第一のテクスト），それ自体も「戯曲」として小説や詩と並ぶ文学の一ジャンルとして読書の対象となっている。アリストテレスが最重要視したのはこのレベルであった。しかしながら，一元的・階層的な序列化という処理を施したとはいえ，当のアリストテレス自身が示したように，演劇は他にも幾つかの主要な構成要素を持ち，最終的に舞台上で演じられるものとしての作品そのものに統合される。アリストテレスの序列の中で最も重要度が低いものに位置付けられ，それがなくても演劇の物語は成立するとされる衣裳などの見た目は，しかしながら歌舞伎という物語では極めて本質的に重要な要素であり，必ずしも筋の下に一元的に支配・従属させられるべきものではない。多くの場合，登場人物や筋は衣裳と一体化しており，これらを切り離すことは難しい。アリストテレスのシステム論的発想が歌舞伎の現実的なあり方と全く背反するわけではないが，歌舞伎の物語は，一元的・階層的な重要度の序列に納まり切らない，多重構造を持った多元的システムとしての物語なのである。その作品は，流動状況の中での一瞬の固定化といっても良い。

　アリストテレス的な発想からいえば，不可欠ではあるがあくまで（狭い意味での）物語中に埋め込まれた一要素であるところの登場人物は，あくまで物語の展開論理の中に埋め込まれて存在する一要素であり，それが特別に目立つ場合でも，あくまでも物語の中で目立つのであり，その展開の論理を，物語外の論理によって超越することは許されることではない。しかし歌舞伎では登場人物が物語自体の展開論理を超えることがしばしばある。前述のように，「役者」という存在そのものが登場人物と並立しさらには拮抗する存在としてある，というだけではなく，例えば登場人物が演技や踊りにおいて

第Ⅱ部　分析論

物語の枠を超えることは寧ろ通常の事態，しばしば起こる事態である。次のような例がある―

- 三世中村時蔵は，物語としては悲しい場面で，人形浄瑠璃の人形振を嬉々として演じていたという（渡辺，1989a，p.314）。物語における型の身振りが物語としての論理展開を超えて目立つのは，歌舞伎ではごく普通の現象である。

- 脇の物語と脇の登場人物が，主に衣裳と化粧を変えることによって，重要な物語と重要な登場人物に変貌する事態が時に起こる。例えば初世中村仲蔵は『仮名手本忠臣蔵』の一介の脇役，舞台上に現れるのと殆ど同時に殺されてしまう，一言しか科白のない悪役―斧定九郎のイメージを一変させ，現在に伝承される最もポピュラーな型を構築した。物語の中では陳腐な悪役にしか過ぎない斧定九郎は，それにもかかわらずスターが演じる登場人物となった。

- 芝居の物語の渦中で，登場人物が役者に一瞬にして変貌することがある。例えば，最終局面の出来事（例えば主人公と悪役との決闘の場面）を唐突に切り上げ，「本日はこれぎり」などと，芝居全体を強制終了させる演出は，しばしば行われる（元来は演出ではなく本当の意味での強制的中断であったであろう）。

- 物語におけるほんの短い一場面が衣裳と身振りとによって極めて重要な場面として位置付けられる。『籠釣瓶花里酔醒』では，豪華絢爛たる衣裳に身を包んだ女主人公の一瞬の身振りと表情が，その後のすべての悲劇を決定付ける。この場面自体は，ただ花魁道中を見せるだけである。

- 場面や人物を静止した絵として見せることが重視され，この絵面は，物語の時間的な流れから自立する。物語が終了し，幕が閉まるまでのその短い時間，無駄な拍手に邪魔されず，もう永久にこの世に現れることのない，ただ一回の絵面の美を目に焼き付けておきたいと切に願う。歌舞伎の映像に対する一つの不満は，この絵面の美を十分に堪能させてくれないことである。

総体として，歌舞伎における「演出」（や次の「上演」）の編集性は，その脚本の一種の流動性によって生じるものとも考えられる。歌舞伎の物語は，

構造から見ても上演から見ても，アリストテレス的な意味での緊密な統合性ではなく，寧ろ多元的な揺らぎを存在根拠としている。その編集性は表面的には恣意性という性格と親和性があるようにも十分考えられる。歌舞伎には，筋やストーリーの緊密性や統合性よりも，少なくともそれと拮抗・匹敵して大事なものがあるという感覚がある。古典歌舞伎の台本はもともと特定の役者向けに書かれ，そのため通常の戯曲なら登場人物名となっている筈の科白の見出しが役者名になっている。ストーリーに応じて役者が演じたのではなく，役者に応じてストーリーが作られたのである。この傾向は，明治以降になると多少近代的に変質して行ったが，長年にわたって培われてきた方法論にアリストテレス的戯曲観が完全に取って代わるということは起こらなかった。現代でも歌舞伎という物語は，異種混淆の極めて不純なものとして存在する。流動性と恣意的な編集性が，多重性と多元性とに支えられているものではあれ，十分に存在しているかのように見えるのである。

(15) 上演

　江戸時代の歌舞伎はその時代の現代演劇であったので，基本的に個々の上演は新作物の「通し上演」という形で行われた。一本の新作が単に通しで上演されるのではなく，時代物と世話物という二本の作品が交互に上演されて一公演を成すという形式も行われた。例えば，四世鶴屋南北による忠臣蔵物『東海道四谷怪談』は，文政8（1825）年の初演時，『仮名手本忠臣蔵』と交互に二日がかりで上演された。これに対して，明治時代以降もいわゆる新歌舞伎を初めとして新作は多数書かれたが，古典化した江戸歌舞伎の反復上演も恒例化したため，「見取り上演」という形態が普及した。見取り上演は，ある作品の中の一部分のみ（一段や，その中の一場。あるいは，幾つかの段や場の編集など）を上演する形態であり，複数の部分が寄せ集まって一公演が形成される。安富（2012）によれば，江戸時代の宝暦期（1751-64）の大阪の竹田芝居などで行われ大芝居へも波及，また市村座の大プロデューサー田村成義が「一番目：時代物，中幕：踊り，二番目：世話物」という見取りの形式を確立し，「一番目，中幕，二番目，大切」という方式が一般化した。一冊の本そのものを見取り上演的に編集した『文樂浄瑠璃集』（祐田，1965）のような例もある。見取り上演の場合，筋を追おうとする観客は，観られた

第Ⅱ部　分析論

ものだけからある作品全体のそれを理解することはできない。そのような観客は，予めあるいは並行して全体としての話が併記された筋書きを読むことで，今見ている場面を全体としての筋の文脈に組み込んで理解しようとする。そのため，歌舞伎の公演においては，見取り上演の演目ごとに筋書きやその他の情報を記述した冊子が販売される。あるいは，イヤホンで解説を聴ける仕組みもある。しかし，筋を追うことを諦め，その場の様式美に酔うこともできる。あるいはまた，異なる役者によって演じられる同じ演目を繰り返し観て，徐々に，自然に，その筋書きをも頭に入れて行くということもある。良かれ悪しかれ，現在見取り上演に取り上げられる演目は，よく知られた演目である場合が殆どであり，何年か見続けているうちに，同じ演目に何回か遭遇することも多い。また，特に現代の歌舞伎では，ある作品のある上演に当たって，台本・脚本レベルでの編集が行われるのが通常である。現在歌舞伎は，元の脚本そのままでは時間的制約や時代的・内容的制約その他によって実際の上演が不可能なためである。さらに歌舞伎の特性は，渡辺保（渡辺，2012b）他多くの人が書いているように，一種のスターシステムであり，原則として中心的な役者が一種の脚本家として脚本を作る（あるいは改訂する）ことも多く，演出は役者自身が行ってきた。上演における編集性は，このような役者中心主義とも関連する。

例：例えば，平成27（2015）年9月の歌舞伎座公演（歌舞伎座，2015b）の構成は，昼の部は，①『双蝶々曲輪日記』より序段「新清水浮無瀬」の場，②『紅葉狩』，③『競伊勢物語』であり，夜の部は，『伽羅先代萩』より「序幕鎌倉花水橋の場」，「二幕目足利家竹の間の場」，「三幕目第一場足利家奥殿の場」，「三幕目第二場足利家床下の場」，「四幕目問註所対決の場」，「大詰問註所刃傷の場」であった。なお松井（2000）によれば，仙台伊達家の御家騒動を題材とする伊達騒動物のうち，歌舞伎では奈河亀助（亀輔）による『伽羅先代萩』や初世桜田治助と初世笠縫専助による『伊達競阿国戯場』が有名であるが，これらを土台に脚色が行われて成立した初世松貫四らによる人形浄瑠璃『伽羅先代萩』も取り入れ，明治時代中期以降に現在上演される歌舞伎『伽羅先代萩』の定型がほぼ成立した。昼の部は見取り上演であり，①は義太夫狂言，②は舞踊劇，③は純歌舞伎（ただし上演では義太夫狂言の形式

を取る）であり，初世中村吉右衛門を記念する「秀山祭」であるということもあって，やや特殊な組み合わせである。一方夜の部は通し上演である。また，昼の部の①は松竹に在籍する歌舞伎脚本家である今井豊茂により「補綴」と呼ばれる編集・改訂が施されており，原作の人形浄瑠璃台本の通りではない。なお原作の補綴は国立劇場の歌舞伎公演でも行われ，その場合は「文芸課」と命名されている部署で行われているようである。これは「ある作品に基づく制作」つまり改作に接近する。個人としての作者による改訂・改作の様子は近松門左衛門の例にも見ることができる（『近松全集』）。ある作品中のある部分はそのまま残して，それに別の表題を付けたりして，かなりの部分は同じだが別の作品に仕組んで上演したような例もかなり存在する。こうした例もまた上演における編集の延長上に捉えられる。

　以上，第 11 章でのコンセプト提唱を引き継ぎ，特に歌舞伎の物語における多重性の種々相を網羅的に取り上げることを試みた。将来のより体系的且つ具体的な論考に向けて検討を進めて行きたい。

　歌舞伎の物語の特徴は，ある意味豊かな編集性にある。これは恣意性とも結び付く特徴であるが，しかしながら，多重性および多元性を通じて，一種緊密な必然性に結び付く。物語生成研究の一コンセプトとしての流動と固定の概念を援用すれば，歌舞伎という物語は，多重性・多元性に支えられた恣意的とも見える編集性＝流動性と，その時々での固定化との絶妙な均衡をその特性としている。それがなぜ四百年を上回る歴史を生き延びる生命力を持っていたのかの秘密を，筆者はこのような流動と固定のダイナミズムの中に見ている。このダイナミズムはミクロな部分にも表出される。歌舞伎では，芝居の流れが一瞬にして見得という図に固定されるような仕組みがある。役者達の動きとして構成される舞台が一瞬の間に固定した錦絵になる。こうしたダイナミズムは，歌舞伎のすべての側面を貫く原理である。恣意性・記号性・編集性は，歌舞伎が流動性と結び付いて解放されようとする仕組みと結び付くものであり，他方それに対する固定化の方は，多重性および多元性と結び付いて歌舞伎に対して複雑な柵を付与する側の機構である。多重性と多元性そのものが歌舞伎の実存性に結び付くというより，この両者の

第Ⅱ部　分析論

関係や絡み合いの必然的感覚の中に，その実存性の秘密は潜む。そして多重性という一種の柵は，完全に歴史的に伝承された固定性としての柵であるだけではなく，それ自体が，ある時には流動的に解放されてしまうことがあり得る，そのような性質を持つと，筆者は考える。

（小方　孝）

第Ⅲ部

生 成 論

第**13**章

統合物語生成システム
―メカニズムからコンテンツへ―

◆ 1. 物語生成システムの生成過程

　筆者の現在の大きな目標の一つは，これまでに重ねてきた全研究を統合物語生成システム（Integrated Narrative Generation System：INGS）と呼ぶ一本化されたシステムに統合することである。無論その過程でシステムの更新・拡張・精緻化を図って行く。また INGS は，本書の中の筆者による二つの章—第 16 章および第 17 章で述べる，物語の社会的および個人的なレベルでの制作実践のための基盤となる。それは，将来の目標にとっての必須の過程である。

　INGS は，物語の深層の意味・構造レベルから複数の表現媒体による表層表現レベルの生成までを包括し，それらを変換という仕組みにおいて一貫して処理し，同時に多様なタイプの物語の修辞的技法を総合するシステムであり，ストーリー（物語内容）・物語言説・物語表現の各生成部と概念辞書をはじめとする知識要素から構成され，現在も漸進的に開発中であり且つ全体として稼働している。

　INGS は種々の特徴を持つ。研究開発自体との関連では，部分的モジュールの個別的な研究開発をそれ単体として進めることができると同時に，その部分を INGS のシステム全体に組み込んで検証することもできる。つまり，部分的研究と統合的研究とを同時並行的に進めることを可能とする。また「汎用性」という特徴は，既存の多くの物語生成システムが，限定された主題や知識や物語世界を対象としているのに対して，主題や世界の限定や制約

第Ⅲ部　生成論

なしに物語生成に関連する諸種の目標に使用・適用できる能力を目指していることを意味する[40]。つまり，システムがジャンルの制約なしに物語生成に関連する各種目標に適用可能であることを意味する。さらに「多様性」は，幾つかの制御方式の一貫した管理の下に，生成過程における各々の生成ポイントで，物語の構造や表現のための多様な物語技法群が駆動され，対応する知識内容が選択・使用されることによって実現される。

　ここではINGSアーキテクチャを，メカニズム（機構，形式）とコンテンツ（内容）の二つの側面に分けて捉える。メカニズムとは形式的生成過程の仕組みの側面であり，コンテンツとはメカニズムによって利用される対象としての側面である。筆者は従来メカニズムの側面を優先的に取り扱ってきた。知識主導型研究開発というものも可能であろうが，その場合でも，知識を格納し稼働させるための形式的方式すなわちここでいうメカニズムは，知識内容の真に大規模な組織的収集に先行しなければならないだろう。つまり，システムのコンテンツの側面の充実のためには，何れかの段階で，メカニズムの部分がかなり確定的に作り込まれていることが前提となる。INGSへの過程の中で物語生成のメカニズムの側面はかなり確定されてきた。従って今後の重点はコンテンツの側面に移行して行く。以上のような構想と現状を踏まえ，本章では，メカニズムとコンテンツという二つの側面に分けて，開発途中のシステムINGSのあくまで現状の紹介を試みる。

　総体としてのINGSに関連する論文として，小方（2010d, 2013），小方・秋元・小野（2014），小方・金井（2010a），大石・秋元・小野寺 他（2011）はその全体的な構想と設計を示し，秋元・小方（2012），Akimoto & Ogata（2014b），小方（2013, 2014a, 2014b），Ogata（2015），小方・秋元（2010a, 2010b, 2011）は各時点でのシステムの全体をまとめ，Ogata（2016b）はさらに物語生成研究全般の背景や理論的考察を基礎としてINGSの途中段階での総括を試みた。その他，システムの各側面に関する多数の論考を発表している。本章は以上の論文，特に最後の論文を継承・拡張・発展させた総括的

---

40 ただし，逆に，第16章および第17章で述べるように，歌舞伎などの特定の物語ジャンルや私的・個人的な物語知識内容への傾きを意図的に作り出すことも想定している。

論文に相当する。あくまで総体としてのINGSの総括と紹介を目標とし，特に現在進行形で進んでいる最新研究の幾つかは割愛していることをお断りしておく（本章の執筆を終えた後，Ogata & Asakawa（2018b）は物語コミュニケーションと関わらせて，またOgata（2018a）は各種物語コンテンツの分析と関わらせて，それぞれINGSの発展に関して論じている）。それ自体の紹介に先立って，INGSに至る筆者のこれまでの物語生成研究自体の生成過程を概観する。詳細はOgata（2016b）に譲り，原則として，重なる部分は要約または省略し，不足の箇所や発展内容を追加する。

　まず，物語生成の二つの面—物語論や文学理論との学際性および諸モジュールの統合性—を示す次の二種類のシステムを開発した。そこに含まれたアイデアがその後の研究開発の基礎を成している。一つ目は，ロシアの民俗学者ウラジーミル・プロップ（プロップ，1987）の古典的な民話分析の理論の一種の物語文法化によるストーリー生成システムであり，登場人物の行動連鎖の生成部分にはプランニングの方式（Schank & Abelson, 1977）を利用した（小方，1992, 2007, 2010d；小方・寺野，1991a, 1991b, 1992a, 1992b；Ogata & Terano, 1991, 1992；寺野・小方，1992）。このシステムは後述する拡張文学理論の最初の具体化でもある。さらに，特定の手法だけでなく様々な手法を組織的に集成して物語生成を遂行することを目的に，物語技法・物語戦略・その他の知識ベースに基づくシステムを開発した（小方，1995；小方・堀・大須賀，1996a, 1996b；Ogata, Hori & Ohsuga, 1994, 1995）。

　これらの基礎的な物語生成システムは，機構ごとの部分的な設計・開発・実験につながって行った（INGSはそれら各種成果の統合に相当する）。例えば，事象生成のための概念辞書（Ogata, 2015；小方・小野・戸来 他，2015； 大石・ 小方，2012；Oishi & Ogata, 2011, 2012; Oishi, Kurisawa, Kamada, et al., 2012）やストーリー技法が使用するストーリーコンテンツ知識ベース（小方，2010c, 2014a, 2014b；秋元・小方，2014a）の開発を行い，プロップに基づくシステムにおける物語文法はストーリーコンテンツ文法に拡張された（Imabuchi & Ogata, 2012, 2013a, 2013b）。他に，状態–事象変換知識ベース（小野寺・秋元・小方，2012；Onodera, Akimoto & Ogata, 2012；福田・小方，2014）を，生成されたストーリー中の事象の前後の状態

第Ⅲ部　生成論

を推論・生成するために開発した。ストーリーの連鎖的・構造的知識の調査とそのストーリーコンテンツ知識ベースへの格納や自動的ないし半自動的な事象連鎖知識の獲得（荒井・小野・小方，2016；今渕・小方，2012；小野・小方，2013）は，現在の主要な研究課題となっている。また新しい生成制御のアイデアとして，物語言説機構のみを対象に，ヤウス（2001）の受容理論を援用した，仮想的な語り手と聴き手に基づく機構を開発・実験した（秋元・小方，2009, 2010, 2013b；Akimoto & Ogata, 2014b）。

　拡張文学理論の試みとしては，ジュネット（1985）の物語言説論に基づく物語言説技法（小方・向山・金井，2000；小方，1999a, 1999b, 2003c, 2004a；小方・山影，2003；Ogata & Yazawa, 2000）に関し，ストーリーの構造変換という観点から次のような研究・試作・実験を行った—時間順序変換（秋元・小方，2013a, 2013b；向山・小方，1999, 2002），視点（焦点化ないしパースペクティブ）（秋元・小方，2014b；上田・小方，2004；Ueda & Ogata, 2004a, 2004b），持続（速度ないしテンポ）（梅原・小方，2003），距離（山影・小方，2003；Ogata & Yamakage, 2004），態（上田・小方，2004；Ueda & Ogata, 2004b）。また筆者の物語生成システムではモジュール間での生成順序を固定しないということを一つの方針ないし目標としているが，これは主に音楽生成機構を通じて実装・実験され（Akimoto & Ogata, 2013, 2014a, Kobayashi & Ogata, 2004；小方・秋元，2007；小方・小林，2004），そのために音楽理論—"Generative Theory of Tonal Music：GTTM"（Lerdahl & Jackendoff, 1983）を部分的に使用した。

　言語生成機構はストーリーおよび物語言説生成機構により生成された物語の概念構造から文の連鎖を生成するが，その際言語表記辞書（栗澤・道又・鎌田 他，2012；小方・小野・戸来 他，2015；小方・小野，2015a）を利用して語彙表記にアレンジを施す（熊谷・船越・秋元 他，2012；大石・晴山・小方，2009；佐藤・小林・安田 他，2008）。語彙の読みやすさ（読みにくさ）や理解しやすさ（理解しにくさ）の調節のために動詞の頻度・共起情報を利用する試みも行っている（鎌田・小方，2013a, 2013b, 2013c）。概念表現を視覚的イメージに変換する処理は，イメージデータベースやイメージスクリプトに基づく単純なマッピング方式による（富手・小方・花田，2009）。

250

視覚的イメージに関するより基本的な考察（小方，2008d；小方・松田・内藤 他，2007）も行った。その他のイメージ関連研究—イメージ技法の修辞的分析（金井・向山・小方 他，2000；金井・小方，2004；金井・小方・篠原，2003；向山・金井・小方，2001）や映画のカメラワーク分析（小方・立花・富手，2009；立花・小方，2009a, 2009b）も行った。

　これらの具体的研究の他，研究の早期段階からシステム開発を方向付けする，次のような理論的コンセプトを提唱してきた。

　まず芸能情報システムの提案は，近・現代の芸能人や芸能プロダクションの調査・分析，日本民俗学や江戸時代の芸能や演劇（特に人形浄瑠璃や歌舞伎）などの調査に基づく（川村・小方，1999, 2000a, 2000b, 2000c；小方，1998, 2002a；小方・川村，1998a, 1998b, 1999a, 1999b, 1999c）。本書第11章・第12章の歌舞伎の調査分析と関連し，第16章で詳説する。二番目の多重物語構造モデルは物語生成の価値を多重性に置く。民話的な原型的コミュニケーション構造の発展・複雑化に伴う多重化がその基本であるが，さらにストーリーや登場人物など物語生成の諸要素の多重性にもこの概念を拡大した（小方，1997, 2000a, 2000b, 2004b）。さらに拡張文学理論は，人工知能としての物語生成研究中への物語論・文学理論の有機的・組織的導入や，物語論・文学理論中へのデザイン性や操作性の導入を意味する。ただし人工知能や認知科学の中に物語論や文学理論を吸収させるのではなく，あくまで新たな物語論，文学理論構築のためのヴィジョンである（小方，2001, 2003a, 2003b；Ogata, 2002a, 2002b, 2014；小方・森田，2002；小方・金井・青柳，2003）。

　これらに加え，特にINGSを想定した次のような物語生成コンセプトを模索している。まず流動-固定において，物語生成過程そのものを流動過程と呼び，結実された作品（コンテンツ）をその固定化と呼ぶ。旧来のコンテンツでは，物語の流動過程は作者の脳や人間集団を通じて行われ普通不可視のままにとどまったが，物語生成システムにおいてはそれ自体を何らかの方法で表現しさらに作品化することも可能なのではないか。物語の表現形態や作品の創造形態が多様化・拡張され，従来とは異なる作品の制作や実験が可能になる。流動-固定という概念を通じて考えてきたのは以上のようなこと

第Ⅲ部　生成論

あった。流動過程の単なる可視化や説明とは異なり，生成過程＝流動過程自体が一つの作品としてのコンテンツとなっているような仕組みを狙う。比喩的にいえば，作家が書いた小説自体が作品となる（固定）という従来の方式に加え，作家が小説を書く過程（流動）そのものもまた作品となるような形態である。この概念に関連する文献は第2章（p.39）にまとめた。次の規範－逸脱であるが，INGS の概念辞書や諸知識は，「写実的基準」すなわち現実世界における常識的可能性の基準（規範）に基づいて構成することを基本としており，通常の物語生成では規範に沿った物語が出力される。それに対して諸種の逸脱ないし異化（シクロフスキー，1971；ブレヒト，1973）の技法を適用できるようにすることで，規範からずれた物語も組織的に生成可能とすることを目指している。元来，音楽におけるメロディーと編曲・変奏との関係の検討，金井との共同によるストーリーの切断技法[41]のシステム化，さらに広告の修辞技法分析（阿部・小方・花田，2008；阿部・小方・小野寺，2009；小方・金井，2010b；小方・渡辺・堀 他，1995a, 1995b；小野・張・大石 他，2011；Zhang, Ono & Ogata, 2011）など，筆者の従来の様々な研究を通じて得られたアイデア，あるいはそれらの個別的な試みを総括するための概念であった。ストーリーと物語言説との関係（小方，2000c）も規範とその逸脱の一種といえる。異化技法の獲得とそれを使ったシミュレーション実験（小野・張・小方，2012）も行い，INGS 中に一部組み込まれている（Akimoto & Ogata, 2015；栗澤・小方，2013, 2014；Ogata, 2014）。最後に，上述の通り筆者の物語生成システムは，生成順序を一律に決めず，反復的生成も可能とする。これらは一部 INGS で実現されている。今後，生成を多数回繰り返して良いものを選択したり合成したりする処理も可能とする予定である。この種の処理を循環制御と呼ぶ。

　以上のコンセプトは本書でも随時参照・言及・説明される。さらに，物語生成の部分的なシステムの利用や発展による諸種の応用システムも開発した。

　KOSERUBE は，ストーリーとその単純な表現—動画，静止画，音楽，自

---

41 分析素材としてパラジャーノフ（2004）の映画などが利用された。

第13章　統合物語生成システム

然言語—を生成する一種の自動紙芝居である（秋元・今渕・遠藤 他,
2013；Imabuchi, Akimoto, Ono, et al., 2012；小野・小方，2016）。ハイパー
コミックはハイパーテクスト構造を用いた半自動的物語生成機能を持つ電子
マンガシステムであり（遠藤・小方，2003；Endo & Ogata, 2002, 2003；森・
小方，2005；小方・遠藤，2004），一つのコマの中に各種の物語言説技法を
同時に表現する手法—重層的な物語言説[42]（Endo & Ogata, 2004a, 2004b）
も使用する。音楽変奏システムはジュネット（1985）の理論を適用した物語
言説技法を使って音楽変奏を行うが，特に物語概念構造のための物語言説技
法を音楽の変奏に利用して物語構造を音楽形式に変換すると共に，変換され
た音楽をまた他の物語構造に変換することもできる（小方・小林，2004；
Kobayashi & Ogata, 2004；小方・秋元，2007）。

　「物語の森」と名付けたシステムは，物語生成パート（自動的に物語概念
構造や自然言語および音楽による表層表現を生成する）とユーザインタ
フェースパート（一本の木の視覚的イメージを物語の木構造の生成過程に対
応付ける）から成り，ユーザはこの比喩的なイメージを持つユーザインタ
フェースを通じて物語生成過程を見ることができる（秋元・小野・小方，
2012；Akimoto, Ono & Ogata, 2012）。なお，このユーザインタフェースの
ように，物語の流動過程と固定過程の双方を視覚化可能なユーザインタ
フェースのことを一般化して物語インタフェースとも呼んだ（Ogata &
Ono, 2013）。テレビ広告の分析結果を物語生成機構につなげる幾つかの応用
的広告生成システムも開発したが，一つの分析焦点は広告における事象連鎖
であり，もう一つは個々の事象を構成する要素における異化であった。後者
は規範-逸脱機構に一般化・拡張して捉えられ，INGS 中で写実主義的な基
準から物語を逸脱させるための調節機構として部分的に利用されている。金
井のストーリーの切断理論（金井・丹羽，2008）を筆者の物語生成システム
上に適用した実験的ストーリー切断機構（金井・小方・篠原，2003）も開発
し，間テクスト性の文学理論（クリステヴァ，1985）に基づいて幾つかの断
片的な応用システムないし実験システムの検討・開発も試みた（大石・小

---

42 高橋留美子（高橋，1992-1993）のマンガ作品から着想した。

253

方・中嶋 他，2007；小方・中嶋，2006；小方・小野，2014；Ono & Ogata, 2013）。

　多重物語構造モデルとの関連では，INGS は個人的レベルでの物語生成-受容システムに相当する。筆者の物語生成研究は，この個人的な物語生成-受容システムのレベルと，複数の個人的物語生成-受容システムを多重的に包含する物語産出-消費システムのレベルとの双方を含む。芸能情報システムは，後者すなわち物語産出-消費システムの一具現形である。以上については第 16 章で詳説する。

　INGS は現在，音楽や映像の生成・表現のための幾つかの部分を除き，大部分 Common Lisp で開発されている。その関数部分の多くが，上述のメカニズムに相当する。図 13-1 に示されるのは INGS のアーキテクチャである。マクロなレベルで俯瞰すれば，大きく三つ─ストーリー，物語言説，物語表現─の生成過程に分割される。この図でメカニズムに当たるのは，「ストーリー生成機構」・「物語言説機構」・幾つかに分かれた「物語表現機構」・同じく幾つかの「制御機構」であり，コンテンツないし知識に相当するのは，「状態-事象変換知識ベース」・幾つかの「概念辞書」・幾つかの「言語表記辞書」・幾つかの「物語コンテンツ知識ベース」である。表 13-1 には，現状のシステムのモジュール構成の詳細をまとめる。

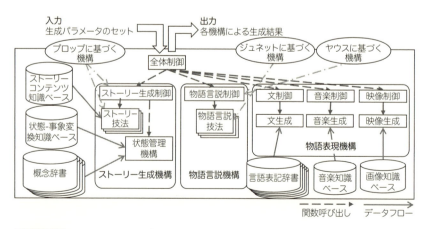

図 13-1 INGS アーキテクチャの現状

第13章 統合物語生成システム

表13-1 INGSのプログラムモジュールおよび知識・データの詳細

プログラム／知識・データ			
統合物語生成システム全体のメイン関数（12）			
統合物語生成システム全体の共通ライブラリ（61）			
概念構造生成機構			
	ストーリー生成機構	メイン関数（11）	
		制御関数（17）	
		ストーリー技法選択関数（29）	
		事象概念生成	動詞概念に基づく事象生成関数（1）／インスタンスに基づく事象生成関数（1）／概念の頻度情報に基づく名詞概念・動詞概念選択関数（41）／概念どうしの共起情報に基づく名詞概念・動詞概念選択関数（34）
		ストーリー技法	ストーリー技法適用関数（18）／ストーリーコンテンツグラマー（38）／対関係によるストーリー技法（18）／異化的修辞によるストーリー技法（4）
		状態生成規則	事象に基づく状態生成規則（18）／状態に基づく事象補完関数（9）
	物語言説機構	メイン関数（12）／制御関数（16）／物語言説技法選択関数のメタ情報（9）／物語言説技法適用関数（10）／物語言説技法（21）／評価関数（19）／変奏曲に基づく物語言説生成関数変換機構（17）／共通ライブラリ（9）	
表層表現生成機構			
	制御関数（3）		
	文表現生成機構	メイン関数（23）	
		単文生成機構	基本形生成関数（7）／インスタンスの呼称生成関数（7）／場所（location）追加関数（1）／語尾変化決定関数（9）／語順変換関数（1）／言語表記決定関数（3）／基本形変換関数（2）
		複文生成機構	適用規則（37）／接続規則（142）
		物語関係から言語関係への構造変換関数（3）	
	音楽表現生成機構	原曲生成機構	メイン関数（1）／ストーリーから原曲への変換関数（14）／原曲から原曲への変換関数（13）／変奏曲から原曲への変換関数（4）
		変奏曲生成機構	メイン関数（2）／物語言説から変奏曲への変換関数（技法）（15）／物語言説から変奏曲への変換のための技法制御機構（6）／原曲から変奏曲への変換関数（17）

255

第Ⅲ部　生成論

		midi 音声ファイル生成関数（外部ツール：テキスト音楽「サクラ」を含む）（15）		
		共通ライブラリ（14）		
	映像表現生成機構	メイン関数（2）		
		動画像生成関数（8）		
		映像表現インタフェース（すべて HSP で構築）（21）		
辞書				
	概念辞書	名詞概念辞書（115,765）/ 固有名詞概念辞書（226,026）/ 動詞概念辞書（23,978）/ 形容詞概念辞書（1,428）/ 形容動詞概念辞書（2,382）/ 副詞概念辞書（1,751）		
	言語表記辞書	名詞表記辞書（70,079）/ 固有名詞表記辞書（157,791）/ 動詞表記辞書（4,920）/ 形容詞表記辞書（914）/ 形容動詞表記辞書（811）/ 副詞表記辞書（1,751）/ 助詞表記辞書（40）		
	言い換え辞書	方言変換辞書［岩手］	名詞方言変換辞書（11）/ 動詞方言変換辞書（31）/ 形容詞方言変換辞書（22）/ 形容動詞方言変換辞書（3）/ 助詞方言変換辞書（1）	
		動詞言い換え辞書（45）		
	名前辞書（45,093）			
知識ベース				
	状態 – 事象変換知識ベース（5,241）			
	ストーリーコンテンツ知識ベース	ストーリーコンテンツグラマー	Propp に基づくストーリーコンテンツグラマー	機能（32）/ 副機能（271）
			「起承転結」に基づくストーリーコンテンツグラマー	機能（6）/ 副機能（13）
			「鶴女房」に基づくストーリーコンテンツグラマー	機能（7）/ 副機能（7）
		「原因 - 結果」知識ベース（17）/「加害 - 解消」知識ベース（3）/「禁止 - 違反」知識ベース（3）/「欠如 - 解消」知識ベース（2）/「命令 - 順守」知識ベース（3）/「追跡 - 救助」知識ベース（2）/「探り出し - 情報漏洩」知識ベース（3）/「空間移動 - 帰還」知識ベース（1）/「謀略 - 幇助」知識ベース（4）/ 主題知識ベース（10）/ スクリプト知識ベース（130）/ 名詞 – 動詞関係知識ベース（6）		
	音楽知識ベース	モチーフ知識ベース（2）/ スケール知識ベース（12）/ 楽器編成知識ベース（3）/ 物語構造と音楽構造の変換知識ベース（8）		
	動画像知識ベース（170）			
	静止画像知識ベース（53,520）			
合計　関数（796）/ データ（712,320）				

第 13 章　統合物語生成システム

◆ 2. INGS のメカニズム

本節では，INGS のメカニズムの側面について，全体過程，ストーリー生成機構，物語言説機構，物語表現機構の順に説明する。生成制御については各説明の中に含まれる。

2.1 全体の生成過程

INGS は，生成過程全体のレベルのための制御と，生成の各時点での制御という二つの制御機構を提供する。生成の各段階のための制御機構の主要な機能は，物語のための技法の使用を方向付けるために，生成されるべき物語の特徴を操作することである。それらの多くはまだ単純なものであり，比較的作り込まれた制御機構であるヤウスに基づく機構は物語言説機構にのみ使用される。

INGS 全体のレベルでの物語生成制御の特徴の一つは循環的制御であり，これは上述のように筆者の物語生成研究のコンセプトの一つに基づく。この機構は生成経路の多様性・柔軟性によっても実現される。すべての生成機構がどんなタイプの入力情報でも受け入れることができることが理想であるが，現状の INGS では図 13-2 に示すような生成経路が可能となっている。ユーザは物語生成の最初の段階において以下のような方法の何れかで生成経路を選択することができる—①ユーザが「ストーリー，物語言説，文，イメージ，原曲，変奏曲」の可能な経路を選択する。②システムが自動的に経路を決定する。③システムがある生成モジュールの処理の最終段階で次のモ

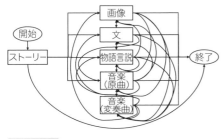

図 13-2　INGS における多様な生成経路

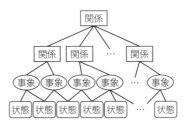

図 13-3　ストーリーの階層的概念構造

257

第Ⅲ部　生成論

ジュールを決定する。④ユーザがこれらの何れをも選択しない場合は「ストーリー -> 物語言説 -> 文 -> イメージ -> 変奏曲」という経路で処理を行う。

　各生成モジュールの入力情報および対応する出力情報の概要を示す―①ストーリー生成機構は，生成パラメータを入力とし，ストーリー構造を出力とする。②物語言説機構は，1）生成パラメータと2）ストーリー構造・音楽構造（変奏曲）の何れかを入力とし，物語言説構造を出力とする。③文表現生成機構は，1）生成パラメータと2）ストーリー構造・物語言説構造の何れかを入力とし，文表現を出力とする。④音楽表現生成機構（原曲）は，1）基本設定と2）ストーリー構造・物語言説構造・音楽構造（原曲ないし変奏曲）の何れかを入力とし，原曲を出力とする。⑤音楽表現生成機構（変奏曲）は，1）基本設定と2）物語言説構造・音楽構造（原曲ないし変奏曲）何れかを入力とし，変奏曲を出力とする。⑥映像表現生成機構は，ストーリー構造と物語言説構造の何れかを入力とし，映像コマンドファイルを出力とする。詳しい内容はそれぞれのモジュールの節で示す。

　生成される一つのストーリーは，図 13-3 に示すように，三種の基本要素―事象・関係・状態から成る，時間順に組織化された木構造として表現される。事象は，一つの動詞概念および意味的に関連する複数の名詞概念から構成される。名詞概念の意味的カテゴリーすなわち格は，8種類の基本的な格―agent, counter-agent, object, location, time, instrument, from, to―と9種類の特殊な格―adverb, possessive, situation, purpose, experiencer, source, idiom, information, as―によるフレーム構造としての概念表現形式で記述される。個々の事象は，前提の状態とその帰結としての状態を前後に伴う。一方関係は，事象群とその下位に結合される状態群あるいはその副構造（一つの関係を頂点として事象群と状態群を含む木構造）を意味的に結合する。「原因-結果」・「継起」・「スクリプト」のような各種の関係が用意される。図 13-3 はこの三者から構成されるストーリーの構造を示している。これはストーリーの基本構造であり，これを構成する事象や状態の構成要素は 3.1 で述べる概念辞書と結び付き，それによってより豊かな内容情報を提供される。

258

第13章 統合物語生成システム

　状態はストーリー中の静的情報に，それに対して事象は動的情報に相当する。状態の主要な機能は，第一にストーリーの世界に関する知識の管理である。個々の状態は，ある時点での関与する要素——登場人物・場所・物など——の情報の集合である。第二の機能は，事象どうしの流れの一貫性の管理である。ストーリーとは事象群の時間的組織化であるが，その意味的一貫性は関係および状態によって管理される。

　事象群と関係群を含むストーリーの木構造は，構造中の何れかの対象にストーリー技法を適用することにより拡張される。なお，この基本的構造方式を提案した物語生成システム（小方，1995；小方・堀・大須賀，1996a，1996b；Ogata, Hori & Ohsuga, 1994, 1995）では，構造中のどの節点でも再帰的に拡張・変形の対象になったが，現行の INGS の実装では選択可能な節点は終端節点に限られており，今後改善する予定である。ストーリー技法が適用される時，各種概念辞書やストーリーコンテンツ知識ベースに格納された知識内容が利用される。この点で物語生成のメカニズムはコンテンツの側面と接点を持つ。また，ストーリー生成過程の途中で新たな事象が生成された場合，その事象と関連する状態が生成される。図 13-4 はストーリー技法を使ったストーリー構造の拡張過程を例を使って示す。この図では，節点 E5 に対して一つのストーリー技法が適用されて E6 を含む新しい部分構造が作られ（この時ストーリーコンテンツ知識ベースが参照されている），こ

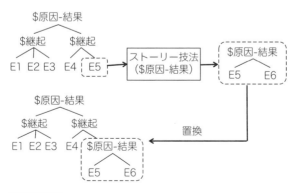

図 13-4 ストーリー技法を用いたストーリー木構造の拡張（変形）

第Ⅲ部　生成論

れがもともとのストーリー構造の中の E5 があった場所に付加される。このように，この例はもともとのストーリー構造を拡張して変形する例であるが，構造自体は拡張せず，その構成要素のみを変形させる技法も用意される。図 13-5 に個々のストーリー技法の記述形式とその一具体例を示す。表 13-2 は現在用意されているストーリー技法の一覧である。次節で参照するために，対応するストーリーコンテンツ知識ベースの名称も記述する。また，ストーリー技法および対応するストーリーコンテンツ知識ベースとして，3.2 で述べるプロップによる物語構造の文学理論を利用した技法−知識も利用されている。

　ストーリー生成は次の入力情報によって制御される―①「長さ」によって，生成されたストーリーに含まれる事象の数が計算され，②ストーリー全体を通じて起きる場面変化などの量を意味する「大局構造」は，生成された

```
(defun st-tech-functempl (tar relation eve-pos type)
;第一引数：対象節点，第二引数：関係，第三引数：接点位置，
;第四引数：ストーリー技法の形式
 (let ((struct nil))
   (st-vtable-reset) ;変数対応表(大域変数:*vtable*)の初期化
   (setq struct (st-tech-struct tar relation eve-pos type))
;構造展開：対象節点を含むストーリーコンテンツ知識を，
;関係と対応する知識ベースから検索
;検索された候補からランダムに一つ知識を選び，
;その知識に基づく部分木を生成
;*この時点では展開された動詞概念は事象化されていない
   (if struct
;構造の葉ノードの事象化〜構造展開の結果に対して
;事象化されていない動詞概念を事象化
       (if (and (listp tar);事象生成の引数2(optional)に事象
;部分木を与えるか否かの判定
             (or (equal 'event (car tar)) ;事象か
                 (string-match"¥¥$" (write-to-string
                   (car tar))))) ;部分木か
           (setq struct (st-event-main struct tar))
         (setq struct (st-event-main struct)))
     (setq struct nil)) ;レコードが見つからなかった場合，
;失敗を意味するnilを返す
   struct))
```

```
;関係と知識ベースを対応させるリスト
(setq *relname-relkb*
 '(($継起 *script-kb*)
   ($主題 *theme-kb*)
   ($原因-結果 *cause-effect-kb*)
   ($命令-遵守 *meirei-junshu-kb*)
   ($禁止-違反 *kinshi-ihan-kb*)
   ...))
```

```
;$原因結果知識ベース
;「理由」技法，「結果」技法と関連
(setq *cause-effect-kb*
 '(
  ((event 働く1 (agent (&v age1)))
   (event 得る3 (agent (&v age1))
             (object (&sc 給与))))
  ((event 空く1 (agent (&v age1)))
   (event 食べる2 (agent (&v age1)))
   ...))
```

```
;動詞概念の事象化
($原因-結果
 (event 働く1 (agent age%男#1))
 (event 得る3 (agent age%男#1)
   (object obj%給与#1)))
```

■図 13-5 ストーリー技法の記述形式と実例

第13章 統合物語生成システム

■表13-2 ストーリー技法および対応するコンテンツ知識

知識のタイプ	技法	概　要	知識ベースおよび実例
対型 記述形式： (<格構造a><格構造b>)	結果	対象節点（事象概念または複数の事象概念を含む部分木。以下同様）に対する結果に相当する事象概念を生成し，対象節点と生成事象概念を「原因 - 結果」関係で結合する。	原因 – 結果知識ベース： ((event 飲む 2 (agent (&v age1)) (object (&v obj1) (&sc 酒))) (event 酔う 2 (agent (&v age1)) (object (&v obj1))))
	原因	対象節点に対する原因ないし理由に相当する事象概念を生成し，生成事象概念と対象節点を「原因 - 結果」関係で結合する。	結果と同一。
	加害 – 解消	加害の事象概念または加害を解消する事象概念の何れか一方を含む対象節点に対して，もう一方の事象概念を生成して両者を「加害 - 解消」関係で結合する。すなわち，加害の事象概念（節点）とそれを解消する事象概念（節点）を「加害 - 解消」関係で結合する。	加害 – 解消知識ベース： ((event 略奪する 2 (agent (&v age1)) (counter-agent (&v age2)) (object (&v obj))) (event 奪還する 1 (agent (&v age2)) (object (&v obj1)) (from (&v age1))))
	欠如 – 解消	欠如の事象概念または欠如を解消する事象概念の何れか一方を含む対象節点に対して，もう一方の事象概念を生成して両者を「欠如 – 解消」関係で結合する。すなわち，欠如の事象概念（節点）とそれを解消する事象概念（節点）を「欠如 – 解消」関係で結合する。	欠如 – 解消知識ベース： ((event 欠如する 1 (agent (&v age1)) (counter-agent (&v age2))) (event 出会う 1 (agent (&v age2)) (counter-agent (&v age1))))
	戦い – 勝利	戦いの事象概念または勝利の事象概念の何れか一方を含む対象節点に対して，もう一方の事象概念を生成して両者を「戦い – 勝利」関係で結合する。すなわち，戦いの事象概念（節点）と勝利の事象概念（節点）を「戦い – 勝利」関係で結合する。	戦い – 勝利知識ベース： ((event 戦う 1 (agent (&v age1)) (counter-agent (&v age2))) (event 敗れる 2 (agent (&v age2)) (counter-agent (&v age1))))

第Ⅲ部　生成論

対型 記述形式： （< 格 構 造 a>< 格 構 造 b>）	謀略 – 幇助	謀略の事象概念または幇助の事象概念の何れか一方を含む対象節点に対して，もう一方の事象概念を生成して両者を「謀略 - 幇助」関係で結合する。すなわち，謀略の事象概念（節点）と幇助の事象概念（節点）を「謀略 - 幇助」関係で結合する。	謀略 – 幇助知識ベース： ((event 使う 3 (agent (&v age1)) (object (&sc 錠剤 @ 薬品類 { 医用 })) (to (&v age2))) (event 眠 る 1 (agent (&v age2))))
	空間移動 – 帰還	空間移動の事象概念またはそこから帰還する事象概念の何れか一方を含む対象節点に対して，もう一方の事象概念を生成して両者を「空間移動 - 帰還」関係で結合する。すなわち，空間移動の事象概念（節点）とそこから帰還する事象概念（節点）を「空間移動 - 帰還」関係で結合する。	空間移動 – 帰還知識ベース： ((event 移動する 1 (agent (&v age1)) (from (&v loc1)) (to (&v loc2))) (event 脱 出 す る 2 (agent (&v age1)) (from (&v loc2))))
	探り出し – 情報漏洩	探り出しの事象概念またはそれによる情報漏洩の事象概念の何れか一方を含む対象節点に対して，もう一方の事象概念を生成して両者を「探り出し - 情報漏洩」関係で結合する。すなわち，探り出しの事象概念（節点）とそれによる情報漏洩の事象概念（節点）を「探り出し - 情報漏洩」関係で結合する。	探り出し – 情報漏洩知識ベース： ((event 捜す 2 (agent (&v age1)) (counter-agent (&v age2))) (event 示す 2 (agent (&sc 人 間)) (object (&sc 噂 @ 噂))))
	追跡 – 救助	追跡の事象概念または救助の事象概念の何れか一方を含む対象節点に対して，もう一方の事象概念を生成して両者を「追跡 - 救助」関係で結合する。すなわち，追跡の事象概念（節点）とそれによる救助の事象概念（節点）を「追跡 - 救助」関係で結合する。	追跡 – 救助知識ベース： ((event 妨 げ る 2 (agent (&v age1)) (object (&sc 道 @ 道路))) (event 退ける 3 (agent (&v age2)) (object (&sc 誘 惑 @ 勧誘))))
	反復	対象節点と同一の事象概念系列（節点）を新たに生成して，対象節点と生成節点を「反復」関係で結合する。	知識ベースを使用せず，対象節点を複製する。

パターン型 （列） 記述形式： (<格構造 a><格構造 b><格構造 c>)	禁止－違反	対象節点中の事象概念を禁止する事象概念（「～することを禁止する」など）およびそれに違反した結果として生じる事象概念（何らかの罰など）を生成し，禁止→違反（対象節点）→結果という事象概念系列を「禁止－違反」関係で結合する。	禁止－違反知識ベース： ((event 禁 じ る 1 (agent (&v age1)) (counter-agent (&v age2)) (object (&v-eve 2))) (event 食べる 2 (agent (&v age2)) (object (&sc 果樹))) (event 罹 る 1 (agent (&v age2))))
	命令－遵守	対象節点中の事象概念を命令する事象概念（「～することを命じる」など）およびそれを遵守（実行）した結果として生じる事象概念（何らかの報償など）を生成し，命令→遵守（対象節点）→結果という事象概念系列を「命令－遵守」関係で結合する。	命令－順守知識ベース： ((event 命令する 1 (agent (&v age1)) (counter-agent (&v age2)) (object (&v-eve 2))) (event 食べる 2 (agent (&v age2))) (event 回復する 3[recaover] (agent (&v age2))))
パターン型 （包含） 記述形式： (<格構造｜ シンボル> (<格構造 a><格構造 b><格構造 c>…))	スクリプト（包含）	対象節点を含む（具体的な）事象概念系列を検索し，それらを「継起」関係で結合した部分木と対象節点を置換する。	スクリプト知識ベース： (script0001 (働 く 1 ((or 焼く 3 茹でる 1) 盛る 2 渡す 2)) ((event 働く 1 (agent (&v age1)) (location (&v loc1) (&sc 飲食店))) ((or (1a (event 焼 く 3 (agent (&v age1)) (object (&v obj1) (&sc 食 料)) (location (&v loc1)))) (1b (event 茹でる 1 (agent (&v age1)) (object (&v obj1) (&sc 食料)) (location (&v loc1)))) (2 (event 盛 る 2 (agent (&v age1)) (object (&v obj1) (&sc 食 料)) (location (&v loc1)))) (3 (event 渡 す 2 (agent (&v age1)) (object (&v obj1) (&sc 食 料)) (location (&v loc1))))))

第Ⅲ部　生成論

パターン型（包含）記述形式：(<格構造|シンボル>(<格構造a><格構造b><格構造c>…))	主題（包含）	主題に対応付けられた対象節点を含む事象概念系列を検索し，その事象概念系列を生成する。	主題知識ベース： (theme0002 (刑事（殺す1発見する2捜査する1発見する1逮捕する1)) ((theme 刑事) ((1 (event 殺す1 (agent (&v age1)) (counter-agent (&v age2)) (location (&v loc1)))) (2 (event 発見する2 (agent (&v age3)) (counter-agent (&v age2)) (location (&v loc1)))) (3 (event 捜査する1 (agent (&v age4) (&sc 刑事 @ 警官)) (counter-agent (&v age1)))) (4 (event 発見する1 (agent (&v age4)) (object (&sc 証拠 @ 証拠)))) (5 (event 逮捕する1 (agent (&v age4)) (counter-agent (&v age1)))))))
パターン型（展開）記述形式：パターン型（包含）と同一	スクリプト（展開）	対象節点をより詳細な（具体的な）事象概念系列に展開し，それらを「継起」関係で結合する。	スクリプト（包含）と同一。
	主題（展開）	何らかの主題名（「スポ根」，「復讐」など）を入力とし，その主題に対応付けられた事象概念系列を生成する。	主題（包含）と同一。
異化型記述形式：－（知識ベースを使用しない）	人物異化	一つの事象概念を対象とし，その agent 格に制約を逸脱した値を設定することによって非現実的な事象概念を生成する。	－
	物異化	一つの事象概念を対象とし，その object 格に制約を逸脱した値を設定することによって非現実的な事象概念を生成する。	－
	場所異化	一つの事象概念を対象とし，その location 格に制約を逸脱した値を設定することによって非現実的な事象概念を生成する。	－

異化型 記述形式：− （知識ベースを使用しない）	異化シナリオ	一つの事象概念を対象とし，上述の「人物異化」，「物異化」，「場所異化」を順次適用することによって，ある事象概念が徐々に非現実的な事象概念に変化して行くプロセスに相当する事象概念系列を生成する。これらは「異化シナリオ」という関係で結合される。	−
マクロ型 記述形式：−	プロップに基づくストーリー技法	プロップの昔話の形態学を形式化したストーリーコンテンツグラマーを展開することによって，40前後の事象概念を含む大局的なストーリー構造を生成する。	プロップに基づくストーリーコンテンツグラマー。
パターン型	名詞−動詞関係	特定の名詞概念を展開する一種のスクリプトを記述する。	名詞−動詞関係知識ベース：（（食料）（食べる2　試食する2　料理する2　調理する1））

ストーリーに含まれる関係─$主題，$加害-解消，$命令-遵守，$禁止-違反，$ロシア民話，$予備部分，$発端，$予備試練，$闘いと勝利，$難題解決，$問題解消，$到着と試練，$終結─の数の合計を計算する。③「非現実性」によって，生成されたストーリーに含まれる$異化シナリオの関係の数の合計が計算される。④「反復性」は類似した事象の反復の量を意味し，ストーリーに含まれる$反復および$異化シナリオの数の合計を計算する。それぞれのパラメータについてユーザが1から3までの値を設定することで，ストーリー生成の方向付けを行う。ストーリー生成機構はそれに基づき異なるストーリー技法を適用する。なお最初のストーリー構造を生成する際，ストーリー生成機構は必ず予め用意されていた候補の中から一つのストーリー技法を選択する。

2.2 物語言説機構

　生成されたストーリーすなわち事象と状態の時間的連鎖に基づく構造が，その語りの構造としての物語言説に変換される。物語言説は事象が生起した

第Ⅲ部　生成論

時間の進行順序を無視し得る。また，語られるべき物語言説構造とその表層
表現媒体（言語やイメージや音楽）による表現は INGS 中では区別されてお
り，前者はストーリー構造と同様概念表現形式で記述される。すなわち物語
言説は変換されたストーリー構造に相当する。事象を主要な要素とする木構
造であることには変わりないが，関係の種類がストーリー構造とは異なる。
ある物語言説構造は，あるストーリーの木から変換された木形式で記述され
る。その中に含まれる事象と状態の形式はストーリー構造と同じである。現
状では次のような七種類の物語言説の関係を使用する―①＄回想では，登
場人物の回想による過去の事象が任意の時点の事象の前に導入（挿入）され，
左子節点が「回想する」という事象，右子節点がその内容となる。②＄現在
－過去は，左子節点の事象（群）に対して右子節点にそれより過去の時点の
事象（群）を設定する。③＄予言は，登場人物の予言による未来の事象を任
意の時点の事象の前に導入（挿入）し，左子節点が「予言する」という事象，
右子節点がその内容となる。④＄現在－未来は，左子節点の事象（群）に対
して右子節点にそれより未来の時点の事象（群）を設定する。⑤＄挿話は，
右子節点にストーリーとの時間的関係が不明瞭な事象（群）を挿話として設
定する。⑥＄描写は，左子節点の事象に対する何らかの観点からの「描写」
を右子節点に設定する。⑦＄反復は，同一の事象（群）二つを結合する。

　さらに，物語言説構造に対する削除・複写・接続・置換・生成を行う五種
類の手続き的プリミティブを用意する。例えば，「補完的後説法＿省略」と
いう物語言説技法の操作過程において，これらのプリミティブを使って，あ
る物語言説構造中のある過去の事象が入力ストーリー中のそのもともとの箇
所から異なる場所に移動させられる。

　その変換過程の主要部分では，ジュネット（1985）の物語言説論をベース
にした技法が物語言説技法の一セットとして利用され，ヤウス（2001）の受
容理論に基づく制御機構がその生成過程を具体化する。これらは前述のプ
ロップ理論の導入と共に拡張文学理論の具体化を意味する。ジュネット自身
は物語生成にコメントしてはいないが，本研究でジュネット理論を計算的文
脈に移し替え物語言説生成過程を形式化する技術的方法に作り変えた。すな
わち，ジュネットによって提案された物語言説技法群の分類を，入力構造を

物語言説構造に変換する規則群として技術的に定義し直す。ここで入力構造とは，一つのストーリー全体，ストーリーの部分構造，あるいは物語言説自体の構造（の全体あるいは一部）に相当する。図 13-6 は，あるストーリー構造がある物語言説構造に変換される一例を示している。ストーリーにおける事象 2 と事象 3 の時間的関係が逆転させられて $現在-過去の関係で束ねられ，事象 4 に対する描写が付加されて $描写の言説関係で束ねられている。

　物語言説に関連する筆者らの一連の研究では，時間順序，距離，速度もしくはテンポ，視点（焦点化もしくはパースペクティブ）などの物語言説技法の個別的検討や，物語言説機構のためのプランを統合的な全体に組み込む案の検討を経て，INGS への総合を試みている。ジュネットを援用した物語言説技法のうち現行の INGS で用いられているのは次の十三種類である——①外的後説法は，生成ストーリーにおける時間範囲の外に位置する過去の事象か事象列（そのストーリーには本来含まれていなかった過去の事象か事象列）

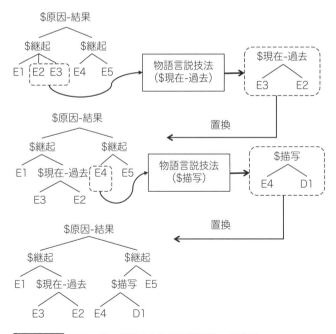

図 13-6 ストーリー構造から物語言説構造への変換

第Ⅲ部　生成論

を遡って語る。②補完的後説法＿省略は，生成ストーリー中の過去の事象か
事象列で，本来それが占める位置では欠落していた（省略されていた）部分
を遡って語る。③補完的後説法＿黙説は，生成ストーリー中の過去の事象か
事象列で，本来それが占める位置では欠落（黙説法）していた部分を遡って
語る。補完的後説法＿省略では挿入される事象列のすべてが本来の位置で欠
落するのに対して，この技法では挿入される事象列中の一つの事象だけが欠
落する。④反復的後説法は，生成ストーリー中の過去の事象を遡って再度語
る。⑤外的先説法は，生成ストーリーにおける時間範囲の外に位置する未来
の事象か事象列（そのストーリーには本来含まれていなかった未来の事象か
事象列）を語る。⑥補完的先説法＿省略は，生成ストーリーでは未来に位置
する部分（事象か事象列）を先取りして語り，それが本来占める位置におい
てはその語りを省略する。⑦補完的先説法＿黙説は，生成ストーリーでは未
来に位置する部分（事象か事象列）を先取りして語り，それが本来占める位
置においてはその語りを欠落させるが，補完的先説法＿省略が挿入される事
象列のすべてを本来の位置から欠落させるのに対して，この技法は挿入され
る事象列中の一つの事象だけを欠落させる。⑧反復的先説法は，生成ストー
リーでは未来に位置する部分（事象か事象列）を先取りして語り，さらにそ
れが本来占める位置でも語る。⑨休止法は，物語言説においてストーリーの
時間進行を停止する。主に「描写」や「説明」の挿入による。⑩暗示的省略
法は，ストーリーのある部分（事象か事象列）を省略して語り，且つその省
略の存在自体も明示しない。⑪反復法は，ストーリーにおいて一度だけ生起
した事象か事象列を複数回語る。⑫黙説法は，現在の物語言説の範囲におい
て本来語られるべき情報を迂回し，原理的に要求されるよりも少ない情報し
か示さない。暗示的省略法が対象事象列をすべて削除するのに対して，この
技法は対象事象列中の一つの事象だけを削除する。⑬空時法は，ストーリー
との時間的位置関係が特定できない事象か事象列を語る。

　以上は主に時間に関連するもので，考えられる物語言説技法の体系の一部
分をカバーするに過ぎないが，この研究は，後述のヤウスに基づく物語言説
過程の制御機構と結び付くことで，拡張文学理論の新しい可能性を開拓しつ
つある。ただし筆者が構想する物語言説論体系においてジュネットを援用し

た方法はその一部を成すに過ぎない。その部分を包括的に実装することは無論重要であるが，今後はそれ以外をも含めた全体としての物語言説技法体系に向けたアプローチが必要とされる（小方，2003c，2004a）。

この物語言説機構に特化した制御機構は，ヤウスの受容理論を，INGSにおけるジュネット理論の使用と結び付ける。ヤウスの受容理論とは，物語や文学の現象を受容側，すなわち読者の側から見た，文学理論の中の一流派である。その中心概念は「期待の地平」と呼ばれ，ある時代（文脈）における読者の文学作品に対する期待がその評価を決定する，とされる。なお，この理論における読者とは個人というより読者集団，ある時代・ある文脈における集合的な意味での読者を意味する。もし対象の文学作品が期待を満たせば読者は満足するし，そうでなければ不満に感じる。読者による受容行為の継続を通じてこのような反応が起きるが，しかしながらその反復の中で徐々に読者の嗜好は変化する。つまりそれまで満足していたタイプの文学作品に飽きてしまい，そうでない作品により大きな満足を感じるようになる。この場合の読者とは集合的な読者であるから，満足というのは社会的には文学的な流行や風潮と考えても良い。読者をしてより大きな満足感を抱かせるような作品の系列は，支配的な文学の歴史を形成する。このように，受容理論における目標の一つは読者を中心とした文学史を構築しようとすることであった。

システム化に当たっては，このようなヤウスの受容理論を単純化し，生成パラメータを持つ「語り手」機構と期待パラメータを持つ「聴き手」機構との間での相互作用を通じて，物語言説構築過程を制御する機構としてモデル化した。なお語り手と聴き手はシステムを超えた存在としては定義されておらず，その中の一種の仮想エージェントであり，また現在の実装では個人的モデルとなっている。物語言説機構では，ジュネットに基づく部分が構造的処理を行い，ヤウスの部分がその制御を行う。このヤウスに基づく制御機構は現在，INGSにおける物語言説機構にのみ適用されているが，それをINGS全体に拡張することも今後の検討課題の一つである。

具体的には，物語言説の構造は，聴き手の期待パラメータと語り手の生成目標としてのパラメータ（期待のパラメータと同じ種類）を使って反復的に生成される。現状では次の10種類のパラメータを用意する―satisfaction

第Ⅲ部　生成論

point, generation cycle, complexity, suspense, length, hiding, description, repetition, diffuseness, implication.

　これらはヤウスの記述と比べて単純化されており，特に前述のように比較的個人的ないし心理学的な性格が示唆されている。これに対してヤウスによる期待の地平は集合的・社会的な性格を持ち，規範的な文学的修辞とも関連する。この意味でヤウスによるモデルは個人的なものではない。筆者らの現在の応用はその比較的個人的な性格付けにおいて原理論とは異なっている。多数の読者エージェントを設け，それにより集合としての読者が形成されるモデルに変更できれば，ヤウスの構想により近付くだろう。処理過程の詳細については，Akimoto & Ogata（2014b）や Ogata（2016b）を参照されたい。

2.3 物語表現機構

　これは，①自然言語，②動画像や静止画像の視覚的イメージ，③音楽を含む表現媒体による表層表現生成機構である。①を自然言語生成機構もしくは自然言語表現機構，②をイメージ生成機構もしくはイメージ表現機構，③を音楽生成機構もしくは音楽表現機構と呼ぶ。従来の INGS の研究は概念表現生成の部分を中心としてきたため，表層表現機構，特に言語やイメージは枠組みレベルの発案段階にとどまる。ここでは①および③について，現状で実際に行っている処理方法を整理・記述する。これを基にして今後本格的な設計・開発に着手する。

　なお上記②のイメージ表現機構は，概念辞書項目に対応する要素を画像として用意し一定の規則の下にそれを合成する。具体的には，入力されたストーリー構造ないし物語言説構造に応じて，イメージ表現専用に作成されたインタフェース上にイメージを映し出すための処理命令列を記述したテキストファイルであるコマンドファイルを生成する。将来的にはイメージ生成機構も音楽生成機構に倣って構成することを目論んでいる。まず，生成された物語概念表現の木構造をそのまま同型でイメージの表層表現の木構造とする。そしてその知識表現構造の記述の中に，音楽の場合のリズムやテンポに相当するような諸要素，いわば映像の修辞を付加する。その際，言語の場合の格構造ないし文型パターンに相当するイメージ表現の基本文法に類するものを

定義し，カメラワーク的機能などにより具体的な表示の仕方を制御する。さらに物語の視覚的表現として映像だけでなく文字も使用する。このようにして，通常の意味でのアニメーションを作るのではなく，それ自体が詩や物語の表現であるかのような，文字通りイメージとしての映像を作り出す。さらに，音楽の場合のように，視覚的イメージからの物語生成（概念生成）も可能となるようにする。以上がイメージ生成機構に関する今後の一方針である。

(1) 自然言語生成機構

　ストーリーと物語言説の概念構造中の事象を文に変換する。本来は状態の変換も行われる必要があるが，現在は事象のみを扱っている。後述する動詞概念辞書における各動詞概念項目には，その動詞概念を用いた文の基本パターンが記述されており，これを用いてまず基本文を作成し，次にそれをベースに，時制をはじめとする文内の処理および文間を結合する処理により文章全体を作り出す。用いる概念辞書は，今のところ動詞概念と名詞概念を主とするが，形容詞概念と形容動詞概念も部分的に使用される。現状では概念項目そのものを言語表記辞書を用いて語彙レベルに変換している。概念辞書の項目名が語彙に非常に近く，過度な抽象化を行っていないため，このような処理が可能となる。具体的には，ストーリーの概念表現中で“食べる #2”という概念記述が使用されている場合，自然言語生成機構では，これがまず“食べる”という語彙記述に変換される。ただしこの後，言語表記辞書（詳細は 3.4）を利用して，“たべる”“タベル”などの種々の表記にさらに変換され得る。

　この機構の処理手順は以下の通りである―①**中間構造の基本形の生成**，②**中間構造の変形処理**，③**中間構造の表層表現への変換**。①では，ある事象中に含まれる動詞概念の文型パターンを利用して格構造を文に変換する。動詞概念の文型パターンは，動詞概念辞書（3.1）の該当動詞概念の記述に含まれる。入力情報に入れ子事象が含まれる場合は原則として再帰的な処理が行われる。上記②では，次に示す諸々の処理を基本文に対して施す。すなわち―①語順の可能性として，1）基本形（文型パターン通りの語順），2）主語を述語の直前に移動，3）ランダム，4）上記①と②のランダム適用，を設ける。② Location 格追加方法は，1）単文に location 格の内容を加えない，2）単文に location 格の内容を付加，3）直前の事象から location 格

第Ⅲ部　生成論

が変化した場合のみ location 格の内容を付加，とする。③全インスタンスの呼称選択は，1）概念名，2）名前，3）概念名および名前，4）上位概念名，5）初登場の登場人物は概念名および名前，それ以外は名前，とする。④文字表記は，1）概念名（概念辞書内での表記），2）漢字，3）カタカナ，4）ひらがな，⑤語尾は，1）原形，2）過去形，3）丁寧態の過去形，4）原形と過去形のランダム，とする。⑥主語の助詞（「が」，「は」）の使用については，基本形は「が」，描写文のみ「が」を「は」に変形する。⑦接続表現として，複文生成機構の使用の有無を次のように決める―1）接続表現なし，2）規則に基づく変換（複文生成機構を使用），3）$継起のみ$順接1Aの関係を適用，4）上記3に加え適当なタイミングで時間経過を表す表現を挿入する。図 13-7 に示すように，文の中間構造の最終形態において概念表記が既に決定されており，これに基づいて表層表現化が行われる。

この枠組みに含まれていない重要な処理として，後述の概念の属性を用いた文の拡張がある。特に個々の名詞概念には，それを外延的に規定する属性（概念辞書の要素を使用）が付属しているが，これを使用して文を生成することにより，描写や説明などの修飾的な表現を作り出せるようになる。これに対して事象を中心とした文によって，進展する登場人物の行為が表現される。図 13-8 に試験的な実装の結果を示す。この方式を基礎に，単一の事象概念を単一の文表現に変換するだけでなく，描写文や説明文も付加した複数の文章に拡張する処理を次の作業として想定している。その場合例えば，

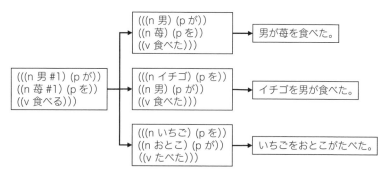

図 13-7　最終的な文の中間構造とその表層表現化の例

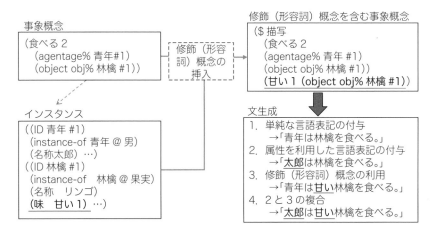

図13-8 一つの概念表現の複数の文への属性情報を用いた変換

「青年は林檎を食べる。」という基本文から，「太郎はその林檎を食べた。それは青森産で，甘酸っぱかった。」／「太郎は青森産の甘酸っぱい林檎を食べた。太郎は果物が好きだった。」などの異なる文章が生成される。描写や説明を物語言説機構で予め生成しておくのか，それとも自然言語生成機構で生成するのかに関しては，双方とも可能とする方針である[43]。

(2) 音楽生成機構

物語の概念表現構造を音楽の木構造に対応させ，楽器（音色），コード進行，メロディーパターンなどを決定する。音楽は，必ずしも物語表現の伴奏ではなく，その他の言語やイメージと並立する表現要素として把握される。特に，音楽も言語のように扱おうとし，逆に言語（文章）への音楽的論理の浸透をも狙っている。音楽表現機構への入力情報は次の通りである——①「モチーフの長さ」は音楽の基本単位の長さ・パターンであり，四分休符－八分休符－八分音符－八分音符－四分音符－八分音符，を用いる。②「調」は生成される音楽の調（ドなど）であり，ド（C）と決める。③調に対応する

---

43 さらに，文字表記の多様性と調節に関する考察も進めており（鎌田・小方，2013a, 2013b, 2013c），平仮名の多い谷崎潤一郎（谷崎，1969）の小説や文字種が混在する大江健三郎（大江，1972）の小説などを分析している。

第Ⅲ部　生成論

「音階」とは生成される音楽の音階（ハ長調など）であり，ハ長調（C Major）と決める。④各トラックの「楽器」とは0から7まであるトラックごとに利用される楽器の指定であり，0：フルート，1：オーボエ，2：イングリッシュホーン，3：クラリネット，4：バスーン，5：ピッコロ，6：和太鼓，7：ピアノ，と決める。⑤「基本テンポ」とは一分間当たりの拍数であり，100と決める。

　ただし，ここで設定される値はストーリーおよび物語言説を入力とした場合のみに適用される。音楽構造（原曲ないし変奏曲）を入力とする場合は，入力された音楽構造を参照して以下に示すように各項目の値を取り出し，それらを入力パラメータとする。以下は入力情報ごとの音楽表現の処理過程である―原曲生成は，①入力がストーリーの場合，1）音楽の基本情報設定（固定値），2）ストーリー中の各インスタンスに対応するモチーフの生成，3）ストーリー構造の各関係を音楽の中間節点に変換→変換後の構造を「中間木構造1」とする，4）「中間木構造1」の構造に基づく和声進行の決定→決定した情報を「和声進行情報」とする，5）各事象を音楽イベントに変換→「原曲の音楽構造」とする，6）「原曲の音楽構造」を出力して終了する。②入力が原曲の場合は，1）音楽技法の選択，2）音楽技法の適用，3）適用可能な音楽技法がないか？―Yes：4）へ移行，No：1）へ戻る，4）和声の決定，5）各音楽イベントに和声を設定する。③入力が変奏曲の場合は，1）変奏曲の音楽構造の終端要素を以下の手続きにより原曲の音楽イベントへ変換する―a）通し番号除去，b）ID振り直し，c）描写節点のモチーフを逆行したものを新規モチーフとして登録，2）音楽構造中の変奏技法に対応する関係を原曲における $sec-pri に変換。変奏曲生成は，入力が物語言説の場合，1）物語言説の多元的な木構造群を一つの木構造に変換する（回想，予言の情報が失われる），2）入力の構造について，物語言説関係を音楽構造の関係に変換する，3）変換の構造終端節点を音楽イベントに変換する。入力が原曲の場合，1）変奏曲のデータ形式に変換する，2）変奏技法を以下の順に適用する―後説法，先説法，要約法，休止法，省略法，情景法，反復法，距離・大，距離・小。

◆ 3. INGS におけるコンテンツ知識

　ここでいうコンテンツ知識は，辞書（各種概念辞書と各種言語表記辞書），各種物語コンテンツ知識ベース，状態-事象変換知識ベースと呼ばれるものを含む。ここでは主に，辞書のうち概念辞書，物語コンテンツ知識ベースの中の特にストーリーコンテンツ知識ベースについて紹介する。また，コンテンツ知識は概念的処理（ストーリーおよび物語言説）と表層表現処理の双方に関連するが，ここで取り上げるのは概念的処理と関連する部分である。

　既に図 13-3 に示したように，ストーリーと物語言説は，ある時点における人・物・場所などの物語の要素に関する情報である状態，動詞概念とそれに伴う格構造により表現される事象，そして事象どうしを結ぶ関係によって，階層的に構造化された概念表現形式で表される。コンテンツ知識は図 13-9 に示すような 4 種の役割・機能を持つ。すなわち，①物語技法（特にストーリー技法）に対して知識内容を提供すること，②事象の構成要素に具体的情報を付与すること，③事象と状態を関連付けること，④物語の概念構造に対して表層表現要素を提供すること，この四つである。

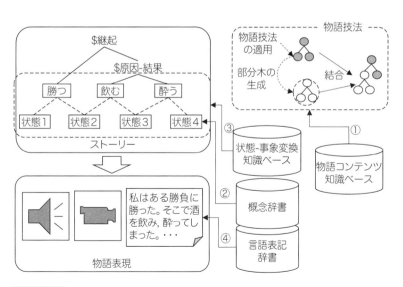

図 13-9 物語生成に対する各種コンテンツ知識の役割

第Ⅲ部　生成論

3.1 背後の知識もしくは一般的知識としての概念辞書

辞書は現状では，概念辞書と言語表記辞書に分かれる。概念辞書はさらに名詞概念辞書，動詞概念辞書，修飾概念辞書（形容詞概念辞書および形容動詞概念辞書）に分かれる。一つの概念情報を単語化した場合の表層的な表記方法には複数種類があり，その情報は言語表記辞書によって与える。従って上記概念辞書の種類に対応する言語表記辞書が存在する。

概念辞書は，物語の概念構造の中の事象の要素に意味的情報を提供するために主に使われる。これは手作業で構築したが，その後名詞概念辞書と動詞概念辞書に関して，使用の便宜のために出現頻度や共起関係の情報を統計的に計量する機構との結合（小野・小方，2014a, 2014b, 2015a, 2015b；Ono & Ogata, 2015；Ogata & Ono, 2016）や，個々の名詞概念の特徴や状態を記述する属性フレーム（小野・秋元・小方，2014；小野・小方，2014c）の知識自動獲得も交えた構築作業も進めている。

概念辞書中に格納されるコンテンツ知識は，個々の語彙の概念に関連する一般的・客観的なタイプの知識に対応する。従来の多くの物語生成システムでは，対象とする主題や世界などによって予め絞り込まれた比較的少数の概念的・言語的要素を準備するか，あるいは辞書を用意せず既存のテクストの収集と結合による方法などを用いるものが多かったが，本研究ではかなり規模の大きな比較的一般的な概念辞書を利用する。この利点は，主題や世界などを限定しない汎用的な物語生成への利用可能性が広がること，物語に関する知識を堅固に構築しておくことが可能になることである。

動詞概念および名詞概念のための概念辞書は共に，is-a 関係による上位概念から下位概念に至る階層的構造から成る。動詞概念辞書は，現状では，中間概念 36，終端概念 11,951 を含み，名詞概念辞書は，中間概念 5,808，終端概念 115,765 を含む。なおここでいう名詞概念とは一般名詞概念のことで，それに加えて固有名詞概念辞書の開発も進めている（寺田・秋元・小野・小方，2014）。固有名詞概念辞書は 226,026 の概念を含み，一般名詞概念辞書における 987 の終端概念の下に定義されている。以下，「固有名詞概念辞書」と区別するために，一般的な名詞概念辞書の方を必要に応じて「一般名詞概念辞書」と呼ぶ。その他，形容詞・形容動詞・副詞の各概念辞書の開発も進

第13章　統合物語生成システム

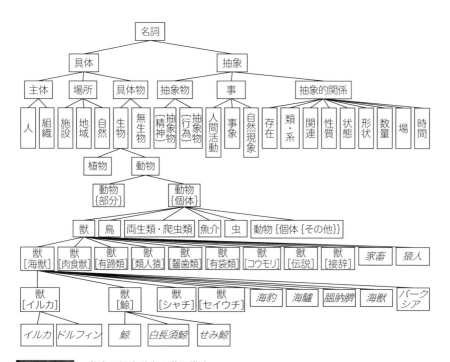

図 13-10 一般名詞概念辞書の階層構造

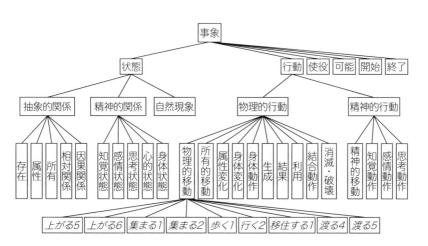

図 13-11 動詞概念辞書の階層構造

第Ⅲ部　生成論

行中である。図13-10と図13-11に一般名詞概念辞書と動詞概念辞書の階層構造をそれぞれ示す。また，表13-3と表13-4[44]には，上記概念辞書それぞれの終端概念と中間概念の数を示す。

　一般名詞概念辞書および動詞概念辞書についてより具体的に述べる。ス

表13-3 一般名詞概念辞書の構成要素の数

（一般名詞概念辞書は全13段の階層により構成され，この表は，階層ごとの終端概念および中間概念の数，一つの中間概念の直接下位に存在する終端概念の平均数を示す。）

階層	終端概念	中間概念	一つの中間概念の直接下位にある終端概念の平均数	
1	42	–	–	
2	15	2	7.50	
3	11	6	1.83	
4	121	23	5.26	
5	5,043	113	44.63	
6	13,957	337	41.42	
7	23,786	796	29.88	
8	31,239	1,367	22.85	
9	26,168	1,650	15.86	
10	11,480	1,068	10.75	
11	2,803	334	8.39	
12	855	83	10.30	
13	245	28	8.75	
合計	115,765	5,808	平均	19.93

表13-4 動詞概念辞書の構成要素の数

（動詞概念辞書は全4段の階層によって構成され，この表は，階層ごとの終端概念および中間概念の数，一つの中間概念の直接下位に存在する終端概念の平均数を示す。）

階層	終端概念	中間概念	一つの中間概念の直接下位にある終端概念の平均数	
1	0	–	–	
2	410	6	68.33	
3	159	5	31.80	
4	11,382	24	638.54	
合計	11,951	36	平均	331.97

---

44 暫定的な開発段階にある複合動詞概念など，一部の特殊な動詞概念を除く。

第13章 統合物語生成システム

トーリーを構成する一事象は一つの格構造として記述され，各々の格の値は対応する名詞概念辞書中の名詞概念のインスタンス（具体的対象）に相当する．例えば，"obj% 林檎 #1"は，名詞概念"林檎"のインスタンスを意味する．INGSは，ある事象がストーリー生成機構において生成されるタイミングで，その値としてインスタンスを自動的に作り出す．事象に対応する状態の中の名詞概念も同じようにして設定される．図13-12に，ストーリーにおける事象および状態の構造と概念辞書との関係を示す．本来はさらに，各

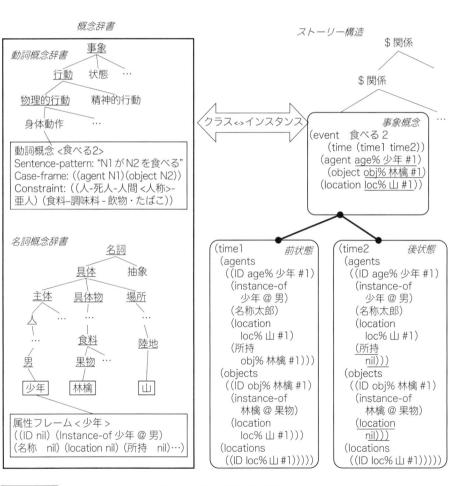

図13-12 ストーリーにおける事象・状態と概念辞書の関係

第Ⅲ部　生成論

名詞概念の内容情報を複数の概念のリストとして格納する属性フレーム中の情報を具体的・個別的なものに書き換える処理も必要であるが，現状では属性フレームの内容の不足によりこの処理は暫定的である。

　一方，ある事象中の動詞概念の重要な役割は，その格の値のための制約条件を付与することである。図 13-13 に，動詞概念の記述方式および具体例（"食べる 2"）を示す。末尾の数字は「食べる」という語彙に対応する概念が複数存在し，これはそのうちの一つの記述であることを意味している。名詞概念"食べる 2"の制約情報は，"agent"にとっては"死人"，"人間＜人称＞"および"準人間"を除く"人"であり，"object"にとっては"調味料"および"飲物・たばこ"を除く"食料"である。動詞概念はまた，自然言語生成のための基本センテンスパターンおよび一つあるいはそれ以上の格構造の記述も含む。この格構造は，一つの動詞概念において必要とされる幾つかの名詞概念から構成される。この格構造中のインスタンスは，その名詞概念を介して名詞概念辞書中の特定の項目と対応するが，個々の名詞概念は，前述の属性フレームの値の組を有する。図 13-14 に，属性フレームとその役割を示す。最後に，基本センテンスパターンとは，生成された個々の事象を自然言語生

```
'((name 食べる 2)
  (sentence-pattern"N1 が N2 を 食べる ")
  (case-cons-set
    ((case-frame ((agent N1) (counter-agent N2) (location N3) (object nil)
        (instrument nil) (from nil) (to nil) (adverb nil) (possessive nil)
        (situation nil) (purpose nil) (experiencer nil) (source nil) (idiom nil)
        (information nil) (as nil)))
      (constraint ((人 - 死人 - 人間〈人称〉- 準人間)
          (獣［鯨］獣［馬］獣［牛］獣［豚］獣［山羊］獣［羊］獣［鹿］獣［猪］獣［兎］鳥
          ［家禽］鳥［猟鳥］魚 - 魚［伝説］たこ・いか・えび・かに)
          (場所 - 交通路 - 公共施設｛その他｝- 地域 - 崖 山｛部分｝平地 岸))))
    ((case-frame ((agent N1) (counter-agent nil) (location N3) (object N2)
        (instrument nil) (from nil) (to nil) (adverb nil) (possessive nil)
        (situation nil) (purpose nil) (experiencer nil) (source nil) (idiom nil)
        (information nil) (as nil)))
      (constraint ((人 - 死人 - 人間〈人称〉- 準人間)
          (食料 - 調味料 - 飲物・たばこ)
          (場所 - 交通路 - 公共施設｛その他｝- 地域 - 崖 山｛部分｝平地 岸)))))
  (is-a (v 身体動作)))
```

■ **図 13-13** 動詞概念の記述形式と "食べる 2" の記述例

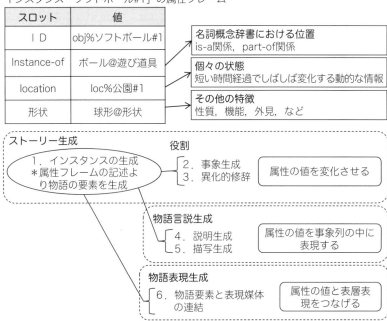

図 13-14 名詞概念における属性フレームとその役割

成機構が文に変換する際，使用される基本文の構造を意味し，前述のように，自然言語生成機構はこれを出発点として諸種の修飾や処理を付加して行く．

3.2 物語コンテンツ知識ベース，特にストーリーコンテンツ知識ベース

　物語コンテンツ知識ベースとは，生成されるべき物語の諸レベルにおける，基本的には断片的・部分的なコンテンツ知識を格納する知識ベースであり，現状ではストーリーコンテンツ知識ベースと物語表現知識ベースとに分かれる．前者はストーリー生成の処理機構に対して具体的な内容の情報（多くは事象系列などのコンテンツの断片的情報）を，後者は物語表現の媒体となる音（メロディーの断片としてのモチーフ）や映像（静止画やアニメーション）を提供する．ストーリーコンテンツ知識ベースは，基本的に，ストーリーの概念表現を拡張するストーリー技法の種類に対応して，その具体

第Ⅲ部　生成論

的なコンテンツ知識を格納するものであり，現在は少数の暫定的知識を人手
で格納しているにとどまるが，本来は INGS における最中枢の機構である。
ストーリー技法とそのコンテンツ知識との対応については表 13-2 に既に示
した（一部対応していないコンテンツ知識も存在する）。この表に示される
ように，現状の記述形式は，対（二項事象）とパターン（多項事象）の二つ
の型に分かれ，多項事象の方はさらに，単純な三項以上の事象連鎖パターン
と，ある単一の事象を多項の事象連鎖パターンに展開する方式とに分かれ
る。これらの方式は再考中であり，さらに一項のモチーフに相当する類のも
のも可能な筈であり，現在検討を進めている。

　これらに加えて，ストーリーコンテンツ知識ベースは，より大規模なス
トーリー構造を生成するための知識も有する。その一つとして，ロシア魔法
昔話と呼ばれるジャンルの物語の解析に基づくプロップ（1987）の物語理論
を援用して記述したストーリーコンテンツ文法を提案した（Imabuchi &
Ogata, 2012, 2013a, 2013b）。

　最後に，物語コンテンツ知識ベースに関して次のような拡張構想を持って
いる。まず「物語言説知識ベース」も考えられる。物語言説に関連する「事
例」そのものを，無論構造化・抽象化して，格納する知識ベースであり，例
えば，時間順序における構造変換を，元の構造＝ストーリーの構造との対応
関係において定義するような知識ベースを意味する。

　さらに，物語のコンテンツ知識は，物語表現の側面にも関連する。音楽や
小説などの断片やモチーフも，何らかの形での集積が可能であれば，その部
分的改変・合成などの処理と合わせて，物語生成の一機能として利用できる
可能性が開ける。ストーリーコンテンツ知識ベースと同じグループの知識
ベースとして，音楽におけるモチーフ知識ベースや静止画像と動画像を含む
視覚的表現の知識ベース，自然言語の小説など物語の断片を含む知識ベース
などが想定される。音楽コンテンツ知識ベースの場合は，モチーフ（動機）
など音楽を構成する諸要素が事例として格納されることになるだろう。映像
コンテンツ知識ベースの場合も同じように，映像を構成する諸要素が事例と
して格納されることになるだろう。

　文章コンテンツ知識ベースのイメージとしては，例えば，小説の文章の一

部を変数化したような構造が考えられる。その単位は細分化され，あるいは拡張され，文章・文・節・句などの各レベルにおける，これも実際のテクストからの「事例」が格納される。生成技法とそれが使用する文章コンテンツ知識ベースの組によって，自然言語生成機構は，概念構造生成機構と同じような仕方で，またそこに接合・接続される形で，文章の木構造を生成する。ストーリー木や物語言説木における事象の下に，文の木構造が結合される。この場合，自然言語知識処理と概念生成処理とが扱う対象は，すべて形式的に同型となり，また一つの総体として統合されることになる。

3.3 状態‒事象変換知識ベース

前述のように，ストーリーおよび物語言説の木構造の終端節点に対応する，静的情報としての状態を作り出すために利用される。図13-15はその仕組みと記述例を示す。time1における状態は事象によってtime2における変

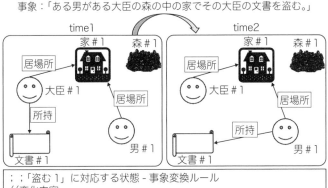

図13-15 状態‒事象の相互関係と状態‒事象変換知識ベースの記述方式

第Ⅲ部　生成論

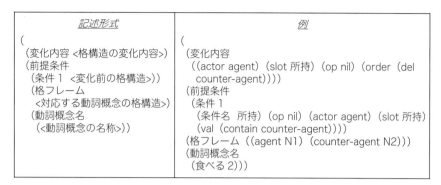

図 13-16 状態 – 事象変換知識の記述形式と記述例

化した状態に書き換えられる（「変化内容」として記述）。また状態の中では，その格要素は具体的・個別的なインスタンスとして記述される。図 13-16 は個々の状態–事象変換知識の記述形式と具体的な記述例である。現状では，中間概念「物理的行動」に含まれる動詞概念に対応する 5,241 の状態–事象変換知識が定義されている（Akimoto, Kurisawa & Ogata, 2013；福田・小方，2014；小野寺・秋元・小方，2012；小野寺・小方，2012；Onodera & Ogata, 2012；Onodera, Akimoto & Ogata, 2012）。

3.4 言語表記辞書

　日本語の本質的な特徴の一つは，ある語彙が複数の表記を有し得ることであり，表記の違いは異なる効果を持ち，特に小説や詩のような芸術的な言葉にあっては，その選択は作家にとっての重要な戦略の一環を成す。INGS では，概念辞書の最終端要素は表層的な語彙の記述（最も典型的と考えられる表記を用いた記述）に基づいており，語彙への変換に際しては，それに特定の表記が付与される。表記の種類としては，漢字・ひらがな・カタカナ・ローマ字を用意している。機械的な変換は容易であるが，どんな時どんな表記を使うのかという規則化は，高度な処理としては非常に難しい言語的戦略と関連する。現状では，概念辞書に記述された表記をデフォルトとし，通常の文生成ではこれに従い，より高度な表記処理に関しては，種々の方式の可能性を模索している。

　図 13-17 に個々の概念に対応する記述形式と具体例を掲げる。一つの終端

記述形式	例

(<終端概念名>
   (<漢字を含んだ言語表記>)
   (<ひらがなのみ言語表記>)
   (<カタカナのみ言語表記>)
   (<アルファベット（ローマ字）のみ言語表記>))
	(男
	   (男)
	   (おとこ お おのこ)
	   (オトコ オ オノコ)
	   (otoko o onoko))

■図 13-17 言語表記辞書の記述形式と具体例

概念につき，「漢字を含んだ言語表記」・「ひらがなのみの言語表記」・「カタカナのみの言語表記」・「アルファベットのみの言語表記」の四つに分類された言語表記を持つ。「アルファベットのみの言語表記」はヘボン式ローマ字表記を用いる。言語表記辞書への登録に利用される終端概念名は，概念辞書における概念の表記をそのまま使用しており，これによって言語表記辞書の要素と概念辞書の要素が結び付けられる。

　なお言い換え辞書も部分的・試験的に用意した。「方言変換辞書」と「動詞読み替え辞書」があり，それぞれ共通の記述形式を持つ。動詞概念辞書に登録されている終端概念に対して，一つ以上の言い換え後の言語表記を持つ。「漢字を含んだ言語表記」・「ひらがなのみの言語表記」を登録している。

◆ 4. 統合的生成に向けて

　Ogata（2016b）は種々の方法で現状での INGS を駆動させた生成結果—概念表現およびそれに伴う補助的自然言語文章—を示した。現在様々なレベルにおいてその改善と拡張を図っているが，その主なものは次のようなものである—①事象の構成要素の描写と説明：事象出現直後にその中に最初に現れる登場人物・場所・物の説明と描写を挿入する。具体的には，名詞概念辞書中の各名詞項目に格納されている属性情報を利用してこれを行う。このための自動的な知識獲得・利用として現在，INGS の概念辞書の個々の一般名詞概念および固有名詞概念に対応する Wikipedia の記事を取得し，そこから概念辞書に付加されるべき属性を自動獲得する研究に着手している（小野・秋元・小方，2014；小野・小方，2014c）。これができれば，今回直接引用し

285

第Ⅲ部　生成論

た情報を加工して物語中に埋め込む処理が可能となる。また，概念に関する一般的な情報の説明も可能となる。②事象の具体化：一つは定型的な事象連鎖パターンあるいはスクリプトの利用であり，特定の事象に対してそれを詳細に展開するスクリプトを挿入する。そのために，人間による半自動的スクリプト登録（荒井・小野・小方，2016），既存スクリプトの合成などによるスクリプトの増殖（Ogata, Arai & Ono, 2016）その他スクリプト獲得・利用のための種々の方法を開発している。③入れ子文章の文表現の工夫：これまで，「太郎は蛇に王女を解放することを命令した」のようにやや硬質に表現されていた入れ子の概念表現を，「太郎は蛇に王女を解放するように命令した」などより自然な文として変換する工夫を加えた。

　INGSのアーキテクチャにおける重要な利点は，拡張や変更が可能な，モジュール化された柔軟なプログラムとして構成されていることであり，これは様々なアイデアや工夫を漸進的に取り込んで行く開発が可能であることを意味する。このような可塑的性質を利用して，将来的に，種々の部分的改善を図り，同時にそれらを全体アーキテクチャの中に有機的に統合して行く，という過程の循環・反復による開発作業を進めて行きたい。

　また現状のINGSの制御では，概念表現・文章・音楽・イメージそれぞれの生成と表現はすべて単線的に行われるが，応用システムKOSERUBEではそれぞれの生成結果の複合を可能とした（秋元・今渕・遠藤 他，2013）。

　なお複合性というものは，INGS全般を通じた大きな特徴でもある。特に物語の生成のみならず流通も想定した場合，INGSによる複数の生成結果の何らかの形での合成，さらに複数存在するINGSの並列的・合成的生成など，多様な可能性が開かれる。

◆ 5. おわりに

　以上のように，以前から，システムの枠組み，コンセプト，機構（基幹システムとその諸機構，応用システム）およびテクスト分析の各領域にわたり物語生成システムの研究を行ってきた。数年前からは，これらを包括・統合するINGSの開発を漸進的に進め，全体として稼働するレベルに達している。

第13章　統合物語生成システム

INGS現状版では，プロップ，ジュネット，ヤウスの文学理論を一つの機構に統合的に導入して拡張文学理論の実践を一歩進め，ストーリー・物語言説・物語表現に至る全過程をカバーする統合された機構を実装した。現状では，ストーリーの技法は十分体系的に検討されておらず，物語言説技法は従来から検討してきている機構の一部しか導入されていない。物語表現機構に対してはより統一されたアプローチが必要である。一方，INGS構築過程で，概念辞書，状態−事象変換知識ベースとそれを利用したストーリー生成処理その他が新たに追加された。全体として統合的に稼働するシステムを実装したことにより，多様な技法や知識の相互作用として初めて全体タスクの遂行が可能となる物語生成という複雑な機構の研究の可能性を一段階高めることができた。今後は，その漸進的開発をさらに進展させると共に，この作業を物語生成の社会的・個人的な「実践」につなげて行く。Ogata（2016b）は直近の具体的課題を詳しく整理しているが，ここではその要約を中心にまとめる。

　まずINGSの継続的システム開発のための次のような課題がある—①各生成モジュールで様々なタイプの入力情報をシステムが処理できるようにし，循環制御の概念と関連する多様で柔軟な生成の流れを可能とする。②コンテンツ知識すなわち概念と語彙のための辞書，物語コンテンツ知識ベース，状態−事象変換知識ベースを，それぞれ必要に応じて拡張・精緻化・修正して行く。③コンテンツ知識の膨大化に伴う自動獲得機構やさらに学習機構を実現する。④物語の概念構造生成の多様性と接続された多様で可読性のある自然言語や映像の表現を実現する。⑤芸能情報システムおよびウェブビジネス用の物語インタフェースと流通システムを，物語産出—消費過程実現のための基盤とする。⑥拡張文学理論としては，第一に，従来分析のみにとどまっていたバフチン（1995），フロイト（1969），クリステヴァ（1985）などの文学理論をINGSの種々の側面に適用可能とすると共に，その他の重要な文学理論—バルト（1973, 1979）[45]，レヴィ＝ストロースなど—を導

---

45 特にバルザック（2007）の一編の中編小説を対象とした物語分析（バルト，1973）は，物語のある意味恣意的な解釈方法の実践として，非常に興味深い。

第Ⅲ部　生成論

入する。⑦日本の文学理論や物語論を文化的アプローチの観点から INGS に融合する。

　拡張文学理論の発展としては，既存の文学理論や物語論の取り込みを超えて，以下のようなコンセプトに拠り新しい文学理論を構築し，INGS 上に具体化する──①循環的制御は物語生成の流動性を作り出すための方法につながる。②規範─逸脱に関しては，予めシステム中に構築されたスクリプトなどのコンテンツ知識が規範に相当するとすれば，INGS を，多様な修辞的技法の使用に基づきその逸脱を遂行するシステムとして発展させる。③循環制御や規範─逸脱は流動─固定を具体化する方式に相当し，その意味で流動─固定は INGS における最も基幹的な概念である。④芸能情報システムや歌舞伎分析などと関連する多重物語構造の INGS 上での実現は，今後の最重要課題の一つである。

　さらに，物語生成システムあるいはその生成結果の評価というのは非常に難しい問題である。そもそもこの問題は，物語や文学そして芸術の評価にとって，普遍的で汎用的な判断基準を見出し決定することの窮極的な難しさと関連する。結論ないし方針としては，物語生成システム関連の評価基準は多元的であるべきだと考える。また，物語生成システムと生成された物語を，特殊化された目的という観点から評価基準を明らかにして評価を試みるなら，有意味な結果と洞察を得ることができるだろうと考える。多元的評価に関しては，Rowe, McQuiggan, Robison, et al.（2009）が，物語自体・送り手・受け手・外部の四者に焦点化した物語生成システムのための多重的評価枠組みを提案した。この種の方法を物語生成システムやその結果の評価に使用するだけでなく，物語生成システム自体の制御パラメータに組み込むことも可能だろう。

　何れにせよ，INGS にとっての窮極的評価は，筆者の社会的および個人的方向への計画，すなわち，第 16 章で述べる社会的物語流通および第 17 章で述べる「私」（筆者自身）の物語制作に向けた計画と関連する。

（小方　孝）

第 **14** 章

ドキュメンタリーとノスタルジア生成

◆ 1. ドキュメンタリーにおけるノスタルジア

　ドキュメンタリーの映像は，ある過去のある場所で撮影された複数の
ショットが編集されることで制作されている。そしてその映像を認知するこ
とによって受け手には様々な効果が生じる。その効果は，因果関係のある出
来事の，一貫性のある連鎖としてのストーリーが，「見える要素」としてど
のように作品中に提示されているかに関連している。ドキュメンタリー映像
であっても，特定の人物を主題とし，その登場人物の行動を基にして映像を
制作した場合，そこにはストーリーが生じ，主な効果もストーリーに関する
ものとなる。

　とはいえ，21世紀を代表するドキュメンタリー監督であるワン・ビン，
あるいは20世紀後半以降を代表するドキュメンタリー監督であるフレデ
リック・ワイズマンの作品など，ある種のドキュメンタリー映画では，主要
な登場人物が定まり，その出来事を基に構成されているような一般的な意味
でのストーリーとは異なる形で，映画上の物語を追求している作品がある。
主要な登場人物が定まらない場合が多く，また，登場人物の行動のストー
リー的な連鎖によって作品の一貫性が保障されているのではなく，題材とな
る場所の一貫性の方が強調されているのである。受け手は必然的に，ストー
リー以外の観点から「見えない要素」としての物語を構築して行くので，ス
トーリー以外に関する効果が強く生じることになる。

　ドキュメンタリーにおいて，出来事以外による映像の効果としてまず挙げ

289

第Ⅲ部　生成論

ることができるのはノスタルジアである。過去に関する映像や写真，商品，場所を目にした時，そして過去の時代の作品に触れた時，その場所や時代に対する「ノスタルジア」の認知が生じる。そして，受け手に生じるノスタルジアは，「あの時代は良かった」という肯定的な感情だけではない。戦争の傷跡や過去の苦しい事柄を思い起こさせ，疑問や否定的な感情を生じさせる場合がある。「ノスタルジア」は，生じるまでに様々なプロセスが存在する。そして，このプロセスは一つのストーリーに還元されるようなものではなく，ワン・ビンやフレデリック・ワイズマンが作品の中で探究しているような，広義の物語と密接な関係がある。

　例えば，ワン・ビンの『鉄西区』（2003 年）では，閉鎖される工場とその周囲の町，鉄道の姿が映され続ける。これを見る受け手に生じるのは過去の繁栄した工場と実際の映像の時間差，さらにそれを実際に見る瞬間との時間差によって生じる感情である。ここにはある種のノスタルジアがある。

　一方，フレデリック・ワイズマンは『ジャクソン・ハイツ』（2015 年）に見られるように，基本的には特定の組織や地域の撮影時の姿を素材に再編集してドキュメンタリー映画を制作している。そのためワイズマンの作品は単純なノスタルジアを想定した映像になっているわけではない。だが，映像の制作時から時間が経てば経つほど，それを見る受け手は，その映像を過去と関連付けて映像を見ることになる。つまり受け手にノスタルジアが生じることを想定していない映像であっても，受け手によってはノスタルジアが生じる可能性があるわけである。

　フィクションの映像作品でも，舞台や時代背景などで実際の過去の出来事に基づいてフィクションが作られている場合は同様のノスタルジアが生じる。例えばジャ・ジャンクーによる『長江哀歌』（2006 年）では，中国の長江の三峡ダムにより水没する故郷を題材にしており，過去の場所や時代に関する認知に基づいて映像を見ることになる。『鉄西区』と同様に閉鎖される工場を題材とした『四川のうた』（2008 年）でも，フィクション的に再構築された，プロの役者によって再現された映像を交えた作品となっているとはいえ，受け手には必然的に，過去の場所や時代と結び付けたノスタルジアが生じることになる。

第14章　ドキュメンタリーとノスタルジア生成

ノスタルジアに関する心理学的研究は，楠見（2014）でまとめられているように，様々な観点から注目されてきているが，ノスタルジアにおける肯定的な要素しか扱っていない場合が多く，「寂寥感」に代表されるような否定的要素を含んだノスタルジア認知の研究は少ない。だが，前述した『鉄西区』や『長江哀歌』『四川のうた』のような作品によって生じるのはこの種のノスタルジアである。そこで，本研究では，「ノスタルジア」を肯定的要素のみならず否定的要素も含めて扱い，物語生成への展開を視野に入れて論じる。

◆ 2. ノスタルジアの多様性

4章で論じたように，Davis（1979）の『ノスタルジアの社会学』では，ノスタルジアには三つの属性が存在するとし，感情の発生する順に並べている。第一の属性は「素朴なノスタルジア（Simple nostalgia）」，第二の属性は「内省的ノスタルジア（Reflexive nostalgia）」，第三の属性は「解釈されたノスタルジア（Interpreted nostalgia）」である。『鉄西区』の受け手には三つの属性すべてのノスタルジアが生じる可能性がある。最盛期の工場の時代を良い時代であったとする立場もあれば，日本の占領期に作られその後の中国の発展を担った工場に対する疑問もありえる。2017年現在のアジアにおける中国の経済的立場からすれば，重工業重視の時代に対する見方は良くも悪くも複雑で様々な視点が在りえ，生じるノスタルジアも一つの属性には定まらない。『長江哀歌』や『四川のうた』に関しても同様である。

主に否定的要素の対象から生じる，ノスタルジアと類似した感情として，「サウダージ」がある。Lévi-Strauss（1996）によれば，「サウダージ」には，「ある過去の時代と現在とを比較する際に，経年による変化に対する悲嘆，そして不変への憧憬の感情」というように，没落的・絶望的な対象物に対するあこがれや美しさなどの観点が含まれている。『鉄西区』などは，この「サウダージ」とも関連して捉えられることができよう。

以上のような先行研究を基に，内藤・金井（2012）は，ノスタルジアを認知する対象物に肯定的要素・否定的要素の両方を含み，生じる感情は肯定的

第Ⅲ部　生成論

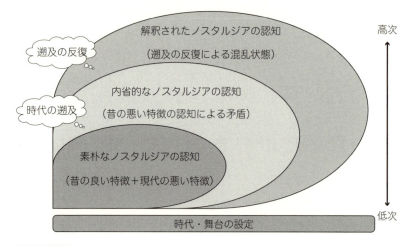

図 14-1 3種類のノスタルジアが認知される物語構造のモデル

なものだけでないことを表すノスタルジアとして，「ある過去の時期における盛衰に対して生じる感情」と再定義しているので，本章でもこの定義を用いる。

内藤・金井（2011）では，3種類のノスタルジアが認知される物語構造に関する仮説を立てている。仮説では，素朴なノスタルジアは現在と独自の特徴を持つ過去とを比較し過去の方が好ましいと判断した場合，内省的ノスタルジアは現在の状況により過去における独自の特徴への疑問が生じ現在と過去の再比較が行われた場合，解釈されたノスタルジアは過去への疑問が重なってメタ認知を行っている場合にそれぞれ認知されるとしている。さらに3種類のノスタルジアが認知される物語構造をモデル化したのが図 14-1 である。

『鉄西区』などによって受け手に生じる複数かつ多重なノスタルジアは，図 14-1 のように層状に捉えるのが望ましい。

◆ 3. ノスタルジアの生成

3種類のノスタルジアの認知を，切断技法なども踏まえた物語生成と結び

つけるため，分析・実験の素材を自動編集できるコンピュータ・プログラムを，内藤・金井（2012）および Naito & Kanai（2012）が作成したものにさらなる改良を施し内藤・金井（2013）で作成しているのでここに紹介したい。

　このプログラムは，Thorndyke（1977）の物語文法を変形した，場所の特徴の体験へ導くことを重視した拡張物語文法を用いたものである。さらに，金井・小方・篠原（2003）や小方・金井（2010a）を応用することで，ストーリー的側面を強調する場合だけでなく，切断技法を用いて現代と過去の画像を切り替え，ストーリー理解の制約を緩和させると共に，映像のストーリー以外の側面を強調する手法を主に適用している。これによって，多様なノスタルジアを生成する。ここでは，主要人物や出来事を定めず，つまりストーリーを用いず，複数の人物と出来事を順に提示して行くことでノスタルジアとしての物語を生成する。ストーリーを用いない映像にも多数の種類があるが，過去に関してはノスタルジアを基準に分類が可能である。Davis の 3 種類のノスタルジアをここでは適用する。

　プログラムの素材画像は，過去の繁栄を表しているもの，過去の繁栄を経験した場所の現在のもの，そして切断を発生させるような関係のない時代や場所のものという 3 種類の画像である。場所は実在する都市や観光地とし，ある種のドキュメンタリー的側面も持たせている。

　本研究における自動編集プログラムの画像として使用する際に選んだ場所は以下の 3 か所である。

鎌倉（神奈川県鎌倉市）

　鎌倉はかつて松竹大船撮影所があり，『麦秋』（1951 年 監督：小津安二郎）をはじめ，過去に鎌倉地区で映画が数多く撮影されていた過去を持つ。『麦秋』だけでなく，『ツィゴイネルワイゼン』（1980 年 監督：鈴木清順）や『早春物語』（1985 年 監督：澤井信一郎），『海街 diary』（2015 年 監督：是枝裕和）なども鎌倉を舞台とした作品として有名である。しかし，松竹大船撮影所は現存しておらず，跡地は鎌倉女子大学となっており，かつてを偲ばせるものは，近くに松竹前という名のついた交差点が残るのみである。ただ

第Ⅲ部　生成論

し，現在でも鎌倉を舞台にした映像作品は多い。このことから，過去と現在の映像作品どうしで比較を行うことができる。

軍艦島（長崎県長崎市（旧西彼杵郡高島町））
　軍艦島は，正式名称は端島であり，かつては炭鉱によって隆盛を誇った島である。幾度もの埋め立てを繰り返し，外見が人工島のようで角度によっては軍艦に見えることから軍艦島という通称がある。一時は人口密度が日本一になるほどの隆盛があったものの，エネルギー革命による相次ぐ炭鉱の閉鎖によって端島も閉山となり，1974年にすべての島民が移住したことで無人島となった。無人島になった当時の状態のまま廃墟となって残り続け，現在に至る。閉山後は，一部の廃墟の愛好家によって親しまれる程度の存在であった。しかし，廃墟となって残り続けたことで，1910年代のコンクリート建築も現存し，資産価値が高いということもあって，2009年頃に観光地化され，ツアーに参加する形式で上陸ができるようになった。このように，高度経済成長期の繁栄と無人島化，そして当時の隆盛をうかがわせる廃墟となった建物の整備によって観光地化され，上陸許可が下りたという背景を持つことから，素朴なノスタルジアのみにとどまらない，多様なノスタルジアが認知されることを想定することができる。

銀座（東京都中央区）
　銀座は，映画において，東京の中心的盛り場として舞台になることが多い場所である。鎌倉において挙げた『麦秋』は，自宅が鎌倉にあり，銀座近辺にあるオフィスが仕事場であるという背景があり，銀座の街並みも登場する。『東京物語』（1953年　監督：小津安二郎）も銀座が舞台である作品として有名である。そして，現在も，その当時をしのばせる建物が数多く現存している。よって，過去の映像作品と現在の街並みで比較を行うことが可能である。

　この自動編集プログラムは，図14-2の生成例でも示すように，映像の修辞的要因として，テロップについても取り入れている。映像のストーリー的

観点の要素として，ナレーションは時期や場所を特定する役割を持つが，テロップについても，時期や場所を補完して強調させる役割を持つ。それと同時に，テロップの表示は視覚的な要素に影響を与えることが多いため，ストーリー以外の側面も強調されることになる。既存の映像作品においては，ジャン＝リュック・ゴダールによる，『映画史』（1988年–1998年）など，テロップによってストーリー以外の側面を強調する手法がある。本研究における自動編集プログラムでも，『映画史』による，テロップを利用したストーリー以外の側面を強調する手法を取り入れて，多様なノスタルジアが生じる前提となる，時期や場所の情報を盛り込んだテロップを使用する。

　以上の素材画像や技法を利用し，以下のような3種類のノスタルジアを軸とした自動編集プログラムを作成した。

素朴なノスタルジアの認知を想定した自動編集プログラム

　現在の状況を表示後，過去の全盛期に一気にさかのぼり，徐々に現在へと戻って行くものである。最も栄えていた過去を表示することによって，最初に独自の特徴を認知することができると共に，過去の繁栄していた時代の方が好ましいというような素朴なノスタルジアの認知に関する物語構造を再現している。受け手は，特に違和感なく映像に入り込むことができると想定できる。

内省的ノスタルジアの認知を想定した自動編集プログラム

　場所を特定しにくく，隆盛期をうかがいにくい現在を表示後，時折現在を表示しつつ徐々に過去にさかのぼることを繰り返すことで，過去と現在の比較を複数回行うことができる。はじめは過去に対してどのような時代なのかがわからない疑問の状態から，徐々に過去の繁栄していた時代の方が好ましく思う傾向に変化するという，内省的ノスタルジアの認知を想定した物語構造を再現した。はじめは疑問を持つが，だんだんと肯定的な捉え方をした認知が可能な映像である。

第Ⅲ部 生成論

解釈されたノスタルジアの認知を想定した自動編集プログラム

　整備された現在の状態の画像を表示後，他の時代や場所の関連がない画像を切断的に導入し，表示することで，解釈されたノスタルジアの認知を想定した物語構造を再現した。最初に，場所を特定しにくく，隆盛期をうかがいにくい現在を表示した後，現在と過去の流れに法則性がない上に，全く関係のない画像が入り込むことで時代の流れを切断し，現在と過去を比較する余地を与えなくすることで違和感を生じさせる。さらに，古いものに垣間見える違和感の発生や，それらを解消し，何らかの妥協点を探り出すという過程を反復させている。この映像は，受け手に疑問を持ち続けさせることを想定している。

　また，ノスタルジアの認知がされない場合（以下，「ノンノスタルジア」と表記）を想定したプログラムも作成した。

ノンノスタルジアの認知を想定した自動編集プログラム

　このプログラムで使用した画像の場所は，3種類のノスタルジアの認知を想定した映像から引き続き，鎌倉（神奈川県）と，新たに海外として旧ユーゴスラビア圏（クロアチア・ボスニアヘルツェゴヴィナ・モンテネグロ，以下旧ユーゴ圏と表記）の2か所である。現在の状態を表示後，過去へさかのぼるが，その過去がどのような時代であったか，どのような場所にあるのかが分かりにくくなっている。鎌倉であれば，鎌倉時代に描かれたと思われる絵巻などの画像がこれに当てはまる。海外であれば，場所がどこか，という詳細も曖昧であるだけでなく，内戦の過去を持った旧ユーゴ圏において，家屋が破壊された状態のものや銃弾が撃ち込まれた跡など，内戦後の傷跡が残る様子がわかる画像を挿入することのみでは，過去であることがわかりにくい。そのため，過去に対するノスタルジアも生じない。ただし，テロップ等文字情報の追加で認知が大きく変わる可能性は残されている。

　自動編集プログラムの操作方法は，まずはどのようなノスタルジアを生じさせるかを選択する。次に素朴なノスタルジア・内省的ノスタルジア・解釈されたノスタルジアを選択した場合は，場所（鎌倉・東京・軍艦島）の選択

第14章　ドキュメンタリーとノスタルジア生成

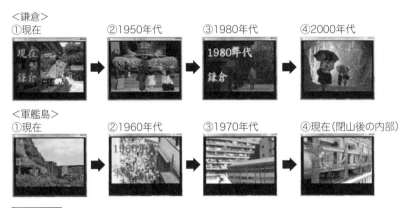

図14-2　生成された映像（鎌倉・軍艦島を例に，テロップ有無混合）

画面になる。場所の選択後は，ノスタルジアを生じさせないものを含め，すべてのノスタルジアについて，テロップを表示させるか・されないかという選択をした後，条件に応じた映像が流れる仕組みとなっている。

　3種類のノスタルジアを軸とし，各ノスタルジアについて場所が3か所，さらにテロップの有無が選択可能なことから計18種類，ノンノスタルジアについては場所が2か所，各々テロップの有無が選択可能なことで計4種類あり，総計すると22種類の映像を流すことが可能なものとなっている。生成された映像の流れの例を図14-2に示す。

4. プログラムによるノスタルジア認知の実験

　作成した自動編集プログラムが想定通りに受け手に認知させることができるのかどうか確かめるため，内藤・金井（2013）では，時代の流れを変えることで，受け手のノスタルジアの認知が多様になることを示す実験を行っている。

　76人の大学生を対象に，プログラムによって生成された映像を見た後に調査票に回答する形式で実験1を行った。実験1の対象となる映像は，流した順に，鎌倉の素朴なノスタルジア（以下，「素朴な映像」と表記）・軍艦島の内省的ノスタルジア（以下，「内省映像」と表記）・東京の解釈されたノス

297

第Ⅲ部　生成論

タルジア（以下，「解釈映像」と表記）である。以上の三つのプログラムを
すべて見た後に，実験参加者に最も近い認知をした映像から順に並べさせ
た。それぞれ，肯定的で違和感なく映像に入ることができた認知（以下，
「肯定の認知」と表記），はじめは疑問を持ったが，のちに肯定へと変化した
認知（以下，「疑問のち肯定の認知」と表記），最初から最後まで疑問を抱き
続けた認知（以下，「疑問の認知」と表記）についてである。実験後，最も
近い認知をした映像を3点，最も遠い認知をした映像を1点として平均値を
算出した。

　ここまでの考察から，実験結果は以下のように予測することができる。1)
「素朴な映像」は「肯定認知」の数値が高くなり，「疑問の認知」についての
数値は低くなる。2)「内省映像」は「疑問のち肯定の認知」の数値が特に高
くなる。3)「解釈映像」は「疑問認知」の数値が高くなり，「肯定認知」に
ついての数値は低くなる。

　実験1の結果（表14-1）では，予想通りの結果がみられた。「肯定の認知」
においては，「素朴な映像」は「解釈映像」より有意水準0.1％で高く評価さ
れた。「疑問のち肯定の認知」においては，「内省映像」が「解釈映像」より
有意水準0.1％で高く評定され，かつ，「疑問の認知」においては，「内省映
像」が「解釈映像」より有意水準0.1％で低く評定された。

　以上の結果から，素朴なノスタルジアの認知を想定したプログラムは，肯
定的で，違和感なく映像に入ることができる効果があり，内省的ノスタルジ
アの認知を想定したプログラムは，はじめは疑問を持ったが，後半になるに
つれ肯定へと変化する効果を持ち，解釈されたノスタルジアの認知を想定し
たプログラムは，最初から最後まで疑問を持ち続ける効果を持つ，というこ
とが示された。

表14-1　実験1の結果

	肯定の認知		疑問のち肯定の認知		疑問の認知	
	平均値	標準偏差	平均値	標準偏差	平均値	標準偏差
素朴な映像	2.39	0.80	1.99	0.81	1.55	0.72
内省映像	2.07	0.62	2.34	0.72	1.83	0.62
解釈映像	1.54	0.79	1.67	0.79	2.62	0.71

次いで，字幕の有無によって，時期や場所の情報量を変化させた場合のノスタルジアの差異についても内藤・金井（2013）では検証している。ここでは，ノンノスタルジアも含め，流すプログラムの順も変えた上で再度実験を行っている。時代の変遷を変更したり，時代の流れを切断したりすることによって受け手のノスタルジアの認知は多様になるのかどうか，そして，時期や場所の情報がないとあらゆるノスタルジアの認知がされず，情報を与えるとノスタルジアの認知が生じるかどうかを明らかにすることが実験2の目的である。106人の大学生を対象に，6種類の物語映像を見せ，調査票に回答させる形式で実験2を行っていて，6種類の映像は，プログラムによる物語映像を見せた順に，ノンノスタルジア（海外）の字幕なし（以下，「海外字無」と表記）・素朴なノスタルジア（東京）の字幕あり（以下，「肯定字有」と表記）・内省的ノスタルジア（鎌倉）の字幕あり（以下，「疑問肯定」と表記）・解釈されたノスタルジア（軍艦島）の字幕あり（以下，「疑問継続」と表記）・ノンノスタルジア（海外）の字幕あり（以下，「海外字有」と表記）・素朴なノスタルジア（東京）の字幕なし（以下，「肯定字無」と表記），である。

すべての映像を見た後に，最も近い認知をした映像から順に並べさせた。それぞれ，前述の実験1と同様，「肯定の認知」・「疑問のち肯定の認知」・「疑問の認知」についてである。実験後，最も近い認知をした映像を6点，最も遠い認知をした映像を1点として平均値を算出した。

実験2の結果は，ここまでの考察から次のように予測することができる。1)「肯定の認知」については「海外字無」・「疑問継続」が低く，「肯定字有」が高い数値になる。2)「疑問のち肯定認知」は，「疑問肯定」の数値が高くなる。3)「疑問の認知」は「海外字有」の数値が低く，「海外字無」・「疑問継続」が高くなる。「肯定字有」と「肯定字無」は変わらない。

実験2の結果（表14-2），予測の2)以外は想定に近い結果となり，時期や場所が判断できないとノスタルジアの認知がされず，ノンノスタルジアの認知が強調されることが示唆された。とりわけ注目すべき点は，表14-2における「海外字無」と「海外字有」との比較である。「海外字無」は，「海外字有」よりも肯定の認知が0.1%有意で低い数値であり，疑問の認知が0.1%

第Ⅲ部　生成論

表14-2 実験2の結果

	肯定の認知		疑問のち肯定の認知		疑問の認知	
	平均値	標準偏差	平均値	標準偏差	平均値	標準偏差
海外字無	2.47	1.54	3.21	1.80	4.68	1.38
肯定字有	4.13	1.44	3.92	1.54	3.25	1.43
疑問肯定	3.25	1.42	3.43	1.56	3.81	1.42
疑問継続	3.26	1.69	3.58	1.79	3.76	1.75
海外字有	4.31	1.77	3.78	1.70	2.26	1.38
肯定字無	3.51	1.72	3.13	1.71	3.20	1.82

有意で高い数値であった。よって，字幕が付いたことにより情報が付加されたことで，疑問が解消され，肯定の認知へと変化したと考えられる。そして，「海外字無」は疑問のち肯定の認知についても相対的に低い数値が出ていることから，時代や場所を探ろうとする動きがみられていない。従って，「海外字無」は，時期や場所が判断できず，多くのノスタルジアの認知に至らない効果があることがわかる。また，「海外字有」は，疑問の認知が低くなったことから，字幕によって場所や時代の情報提供がされ，ノスタルジアの認知に至ったと考えられる。

　一方，テロップがあることで，「見方が限られてしまう」といった自由記述が実験参加者の回答に存在したことから，テロップには多くのノスタルジアを認知する可能性が失われる効果があることが想定される。ナレーションやテロップの認知的効果として，ノスタルジアの認知を生じさせる突破口のような役割を果たす一方，情報提供が過剰になると，多様なノスタルジアを生じさせる可能性を低くさせてしまう側面も持つ。テロップはノスタルジアが生じる前提である時期や場所を認知させる役割を果たすことでテロップの情報によってわかりにくさの解消につながるが，時期や場所を明示してしまうことで，多様なノスタルジアが生じる可能性を制約してしまうことにもなるという二面性が存在するのである。

第14章　ドキュメンタリーとノスタルジア生成

◆ 5. 複数で多重な過去と認知

　素朴なノスタルジアにとどまらず，多様なノスタルジアが認知されるまでには，いい換えれば過去と多様な接点を持つようになるためには，過去を賛美するだけでなく，過去に対して疑問を持ち始め，この疑問が最終的に解消され肯定へと転じるか，またさらに疑問が重なり，疑問を持つ意味さえ問い始める状態までたどり着く必要がある。そこで，重要になるのが一つのストーリーに還元されない，切断を含んだ物語である。

　過去の独自の特徴と現代を比較する際，当時の独自の特徴の方が好ましいと認識するだけでなく，比較の過程において現在の置かれた状況の善し悪しや時代の流れを変えることによって，生じるノスタルジアの種類は変化し，ノスタルジアが認知される物語もより複雑なものとなる。古さは感じても当時の状況が不明瞭であるならば，当時の独自の特徴を認知した上で再検討することで，それまでの過去に対する疑問が解消されて，肯定的な認知に転じる。一方では，古いもののなかに無関係なもの，新しさや整頓性を認知することで，認知の切断が発生する。ノスタルジアの認知は，過去に対する肯定的要素と否定的要素が，混在している状態なのである。

　時代を送り手の意図によって自動変更をすることが可能なコンピュータ・プログラムの作成を通じてノスタルジアの生成に向けた探究を行ったが，修辞的な観点を取り入れ，拡張された物語文法を用いて世代別の間隔やテロップ等のより詳細な設定を行うことで，より多くのノスタルジアを生成できる。どのような世代の間隔を設定することで時代の流れを表現するか，どのような画像やテロップの大きさや色，表示のさせ方によって世代の切断を表現するか，といった設定を精緻化することで，修辞的観点からの物語生成システムを，ストーリーに囚われない方法で，より詳細に探究することが可能になる。

　『鉄西区』のワン・ビンのような映像作品を作ることは現時点のコンピュータ・プログラムによる生成では難しいかも知れないが，ある時代のある場所に対するノスタルジアを，素朴なノスタルジアにとどまらない複数で多重なノスタルジアを伴う「見えない要素」としての物語にして行くために，コン

301

ピュータ・プログラムによる物語生成を用いることは可能であるだろう。ノスタルジアの認知と物語の関係を，特に映像的観点から探ることで，ストーリーに基づく全体性に基づく物語生成ではなく，細部を強調した物語の生成につなげて行くことができるのである。

　過去のある場所に対して，受け手は複数で多重な認知が可能である。それを一つのストーリーを用いて語ることは，ドキュメンタリーであってもフィクションであっても，過去のある場所を単純化する行為につながる可能性がある。その一方で，ストーリーにとどまらない物語は，その単純化に抗うことにつながる。ワン・ビンやフレデリック・ワイズマンのドキュメンタリー，そして本論文で紹介したコンピュータ・プログラムでは一つのストーリーに還元されない複数の物語に注目している。そのことによって複雑な過去を複雑に扱うことが可能になるのである。

（金井明人）

第15章 広告映像の生成システムの開発

◆ 1. 広告映像制作システムの構想

1.1 システムの全体像とコンセプト

　川村は，広告クリエイターによる広告映像制作，広告クリエイターと消費者による共同制作，さらには，広告クリエイターと消費者とマーケターによる共同制作などを，映像技法・修辞と消費者嗜好に基づいて支援するシステム（図 15-1）を構築することを目指している（Kawamura, 2003；川村，2004）。システムは映像データベースを具備し，映像技法・修辞処理に基づき広告映像を検索・生成するデータベースシステムである。システムのコン

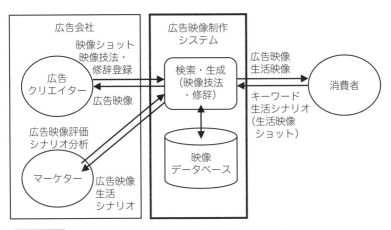

図 15-1　広告映像制作システムの全体像（川村，2004）

第Ⅲ部　生成論

セプトを①〜③に示す。

①広告クリエイターの映像技法・修辞の記号化・取り込み

　広告クリエイターの映像技法・修辞を記号化・体系化し，それらをシステムに取り込み，広告映像制作に活用する。

②消費者嗜好と映像技法・修辞とのコラボレーション

　消費者の入力情報を取り込み，嗜好を分析して，消費者の嗜好と映像技法・修辞とのコラボレーションを基に広告映像制作を行う。

③新しい広告映像開発基盤の整備

　広告クリエイターの映像技法・修辞，消費者の嗜好や生活映像，マーケターの嗜好分析知識などを融合させた，新しい形態の広告映像開発基盤を整備する。

1.2 目標とするシステムの機能

(1) 広告クリエイター支援

　広告クリエイターは他の広告クリエイターの映像技法・修辞や他の広告クリエイターが制作した映像ショットを参考にしつつ自らの映像技法・修辞と自らが制作した映像ショットをシステムに登録・蓄積し，システムはそれらを基に広告映像を制作する（Kawamura, 2003）。現在考えているシステムの支援を①〜⑤に示す。

①広告事象発想支援：システムは広告クリエイターの広告コンセプトや思い付きなどを基に，映像データベースやインターネット上の映像ショットを検索・表示する。

②広告ストーリー作成支援：システムは映像ショット群と広告ストーリー技法を基に，広告映像の候補となる映像ショット群を抽出し，広告ストーリー（ストーリーボード）を作成する。

③映像編集支援：システムはストーリーボードに抽出した映像ショット群と編集技法を基に，映像ショットの時間順序やテンポを操作し，広告映像を編集する。

④音響付加支援：システムは編集された広告映像（音響無し）と音響技法を基に，広告映像に語り，効果音，音楽などを付加する。

⑤修辞操作支援：システムは①～④の支援において，比喩，対比などの修辞を基に，ストーリーボードの映像ショットの時間順序，付加音響などを操作する。

(2) 消費者支援

　消費者は興味のあるキーワードや生活シナリオをシステムに入力し（あるいは消費者が公開した情報をシステムが取り込み），システムはそれらを基に広告映像を制作する。また，消費者が自ら制作した生活映像ショットをシステムに登録し，システムはそれらを基に消費者の生活映像を制作する（Kawamura, 2003）。現在考えているシステムの支援を①～②に示す。

①嗜好広告映像制作支援：システムは消費者の興味キーワードや生活シナリオを基に，広告クリエイターが新規に制作した映像技法・修辞と映像ショット群から，広告映像を制作し，消費者の嗜好に合わせた広告映像を提供する。また，マーケターの嗜好分析知識を基に，広告クリエイターが制作した映像技法・修辞に修正を加え，広告映像を制作し，消費者の嗜好に合わせた広告映像を提供する。

②生活映像制作支援：システムは消費者の広告映像に対する評価や反応（感想，要望），消費者が提供する生活映像ショットを基に，広告クリエイターが制作した映像ショット群を活用しつつ生活映像を制作し，消費者の生活に合わせた生活映像（映像化された生活シナリオ）を提供する。

(3) マーケター支援

　マーケターは広告クリエイターの映像技法・修辞や制作した広告映像を参考にしつつ，消費者の嗜好について自ら分析した知識をシステムに登録・蓄積し，システムはそれらを基に広告映像を制作する（Kawamura, 2003）。現在考えているシステムの支援を①～②に示す。

①嗜好分析支援：システムは消費者の興味キーワードや生活シナリオ，広告映像に対する評価・反応，消費者からの生活映像ショットを取り込んだ生活映像を基に，キーワード頻度，広告映像の評価，キーワードと映像との関係，生活で重要な要素を抽出し，消費者の嗜好を分析する。

②分析反映広告映像制作支援：システムはマーケターの嗜好分析知識を基に，広告クリエイターが制作した映像技法・修辞に修正を加え，広告映像

第Ⅲ部　生成論

を制作する。

1.3 開発した広告映像制作システムの概要

　目標とするシステムの機能は，1.2に示した通りであるが，それらの機能を一足飛びに開発することは難しい。まず，基本的な映像技法の実装，利用者とのインタラクションにより広告映像を生成する実験環境の開発を目指した。現在開発したシステムは映像化された映像ショット群を大量に映像データベースとして具備し，広告コンセプトなどのキーワードや文章の入力を基に映像ショット（広告事象）を検索・分類する機能（①），検索・分類した映像ショット群から映写する順序にそれらを並べ替え・再生する機能（②③）を具備するシステムである（図15-2）。システムは，利用者からの文章入力（泣いた顔がビールによって笑顔になる。）を受け，形態素解析により，クエリー（「泣いた顔」「ビール」「笑顔」「なる」）に分割し，検索インデックスにおいてそれらと合致するキーワードを持つ（類似度の高い）映像ショット群を抽出する。また，利用者からの広告映像技法選択（広告ストーリー技法，編集技法）を受け，広告映像技法に基づきストーリーボードに抽出した映像ショット（「泣いた顔」「ビール」「笑顔」などが表現）を時間順に並べる。そして，利用者からの再生指示を受け，ストーリーボードに並べた映像ショットを時間順に再生する。開発した広告映像制作システムの機能概要を表15-1に示す。

①映像ショット検索機能：利用者が広告コンセプト，キーワード，文章などを入力し，入力情報を形態素解析して，映像データベースから映像ショット群（広告映像の候補となる映像ショット）を検索する。

②広告映像技法による広告映像生成機能：利用者が広告映像技法（広告ストーリー技法，編集技法）の中から技法・修辞を選択し，その技法・修辞に基づき①で検索した映像ショット群から映像ショットを抽出して，時間順序を並べ替え，ストーリーボードに登録し，それらを再生する。

③利用者による広告映像生成機能：利用者が手動で①で検索した映像ショット群の中から映像ショットを選択し，時間順序を並べ替え，ストーリーボードに登録し，それらを再生する。

第 15 章　広告映像の生成システムの開発

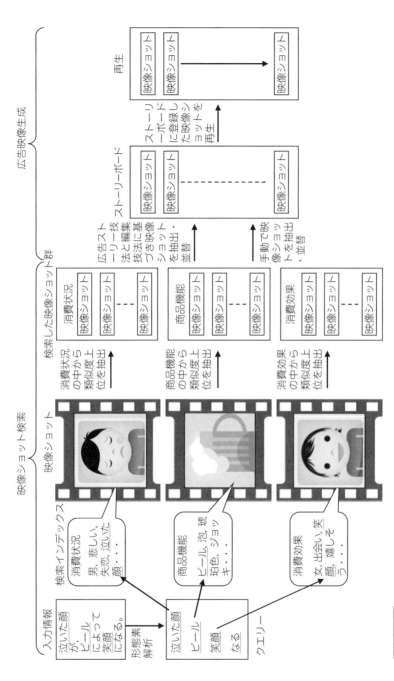

図 15-2　システムの処理の流れ（Kawamura, 2016）

307

第Ⅲ部　生成論

表15-1 システムの機能概要 (Kawamura, 2016)

区分	項　目	仕　　　　　様
映像データベース	商品ジャンル	お茶，コーヒー，ビール，携帯電話，パソコン
	広告映像ショット数	3,643ショット（広告280本（お茶40，コーヒー36，ビール64，携帯電話61，パソコン79）を分割した映像ショット）
	検索インデックス数	3,643ファイル
	インデックス内容	54項目（時間，広告内容，演出，音響，つながりなど）：表15-2
入力	商品ジャンル選択	お茶，コーヒー，ビール，携帯電話，パソコン
	入力情報	キーワード，文章
	検索方法選択	AND検索，OR検索
	検索処理選択	基本類似度，応用類似度（内容注目，演出注目，時間・効果注目，視聴者注目）：表15-2
	検索結果表示選択	作品表示，ショット表示（表示数選択），広告ストーリー別ショット表示（表示数選択）
検索	作品検索	利用者に指定された作品の映像ショットをサムネイル表示
	類似度設定	基本類似度，応用類似度（内容注目，演出注目，時間・効果注目，視聴者注目）
	キーワード・文章検索	基本類似度と応用類似度に基づき，利用者が入力したキーワードや文章に近い映像ショットを抽出しサムネイル表示
生成	手動登録	利用者の手動（ドラッグ＆ドロップ）に基づき，サムネイル表示した映像ショットをストーリーボードに登録
	映像技法選択	広告ストーリー技法（全体型，提供者型，消費者型，イメージ型），編集技法（時系列型，商品機能挿入型，商品受容挿入型）
	自動登録	利用者の選択に基づき，サムネイル表示した映像ショットを自動的にストーリーボードに登録：表15-4
	映像ショット再生	画面上でクリックされた映像ショットを再生
	広告映像再生	ストーリーボードに登録された映像ショットをつなげて再生
	再生条件記録	入力情報，検索方法，ストーリーボードの映像ショット名記録

第15章　広告映像の生成システムの開発

◆ 2. 広告映像制作システムの開発過程とシステム機能詳細

2.1 映像データベース

　川村（2009b）が分析対象とした広告映像の素材を対象に，映像ショットの区切りを基に映像ショットを分割し実装した（280本の広告映像→3,643の映像ショット）。また，各々の映像ショットに対応した検索インデックスを実装した。検索インデックスは広告映像技法・修辞（以下の①〜⑥）に関わる54種類の項目からなる（表15-2）。広告映像を6〜12人の被験者に提供し，映像ショットごとに表15-2の基本・時間区分以外の48項目について被験者に記入してもらい，それらのデータ内容に最頻度選択などの処理を施し，検索インデックスファイルとして実装した。

　①広告ストーリー技法：映像ショットが焦点をあてている事象のデータ
　②演出技法：映像ショットを構成している情報要素のデータ
　③編集技法：映像ショットの秒数・順番・つながりのデータ
　④音響技法：映像ショットに付加されている音響要素のデータ
　⑤修辞：①〜④の広告映像技法を組み合わせ・操作するためのデータ
　⑥効果：映像ショットに対する効果データ

2.2 入力・検索

　システムの入力・検索画面を図15-3に示す。システムは，利用者（広告クリエイター，消費者）からの商品ジャンル選択，入力情報（キーワード，文章：画面の左），類似度算出方法選択を受け，入力情報を形態素解析ソフトウェア「茶筌」（松本・北内・山下 他，1999）により形態素（「名詞」「形容詞」「動詞」）に分割し，それらと検索インデックスとの間の類似度を算出して，類似度の高い映像ショット群（広告映像の候補となる映像ショット）を映像データベースから抽出してサムネイル表示する。

　類似度算出方法のメニュー（画面右上）として，基本類似度，内容注目フィルター，演出注目フィルター，時間・効果注目フィルターおよび視聴者注目フィルターを実装した。検索結果表示のメニュー（画面右下）として，作品表示，ショット表示，広告ストーリー別ショット表示を実装した。

309

第Ⅲ部　生成論

表15-2 検索インデックスの項目・内容と注目フィルターの検索対象

区分	検索インデックス		注目フィルターの検索対象		
	項　　目	主なデータ内容	ストーリー	演出	時間・効果
基本	企業	企業名			
	商品ジャンル	商品分野名			
	商品名	商品名			
	年	放映年			
時間	ショット番号	その広告映像におけるショット番号			
	ショット秒数	ショットの秒数			○
広告ストーリー	テーマ	広告映像全体を表す二つの単語を記述	○		
	一言	そのショットを一言で記述	○		
	要約	そのショットを記述	○		
	場面	商品, 企業, 消費, 生産, 流通			
	提供者ストーリー	生産流通, 商品機能, 企業効果			
	ストーリー中順番	提供者ストーリーの中での順番			
	消費者ストーリー	消費状況, 商品受容, 消費効果			
	ストーリー中順番	消費者ストーリーの中での順番			
	その他	その他の中での順番			
	場面の空間的特徴	地名, 海, 空, 山, 街, 商店, 部屋, 色, 明るさ		○	
	場面の時間的特徴	季節, 行事, 日中時間		○	
	主役	名前, 不明		○	
	主役特徴1-2	提供者, 消費者, 性別, 年齢, 体型, 容姿		○	
	主役特徴3	性格, 表情		○	○
	主役動き	普通, 速い, 不連続, スローモーション		○	
	主役科白・効果音	科白の内容, 具体的な効果音	○	○	
	脇役	名前, 不明		○	
	脇役特徴1-2	提供者, 消費者, 性別, 年齢, 体型, 容姿		○	
	脇役特徴3	性格, 表情		○	○

演出	脇役動き	普通，速い，不連続，スローモーション		○	
	脇役科白・効果音	科白の内容，具体的な効果音	○	○	
	主役と脇役の関係	友人，恋人，夫婦，親子，提供者と消費者	○	○	
	登場物	商品名，企業名，物の名前		○	
	登場物特徴1-2	商品，その他，性能，形，デザイン		○	
	登場物特徴3	価格，新発売，特典		○	
	登場物動き	普通，速い，不連続，スロー，点滅・回転		○	
	登場物効果音	具体的な効果音		○	
	登場情報	商品名，企業名，キャッチコピー	○	○	
	登場情報特徴1-2	商品，企業，その他，形，デザイン		○	
	登場情報動き	普通，速い，不連続，スロー，点滅・回転		○	
	登場情報効果音	具体的な効果音		○	
	商品の登場の仕方	普通，ショット，オーバーラップ，テロップ，キャラクター，背景，台詞，音楽曲			
	カメラ動き	固定，ズーム，ゆっくり移動，激しい移動		○	
	特殊演出	アニメ，CG，対称，オーバーラップ		○	
編集		普通，動き不連続			
音響	語り	語っている人が画面登場しない語り	○		
	音楽特徴1-2	曲名，アーティスト名，調子，楽器			
	効果音	鳴っている物が画面登場しない効果音			
つながり	意味	因果関係，対比，問題解決，説明			
	形	商品パッケージ，幾何学			
	時間	普通のカット，オーバーラップ			
効果	雰囲気	形容詞など			○
	気づいたこと	ストーリー，演出，構成で気づいたこと			○

注○：検索対象にする

第Ⅲ部　生成論

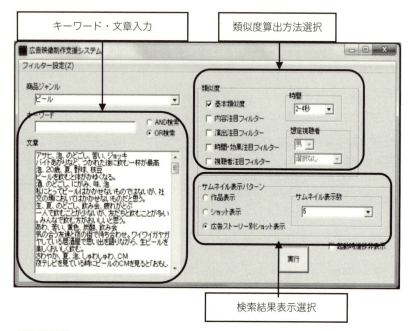

図 15-3 システムの入力・検索画面（Kawamura, 2016）

類似度 S は，形態素の単語群を Qi（i=1~n），検索インデックスのデータ内容を Ij（j=1~m）として，

$$S = \sum_{i=1}^{n} \sum_{j=1}^{m} S(i,j) * W(i,k) \qquad S(i,j) = \begin{cases} 1, & Qi = Ij \\ 0, & Qi \neq Ij \end{cases}$$

により算出する。W（i,k）は重み付け関数である。類似度算出方法を①～③に示す。

① 基本類似度：システムの利用者のキーワードおよび文章入力に基づき，それらの形態素（Qi）と表 15-2 の検索インデックスのすべてのデータ項目のデータ内容（Ij）を対象に類似度を算出する。重み付け関数 W（i,k）=1 である。

② ストーリー・演出・時間・効果注目フィルター：システムの利用者のキーワードおよび文章入力に基づき，それらの形態素（Qi）と表 15-2 の注目フィルターのストーリー（あるいは演出，あるいは時間・効果）欄に○が

第 15 章　広告映像の生成システムの開発

表 15-3 視聴者注目フィルター（キーワードの性別・年齢層別の重み付け）

	男　　性		女　　性	
キーワード	20〜29 歳	・・・	・・・	・・・
和やか	0.356	：		：
嬉しい	0.567	：		：
：		：		：

ついているデータ項目のみのデータ内容（Ij）を対象に類似度を算出する。
重み付け関数 W（i,k）=1 である。

③視聴者注目フィルター：CM 総合研究所（2004〜2005）の CM 好感度調査
を基に，広告映像技法・修辞に関わるキーワード（技法，情報要素）がど
の性別・年齢層に好感が持たれるかの関係（表 10-2 参照）を整理し，
キーワードの性別・年齢層別の重み付けデータ（視聴者注目フィルター：
W（i,k））を用意した（表 15-3）。システムの利用者の視聴者設定（k：性
別，年齢層）の入力に基づき，表 15-3 に示したキーワード（Qi）と表
15-2 の検索インデックスのすべてのデータ項目のデータ内容（Ij）を対象
に類似度を算出する。重み付け関数 W（i,k）は表 15-3 である。

2.3 生成

システムの出力画面を図 15-4 に示す（図 15-4 は広告ストーリー別ショッ
ト表示例）。システムは，検索された映像ショット群のサムネイルを画面の
左上に表示する。

次に，手動の場合，利用者のドラッグ＆ドロップにより各々の映像ショッ
トをストーリーボード（画面の下部）に登録する。自動の場合，利用者の広
告ストーリー型・編集型の選択により映像ショットをストーリーボードに登
録する（順序のルールは表 15-4）。そして，ストーリーボードに登録された
映像ショットをつなげて再生する。

広告ストーリー型・編集型のメニューとして，広告映像技法・修辞の内，
主要な広告ストーリー技法と編集技法を実装した。

①広告ストーリー技法：川村（2009b）における 280 本の広告映像の広告ス

313

第Ⅲ部　生成論

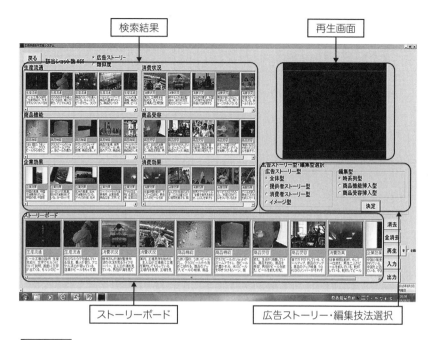

図 15-4　システムの出力画面（Kawamura, 2016）

表 15-4　広告ストーリー型と編集型とショット順序

広告ストーリー型	ショット順序	編集型		
		時系列	商品機能挿入型	商品受容挿入型
全体	操作	ー	商品受容と消費効果の間に商品機能*を挿入	生産流通と消費状況の間に商品受容*を挿入
	1	生産流通	生産流通	生産流通
	2	生産流通	生産流通	生産流通
	3	消費状況	消費状況	商品受容*
	4	消費状況	消費状況	消費状況
	5	商品機能	商品機能	消費状況
	6	商品機能	商品機能	商品機能
	7	商品受容	商品受容	商品機能
	8	商品受容	商品機能*	商品受容
	9	消費効果	消費効果	消費効果
	10	企業効果	企業効果	企業効果

			−	生産流通の間に商品機能*を挿入	生産流通と商品機能の間に商品受容*を挿入
提供者ストーリー型	操作		−	生産流通の間に商品機能*を挿入	生産流通と商品機能の間に商品受容*を挿入
	ショット順番	1	生産流通	生産流通	生産流通
		2	生産流通	生産流通	生産流通
		3	生産流通	生産流通	生産流通
		4	生産流通	商品機能*	生産流通
		5	生産流通	生産流通	生産流通
		6	商品機能	生産流通	商品受容*
		7	商品機能	商品機能	商品機能
		8	商品機能	商品機能	商品機能
		9	商品機能	商品機能	商品機能
		10	企業効果	企業効果	企業効果
消費者ストーリー型	操作		−	商品受容と消費効果の間に商品機能*を挿入	消費状況の間に商品受容*を挿入
	ショット順番	1	消費状況	消費状況	消費状況
		2	消費状況	消費状況	消費状況
		3	消費状況	消費状況	商品受容*
		4	消費状況	消費状況	消費状況
		5	商品機能	商品受容	消費状況
		6	商品受容	商品受容	商品機能
		7	商品受容	商品受容	商品受容
		8	商品受容	商品機能*	商品受容
		9	消費効果	消費効果	消費効果
		10	消費効果	消費効果	消費効果
イメージ型	操作		−	消費状況の間に商品機能*を挿入	−
	ショット順番	1	消費状況	消費状況	−（選択できない）
		2	消費状況	消費状況	
		3	消費状況	消費状況	
		4	消費状況	消費状況	
		5	消費状況	商品機能*	
		6	消費状況	消費状況	
		7	消費状況	消費状況	
		8	消費状況	消費状況	
		9	商品機能	消費状況	
		10	商品機能	商品機能	

トーリー技法の分析を踏まえ，全体型，提供者ストーリー型（以降，「提供者型」と呼ぶ），消費者ストーリー型（以降，「消費者型」と呼ぶ），イメージ型の4種類（第9章の4.1参照）の広告ストーリー技法を実装した。

②編集技法：川村（2009b）における280本の広告映像の編集技法の分析を踏まえ，時系列型，商品機能挿入型および商品受容挿入型（第9章の4.2参照）の編集技法を実装した。

◆ ## 3. 実験

3.1 実験の方法

　被験者は年齢20～23歳の男女55人（男性28人，女性27人），実験に使用した映像は，ビールの広告映像である。実験は，消費者を想定した3種類の条件を基に，4種類の広告ストーリー技法に対する視聴者の評価・反応について調査した（表15-5）。消費者の想定条件を①～③に示す。

①男性好感予想：広告映像の好感度調査に基づき，被験者の年齢層の男性が好感を持ちそうな映像ショットを基に，広告映像を生成する。一般的な男性消費者の反応に基づく広告映像と考える。

②女性好感予想：広告映像の好感度調査に基づき，被験者の年齢層の女性が好感を持ちそうな映像ショットを基に，広告映像を生成する。一般的な女性消費者の反応に基づく広告映像と考える。

③被験者情報入力：広告映像を視聴する被験者の連想・体験に関係しそうな映像ショットを基に，広告映像を生成する。特定の消費者（被験者）の反応に基づく広告映像と考える。

　これらの想定（検索）条件で，システムが実装した4種類の広告ストーリー技法により生成した広告映像（合計12種類）に対する視聴者の反応「興味を持った（面白い）か（以降，「興味」と呼ぶ）」「興味を持った（あるいは面白い）ところ」「購買意欲がそそられたか（以降，「購買意欲」と呼ぶ）」「購買意欲がそそられたところ」を調査した。実験の流れを図15-5に示す。

第 15 章　広告映像の生成システムの開発

表 15-5 実験の検索条件と生成設定

区分	項目	設 定 内 容
検索条件	男性好感予想	視聴者注目フィルターを選択し，男性 20～29 歳の条件で映像ショットを検索
	女性好感予想	視聴者注目フィルターを選択し，女性独身 18～24 歳の条件で映像ショットを検索
	被験者情報入力	準備したクエリーを文章入力し，基本類似度の条件で映像ショットを検索
生成設定	全体型	広告ストーリー型を全体型，編集型を時系列型
	提供者型	広告ストーリー型を提供者型，編集型を時系列型
	消費者型	広告ストーリー型を消費者型，編集型を時系列型
	イメージ型	広告ストーリー型をイメージ型，編集型を時系列型

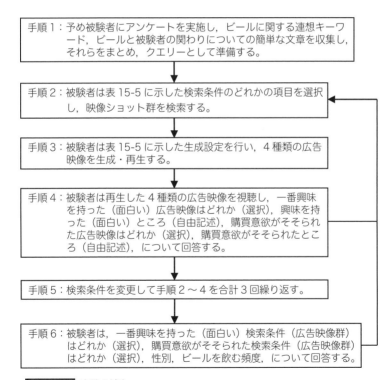

図 15-5 実験の流れ

317

3.2 検索条件と興味・購買意欲

検索条件と興味・購買意欲の関係を集計した結果を図 15-6 に示す。興味と購買意欲の両方において,「被験者情報入力」の条件が最も多い。

「男性好感予想」と「女性好感予想」が一般的な消費者の反応に基づく広告映像,「被験者情報入力」は特定の消費者（被験者）の反応に基づいた広告映像と考えれば，一般的な反応に基づく広告映像より，特定の消費者の反応に基づいた広告映像の方が，興味と購買意欲に効果があったと解釈でき

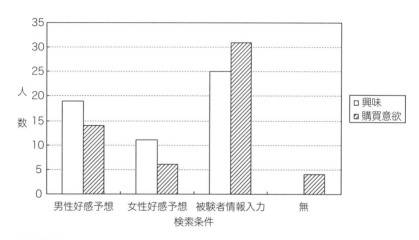

図 15-6 検索条件と興味・購買意欲の関係

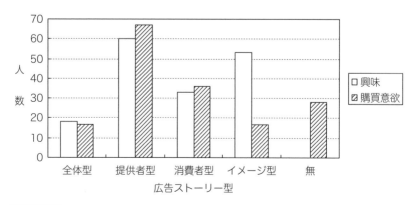

図 15-7 広告ストーリー技法と興味・購買意欲の関係

る.この結果を持って,特定の消費者の反応に基づいた広告映像制作システムが優れているとはいい切れないが,消費者の嗜好に基づくシステムの可能性を示している.また,図中の「無」は,どの広告映像においても購買意欲がそそられなかった人数を示しており,4人であった.55人中51人がシステムの生成した広告映像によって購買意欲がそそられた点でもシステムの効果があったと考える.

3.3 広告ストーリー技法と興味・購買意欲

4種類の広告ストーリー技法と興味・購買意欲の関係を集計した結果を図15-7に示す.興味と購買意欲の両方において提供者型が最も多かった.生産流通や商品機能を表現する広告映像は興味や購買意欲に効果があった.興味と購買意欲の人数を比較すると,全体型,提供者型および消費者型は,興味と購買意欲がほぼ同じであるのに対し,イメージ型は購買意欲の人数が少なかった.商品を受容する場面がない映像ショットと商品機能の映像ショットをつなげた(イメージ型の)広告映像は,購買意欲にあまり効果がなかった.

また,興味を持った広告ストーリー型と購買意欲で選択された広告ストー

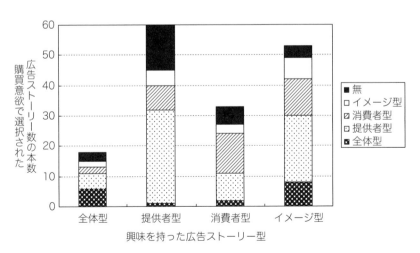

図 15-8 興味を持った広告ストーリー型と購買意欲で選択された広告ストーリー型の関係

319

第III部　生成論

リー型の関係を集計した結果を図15-8に示す。提供者型で興味を持った人は，提供者型で購買意欲につながる割合が高いが，購買意欲がそそられないとする割合も多い。一方，イメージ型で興味を持った人は，イメージ型で購買意欲につながる割合が低く，購買意欲では提供者型を選択する割合が高い。また，興味を持ったどの広告ストーリー型においても，購買意欲では提供者型を選択する割合が一定以上あった。

3.4 認知要素の分析

　広告映像の広告映像技法・修辞をより具体的に捉えるために，「興味を持った（あるいは面白い）ところ」「購買意欲がそそられたところ」の質問に対する自由記述結果（以降，「興味・購買意欲理由」と呼ぶ）を広告映像技法・修辞に対する認知要素として分類した。分類の考え方と記述概要を表15-6に示す。興味・購買意欲と認知要素の関係を集計した結果を図15-9に

表15-6 認知要素の分類の考え方と記述概要

区分	項目（認知要素）	分類の考え方	記　述　概　要
広告ストーリー	提供者ストーリー	主に生産流通に関する内容について記述。主に商品受容を削除している旨の内容について記述。	・ひたすらビールばかり映って，飲んでいるシーンがないことで余計にのみたくなった。じらされる。 ・ビールの製造過程が映っており，普段見られない所が見られた。 ・製造過程を見て新鮮に思った。 ・商品の製造過程を見ると買いたくなる。 ・こだわりを持ってビールを作っている感じがした。
	消費者ストーリー	主に消費者の状況，商品受容，消費効果の内容について記述。	・飲んだ人の表情と楽しそうな雰囲気が印象に残った。 ・飲むシーンが多かったので，購買意欲をそそられた。 ・仕事帰りに飲むという感じ。 ・広告の中の物語と自分が重なりやすい。 ・いろんな社交の場があり，いろんなビールの楽しみ方，シチュエーションがあって良かった。
	商品演出	主に商品の表現について記述。	・ビール缶からビール（液体）が出てくる映像がおいしそうに見えた。 ・注がれるところがおいしそう。 ・ビール自体の液体が見えている。 ・職人のところで出てきたビールの泡の比率の良さ。 ・ジョッキから泡があふれるところ。

第15章　広告映像の生成システムの開発

演出	メッセージ演出	主に映像でのメッセージの有無・表現について記述。	・「証言」という文字に興味を持った。 ・「樽生達人の技」のインパクトが強かった。 ・「すべてはお客様のうまいのために！！」というメッセージ。 ・黒い背景に文字だけのシーンといったとてもシンプルなものなのに印象に残った。 ・映像だけでなく，文字でも「うまい！」と表しているところ。
	人物・動き演出	主に人物のキャラクター・動き・人数の表現について記述。	・背景の炎の部分がインパクトありました。 ・アニマル浜口が印象的だった。 ・小林旭の証言がいい。 ・畑を歩いている白いスーツの人が気になった。 ・たくさんの人が楽しそうにしているところ。
	新規場面演出	主に今までにない映像・場面の表現について記述。	・景色などの映像美。 ・飛行機が大自然の中，飛行していたところ。 ・ビールといえば夏。その「夏っぽさ」を全面的に押し出したCMが印象に残った。 ・ビールからは連想されにくいシーンが入っていたところ。 ・パントマイムのようにしていた場面が印象的だった。
編集	つながり・テンポ編集	主に映像ショットの自然なつながり・テンポについて記述。	・ビール達人によって作られたビールがニュースで流れるというストーリーができていた。 ・職人が作って消費者が飲むまでの流れが見えた。 ・映像の出てくる順番が好印象だった。 ・テンポが良い。 ・男女三人がいっせいにビンをあけて乾杯するところ，あえて時間をかけているところが良かった。
	不規則編集	主に映像ショットの不自然なつながりについて記述。	・飛行機が出てきたところが，ビールとあまり関係なくて逆に面白かった。 ・いろんな映像が組み合わされすぎて面白かった。 ・意味の分からないショットを組み込んだことによって，「えっ！？何？」と思い，これが興味につながった。 ・おじさん，ハリソン，小林旭の接点のなさが面白かった。 ・ビールの説明とか工場をちゃんと見せているのに，アニマル浜口が出てきた所が相反していて面白かった
	繰り返し編集	主に映像ショットの繰り返しについて記述。	・最初にビールが流れてくるショットの後に，もう一度別の同じショットを流してきたことによって，よりビールに興味を持てた。

第Ⅲ部　生成論

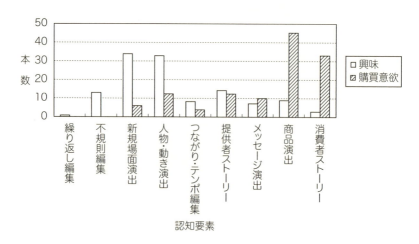

図 15-9 興味・購買意欲と認知要素の関係

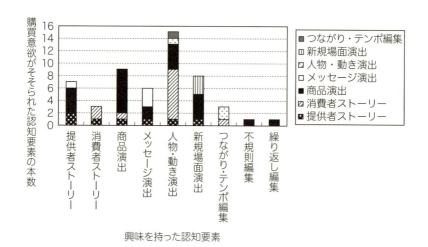

図 15-10 興味を持った認知要素と購買意欲がそそられた認知要素

示す。編集に関わる認知要素（不規則編集，つながり・テンポ編集）や新規場面演出と人物・動き演出は，興味を持ってもらえるが，購買意欲がそそられない。興味を持ち購買意欲がそそられるのは，メッセージ演出と商品演出，そして提供者ストーリーであった。消費者ストーリーは，購買意欲がそ

そられるが，興味を持ってもらいにくい。

　次に，興味を持った広告映像が購買意欲につながった（興味と購買意欲で
同じ映像が選択された）広告映像において，興味を持った認知要素と購買意
欲がそそられた認知要素を集計した結果を図15-10に示す。商品演出，提供
者ストーリー，人物・動き演出および新規場面演出で興味を持たせ，商品演
出で購買意欲をそそる広告映像，人物・動き演出で興味を持たせ，消費者ス
トーリーで購買意欲をそそる広告映像が多い。様々な興味を持たせる技法を
駆使し，それらが最終的においしそうな商品演出につなげることが興味と購
買意欲を両立するために必要である。

◆ 4. 成果

　本章では，まず，広告クリエイターの広告映像技法・修辞と消費者の嗜好
とのコラボレーションに基づく広告映像制作システムの構想を示した。次に
開発した広告映像制作システムの考え方や機能を説明した。そして，システ
ムを用いた実験について報告した。

4.1 システム開発の成果

　広告ストーリー技法と編集技法の実装を行い，利用者とシステムとのイン
タラクションにより広告映像を生成するシステムを開発し，視聴実験が行え
たことがシステム開発の第一の成果である。多様な条件に応じて広告映像を
容易に生成することができることから，今後様々な実験に活用できる。

4.2 実験の成果

　次に，ビールの広告映像を活用した実験では，一般的なマスマーケティン
グによる広告映像より，特定の消費者の嗜好に基づいた広告映像の方が，興
味と購買意欲に効果があった。システムのコンセプトである「消費者嗜好と
映像技法・修辞とのコラボレーション」の方向性に対する一定の評価が得ら
れた。さらに，55人中51人においてシステムが生成した広告映像によって
購買意欲がそそられたという結果が得られ，映像データベースによる広告映

像提供が，広告メディアとして一定の効果が得られる感触を得た。また，実験で，システムが生成した不規則編集などにより，意外性のある面白い広告映像が生成されたという意見（表15-6）があり，機械ならではの面白い映像を生成するシステムとしての活用可能性を感じた。

　ビールの広告映像を活用した実験では，以下（①〜③）に示す知見が得られた。これらの知見は，広告映像技法・修辞と効果の関係を徐々に明らかにするものであり，広告クリエイターのクリエイティブノウハウの記号化・体系化に大きく寄与する。

①広告ストーリー技法：提供者型の広告映像が，興味と購買意欲の両方において効果があり，イメージ型の広告映像は，購買意欲にあまり効果がない。

②演出技法と編集技法：メッセージ演出と商品演出は，興味と購買意欲の両方において効果があり，新規場面演出，人物・動き演出，不規則編集，つながり・テンポ編集は，興味は持たれるが，購買意欲にあまり効果がない。

③修辞（技法の組み合わせ）：商品演出，提供者ストーリー，人物・動き演出，新規場面演出で興味を持たせ，商品演出で購買意欲につなげる広告映像，そして，人物・動き演出で興味を持たせ，消費者ストーリーで購買意欲をそそる広告映像の広告映像修辞（広告映像技法の組み合わせ）が興味と購買意欲を両立させるのに効果がある。

◆ 5. 今後の課題

　今回の実験と成果は，ビールの広告映像に関するものであり，他の商品ジャンルにおいてどのような結果になるかは，今後実験を進め考察すべきである。また，今回は主に広告ストーリー技法に関する実験を行ったが，その他の広告映像技法に関する実験を行うことも肝要である。

　今後の課題としては，当面，実装した編集技法を活用した実験，ビール以外の商品ジャンルにおける実験，被験者の評価や反応を入力・分析する環境の整備，広告クリエイターによるシステムの評価，広告映像技法・修辞のメ

ニューの拡充などを考えている。

長期的には，映像処理，嗜好抽出・情報推薦，インタラクションなどの先進情報技術の適用，インターネットを介したコラボレーション・システムの開発・実験などについて，システムの研究開発を進める所存である。

（川村洋次）

第16章

外部への物語生成または
芸能情報システムに向けて

◆ 1. 物語生成社会へ

　まず，コンテンツおよびそれを作り出し表現するために利用されるメディアにおいて，「知的能力」もしくは「思考能力」はどのように取り扱われているのだろうか。ここでは，人間とメディアの間で，知的能力・思考能力が如何なる「配分」において取り扱われているか，という視点から考える。その能力を，メディアそのものがどの程度の割合で引き受けているかということが問題となる。コンピュータというメディアの場合，それ自体が引き受ける，それに対して配分される，知的・思考能力の比率の増加，ということが，その技術的進歩・発展の本質的意味である。

　もう一つ重要なポイントは，ミメーシスという観点から考える時，コンピュータが，その一つ手前の技術的達成としての写真・映画・テレビなどに対し，それらと類似の映像機械としての性格を確かに含み込みつつも，「言語機械」もしくは「記号機械」としての性格を本来的に濃厚に帯びているということである。フルッサー（1992）が述べたように，近代における映像機械は，言語の要素を内包した上での映像機械であり，その点で純粋な古代的視覚メディアとは根本的に異なるが，コンピュータは，記号的・言語的機構に基づいた，映像機械を含み込んだ言語機械というさらに斬新な性格を有する。

　表16-1に，コンテンツを作り出し表現するのに利用される各種機械（メディア）の概要・特徴をまとめておこう。

　これらに対して，コンピュータという装置は，記号的・言語的メディアで

第Ⅲ部　生成論

表 16-1 コンテンツを作り出し表現するための近・現代の主要メディア

メディア	概　　要
出　版	出版とは，文字や画像などによる作品を諸種の印刷技術を使って複製し，基本的に紙媒体による本（書籍），雑誌，新聞などの形態にまとめ，社会的に頒布・流通させ読者の手許に届ける一連の作業である（酒田，2002）。鈴木（2002）によれば，「同一の文書を複数作成する技術」としての印刷の起源は 7～8 世紀の中国，韓国，日本に遡ることができ，日本最古の印刷物の一つとされる百万塔陀羅尼は，「770 年弥德天皇の勅願によってつくられ，法隆寺をはじめとした 10 の寺に寄進された」。印刷技術の中で後世に大きな影響を与えたのはグーテンベルクによる活版印刷機の発明（1450 年頃）であり，印刷物の大量生産，さらに出版の製造システム化を可能とした。また香内（2002）は，「一つずつの字（活字）は，アルファベットの場合，殆ど意味を持たないが，字を組み合わせて単語・文章を作って行けば，そこから無限に近い，意味のある文章が仕上がってくる。このことを，もっと拡大していえば，すべての物体を単純な最小の単位─分子，原子─に還元し，またその単位の組み合わせによって，どんなに多様な物体も構成できるとする「近代的」思考の核心を表現する発明，近代思想の象徴だとする評価もある」と西洋的印刷術に関する一つの見方を紹介している。
写　真	「光を化学的なプロセスにより，金属やフィルムや紙といった媒体に刻印する技術」（港，2002）としての写真は，旧来のアイデアや技術を取り入れて，1920～30 年代，主にフランスとイギリスで発明された。その前史において，画家達が，暗い部屋や箱に小さな穴を開けたカメラ・オブスキュラと呼ばれる装置を用い，外界の光景がこの穴を通して倒立したイメージとなって内壁に映し出される，という原理により，遠近法の絵画制作を試みた。これを利用してニエプスは，写真の原イメージとなったニエプスのヘリオグラフィー（太陽の絵）といわれるものを着想した。「太陽光にさらされると硬化し不溶性になる瀝青という物質に注目したニエプスは，金属板の表面を瀝青で覆い，その上に半透明の原画を重ねて太陽光をあて，版画の描線の部分だけを水で洗い流す方法を考案」した（大久保，2013a）。一方ダゲールは，ジオラマと呼ばれる，「半透明の巨大なキャンバスにカメラ・オブスキュラによって精緻な風景画を描き，反射光や透過光をあてることで絵を変化させる幻惑的な光学装置」（大久保，2013a）を 1822 年に発明し，ニエプスとの共同研究を経て 1837 年ダゲレオタイプを発明した。これらに対して，タルボットは 1835 年に，塩化銀紙の上に直接物体を置き物体の明暗が逆になったイメージ（ネガ）を紙に定着する方法を考案し，さらに，感光物質を塗布した紙にイメージを定着する方法であるカロタイプに改良した（大久保，2013a）。最初に得られたネガを別の感光紙に焼き付けることで，同じイメージを何枚も複製可能なその特徴は，その後の複製技術としての写真の社会的普及を可能にした。写真というメディアに関する深い議論はフルッサー（1992）や深川（2007）が提供している。その問題意識を一部共有しつつ筆者にとって興味があるのは，その複製性の特質である。写真の場合，第一に，視覚的現実の模倣（ミメーシス）という意味での複製性がある。そのような意味での成果物が，印刷・出版技術に基づく本の場合のコンテンツに対応する。そして次に，本の場合と同じように，そのコンテンツの複製性，より正確には複製容易性という，第二の意味での複製性の性格が一つ遅れてやってくる。このように，写真の複製的性格は印刷・出版技術に基づく本に対して，一つ輻輳化された複雑な特徴を持っている。無論本の出版

第 16 章　外部への物語生成または芸能情報システムに向けて

容易性と軌を一にする小説の隆盛は，同時に写実主義の発生と展開という文学的現象を伴っていた。プラトン（1979）のミメーシス概念を援用するなら，写真は言葉で書かれた本よりも一つミメーシスの度合いを高めたメディアないしはコンテンツに相当する可能性がある。しかしやはり二次元的な平面空間に描かれ作られた視覚映像であり，その意味では彫刻や肖像と比較してミメーシスの度合いはより低い。上記深川の問題意識は物語でもなければ写実でもない写真の独自性を探ることのように見えるが，この写真を巡る問題意識は物語においても十分に成立するであろう。

映　画	大久保（2013b）は，マジック・ランタンという興味深い装置について紹介している。これは，17世紀西欧で発明され，18世紀に流行した，「スライドに描かれた絵や写真をレンズを通して拡大し，投影する装置で」，「写真の発明以降はそのスライドに写真が導入されるようになった」。さらに，説明者（弁士）による写真の解説は，映像と言葉による物語表現技術の先蹤であった。映画の前史の中に，このような一種総合的な「物語技術」を位置付けていることは興味深い。さて狭義の映画の方は，各種先行技術を経て，エジソンのキネトスコープ（1891年）とリュミエール兄弟（オーギュストとルイ）のシネマトグラフ（1894年）に集大成された。同じく大久保（2013b）によれば，キネトスコープは，「木箱の内部に設置されたセルロイドのロール式フィルムを電気仕掛けのモーターで回転させて見せる装置で，観客は接眼レンズを覗き込んでこのフィルムの回転を見る」。回転は一秒に30～36コマであり，一つのフィルムの継続時間は20秒程であった。一方のシネマトグラフは，一台で撮影・映写・ポジの焼き付けを可能とする装置であり，一人一台を見るキネトスコープではなく，同じ映像を複数の観客が同時に見ることができるシネマトグラフがその後の映画の大衆的普及につながって行った。上記の文脈の中で大久保はシネマトグラフによる初期映画を「最新の科学とメディアが可能にした新しい視覚経験」と見做すと同時に，「それまでの様々な大衆的な見世物（アトラクション）とパフォーマンスの中に生み落とされた」ものとも見做す。また，中村（2002）によれば，初期映画においてエイゼンシュテイン（1957；Eisenstein, 1942）らによって発明された重要な物語の技術としてのモンタージュ（組み立て）とは，「映画作品の視聴覚的要素を結合・配列し，統一ある構成体として組織すること」であり，普通先行ショットと後続ショットの順序と持続時間の一定の原理に基づく編集を意味するが，広義には，「単一ショットの中での諸要素の組み合わせやキャメラ移動による対象・構図の変化，あるいは，シークェンスなどのより大きい単位の構成，さらには，サウンド・トラックとイメージ・トラックの組み合わせなども意味する」。
電　話	ベルは1876年，音声などを電信技術によって送信するための方法および装置を発明した。これが，「遠隔地にある複数（多くは二人）の人間の間でのリアルタイムの対話を可能にするパーソナル・コミュニケーション・メディア」（若林，2002, p.658；満尻，2013）である電話として確立された。しかし初期の試行期には，ラジオ的な機能も本格的に試みられていた。一旦上述のような定義に純化された電話は，しかし再び，留守番電話，コードレス電話，携帯電話，ファクシミリ，デジタル通信との融合，映像との融合など，多様な可能性に開かれた媒体として進化を遂げつつある。
レコード	エジソンは1877年フォノグラフと呼ばれる円筒式の「蓄音機」を発明したが，遡ると，1857年にスコット・ド・マルタンヴィルが発明したフォノトグラフが先行技術として存在する。次いでベルリナーは円盤式のグラモフォ

第Ⅲ部 生成論

	ンを 1895 年から 96 年に実用化し,「一つの型から同じ内容のレコードを大量に複製できるというしくみが威力を発揮し」(谷口, 2013), この方式がその後のレコードの標準を成した。1923 年に電気録音技術が開発され, レコードはさらに普及した。録音の中身として, 静かにささやくように歌う歌手の録音が可能になり, さらに別々の音を電気信号として一つの録音物にミックスする技術も可能になった (細川, 2002;谷口, 2013)。
ラジオ	1895 年, マルコーニはモールス信号を無線で送受信する無線電信を発明, さらに 1900 年大西洋を横断した無線電信に成功した。この技術を基に, 1910 年代半ばまでに, 無線電話が船舶通信や国際ビジネス通信などで使用されるようになったが, これとは別の系統として,「音声やコメディやドラマなどの番組として形式化し, 一定周波数上に, 一定時刻ごとに編成した上で, 不特定多数の大衆に向けて一方的にまき散らす, いわゆる放送という文化的様式」(山根, 2002) が 1920 年前後より形成され, ラジオ放送局ができた (1920 年米国 KDKA, 1925 年日本東京放送局)。(満尻 (2013) も参照。)
テレビ	上述の, ラジオにおける放送という概念 (文化的様式) の発明は, テレビジョン (テレビ) の発明と共に, その後の時代を象徴した。テレビに至る技術的経緯をまとめると (飯田, 2013;伊藤, 2002)——ベインは, モールスが発明した電信機を応用, 写真電送 (ファクシミリ) の原理を考案 (1843 年?) し, カセリは, 電信とダゲレオタイプを応用したフォトテレグラフィを発明した (1862 年)。さらに, サンレクは, 電話とカメラ・オブスキュラを応用したテレクトロスコープ (1877 年) を, ニプコーは 1884 年, ルブランが考えたスキャニング (走査) の原理を用いて, 物体を電気信号に置き換えるための金属円盤 (ニプコー円盤) を発明した。以上のような前史を経て, ベアードが機械式テレビジョンの原型を完成, 1926 年公開, ベアード・テレビジョン会社を設立した。一方, 高柳健次郎は, ブラウン管を用いたテレビの原理を構築した (1926 年, 送像にニプコー円盤, 受像にブラウン管を用いた折衷式のテレビジョンを発明)。1927 年, 米国のファーンズワースが送像・受像双方に電子式に走査するテレビジョンを開発し, ツヴォルキンは 1933 年電子式撮像管を発明した。このようにして開発されてきたテレビジョンの技術に支えられて, 巨大放送局が設立され, 大衆向けに同じコンテンツを一斉に撒き散らすという放送のあり方が社会を席捲した。しかしながら近年, 技術のあり方の変質に伴って, その様相は変わりつつある。放送としてのテレビ (そしてラジオ) は, その文化的定義の変容期に差し掛かっている。

あって視覚的メディアもその中に包含するという特殊な性格を持つが, そのことは総合性という特質につながる。つまり, 言語・映像・音など多様な表現形態を装うことができ, ロボットやその他の物と結び付けば身体性という性質を帯びることも可能である。そしてそれは, メディアの歴史上初めて, 人間のそれに類比され得る知的能力・思考能力そのものを内蔵させることができるメディアである。とはいっても, 例えばコンピュータに基づくワード

プロセッサ（ワープロ）は，タイプライターと同じように人間が文字を紙に書く代わりにキーボードで打ち込めるようにするだけでなく，文章の容易・柔軟な編集可能性が前技術との最大の差別性であり，いわば編集機械・編集装置という独創的技術の領域を開拓した。それは人間の知的能力の発揮の仕方に本質的な影響をおよぼす。しかしワープロの場合，文章編集を含めた知的能力や思考能力そのものをそれ自身が保有するということはなく，つまり基本的に「頭を使う作業」は，人間に任されている。それはまだ，そのメディア自体が「思考する」というタイプのメディアであるわけではない。それに対して，人間が頭を使って物を書いたり表現したりする作業そのものを機械化しようとする方式が，（より発展した）人工知能的な方式であり，これは以上に掲げたような従来のすべてのメディアに対して，コンピュータに基づくメディアが持つ最も革新的且つ本質的な特質である。そこには断層が存在する。しかしその方式の内部にも配分比の違いが存在し，自動生成方式，支援的方式など様々な実現の可能性が想定される。

　自動生成方式とは，文字通りコンピュータという機械装置自体が，人間の助けを借りることなく，その知的能力・思考能力をフルに発揮するような方式である。つまり人間の分担なしにコンピュータが自動的にある目標となる処理を遂行する形態である。ただしそれだからといって，その形態が必ずしもその知的能力・思考能力の高さを意味するとは一概にはいえない。つまり，より高い知的能力や思考能力を持って支援的方式を実現するような場合もあり得る。逆に低い知的能力・思考能力しか持たない自動生成方式もあり得る。従って，それ自体が知的能力や思考能力を持った装置・機械としてのコンピュータの分類は，本来は，知的能力・思考能力の程度に基づく分類と，その使用方式による分類とに分けて行われるべきであろう。それらの諸種の組み合わせが存在する。

　支援的方式で問題となるのは，コンピュータにおける知的能力・思考能力と人間によるそれとの程度の配分であるが（そうした意味では支援的方式について考えることこそが革新的技術としての人工知能について考えることと本質的に重なる），様々な下位分類が考えられる。支援的方式の場合，コンピュータは人間に何らかの情報を提供し，人間はこれを基にしてある作業を

第Ⅲ部　生成論

遂行するのであるが，人間に付与される情報の程度にいろいろな段階が考えられる。かなり完成度の高い複数の結果をコンピュータが生成し，人間がその中から特定のものを選択するという方式もあれば，最終結果から見れば完成度の低い素材やイメージをコンピュータが提供するだけで知的活動の大部分は人間に委ねられるといった方式も考えられる。発想支援または創造活動支援（堀，2007）と呼ばれているものも支援的方式の一種であり，これらのシステムの多くにおいてコンピュータは人間の思考能力を刺激し活性化するための情報を提出する。コンピュータのさらなる特徴は，その現象形態の多様性である。ロボットのように人間や動物に類比されるような身体的存在として現れることもできれば，日常会話を使って人間との関係を構築することもでき，物の中に組み込まれて何らかの仕方である機能を高度化することもできる。特に支援的装置としてのコンピュータを考える時，この人間とのインタラクションの側面は重要である。これらの可能性と組み合わせの問題は，まだ徹底的に突き詰めて考究されてはいないように思われる。また，その作業対象領域は実用的領域ばかりではなく，非実用的ないし芸術的領域にもおよんでいる。というより，寧ろ後者の領域がその発展を先導している面も強い。

　ここで，メディアを巡る以上の検討と関連させて物語生成システムについて見ておこう[46]。物語生成システムの場合，人間がワープロを使って小説を書き編集するのとは違って，コンピュータそのものが物語を創出する。しかし人間との間での知的配分比は様々である。またその「実用化」については，日本でも近年徐々に話題に上るようになってきている。

　第13章で述べたように，筆者らが開発している物語生成システム（統合物語生成システム＝INGS）において，処理の最小単位は文章や文ではなく概念およびそれと対応した語彙（単語）であり，物語コンテンツ知識ベース中に格納された諸単位の知識要素などを利用し，ボトムアップ方式とトップダウン方式とを併用しながら物語の構造（主にストーリーおよび物語言説）・

---

[46] 物語生成システム関連文献については，小方（2011d）や Ogata（2016b），Ogata & Asakawa（2018b）を参照されたい。

文・文章さらに音楽などをシステム自身が織り上げて行く。基本的に辞書を使用せず既存のテクストからの引用・編集などにより物語や詩を生成するタイプの研究（阿部，2010；浅川，2015b など）と比較すれば，かなりの量の情報を予め書き込んだ辞書その他の知識要素を用意しているが，それらをそのまま直接組み合わせるのではなく，知識要素の体系にもミクロからマクロに至る階層が存在し，文・物語の部分構造や全体構造，言語など物語の表現構造までのそれぞれを，相互関係を考慮しながら柔軟に合成・編集する。また，物語の「生成−流通−受容」から「産出−消費」にわたるマクロな枠組みも，より早い時期から物語産出−消費モデル（網野・川村・小方，2001, 2002; 小方，1998, 2002b；Ogata, 2004, 2016a；小方・川村，1999a, 1999c；小方・小野，2015b）として公表しており，同時にそれを，次節で述べるように，具体的な（＝システムとしての）物語生成システムを内蔵した芸能情報システムとしてモデル化し，開発の方向性を示している。

　コンピュータという道具は最も単純には既に存在するものの効率を向上させる。それはそれで重要な機能であるが，ビジネスにおいてコンピュータ（情報技術）による業務そのものの改変・変革が起こったように，本質的なのは特定の業務機能の効率化を超えてその業務が属する環境そのものを変化させてしまう可能性である。無論これはコンピュータにのみ限った話ではない。メディアやコンテンツの世界で過去から現在まで行われてきたのも，メディアという道具によってコンテンツそのものが変化し，時として全く新しいコンテンツのジャンルが発生するということであった。筆者が予想・期待するのもそうした現象である。つまり，それが従来存在しなかった全く新しい物語の／コンテンツのジャンルを，さらにその制作・流通を可能とする社会的システムを生み出すことを遠望する。研究・開発も，既存のシステムさらには制度の効率化や発展すなわち強化を指向するタイプと，その創造的破壊と再編成・再構築を目論むタイプとに分類されるだろう[47]。物語生成シス

---

47 とはいえ，「創造的破壊」を目指す研究開発といえども，どのようなものを目指すべきなのか，を予め規定する権力的なものがしばしば存在する。国家的な強大な組織体による政策策定の類はそれがどんなに革新的に見えても基本的にはその類である。ただ，ここでの物語生成システムの社会的展開に関しては，あくまで筆者自身の物語生成システムを媒介とした新しい物語に向けた構想・妄想の開陳に過ぎない。

第Ⅲ部　生成論

テム自体がメディアになり，そこから新しいタイプの物語のコンテンツが生み出されて行く。それがどのような物語になるのか，如何なる物語が生み出されるのかは分からない。現状の物語生成システム研究においては，思考するのはあくまで，コンテンツを創出する機構すなわち一種のメディアとしての物語生成システムであるが，「メディア自体が思考する」段階より先に行くと「コンテンツ自体が思考する」段階に達するかも知れない。メディアとコンテンツが融合し，物語生成システムの機構＝メディアによって生成された作品＝物語のコンテンツそのものが思考する，といった形態も考えられる。

　ここで，筆者が展望する「物語生成社会」自体の改変，あるいはその再組織化について触れておく。物語生成社会というのは，物語の概念を殊更に強調して捉えた一つの見方に過ぎないというわけではない。社会を総体として眺めれば，それは様々な種類の，様々な層の，物語によって構成されている共同幻想である。あえて物語という用語・言葉を使用して構わないと考えるのは，それが非常に分厚い意味合いを持つからでもある。渡辺保（渡辺，1974）も，物語は単にストーリーを意味するのではなく，寧ろストーリーは必ずしも不可欠ではない一構成要素に過ぎず，より本質的で不可欠なのは「語り手-聴き手」という関係，「語り-聴く（語られる）」という関係，そしてその関係を介して行われる動的な一種の運動の側面である，ということを述べている。これは物語論において一般に認知されている考え方であるが，それが歌舞伎という極めて多重的な物語に関する論述の中で述べられていたことが重要なのである。それは擱くとしても，物語生成社会の中には，必ずしもストーリーを持たない行政文書のようなものも含まれている。毎年全国の大学で膨大な数の教員および事務員を動員して行われる大学入学試験の際教員により受験生に向けて語られるシナリオの類[48]は，物語としての社会的文書の一種であろう。結局のところ外在化された文書やテクストから，また

---

48 それは人形浄瑠璃における義太夫節と同じように，紙の冊子を見ながら大学教員によって朗読される。まずもって可能な限り語り手の個性を交えないことが推奨され，しかし浄瑠璃とは違って，技芸や芸術とは認識されず，また強制された語り手に進歩への希求は基本的にないので，永久にその段階にとどまる。しかしながら，日本中で，同じ時間に，数え切れない程多数の語り手によって，同一の文句が朗読されているというのは，これ以外には考えられない程激しい物語的現実であり，一種壮観であるといえる。生けるコンテンツがテクストをその場で書き換えたらと考えると楽しい。

第16章　外部への物語生成または芸能情報システムに向けて

固定化された形態として残らない対話のような言語態も含め，広汎な言説の集合体として捉えられた社会を，ここでは物語生成社会と呼ぶのである。前述のようにここでの生成は必須の要素として受容ないし消費を要請している。というより，受容や消費は，広い意味で能動的な解釈や反応を伴うという意味で，それ自体もまた生成的な活動であり，特に社会的状況においては，両者すなわち受容と生成はいわば変幻自在の相互的関係を示す。

　知的能力や思考能力をそれ自体が備えた物語生成システムが発展して行くということは，人間以外の著者が物語生成社会の中に加わるということを意味する。現実的・実用的に考えれば，まず人間がやる程ではないような簡単な仕事を物語生成システムが担当する，といったことが考えられる。修辞的な創造機械が人工的に可能になるという点にこそ物語生成システムの本質があるのだとすれば，初期段階にあっては物語生成システムは人間的なものの模倣（ミメーシス）として進歩・発展して行くであろうが，それらの試行の中には逆に，意図的な戦略のみならず技術的な未熟さからももたらされる「非人間性」ないし「非人間的要素」が忍び込みあるいは紛れ込み[49]，物語生成システムの非人間的可能性さらには非人間的創造性が，意識的と無意識的とを問わず，拡大して行くだろう。物語生成システムによって，物語生成社会の中に，非人間的創造性の領域が形成されて行く。人間には「慣れ」という特性があり，ある谷間を越えた時，人工的システムの非人間的特性は，人間的感受性で普通に受け止めることができるものの範囲内に馴致されて行く可能性があり，もしそれが一種の自然過程であるのだとすれば，非人間的創造性の顕在化は，寧ろ不自然な，個人的・私的戦略のレベルで考えるべき主題となる。一方で物語生成システムにおける非人間的創造性が人間的性質の中に結局は囲い込まれ馴致されて行く可能性があるとしても，他方では個人的・私的戦略のレベルで，物語生成システムの非人間的創造性を実現する側の立場から作業を進めて行くことも重要な課題になるだろう。

　本章と第17章は，既になされた研究の紹介ではなく，筆者の物語生成システム（現状では INGS）の外部（社会的方向）および内部（個人的・私的

---

49 いわば模倣（representation）に対する示現（presentation）とでもいえるかも知れない。

第Ⅲ部　生成論

方向）への展開構想の記述であるが，ここまでもそうであったように，筆者自身のいわば「心情論理」が記述中に大いに浸透するであろうことを断っておく。最終的に目指されているのが，客観的な研究成果ではなく，主観的な作品制作であることも影響している。また，INGS自体が現状では未完成のシステムであるのみならず，この漸進的システムには本質的に今後とも完成の時というものはないので，意図的に作り出した節目ごとに，そのレベルに応じた展開を図らなければならない。逆に，この展開への架橋がINGS自体の開発に影響することもあるだろう。

　現状のINGSがそれに相当するところの「単体としての物語生成システム」を包含するより大きな枠組みが，筆者の（技術としての）物語生成システムの全体像であり，これはINGSが物語生成−受容モデルであるのに対して，包括的な物語産出−消費モデルを意味する。両者の重ね合わせは多重物語構造モデルの一つの具現形態である。こうした意味でのINGSの展開は，技術的にはINGSを包含する全体機構の構築に基礎を置き，実際の展開は，外部への展開すなわち社会的展開と内部への展開すなわち私的・個人的展開という二つの方向に向けて行われる。

　INGSの外部展開＝社会的展開とは，INGS自体やそれが産出した物語コンテンツを，支援的方式に基づく人間との共同制作形態も含め，システムの外部領域としての社会と接触させること，より具体的には社会的流通・消費機構の方向に拡張することを意味する。多重物語構造モデルにおける外縁の領域を占める環境として位置付けられる。その一つの典型的形態はビジネスであり，仮想出版社や仮想芸能プロダクションのようなイメージも可能であろうが，その可能性は既存の存在に限られない。また純粋な芸術的・文学的実験の試行も存在し得るだろう。

　そもそも筆者の物語生成システム研究自体が非常に個人的・私的な試行であり，その展開は，上記のように外部へ・社会へ向けて行われると共に，個人的・私的な内部へも向けて行われ，後者もINGSとそれを包含する物語産出−消費機構を用いて行われる。大まかに分ければ，外部的・社会的展開がより技術的・機構的・形式的な議論を要請するのに対して，内部的・私的展開はそのコンテンツ知識として筆者の「私的」知識を要求するため，より内

容的な側面に関連する議論を要請し且つ喚起する。

　ここで，INGS を包含するシステムの大きな枠組みとして，かつて提案した芸能情報システムを招来する。INGS の外部＝社会的展開および内部＝個人的・私的展開は共に，芸能情報システムを通じて実現される。もともとこれは，筆者の研究全体の中で，単体としての物語生成システム（現状ではINGS）の複合的・多重的使用によって，物語生成の社会的展開を具現するためのシステムとして構想されていた。同時にそれは，芸能特に歌舞伎や人形浄瑠璃などを媒介に，筆者自身の個人的・私的物語の内容をその機構の中に組み入れることも目標とする構想であった。このように，もともと芸能情報システムは，外部と内部の双方に研究を展開・拡張するための枠組みであった。INGS とは違ってこれはまだ断片的にしかプログラムとして実装されていないが，次の 2. ではできるだけその駆動イメージを考慮した構想の概念的な説明を試みる。

◆ 2. 芸能情報システム―素案と思想―

　本節では，芸能情報システム（以下，*Geino* Information System：GIS）の構想を紹介し，INGS から芸能情報システムへの展開を図るための基本コンセプトを議論するが，その構想・システム構成共に多分に流動的であり，今後の具体的設計作業を通じて拡張・変更して行く。

　ここでなぜ芸能なのかということについては本書の幾つかの章―第6・11・12章など―で既に触れた。それは筆者の私的・個人的志向・嗜好と関連する。物語ではなく芸能，という意味なのではなく，筆者にとっての物語とは，文学でも芸術でもなくて芸能なのである。その意味では，物語生成研究が志向するものは，あるいは筆者がそれを通じて究極的に目指すものは，先端的または前衛的なものではなく「平凡なもの」・「特性のないもの」と関連し，先端・前衛・革新・イノベーションといった言葉で表現されるようなものからは最も遠いものなのである。この話題には第 17 章でも触れる。

　図 16-1 は GIS アーキテクチャの極めて大まかな素案，現状での構想である。これは従来の構想図（第 2 章，図 2-3）に INGS を加えて再構成したも

第Ⅲ部　生成論

のであり，物語生成–受容機構（INGS）を複数包含した物語産出–消費機構に相当する．最も大きなレベルでは，「送り手機構」・「受け手機構」・「芸能ヒストリー」に分かれる．

　最初の送り手機構は，その中の「解釈戦略」の機構によって外部情報（主に受け手機構により出力される情報の種々の痕跡）を受け取り，解釈枠組みに応じて解釈を施し，それに基づいて物語を生成する．ただしこれは必ずしも受け手の要求や期待に単純に沿った物語を生成するという意味に矮小化はされない．送り手機構による物語生成の中枢に INGS が位置付けられる．

　送り手機構による物語生成の連鎖・反復が次の芸能ヒストリーを成す．その際，「作品資源」・「人生資源」・「芸能人資源」と呼ぶ，INGS には含まれ

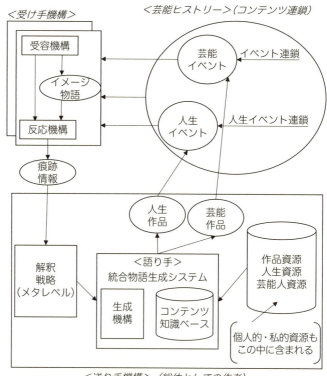

図 16-1 GIS アーキテクチャ構想

ないより特殊な知識ベースを利用する。これらは INGS の物語コンテンツ知識ベースに類似しているが，GIS に独自のコンテンツ知識を内蔵したものである。芸能人資源というのはストックされる芸能人・芸能者のキャラクターもしくはペルソナ情報の収蔵庫であり，人生資源とはその中で芸能人の人生のヒストリーないしライフコースの部分のみを取り出したものである。作品資源とは，芸能作品群の何らかの形で加工された知識を意味し，INGS 中の物語コンテンツ知識ベースに格納されるコンテンツ知識と比較してより特定的な物語をベースとした情報であり，具体的には歌舞伎や人形浄瑠璃を中心とした物語コンテンツ知識を格納することを狙いとしている。両者の切り分けは今後の構築作業を通じて明らかになって行くだろうが，芸能に特定的なコンテンツ知識を特別にここに分離・格納したものと当面は考える。

　受け手機構の中には，人間の受け手だけでなく，機械的な何らかの機構としての受容主体も含まれる。これらは，ある個別の作品，作品の連鎖，芸能人の人生のヒストリーなどの受容経験に基づく反応結果を何らかの形で出力する。送り手と受け手両機構間での循環的・反復的なやり取りを通じて，芸能ヒストリーが連鎖的に形成される。芸能ヒストリーの内実は，芸能イベントとその連鎖および人生イベントとその連鎖とに分類される。前者は，生成される個々の作品とその連鎖を意味し，後者は芸能人の役者としての人生の流れを意味する。ここでいう作品の中には，役者の人生そのものに焦点化されたスキャンダル的あるいは芸能ニュース的なコンテンツも含まれる。

　INGS と GIS におけるコンテンツ知識の分割についてであるが，INGS 中の知識はより一般的なものであり，その中でも各種辞書が最も一般的な知識グループに位置付けられる。より特殊なものとしての GIS の知識もまた，一般性／特殊性の軸において大きくは二つのグループに分類される。最も特殊なのは第 17 章で述べる筆者自身の私的・個人的知識であり，比較的にはより一般的な知識としての GIS の知識が各種知識資源として準備される。

　一方，第 12 章で予備的・暫定的ではあれまとめることを試みた歌舞伎知識機構は，GIS に限定されず INGS とも関連する。INGS 中へのその知見の導入に関しては別に検討するが，GIS との関係に関しては，現状では多くのものが作品資源の範囲に含まれる（例えば，①現実（事件），②作品，③

第Ⅲ部　生成論

ジャンル，④題材（素材），⑥ストーリー（筋書き），⑦場所（舞台），⑧時間（時代），⑨芸能様式，⑫テクスト，⑬制作（台帳），⑭演出，⑮上演）。しかしGISの場合の作品とは必ずしも狭義の芸能的・芸術的ないし文学的作品を指しているわけではなく，芸能人の芸能ニュース的な作品や人生の作品の類も含まれ，そうした意味ではこれらは芸能人資源や人生資源とも関連する。一方で，芸能ヒストリーや受け手機構に関する項目は結果的に少なかったことが分かる。芸能ヒストリーに関しては，作品や人物（役者）の歴史性，上演など部分的にはかなりの項目が関連するが，物語産出‒消費の動的側面自体に着目した歌舞伎の調査・分析が今後は必要になる。このように，GISのモデリングの観点から歌舞伎分析を組織的に設計するという行き方が見えてくる。

　以下，送り手機構，受け手機構，芸能ヒストリーから構成されるGISアーキテクチャをより詳しく見て行く。幾つかの特定トピックの検討・考察も挿入する。

　GISの送り手機構が生成するコンテンツ中には，狭義の物語コンテンツだけでなく，芸能人のスキャンダル（記事）のような広義のコンテンツ―芸能作品に対する芸能人の人生作品も含まれるが，ここでは芝居のような狭義の芸能作品のイメージで議論を進める。概略，その制作に当たって，GISはまず，「作者」（単体もしくは複数），「役者」（普通は複数），「年代記」（のどの部分か）などの項目を決定する。ここで選ばれた一人以上の作者はまず物語の「ストーリー」を作るが，その中で，「登場人物」や「場所・舞台」（それぞれ通常は複数）の選択・決定が行われる。以上を基にして，GISに包含されるものとしてのINGSが，詳細化段階に至る物語生成処理の全般を担当する。INGSとGISとは，それぞれ独自の処理を担い且つ相互のやり取りを通じて，全体過程を進行させて行く。なお当然，芝居のような物語の場合，シナリオ・脚本の制作に引き続いて舞台での上演が行われるが，INGSがこの過程をも担い得るとすれば，主に物語表現機構によるCGやロボットでの実現というものが考えられるだろう。しかしここではシナリオレベルの生成に限定して，送り手機構に現れる以上のような諸概念をまとめてみると―

　まずGISは，歌舞伎の場合の座付作者に擬せられるような何人かの作者

第16章 外部への物語生成または芸能情報システムに向けて

を予め持つ。このような意味での作者もまたそれ自身一種の芸能人であり，それぞれの人生ストーリーを持つ。芝居的な物語の場合，作者は特定の役者達に宛てて，特定の場所＝舞台と時代背景を選択・設定し，特定の登場人物群が活躍する，物語のコンテンツを制作する。一つの GIS は一つの劇団のようなもので，かなり少数の限定された数の役者（芸能人）の集合をやはり保持している。個々の役者自身も，それぞれの人生の生活史というストーリーを保有している。役者は図 16-1 における芸能人資源と人生資源に関連する。技術的には，作者の主要な内実は INGS であり，INGS は，それが独自に持つ知識に加え GIS の各種知識資源を利用して，個々の作品を作り出す。

　従来の歌舞伎や人形浄瑠璃，近・現代小説などから獲得された「登場人物」群もこの中に含まれる。歌舞伎や人形浄瑠璃の登場人物は，数多くの作品中に出現するなど既に流動化されているが，近代小説や現代小説では，場合によってある特定の作者の複数の作品中に特定の登場人物が出現するような例もあるが，まだ近世の物語のように異なる作者の異なる作品中で縦横無尽に活躍するようには流動化されていない[50]。あえてそれを試みるという方向への実験的展開も想定される。次の場所＝舞台群や年代記と合わせて，図 16-1 における作品資源と関連する。GIS はまた，旧来の物語作品に現れたあるいはそれらを組織化した，典型的な場所や舞台群をストックする。それらも人形浄瑠璃・歌舞伎から近・現代小説に至る作品群（作品資源）の参照に基づく知識ベースとしての構成が可能である。

　歌舞伎や人形浄瑠璃には，特に場所＝舞台と連動して，菅原道真の時代，『平家物語』の時代といった，典型的な時代区分が用意されていたが，これは登場人物や場所＝舞台と並ぶ物語の主要構成要素に当たる。近・現代の物語の場合，歌舞伎的な「世界」は明示的に定義されてはいないが，現実には多くの物語が，近代なら，明治維新・太平洋戦争・高度経済成長期などに分類される枠組み的な時代区分に立脚して作られている。後述するように，こ

---

50 しかしながら，より大きな視野から見れば，近世物語の場合こそが登場人物の固定化であるともいえる。

第Ⅲ部　生成論

れらはまだ年代記という共同幻想として確立されるには至っていないように
思われるにしても。既存の作品群が各時代区分におけるある年代記を帰納的
に構成し、GIS や INGS がそれを利用するという（かなり遠大な）可能性も
考えられる。

　年代記と語り手という問題に関してここで多少の検討を加えておく。な
お、INGS における物語表現機構は、物語言説機構の一部を成すものとして
位置付けられる。すなわち、語られたもののコンテンツ（広い意味での物語
言説）を、構造的・深層的なレベルでのそれと表現的・表層的なレベルでの
それとに二分する。後者には言語生成だけでなく音楽や映像の生成も含まれ
る。そして、すべての表層表現機構を言語に類似した記号的レベルで処理す
ることを基本方針としており、物語表現機構における生成主体も語り手と呼
ぶ。このように、INGS における語り手とは、物語言説機構と物語表現機構
の双方におよぶ機構である。また、前者を狭義の物語言説機構と呼び、両方
を併せたものを広義の物語言説機構と呼ぶ。

　これらに対してストーリー生成機構は質的に異なる機構である。INGS では、
物語言説機構における生成主体を上述のように現在明確に語り手と呼んでい
るのに対して[51]、ストーリー生成機構の生成主体は明示的に命名されていな
い。明らかに語り手とは異なる機構がそこには措定されなければならない。

　歴史物語論（野家、1996；貫、2010）との対比で考えれば、上記語り手は、
歴史の素材を具体的に語る主体を意味する。現状の INGS の構成では、この
「歴史の素材」に相当するものがストーリー＝物語内容なのであるが、それ
は誰によって制作・構成・用意されたものなのか？　現実の歴史の場合もこ
の問題は自明ではない。ただ歴史の場合、ここでストーリーに当たる層の中
に「年代記」と呼ばれるものを区別・措定することが可能と考えられる。こ
の場合、語り手による物語言説の層の前に、年代記＋ストーリーの層が置か
れる。そして年代記もストーリーも、物語言説の場合の語り手とは異なる主
体によって構成される筈であり、ここでは当面一つのものとして捉えておく

---

[51] なお蓮實重彥（蓮實、2014）は、「物語」とは質的に異なるものとしての「小説」、という思想をお
　そらくは踏まえ、語り手に代わる言葉として「話者」を使用している。

第16章 外部への物語生成または芸能情報システムに向けて

として，それは一体誰によって組み立てられたのか？ 年代記とは，ある時間的範囲において，生起した出来事が記述された，それ自体一つの言説を意味する。歴史とは過去の出来事を素材とするが，素材自体の現実的生起そのものを目撃することはできず，一旦はそれを年代記という仕方にまずは編成・組織化しなければならない。その主体は，それを素材として，ある意味自由に語る語り手とは異なる存在であるべきであり，単刀直入には「年代記作者」という呼び方もあり得るだろう。略して作者か？ それは現実の作者という意味を含む。ところが，虚構（フィクション）としての物語の場合，年代記的な素材自体が既に虚構である。しかしながら，物語言説の語り手の方から見れば，その素材としての出来事は，相対的には一種の現実として解釈されても良いものであるだろう。そこで一つの可能性としては，（年代記作者も含むものとしての）ストーリー生成機構における生成主体を作者と呼び，他方物語言説機構における生成主体を語り手と呼ぶ，という区別が考えられる。

ここで，人形浄瑠璃や歌舞伎のいわゆる時代物[52]のストーリー構成を例に考えてみよう。時代物において，ストーリーは，事前に，いわば共同幻想として存在する歴史を基盤として組み立てられる。この歴史が，ストーリーと物語言説（狭義と広義）に先行する年代記に相当する。時代物のストーリーは，年代記の中を掻い潜るようにして，多くの歴史的事実—登場人物，場所＝舞台，時間等々をアレンジし，時に組み替え，裏側の，いわば下層に潜んだストーリーを，必要な年代記的歴史事実の枠組みに則って，作ろうとする。このように，この場合，年代記＋ストーリー／物語言説という上述の構成ではなく，年代記／ストーリー／物語言説という構成を考えた方が適切であろう。このような構成に基づく物語の制作術では，年代記／ストーリー／物語言説の三段階中の年代記の層は，まずは厳然と動かし難い既定の事実であるに過ぎない。この場合，寧ろストーリーと物語言説の双方を合わせたものを，INGSにおける物語言説に相当するものと見做した方が良いかも知れない。年代記／ストーリー＋物語言説という構成になる。このような歌舞伎

---

52 時代物やそれに対すると思われている世話物という分類の考察は今尾哲也（今尾，2010）によって行われている。また以下の考察は，橋本治（橋本，2012）からもヒントを得た。

343

第Ⅲ部　生成論

の方法を援用すれば，年代記は知識ベース中に格納された物語コンテンツ知識の一部に対応するものとして扱われ得る。そして現状でのストーリー生成機構と物語言説機構がその構造を改変・編集する語り手に相当する。このような方法が一つ考えられるだろう。

　しかしながら，本研究（における作品制作という段階）において恐らくはかなりの比重で取り扱われることになるに違いない近代から現代にかけての歴史は，かつて歌舞伎作者や人形浄瑠璃作者が対象としていた歴史に見られるような，既定性・確定性と呼べるようなものをまだ保持するに至ってはいない。流動的状況の中で，（一つとは限らない）歴史が構成されようとする渦中に我々は置かれている。つまり，年代記自体の確定・画定という作業の途次に我々はいるのである。最低限の「歴史年表としての年代記」は存在するが，近代・現代の場合，それがかつてのように共同幻想として確立されてはいない。あるいは様々な固定化の可能性はありながらも，収束を帰結しない流動的状況がずっと続いている。近代から現代さらに現在にかけての時間の流れの中では，まだ評価や位置付けが確定されていない多くの出来事が蠢き犇めいており，到底共同幻想となる程までに歴史的出来事の世界は煮詰められていない。テレビドラマや映画や小説を通じて，戦前から戦後への年代記の醸成は現在さかんに行われつつあるが，共同幻想としての歴史の構築過程がまさに進行しつつある段階であり，何が実際に生起したのかの評価もなお，激しく揺らいでいるような状況である。そんな状況の中では，かつての歌舞伎作者達が行ったような，確定され共同幻想化された年代記を前提とした，ストーリーの生成という作業の根拠自体が成立しないと考えなければならない。

　このように，歴史を取り上げた場合ですら，ストーリーの前提・背景となる年代記自体がしかとは存在しない，という事実が見出される。実践的なレベルでは，（それ自体量的には膨大な）歴史的事実の存在を頼りに，その隙間を縫う類のストーリーを紡ぐしか方法はないということになるだろう。この場合，年代記は，ストーリーを成立させるための単なる背景情報（状況）であり，一種の枠組みである。登場人物や場所＝舞台がそうであるのと同じようなレベルで，年代記も大局的な枠組みの中の一つのタイプとして位置付

344

第 16 章　外部への物語生成または芸能情報システムに向けて

けられる他ない。結局，それ程の意義や根拠のないものとしての年代記を枠
組みとして，またそのことを十分に承知しながら，ストーリーを作って行く
のであるから，場合によっては，その年代記そのものが変更されてしまうと
いうことすら起こり得る。あるいはまた，この年代記を創出させる作業，そ
して同時に一定の年代記を創出させないという行為にこそ，現在の物語の本
質的なあり方があると考えることもできるのではないかとすら考えられる。

　問題は，所与としての物語の情報は何かということであろう。物語言説の
語り手の語りの起点はそれである。具体的には，年代記が所与であるか否か
という問題であり，第一の場合ストーリーの作者（仮名）がこの年代記に基
づいてストーリーを構成し，語り手がこれを物語言説化する。他方，第二の
場合は，年代記自体の作者が要請され，それに対するストーリーの作者と物
語言説の語り手が要請される。概念区分としては，ストーリーの作者と物語
言説の語り手とをむしろ同類のカテゴリーとして，レベルの違いを表すため
に「語り手Ａ／語り手Ｂ」のように記述するという考え方もあり得る。あ
るいは，年代記とストーリーに対してあくまでも作者という名前を付与し，
「作者Ａ／作者Ｂ」のように記述する考え方も可能であろう。後者は，比較
的未確定な年代記を対象とする場合の命名法ないし概念規定であり，それに
対して前者は比較的確定的な年代記を対象とする場合のそれであろう。この
ように，年代記の性格に応じて，異なる性格を持つ作者を措定するというモ
デル・方式が考えられる。さらに前述のように，年代記を全く所与のものと
して予め設定し，作者をそれに対するストーリーを構成・編集する主体と
し，物語言説の方の主体を語り手と呼ぶという方式も考えられる。

　次に受け手機構についてであるが，GIS にとっての受け手は，人間の場合
もあれば，プログラム的に構成された仮想的な存在，例えば人工読者や人工
視聴者の場合もある[53]。仮想的・人工的な受け手については，極めて単純な

---

53 また語り手という主体に関しても，機能もしくはエージェントとしてそれを捉えるとすれば，仮構の
　存在すなわち人工作者でも現実の存在すなわち人間でもどちらでも構わないことになる。GIS の レ
　ベルから見れば，INGS に相当するような物語生成‐受容機構の一つが人間であることも許される。
　GIS を人間‐機械系による総体としての物語生成システムとして構成して行くことは，一つの現実
　的・実際的な行き方であろう。これは必ずしも，機械による完全自動が不可能な処理を，妥協的に
　人間が行うということを意味していない。

第Ⅲ部　生成論

ものながら INGS の物語言説機構で実験した（Akimoto & Ogata, 2014b）ので，GIS ではその発想を生かす。受け手機構は，生成された物語—無論単体としての作品だけでなくその連鎖も含まれる—の評価を何らかの仕方で行いそれを何らかの形で反応として表現する。図 16-1 の GIS アーキテクチャ素案の中で「痕跡情報」と呼ぶのは，受け手の評価・反応の様々な形式での情報を意味する。現実社会のコンテンツ現象の中には，言葉による送り手側への直接的情報提供（談話，メールなど），間接的なものとしてのブログ類や評論・批評など，さらに噂や評判・口コミ等々，多彩なタイプの痕跡情報が含まれる。GIS では，現実の受け手および仮想的な受け手による受容情報の種々の表出を痕跡情報として把握し，送り手機構が様々な意味で参照するパラメータと見做す。

　上述の研究でも参照した受容理論や読者中心批評などの文学理論は文学作品の受け手に焦点を当てたが，物語生成システムに十分に適用できる程明晰に体系化された研究は存在しない。物語の評価は非常に主観的で曖昧なものである。文学史は，文学作品群の可能な限り客観的な評価に基づいて構成されていると考えられているが，それが極めてイデオロギー的な制度であることもまた明らかであり，さらにヤウス（2001）やイーザー（1982）の受容理論は文学評価の歴史的変動性を明らかにした。

　心理的な意味でも物語や文学の評価は非常に難しい。例えば，人はしばしば「面白い」という表現を使う。研究に対してもこの言葉は使用され，その場合の「面白さ」は種々の意味合いやニュアンスを総合したそれ自体複雑・微妙な概念である。その総合性や複雑性に関しては変わりないが，物語の場合に使われる「面白さ」はより一般的な言葉である。しかしそれでもなお，「面白い」という，人間がしばしば普通に使用する評価基準でも，あるいはであるからこそ，そう単純ではない。私見によれば，日本では，1970 年代か 80 年頃から，過度に読みやすく理解しやすいものが持て囃されて過剰に流通・普及し，逆に読みにくく理解しにくいものが非難される時代の潮流が感じられるようになった。そして「難解な作品」を面白いといっては嫌われる風潮も極まり，挙句の果てに「作家」を名乗る者達が自ら「読んでいない」「難解な文学作品」を，そのことをあたかも自慢するかのように批評す

る時代になった[54]。しかし文学解体の潮流を迂回しつつ，ジョイス（1996a, 1996b, 1997）の『ユリシーズ』を怖ろしく面白いと思った筆者の経験も一方では事実であった。何を面白いと思う（べき）かということは一種の制度的規範であり，また難解と一般に認識されているような作品にもある種の人は十分に面白さを感じ取るものなのである。この物語の面白さという問題に関して，筆者としては今後第11章および第12章で議論した多重性の問題との関わりで検討してみたいと考えている。

　歌舞伎や人形浄瑠璃では，入り組んだ複雑怪奇なストーリーが作られることが，往々にしてあった。「綯い交ぜ」（三浦，2000）というのはそのための技法である。例えば近松半二らによる人形浄瑠璃台本『本朝廿四考』の理解を拒絶するようなストーリーを橋本（2012）が論評を交えて記述している。また，『仮名手本忠臣蔵』の早野勘平の切腹に至る場面のように，観客が知っていることを当の登場人物が知らないという工夫，並木宗輔らの『一谷嫩軍記』における平敦盛の身代り小次郎の件のように，当事者が知っていることを他の登場人物や観客が知らされない工夫など，登場人物‒観客間の相互的な認識の工夫[55]によって成り立つ複雑なストーリーないし物語展開もしばしば利用される。前者のような複雑怪奇なまでのストーリーの錯綜は，単純な意味での面白さに結び付くものではないどころか，作品としての質の悪さと結び付けて論じられかねない。しかしそれはそれでそれなりの面白さを持つ。むしろその種の物語の方を好む読者も存在するだろう。また物語の作り手の側からすれば，その種の複雑に錯綜した物語を編み上げる行為は，病みつきになるようなものなのかも知れない。その種の不可思議に錯綜した物語が多いということは，単なる個人的な物語の技法の問題を超えた，制度的な意味での技法や作品制作上の規範の問題と関連するものでもあることはいうまでもない。何れにせよ，これらは物語の多重性と関連する問題である。

---

54 そのことはしかし時代が再び「難解な作品」を面白いと思う風潮に向かいつつあることの一つの（馬鹿馬鹿しい）現れと見えないこともない。またその種の「批評」が文学を解体するという，二十世紀後半以来最早最も分かりやすくなってしまった意思の続編として現れてきたということも興味深い。

55 及川・小方（2012），Ogata（2018a）は，三島由紀夫（三島，1963）の『午後の曳航』を題材に登場人物間の相互認識の問題を論じた。

第Ⅲ部　生成論

第11章や第12章では作品の形態と受け手の受容・認知—例えば面白さ—との関わりを論じるまでには至らなかったが，多重性との関わりでこれを試みることは今後の一つの研究課題となる。

　別の問題として，GISにおける受け手の評価は様々な対象に向けられるという特徴を持つ。それは単体としての作品にも向けられるが，芸能人の人生やイベントというコンテンツにも向けられ，さらに双方のコンテンツの連鎖に対しても向けられる。ある作品単体に対するいわば定点的な評価・反応は，それを包含する作品のヒストリー／連鎖に対する時間経過を伴った評価・反応と絡み合いながら，単純ではない受容の痕跡情報群を形成する。システム内部でこの種の痕跡情報を処理対象とするためには，評価諸対象の細分化と腑分けが必要とされる。さらに，システム内部に完結した形での評価というのは現実的ではなく，ビジネス的な流通過程に開かれた様式での実験も必要となる。その場合，単に受容者／消費者による評価のみを特権化してしまえば，より多く受けた・気に入られた作品が良い作品ということになるが，多数決は評価の中の単なる一つに過ぎない。また，送り手側の自己の作品に対する評価というものもある。例えばどんな他者にも読まれなかった作品であっても，最低限書かれた過程で書き手（送り手）には読まれており，従って物語の送り手も受け手であり得る。例えば作者自身による自己満足というものもあり得る評価基準の一種ではあろう。売ることよりも自己満足することの方を重視するという立場も成立する。このような場合，売れないことこそがむしろ高評価を証明するといった論理も成立するだろう。

　GISのアーキテクチャ素案の記述に戻る。その中の芸能ヒストリーは，送り手機構と受け手機構との相互作用を通じて徐々に生成されて行くが，この問題を，筆者の物語生成研究全体にわたる幾つかのコンセプト—①循環制御，②流動-固定，③規範-逸脱，④生成-受容／産出-消費—の観点から考察する。またINGSとGISとの関係ということも視野に入れる。図16-2は上記項目を含むGIS（INGSが含まれる）の稼働原理である。

　図16-2は次のようなことを示す。まず，生成-受容システムとしての／単体としての物語生成過程において，物語生成は循環的・反復的に行われるが，総体として見られたこの状態は物語生成における流動的状態に相当す

第16章 外部への物語生成または芸能情報システムに向けて

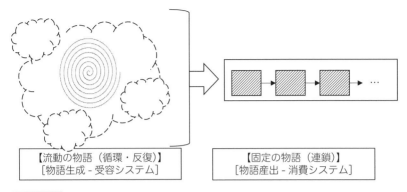

図 16-2 物語生成コンセプトと関連付けられた GIS の稼働原理

る。この流動状態としての循環的・反復的物語生成過程においては，受け手
―人間である場合もあればシステム内部に仮構された人工的な受け手である
場合もある―が一種の制御機構として機能する。そして，語り手側と受け手
側のやり取りを通じて，時々，相対的に固定されたものとしてのコンテンツ
がその循環システムの外部に送り出される。つまり，流動的な循環的・反復
的生成過程の中で，時々固定化された物語コンテンツがその循環の環の中か
ら外へ飛び出す。この外部の世界は例えば物語の流通の世界である。このよ
うにして外部化‐固定化された物語コンテンツの系列そのものの生成（産出）
のレベルを，物語産出‐消費過程もしくは物語産出‐消費システムと呼ぶ。
従って，上記流動状況の物語生成のレベルの方は物語生成‐受容過程／シス
テムと呼ばれる。この物語産出‐消費過程の一部を形成する受け手との間に
も物語制御としての一種のコミュニケーションは成立する。なお受け手は，
物語の生成‐受容過程においても産出‐消費過程においても，単体としての受
け手として見られることも集合としての受け手として見られることもでき
る。物語産出‐消費過程においても，物語生成‐受容過程における送り手と受
け手の関係と類比されるやり取りが行われ，これも反復的・循環的過程を成
す。

以上のように，GIS の全体枠組みの中で芸能ヒストリーと呼ぶのは，送り
手機構と受け手機構とが相互作用を通じて漸進的に作り出して行く，諸レベ

第Ⅲ部　生成論

ルにわたるコンテンツの系列のことを意味する。この反復的・循環的な物語生成は GIS の要である。しかしこの循環性・反復性は，INGS 単体としての生成−受容過程でも幾つかの点で成立する。一つは音楽と概念的物語の間での循環的・反復的生成であり（第13章を参照），INGS は概念生成→音楽という生成順序だけでなく音楽→概念生成のような順序も可能とする（第13章，図13-2）。ここでいう循環性・反復性とは処理順序の無規定ということも含み，こうした意味での循環と反復を生成のあらゆる局面で実現することを INGS は狙っている。同様に上述のヤウス理論を導入した物語言説制御機構（秋元・小方，2013b）でも循環制御は使用され，システム中に仮構的に設けられた語り手と聴き手のやり取りを通じて理論的には永久に終了しない物語言説の循環・反復が遂行される。物語生成過程を聴き手による要求や期待に対する語り手の応答や意図的逸脱によりモデル化し，両者の関係により物語言説生成を反復する仕組みである。以上のように，INGS における循環性・反復性は，第一にモジュールや表現形態の処理手順を決めない自由で柔軟な制御であり，第二に受け手からの情報フィードバックに基づく反復的・循環的物語言説制御である。

　INGS を包含するものとしての GIS は，以上を含み込んだ上で，それ独自の循環性・反復性を備える必要がある。まず受容理論を援用した物語言説制御の発想が産出−消費過程にも拡張される。また本書で川村と金井はむしろ受容の側を中心に物語生成を捉えており，彼らが担当した各章には GIS に取り込める諸種のアイデアが含まれている。大きな枠組みとして，受け手側が主体的に生成・産出のためのパラメータを提出し，送り手側は純粋にこれに基づいて生成・産出を遂行するという逆転自体は，技術的にはそれ程特別なことではない。これは，GIS の戦略の水準で，送り手主導と受け手主導を平等に取り扱うという多元化を意味する。前者の生成順序の柔軟性もまた，物語における多元性の特質と関連する。物語産出−消費が生成−受容過程を含めた物語の全体を如何に多元化できるかが重要なポイントであり，歌舞伎を題材とした物語の多重性や多元性の議論がこのようなシステムアーキテクチャの設計・構築と今後具体的に結び付いて行くだろう。

　次に，物語生成における流動−固定という観点から考えてみる。INGS は，

ストーリー・物語言説・物語表現という大きなレベルでの生成段階に分割されるが，これは，生成段階ごとに物語のそれぞれの側面が生成されることを意味する。最終的に一つの全体が形成されれば良いということは，生成の各段階において様々な可能性が潜在し（流動的状態），後に一つの物語に固定化される，と考えても良い。しかしそれは，たまたま現出した一つの固定化でしかないかも知れず，再び流動過程が開始されることを妨げない。GIS の中では，前述のように，INGS は相対的により流動的な物語生成を担うものとして，INGS を除いた狭義の GIS 特有の部分が同じくより固定的な物語生成（産出）を担うものとして位置付けられる。

　ただし，この機構がより本質的なものとなるためには，流動と固定の処理がさらに再帰化されなければならない。上述したのは，単体としての物語生成過程を未分化の流動的なものと考え，そこで固定された個々のコンテンツが産出-消費の系列を形成する，というモデルであった。しかしながら，さらにこの系列自体が流動的なものにさせられるという状況も発生し得る。すると，この次段階での流動状態が再び固定状態へ収束するという過程が反復的に生じ，固定的な物語コンテンツの系列を流動的状況と見做した上での再固定化の動きがまたもや生じ……結局こうした循環・反復自体は永久に収束することはない。このようなモデルを GIS において実現する方法として，GIS によって固定化された物語コンテンツもしくはその系列を，再度 INGS における何らかの知識要素として送り返すような処理も考えられるだろう。また，このような処理・過程自体が固定化されてしまっては元も子もないので，それをメタレベルにおいて，あるいは異質な観点から，さらに流動化するような機構が必要となるだろう。社会全体を一つの大きな物語産出-消費装置として把握すれば，その中の個々の物語の産出と消費といえども，何かより大きな水準での固定化を目指す流動的な過程ということになる。GIS は規模は小さいがより技術的・明示的に捉えられ得る装置であり，全体として見れば，その中に流動的な物語生成-消費過程を多重的に収蔵するシステムである。流動-固定という概念は，システムの再帰性を媒介にして考えれば，その構図自体を流動的なものと見做さざるを得なくなるであろう。

　これまで述べてきたのは，物語生成-受容機構（INGS）と物語産出-消費

第Ⅲ部　生成論

機構（GIS）との連絡という意味での多重物語構造であった。物語産出-消費モデルは物語生成-受容モデルを複数含み込むようなモデルであり，それによって，例えばニュースシナリオ生成システムのような単体的モデルからその集積としてのテレビ局のような社会的モデルへの転換が遂げられる。本研究の基本概念の一つである多重物語構造モデルでは，物語生成を多層的・階層的なものとして捉えており，この多層性・階層性は，生成-受容機構においてはストーリー／物語言説／物語表現の区分と関わるが，物語産出-消費機構を基軸として見た場合，その中に含まれる生成-受容機構は，前述のように流動を基調とする状態として捉えられる。つまり，個々の物語生成機構が物語産出機構中の要素となるためには，物語生成機構における流動的な継起的生成・循環的反復的生成のあるタイミングでの固定化が，より大きな物語生成中の一要素を成すような，そのような機構が必要である。よりマクロなレベルから見れば，様々な物語が循環的機構を通じて常時生成され続けており，何れかのタイミングでその中の一つが固定化され，その集積によって，一つの大きな物語が生成されるようなあり方である。例えばテレビ局では，個々の記者による単体的な物語生成作業が常時行われ，それらは内部的な諸種の受容行為を伴っている。そしてその中のある部分が，外部化・固定化され，それらが物語産出-消費の系列を形作る。GIS は，その中の物語生成-受容機構（INGS）によって作られる続ける物語のうちのある部分を固定化させ，それによってより大きな物語を作り出すと共に，芸能ヒストリーも変化させる。これらの結果が INGS の生成-受容のためのパラメータに影響をおよぼし，その流動状態のあり方に変容を加える。そして同時に，より巨視的な視野をもって眺めれば，GIS もまた通常は一つの流動状態にある。それではその場合の固定は一体何処に存在するのか？　これを考察するためには，もう一度物語生成社会あるいは社会という巨大な物語生成装置の問題に戻らなければならないだろう。これは次の本のための一つの重要な主題を成す。

　以上の構想と考察を踏まえて，GIS の具体的な設計作業を，INGS の開発との連携において，今後進めて行く。INGS と GIS を内実とする筆者の物語生成システムは，循環性，流動-固定などの諸コンセプトに主導される生成

第16章　外部への物語生成または芸能情報システムに向けて

制御によって遂行されるが，それはまた単体としての物語の生成–受容過程から，その複数化による産出–消費過程まで，多重化されて実現される。比較的には，INGS が流動的な物語生成を，GIS が固定的な物語生成を担当するが，本質的には，如何なる段階・レベルの物語生成も，それ自体の中に，およびその外部との関係の中に，流動と固定の性質・機構を，保持する。また，INGS が単体としての物語生成–受容に，GIS が物語産出–消費に相当するが，産出–消費が生成–受容に循環的に送り返されるというように，両者もまた単なる分割を超えた，相互作用関係を保持する。

（小方　孝）

第**17**章

内部への物語生成または私物語に向けて

◆ 1. 内部への物語生成，私物語に向けて

　第16章で述べた芸能情報システム（Geino Information System：GIS）による物語生成システムの社会的展開の記述は，基本的に，物語コンテンツの作者という要素を透明化した，中立的・一般的なものであった。そのシステムを単にいわゆる道具，a tool として捉えれば，システム開発者は道具を提供する側であり，それを使用して具体的なコンテンツを制作する側とは，普通なら画然と区別される。しかし筆者の物語生成研究の次の一つの目標は，いわゆる自伝あるいは私小説というものと短絡的につながるものではないが，筆者自身の何らかの意味で個人的な作品の制作にある。さらに，道具とその利用というレベルを超えて，道具であることが同時に作品でもある，という形態をも目指しているのである。本章のタイトルの中の「内部への物語生成」とは，筆者自身の私的・個人的レベルでの物語生成ということを意味し，「私的物語」ないし「私物語」とはその過程を通して作られる物語作品，物語コンテンツのことをいう。

　以前から筆者は「私物語」，さらにそれを目標とする「私研究」の発想について様々な機会に述べてきた（小方，2000e, 2011a, 2011b, 2011e）。ここでの私物語とは筆者自身の私的な主題や題材・素材に基づく物語を意味し，物語生成システムの文脈では，筆者自身の私的・個人的な知識内容を使用することにつながる。統合物語生成システム（Integrated Narrative Generation System：INGS）およびそれを内蔵した GIS のための，予め用意されるもの

第Ⅲ部　生成論

および獲得されるものとしての，知識内容として私的・個人的なものを盛り込むことに相当する。

　ライフストーリー（ライフコース）（齋藤・本田，2001）や自伝的記憶（佐藤・越智・下島，2008）やオーラルヒストリー（御厨，2007）の研究も活発に行われている。伊藤（2009）の社会学的研究はアルコール依存患者らの自己物語の回復と創出の問題を扱う。精神分析の系譜を引く臨床心理学の分野で行われている物語療法（森岡，2008）は，個人の私的ヒストリーの構成や再構成・再編成の問題を従来から扱っているが，加藤（2003）や江口・斎藤・野村（2006）はより大きな精神医学の枠組みにおいて臨床心理学的アプローチを含む個人の物語の問題をまとめている。また本書第5章で川村は，近年のソーシャルメディアの発展との関わりで，消費者自らによって与えられる豊富な物語を取り込んだ双方向マーケティング・コミュニケーションについて論じたが，そこでいう消費者の物語を本章における私物語と重ねて捉えることも可能であろう。

　ただし，上にも触れたように，筆者が考える内部への物語生成や私物語は，必ずしも筆者の純粋に個人的な物語を狭く指しているわけではない。私物語という言葉は私小説という言葉を連想させるが，私小説というものが私的・個人的な情報をベースとしながらも虚実取り混ぜた物語として形成されるものである限りにおいて，ここでの私物語は私小説に類似する。しかし実際は，狭い意味での私小説とはそのようなものではないであろうから，ここでいう私物語とは（狭い意味での）私小説とは異なる。人間は年を重ねると，いわゆる自伝的文章を書き残したり，先祖の事績を調べ記録しておきたくなる傾向があり，そのようなものはまた多く通常の商業的出版ルートに乗ることなく，趣味的な小説や詩歌や随筆などと共に自費出版界の主要ジャンルとなっている。筆者も御多分に漏れずその種の平凡さの穴に落ちつつあるのだともいえる。

　ただ，平凡さといえば，二葉亭四迷の『平凡』（長谷川，1908），ローベルト・ムージルの『特性のない男』（ムージル，1992-1995），森鷗外による『渋江抽斎』（森，1973a）や『伊澤蘭軒』（森，1973b）などの史伝，ジョイス（1996a，1996b，1997）の『ユリシーズ』，あるいは三島由紀夫の『天人五

衰』（三島，1971）などに典型的に見られるように，そもそもの意味で近・現代の物語の代表たる「小説」とは，まさに凡人，市井に埋もれた平凡な人間の生き方，人生の断片を非英雄的に物語るものであった。筆者が目指している（または憧れている）のは実はこのような本来の意味での小説もしくはその変異形であるといって良いかも知れない。そして，これから述べて行こうとしている「私という素材」もしくは「素材としての私」というものは，そのような平凡さを表出するための，偶々選ばれた―芥川龍之介の「河童」（芥川，1969）ではないが，我々は出生という自分の最大の運命を自ら決めることはできない―恰好の素材であるに過ぎず，そうした意味ではその私的性格は寧ろ一般的なものであるのかも知れず，さらにいえばいわば「他的なもの」であるのかも知れない。「特性がない」ということも一つの特性であり，以上を総合すると，「特性のない私／他・物語」とでもいうべきものになるが，それでは語呂が悪いので，そのすべての意味を圧縮してここでは私物語と呼ぶのである。

　私物語は，GIS および INGS の一つの特殊な使用法によって作り出される。システムは，それに独自の一般的機構と共に，それを基盤としながら，それ以外の，個人的・私的知識内容と呼ぶべきものを導入する。可能性としては，システムの外部に存在する「私」が，そこで生成・表現された物語群を「流動的なもの」と見做し，新たに別のレベルの物語―「固定されたものとしての私物語」―を作り出すことが考えられる。あるいはまた，INGS を内蔵した GIS における物語生成の循環・反復が，一旦生成されたものの集合としての流動状態の物語をまとめて，「固定化されたものとしての私物語」を作り出すような働きをしても良い。後者は，前者における外部としての「私」がシステム中に設けられる仕組みであるとも考えられる。その他にも様々な可能性を想像することができるだろう。結局，複数の具体的方式の集合としての機構の構築を目指す。

　流動と固定の概念に基づく具現方式を抽象化して図 17-1 に示す。個人的・私的レベルにおけるドキュメント類は，INGS の諸レベルにわたる物語コンテンツ知識ベースや GIS の何らかの箇所と関連付けられる。本稿で焦点を当てたいのは機構の側面ではなく個人的・私的な知識内容そのものの側面で

第Ⅲ部　生成論

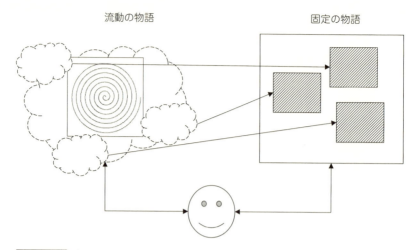

図17-1 流動と固定に基づく私物語生成／産出イメージ

あり，私物語の制作機構はそれを基盤に構築される。この知識内容は，INGSを内蔵したGISのための，最も個人的・私的色彩の強い知識内容・知識ベースを構成する。INGSを含む全体としてのGISは，そのインタフェースを通じて流動的な物語生成／産出行為を継続的・反復的に遂行する。流動の物語は，GISに備えられた劇団（役者群などを含む）と舞台装置などを利用して，循環的・反復的・継続的に生成される。このような流動的物語生成においてはそのプロセスが作品であるといっても良く，受け手はインタフェースを通じて，そのプロセスにおける諸側面を随時見ることができる。この表出は様々な形態で行われることが可能である。この生成イメージは今のところ一般的なGISによる物語の生成イメージと特に区別されてはいない。これを煮詰める作業は以降の課題である。

　なお，上記のような意味での私物語のための知識内容を成す記述テクストは，それ自体で独立した一まとまりの，あるいは幾つかに分割された著述的単位と見做すこともできる。それらは物語生成システムを通じて物語のコンテンツを創出するために使用される知識なのであるが，それ自体が同時に種々の意味で物語的なコンテンツでもあるようなテクストを成す。従って，必ずしもシステム中で使用するだけでなく，適当に分割された複数の著述と

第 17 章　内部への物語生成または私物語に向けて

して，それなりの形式と内容においてまとめ，本や雑誌で，紙やネットで，刊行することも目論みとしてあり得る。「〜の物語生成」のような共通の言葉をタイトル中に含むシリーズとしても想定可能だろう（この場合の「物語生成」は「反／非・物語生成」という意味も同時に含む（小方，2010a））。次節で述べる「個人的言説の分類」とも関連するが，それらは，現在までの執筆の中心となっている「（学術）論文」類に対して，「批評・思想（評論・エッセイ）」類の一まとまりを成す。さらに私物語の流動形態（コンピュータやネット上での稼働）および固定状態（紙版・電子版を問わず本という形態で表現）が，「物語作品・物語コンテンツ」としてもう一つのグループを構成する。

2. 私物語のためのコンテンツ概観

INGS を内蔵した GIS の利用を通じた私物語制作のための私的・個人的知識内容の全体を図 17-2 のように整理する。「時間区分」とは準備される資料がカバーする時間的な範囲を意味し，「テクスト」とはその時間範囲において具体的に収集されるべき，また作成・編集されるべきテクストの種類を示す。

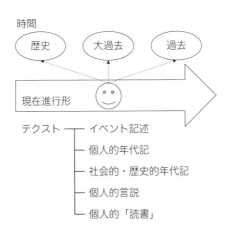

図 17-2 私物語のための知識内容の概観

第Ⅲ部　生成論

2.1 時間区分

　以下のように四種の時間区分の中に，対応する種類のテクストが位置付けられるというのが，私的・個人的知識内容の基本構成である。

　第一の**現在進行形**の時間区分とは，2011（平成 23）年 3 月 11 日以降，現在進行形において進んできた，そしてこれからもある特定の時期まではそのようにして進んで行くに違いない，時間区分をいう。その始発の日はいわゆる東日本大震災が発生した日であり，筆者にとっては，この時間区分で指示される時期は，そこから過去を見渡し且つそこから未来を構築して行く，極めて動的な時期を意味する。私物語における少なくとも私的・個人的知識内容はこの現在進行形としての時間区分を基軸として構成され，その意味ではこの時間区分は全体を見渡すための一種の視点（拠点）の役割を果たすだろう。

　次の**過去**の時間区分とは，筆者のいわば「私自身」として画定される記憶としての時間区分であり，1970（昭和 45）年 11 月 25 日から上記の 2011（平成 23）年 3 月 11 日と決める。その最初の日は三島由紀夫の死の日であり，主観的には，この日を起点として，筆者の意識的・自覚的な「人生の日々」が始まったといえる。多くの人が経験するような学校での日々（小学校，中学校，高等学校，大学，そして大学院）があり，会社での日々があった。おそらく性格の問題から変則的なものになりがちな筆者の人生行路の中では，何年かの帰属未定の無職者の時期もあった。1997（平成 9）年 4 月 1 日以降，筆者の職業生活者としての場は大学となり，現在まで続いている。以上が共同幻想的な過去の事象の大枠であるとすれば，対幻想的な事象群も存在し，さらに個人幻想的な事象群というものも，何らかの方法で確定することはできるだろう。なお，この種の事実としての事象群を表面に浮上させないという意識と，物語生成システムを媒介とした物語制作という変則的な行為は関連している筈であるから，上記のような種類の事象群の直接的な記述は基本的に回避されるだろう。この意味で私物語は狭義の私小説や自伝的記録とは異なる。

　第三の時間区分として**大過去**と呼ぶものを設ける。これは，筆者における「私」が不確定となる，あるいは「私」自身は客観的に存在しないが，「私」

360

第 17 章　内部への物語生成または私物語に向けて

と直接的につながる父母のような人々は存在する．時間区分をいい，およ
そ，1926（昭和元）年頃から 1970（昭和 45）年 11 月 25 日までを含むもの
と決める．このうち，1958（昭和 33）年から 1970（昭和 45）年に至る区分
はいわば無意識の自伝を成す月日であり，この期間を含む 1926 年からの区
分を大過去と呼ぶ．それに対して 1970（昭和 45）年 11 月 25 日から 2011
（平成 23）年 3 月 11 日に至る過去としての時間区分は意識的な自伝を成す
月日に相当する．両者をこのように区別する．この大過去の時間区分のう
ち，1970 年 11 月 25 日に至る筆者における「私」自身の事象は，ある時期
までは記憶を通じて遡行することができる．小学校入学の日（1964（昭和
39）年 4 月）のことは記憶にあり，同じ年 10 月 10 日の東京オリンピックの
開会式を自宅のテレビで観た記憶もある．藤子不二夫（藤本弘，安孫子素
雄）原作のテレビアニメ『オバケの Q 太郎』（1965（昭和 40）年-1967（昭和
42）年）の多分初回を父の会社の事務所らしき場所で観始め（女性事務員か
らもらったお菓子を食べながら），泣く泣く途中で帰った記憶もある．筆者
の父は川崎の海に隣接する大きな製鉄会社に勤めていて，筆者はその近くで
生まれたが，ごく幼い頃川崎の会社まで一つの電車の路線で通える横浜郊外
の丘の上の家に引っ越したので，川崎に住んでいた頃の明瞭な記憶は殆どな
い．ただ，煤煙で黒い空や，工場の煙突から噴出するオレンジ色の火炎，海
と巨大な建物の風景，羽田空港から飛び立ちすぐ頭上を行き過ぎる旅客機，
狭い裏道での人々の談笑等々，断片的な記憶のようなものは多数頭に思い浮
かぶ（ただし後から作り上げた情景や物語も多いのかも知れない）．この大
過去は筆者の「私」自身を超えた他者—しかしながら特に血縁的な関係に
よってつながれた人々—との関係の領域に接続されて行く．それを明らかに
する作業は，筆者自身の記憶を超えて，話の聴取・記録の探索といった諸々
の客観的作業を要請する，一種の復元作業である．本質的な意味では，筆者
自身の「私」を明らかにする作業も一種の復元であり，記憶と記録その他の
何れに作業の比重が掛けられるかという程度問題であるのかも知れない．ま
た，これらの作業において，客観と主観の境界は分明ではないだろう．
　さらに歴史と名付ける第四の時代区分を設ける．筆者における「私」自身
がその中に存在しないのは勿論，私自身へとつながる人々の存在も不確定と

第Ⅲ部　生成論

なり，さらに私的なものを超えた広大な歴史的空間に時間が不明瞭に混じり合って行く時間的区分を指す。しかしながらその広大な領域の全体を取り扱うというのは不可能であり，筆者の「私」自身と関連する何らかの基準によって，歴史上のある特定の場所が切り取られることにならざるを得ない。

2.2 テクスト分類

以上の時間区分に従って，図 17-2 の「テクスト」に示されたような，それぞれがいわゆる事実とされる出来事の年代記的記述が構成される。ただし，「個人的言説」と「個人的読書」（以下の（4）と（5））は新たにその内容が記述されるものではなく，編集・整理されるべきものである。

(1) イベント記述

まず，筆者自身の身の上に生起したと考えられる―あるいはそのように筆者自身が考える―過去の事象の時間的・時系列的な並びと，そのある程度詳細な説明，すなわちイベント記述と呼ぶカテゴリーが存在する。その外側に，それと間接的に関連する，筆者自身が直接経験していないが，筆者自身の経験の外縁のようなものとして考えられる事象群が記述される。具体的にはそれは，筆者の父や母の物語とその周辺の物語を中心とするものになる筈である。さらに，現実的には何らかの基準ないし理由に基づいて選ばれた，筆者自身とは関係のない過去の時空間における事象群が，それらに付加される。このように，三つの時間区分―現在進行形，過去，大過去―に対応して，それぞれの事象群が記述・構成される。

その利用方式には様々な可能性が考えられる。例えば，2011（平成 23）年 3 月 11 日から開始される「現在進行形のイベント記述」が中核にきて，そこから「過去のイベント記述」や「大過去のイベント記述」が繰り出される構成も考えられる。具体的には，まず「日記」のような形式で記述される現在進行形のイベント記述が中心にあり，その記述の中に，過去の・大過去のイベント記述につながる一種のポインターが現れ，そのポインターから過去や大過去への遡行が行われる。それらの集成体が，過去のイベント記述であり，大過去のイベント記述である。この場合，現在進行形のイベント記述の観点ないし動的な観点から見ると，存在するのは常にその時々のイベント

362

第 17 章　内部への物語生成または私物語に向けて

記述のみで，過去や大過去のイベント記述は，現在進行形のイベント記述の進行過程と共に徐々に構成されて行く。記述構成としてはそれぞれのテクストを独立して作成・編集しておき，メタレベルの機構として上述のような仕組みを設けることも考えられる。

　記述自体の方式については，必ずしも十分に構造化・形式化されたものではなく，通常の文章の形式で書くことも可能であろう。その場合，その記述そのものが，それ自体としても読むことができる物語となる。次に個人的年代記というタイプの記述を独立させて置くのは，この種の通常の文章のイベント記述を可能とするためである。

　これは一種のハイパーテクスト形式である。本章で考案する私物語のための私的・個人的知識内容は，各項目が時間的枠組みに沿って，と同時に年代記的秩序とのリンクをも持つという形で全体が構成されるが，語のレベル・文の一部もしくはその全体のレベル・文章における何らかの範囲のレベル，一つの作品やテクストなど，可能な諸々のレベルを単位に，ハイパーテクスト状に編集する。通常のハイパーテクストは受け手の便宜を図ることが第一目的であるが，ここでのハイパーテクスト構造は送り手側の利用をその主目的とする。このようにハイパーテクスト状に編集された知識内容の諸テクストは，データ分析の素材としても利用され，様々な形に加工されて INGS および GIS で利活用される。必ずしも知識を直接利用するのではなく，自然言語を簡易で不完全な概念表現あるいは概念単位に分割し，INGS の物語知識ベース中に格納するような処理も考えられる。分割された語の頻度情報や共起情報（第 13 章，3.1）を取得して種々の利用に供することも可能であろう。

(2) 個人的年代記

　ボトムアップな観点から見て，上記イベント記述の集成から出来上がる，個人的なレベルでの時代区分（大過去－過去－現在進行形）における時系列的な情報の部分を特に**個人的年代記**と呼ぶ。イベント記述における時間制御を整理し詳細な説明部分を省いたものに当たる。逆にトップダウンな観点からは，個人的なレベルでのイベント記述のための一つの指標，個別的・詳細なイベント記述に辿り着くための一種の索引となる。イベント記述の作成に当

第Ⅲ部　生成論

たって利用できる構造的な指標的情報である。大過去のイベント記述に対応するのは，次の社会的・歴史的年代記である。

(3) 社会的・歴史的年代記

　社会的・歴史的年代記とは，筆者自身の生活誌とは重ならない一般的な年代記の記述であり，極めて大雑把に次の三領域に分ける——一つはおよそ明治時代以後の日本における年代記であり，もう一つはそれ以前の日本における年代記，最後が関連する日本以外の地域つまり世界における年代記である。これを実際に記述して行こうとする時，何らかの意味で筆者自身と関連する一種の基軸のようなものが必要となる。客観的な記録に基づくものというより，空想・妄想の類に接近する領域といった方が良いかも知れない。また日本史や世界史といったものも一つのテクストであり物語であるのだから，筆者自身がどのような歴史の物語を選択するのかという問題と関連する。

(4) 個人的言説

　過去および現在進行形において，筆者自身によって書かれた，言説の数々が連動的に配置される。その通覧は一種のビブリオグラフィーであるが，必ずしも発表・公刊されたものとしての言説のリストを成すだけではなく，未発表のものをも包含した，より総合的・包括的な，あるいはまた個人的・私的なリストを構成する。単にどこにも発表しなかったテクストや，制度によって容認されることのなかったテクスト（論文のみならず研究計画などを含めて拒絶された文章類も入る）も含めて，理想的には筆者がこれまでに書いたすべてのテクストを包含する言説集成である。改稿を重ねたもののその改稿過程として残されたものも含めるとなると大変なことになるが。いうまでもなく，これらは優れたものであるから残そうとしているのではなく，ただ単に存在するものであるから残そうとしているのであり，単なる特性のない人間の記録として残そうとするに過ぎない。その意味では，寧ろ優れたものではないことの方が有意義であるかも知れない。従ってこれらは私的なものであると共に，統計の中に解消されてしまうような「他的」なものでもあり，「特性のない私／他・物語」とはこうしたことも含意している。1970（昭和45）年から2011（平成23）年に至る個人的言説の種類を次のように四種に分類する。なお記述方式は，新潮社による『安部公房全集』全30巻

（1997-2009）において試みられたような純粋な編年体の方が寧ろ有益かも知れない。

まず，**公表された学術的コンテンツ**は，学術誌（紙媒体および電子媒体）や本などに収録された論文・エッセイ類を含む。内訳は次の通りである——①学術論文（論文誌に掲載），②学術論文（学会などの予稿集，技術報告，紀要，報告書などに掲載），③学術論文（本に掲載），④エッセイ・雑文（学会誌，予稿集などに掲載），⑤学位論文（卒業論文，修士論文，博士論文）。

次の**学術活動に伴う未発表コンテンツ**とは，主に上記学術論文などの研究活動に伴う未発表の文章類であり，①掲載拒否された論文，②助成金などの申請書類，③論文などの未定稿・途中段階の草稿，を主に含む。

第三に，**学会・授業などに伴う諸資料**は，講演・授業などに伴う映写資料・配布資料（レジュメ）などであり，主に，①学会発表などに伴う映写・配布資料，②授業のための映写・配布資料，③講演や授業の記録資料（写真・映像・録音など）を含む。

さらに公表されなかったコンテンツすなわち何処にも公表・公刊されず，私的に保管されていたコンテンツとして，①小説（のようなもの），②詩（のようなもの），③評論・エッセイ（のようなもの），④短歌（のようなもの），⑤日記・日誌・記録・ノートなど，⑥手紙（紙），⑦電子メール，電子媒体上の議論など，⑧写真・動画などがある。

記録や思考目的で書かれた，またその他，授業の記録や自習，研究集会などの折に書かれた，大量のノート類が存在するが，その扱いにも検討を要する。また，1970（昭和45）年以前にも無論テクストは書かれたが，それらはほぼすべて廃棄されてしまった。幼稚園や小学校その他の機会に書かれた作文や自由研究などの文章類の他に，「空想・妄想の時刻表」，空想野球チーム，自作マンガ，ちょっとした小説のようなもの，その他記憶に定かでないかなりの量のテクストを個人の愉しみとして自発的に作成したが，悉く失われてしまったようである。特に上記空想・妄想の時刻表は，一つの架空の鉄道会社を構想し，駅名・主要駅の構造やその周辺の街区のデザイン・鉄道を中心とした路線地図・列車のデザインおよび名称などをすべて空想で自作し，それを踏まえて一日の列車時刻表を作成するという作業を，数冊のノー

第Ⅲ部　生成論

トを費やして行うという，小学生の筆者にとっては数年越しの大作であった。そのため大冊の時刻表や数種の鉄道雑誌を購読し，読者用の時刻表を超えて専門的な列車の筋（鉄道雑誌に実際の鉄道会社の筋の例が度々掲載されていた）の作成に着手しかけたが，その辺で情熱は萎えた。記憶があやふやであるが，おそらく小学校三年生から五年生頃を中心に作成したように覚えている。これとは関係ないが，ユーゴスラヴィアの作家ダニロ・キシュの『庭，灰』（キシュ，2009）には，百科事典的な時刻表の書物の増補版を書き続け，やがて消える人間（語り手の少年の父親）の物語が語られている。

　2011（平成23）年から現在に至る個人的言説のカテゴリーとしては，現在進行形で進んで行く筆者の諸公表物およびその傍ら書かれる諸文章・記録類が含まれることになるが，その中心にくるのは「日記」ないし「日誌」であり，前述のように，一旦は，膨化して行くその中にこれまでに述べたようなすべての文章類・記述類が有機的に連携するということになり（それは一つの巨大且つ平凡な物語を示唆する），それらの全体がINGSを含むGISとそれを通じて制作される私物語に流れ込んで行くことになる。

(5) 個人的「読書」

　筆者自身がこれまでに読んだ各種のコンテンツを含む。ただし比喩的な意味でいっており，実際は「聴いた」や「観た」のようなものもすべて含まれるが，総括して「鑑賞した」のようにいうと奇妙なニュアンスとなるので，ここではすべて「読んだ」とする。無論読むことを中心と考える心性の現れでもあろう。具体的には，小説類，音楽類，絵画類，映画類，テレビドラマ類，ラジオ類，新聞類，雑誌類，演劇類などが含まれる。現在進行形で読まれているコンテンツ諸類もまたその中には含まれる。物語生成システムの内容的側面，さらにいえば実存的側面—研究における必要性ではなく純粋に属人的な趣味や好奇心に引き摺られたリストであるが故に—と深く関連する文学的テクストとして，以下のようなものを読書・調査分析・解体的利用の主要ターゲットとする。この分類にはジャンルや作者を特定したものとそうでないものとが混ざっている。歌舞伎・人形浄瑠璃と三島由紀夫というのは，突出させて扱うべき対象あるいは扱いたい対象という意味合いを含んでい

る[55]。

古代から現在に至る日本文学（作品：物語，小説，詩，和歌，俳句など）は，日本（語）文学史上の広い意味での文学テクストを含むが，その中には狭義の文学作品だけでなく，思想的・哲学的テクストも含まれる。そのような意味に限っては，加藤周一（加藤，1980）が規定したような意味での「日本文学」である。しかしここでは作品と批評などに二分する。まずここでの「作品」分類は，物語・小説・詩歌などの領域を包括する。この分類中には，意識的に読んだ小説などとは異なり，あまり読書ということを重視・意識せずに濫読していた江戸川乱歩，松本清張らから現在に至る推理小説や大衆読み物の類も含まれ，正確に特定・網羅することは困難である。

古代から現在に至る世界文学（作品：物語，小説，詩，戯曲など）は，西欧を中心とすることにはなるが，各国の文学作品の他，過去から現在に至

---

55 及川・小方（2012），さらに Ogata（2018a）は，三島由紀夫の小説『午後の曳航』（三島，1963）を素材として，登場人物どうしの相互認識モデルとしての物語というアイデアを提出した。三島は歌舞伎から生涯にわたって大きく本質的な影響を受けた作家であり，『鰯売恋曳網』（三島，1954）や曲亭馬琴原作（後藤，1958, 1962）の『椿説弓張月』（三島，2002a）他幾つかの擬古典的な歌舞伎作品を実作・上演している（木谷（2007）や中村（2004, pp.355-362）に詳しい）。その小説もしばしば演劇的な構成を取る。『午後の曳航』自体も非常に演劇的，さらにいってみれば歌舞伎的に構成されており，特に最後の場面に至る子供達と（堕ちた）英雄との移動（子供達による曳航）は，まるで歌舞伎の道行を模している印象を与える（小方・秋元・及川 他，2010）。また複数の登場人物どうしの相互認識の齟齬に基づく物語展開という観点から捉えることもできる。本書第6章で取り上げた『籠釣瓶花街酔醒』における「愛想づかし」もその一パターンである。愛想づかしもしくは縁切とは，人形浄瑠璃や歌舞伎におけるストーリー展開の一類型で，普通女が何らかの理由で男を自分から遠ざけ離れて行くようにするために，内心の心情に反して故意に冷たい態度を取ることをいい，女の心情という内的情報と外的行動との間の矛盾をその特徴とする。男は女の心情には気付かずその外的行動の罠に単純にはまってしまい，その心情が直線的に外的行動に結び付いて行く。このように愛想づかしは，登場人物の内面と外面の区分とそれらの間のある種の関係として成立する。それは歌舞伎の物語におけるストーリー展開の駆動力たる一技法である。ここに見られる相互的な認識の齟齬は，登場人物どうしに生じると同時に，舞台上の登場人物とそれを客席で観る受け手たる観客との間にも生じる。舞台上の二人の登場人物間での誤解がドラマを発展させて行くが，観客はそれが誤解であることを認識するもう一つの視点により同じドラマを観ている。ただし，小説や映画と同じように，特定の登場人物の内的視点のみを通じて，観客の目からも単純にそれが誤解であると認識させないように芝居を進行させて行くことも可能である。例えば『一谷嫩軍記』において，熊谷直実が平敦盛を救うために実子小次郎を犠牲にする仕掛けは，暫くの間その他の登場人物にはもちろん観客にも気付かれない。あるいは芝居の場合は基本的に観客の目に見えるのは登場人物達の外的行動だけなので，すべての状況を舞台上に表現している場合でも，それを誤解と見做すのはあくまで観客の認識上の推測である。こうしたことから，物語としての歌舞伎は外的全知視点に基づいていると考えることができるが，ただしその語り手が与りするものは一つの場と状況であり，観客による観ること・解釈が，物語自体のあり方に大きく本質的な影響を与える。受け手も含めた，必ずしも客観的であるともいえない多元的認知を体現するのは，むしろ歌舞伎のような舞台芸術の方であると考えることもできよう。『午後の曳航』の類の演劇的物語の場合，演劇構造にそれを変更して解釈・分析を試みることは，興味深い将来課題である。

第III部　生成論

る，また現在進行形のものを含めた，作品を含む。

古代から現在に至る日本文学（批評・評論・随筆など）を一つの分類とする。日本文学においては随筆または随想というものが文学の有力な一ジャンルを成しており，その伝統は近・現代のエッセイや評論につながっている。また，書籍における「月報」，「解説」の評論，新聞や雑誌の評論や書評の類も含まれる。古代から現在に至る世界文学（批評・評論・随筆など）もこれと同じく，広い意味で文学的な批評・思想・評論・哲学などを含む。さらに，より狭い意味で批評・評論以外の学問的な研究論文を含む研究論文・資料を一つのカテゴリーとする。

音楽（特に西欧古典音楽とジャズ，しかしその他が真に重要なのかも知れないもの）には，レコードやCDやDVDなど単体的媒体という形態の他，歌舞伎や人形浄瑠璃の場合と同様，ライブハウスなどの場における一回的経験・体験としてのテクストも含まれる。時間的にいえば，十二歳頃から三十歳代初めまでの時期に主に聴いたいわゆる西欧クラシック音楽とその後特に三十歳代から熱心に聴いているジャズがその中心であるが，実は特に聴くという意識もなしに聞いた，歌謡曲・演歌・ポップス・フォーク・ニューミュージック・ロック・シャンソンなどと呼ばれるような現代の大衆的な音楽（それらはまた下記のテレビ番組や映画の音楽としても用いられているのであるが），さらに広告の音楽や街路（駅や店舗など）における音楽等々の聴取経験が大々的且つ日常的に忍び込んでいる。これらの特定・網羅は非常に困難である。また，歌舞伎や人形浄瑠璃は，当然音楽劇としての側面が強く，音楽経験とは切っても切れない関係にある。

映画やテレビの映像作品は，ビデオなど固定媒体としての保管が可能であるが，映画館や自宅での観賞は，上記と同様一回的経験・体験であり，何らかの形での記録を伴ってテクスト化されることが必要である。特にテレビという筆者の世代にとっての超日常的な媒体を通じての映像聴取の経験が重要であり，ドラマ・報道・娯楽などの大分類とその下位の多種多様なジャンルが含まれる。

歌舞伎や人形浄瑠璃の舞台・テクスト（・研究・批評）は，紙の主に本という形の上に文字として記されたテクストとして，台本（歌舞伎台帳や人形

第 17 章　内部への物語生成または私物語に向けて

浄瑠璃台本）という作品レベルのテクスト，それらの研究や批評のテクスト
を含む。そしてもう一つ重要なグループは，私が観たものであり（「聴いた」
も実際上含まれる），その主要なグループは劇場に赴いて観た歌舞伎や人形
浄瑠璃の上演であり，もう一つは映像やビデオという媒体を通じて観たそれ
らである。後者のうち個人的レベルにおける映像媒体として収録されている
ものは本と同じように保管することができるが，しかし舞台のいわゆる観劇
はその時その場での一回的経験・体験であり，補助的資料であるプログラム
や上演資料などはテクストの一種として保管され得るが，観劇体験そのもの
は，改めて筆者自身がそれを何らかの形で記録しなければテクストとはなら
ない。従ってこの部分は，筆者の行動のイベント記述との接点が強い。しか
しながら，如何なる読書であれ，直接的経験・体験という一回性の特徴自体
は持っている。ここで問題となるのは，舞台観劇という経験・体験自体は，
例えばそれそのものを保存可能な本という形での読書の経験とは異なり，筆
者自身による間接的な記録がない限り，テクストとしては保存され得ないと
いうことである（読書記録の存在を妨げるものではないが）。

　三島由紀夫の作品（とそれに関する研究・批評）もまた，歌舞伎や人形浄
瑠璃と同様，他の分類から独立させたカテゴリーとする。三島本人が書いた
テクストの他，三島に関連する研究や批評を含む。なおこのカテゴリーに関し
ては，筆者はその相当数の作品を二回ないしそれ以上読んでいるが，そのよ
うなイベント記述と関連する何らかの標識も存在している必要があるだろう。

　その他の雑物語として，それ程多く観ているわけではないので一つの分類
として独立させ得ないが，歌舞伎・人形浄瑠璃以外の演劇（シェイクスピア
などの西洋演劇から高泉淳子などの現代演劇までを含む）は特に大学時代か
らその数年後にかけかなり集中的に観た経験を持つ。また，能，狂言，舞踊
や神楽などの伝統芸能もここに含まれるが，歌舞伎や人形浄瑠璃と特に深く
関連するものは，そちらのカテゴリーに含める。さらに，漫画・美術館・博
物館などでの鑑賞もあり，上記の何れの大カテゴリーからも漏れるものをこ
こに加える。

　なお，筆者の前著『物語論の情報学序説―物語生成の思想と技術を巡って
―』（小方・金井，2010a）の第 4 章「「小説」―流動と固定，作品の方へ」

第Ⅲ部　生成論

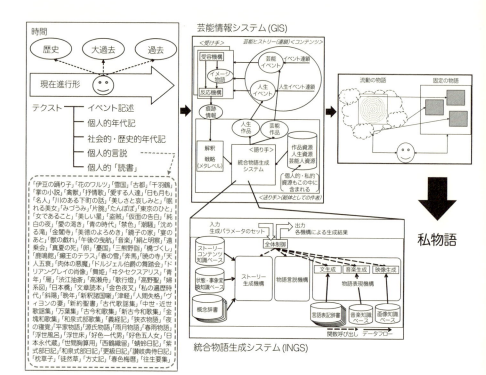

図17-3 私物語の生成の概念的イメージ

（小方，2010b）で，筆者がある時期までに読んだ本のただの羅列を試みたが，それは実は今述べている私的・個人的知識の体系化という作業に向けた準備であった。そのリストが個人的「読書」のすべてを網羅しているわけではないが，一つの「具体例」としてその一部—昭和48（1973）年から昭和49（1974）年—を取り上げ，その他の知識と結び付けた私物語生成機構の概念的イメージを図17-3に示す。私的・個人的なストーリーとしては，INGSとGISの研究開発は，このようなイメージの現実化に向けて行われる。

（小方　孝）

参考文献

秋元泰介・今渕祥平・遠藤順・小野淳平・栗澤康成・鎌田まみ・小方孝（2013）．「民話風物語生成・表現システム KOSERUBE 第一版の開発」．『人工知能学会論文誌』．28(5), 442-456.

秋元泰介・小方孝（2009）．「物語言説論のシステム化に向けて—ジュネットとヤウスの拡張文学理論—」．『日本認知科学会文学と認知・コンピュータ研究分科会Ⅱ（LCCⅡ）第18回定例研究会予稿集』．18G-02.

秋元泰介・小方孝（2010）．「物語言説論と受容理論の思想を取り入れた物語言説生成システムの試作における生成能力」．『日本認知科学会文学と認知・コンピュータ研究分科会Ⅱ（LCCⅡ）第20回定例研究会予稿集』．20W-03.

秋元泰介・小方孝（2012）．「物語の構造操作技法と制御機構からなる統合物語生成システムの試作」．『人工知能学会全国大会（第26回）論文集』．1N2-OS-1b-13（1N2-OS-1b-13in）.

秋元泰介・小方孝（2013a）．「物語言説における時間順序変換技法—統合物語生成システムにおける開発の現状と課題—」．『第12回情報科学技術フォーラム講演論文集（第二分冊）』．207-210.

秋元泰介・小方孝（2013b）．「物語生成システムにおける物語言説機構に向けて—物語言説論と受容理論を導入したシステムの提案—」．『認知科学』．20(4), 396-420.

秋元泰介・小方孝（2014a）．「統合物語生成システムにおける物語内容技法と物語内容コンテンツ知識ベース」．『言語処理学会第20回年次大会予稿集』．224-227.

秋元泰介・小方孝（2014b）．「統合物語生成システムにおける焦点化機構に向けて」．『日本認知科学会第31回大会』．344-353.

秋元泰介・小野淳平・小方孝（2012）．「『物語の森』—物語生成システムの統合的応用の一試行—」．『日本認知科学会第29回大会予稿集』．343-352.

芥川龍之介（1969）．「河童」．『芥川龍之介（日本文学全集10）』．新潮社，389-435.（原著：1927）

芥川龍之介（1977b）．「藪の中」．『芥川龍之介全集 第五巻』．岩波書店，102-115.（原著：1911）

浅川伸一（2015a）．『ディープラーニング，ビッグデータ，機械学習 あるいはその心理学』．新曜社.

浅川伸一（2015b）．「ニューラルネットワーク物語生成モデル」．『人工知能学会第2種研究会 ことば工学研究会資料』．15-21.

浅沼圭司（1990）．「映像テクストの技法」．『映画のためにⅡ』．水声社，130-247.

淺沼圭司（2007）．『物語とはなにか—鶴屋南北と藤沢周平の主題によるカプリッチオ—』．水声社.

渥美清太郎 編（1928）．「假名手本忠臣蔵」．『日本戯曲全集第拾五巻 赤穂義士篇』．春陽堂，581-752.

阿部明典（2010）．「小説の生成に就いて」．『日本認知科学会文学と認知・コンピュータ研究分科会Ⅱ（LCCⅡ）第20回定例研究会予稿集』．20W-08.

阿部弘基・小方孝・花田健自（2008）．「テレビ広告のショットにおけるブランド導入レトリックの分析―広告の物語生成システムの一機構のために―」．『日本認知科学会文学と認知・コンピュータ研究分科会Ⅱ（LCCⅡ）第 16 回定例研究会予稿集』．16G-05（26 ページ）．

阿部弘基・小方孝・小野寺康（2009）．「広告における商品導入の修辞の分析とシステムの構築」．『2009 年度人工知能学会全国大会（第 23 回）論文集』．1J1-OS2-4.

阿部正吉（2003）．『最新 CM 制作の基礎知識：プランニングからデジタル制作まで』．宣伝会議．

阿部優蔵（2000）．「歌舞伎座」．『【新版】歌舞伎事典』．平凡社，124-125.

網野智幸・川村洋次・小方孝（2001）．「物語産出 - 消費分析と仮想芸能プロダクションの構成」．『2001 年度人工知能学会全国大会（第 15 回）論文集』．2E1-07.

網野智幸・川村洋次・小方孝（2002）．「芸能キャラクターの物語生成とデジタル物語マーケティング」．『2002 年度人工知能学会全国大会（第 16 回）論文集』．3f2-10.

荒井達也・小野淳平・小方孝（2016）．「物語生成のための事象連鎖知識の半自動生成―統合物語生成システムにおける利用―」．『人工知能学会全国大会（第 30 回）予稿集』．3P1-1in2.

アリストテレス 著，松本仁助・岡道男 訳（1997）．『アリストテレース詩学，ホラーティウス詩論』．7-222. 岩波文庫：岩波書店．

イーザー，ヴォルフガング 著，轡田収 訳（1982）．『行為としての読書』．岩波書店．(Iser, W. (1976). *Der Akt des Lesens*. Wilhelm Fink Verlag)

飯田豊（2013）．「テレビジョンの初期衝動」．飯田豊 編著．『メディア技術史―デジタル社会の系譜と行方―』．北樹社，84-97.

池内紀（2001a）．「解説」．池内紀 訳（2001a）．『審判』（カフカ小説全集 2）．白水社，321-333.

池内紀（2001b）．「解説」．池内紀 訳（2001b）．『城』（カフカ小説全集 3）．白水社，429-440.

池上文男（2000）．「世界」．『【新版】歌舞伎事典』．平凡社，254.

石井淳蔵（1993）．『マーケティングの神話』．日本経済新聞社．

石井理恵・小方孝（2006）．「登場人物の履歴情報からの物語ネットワークの構成とそれを利用した物語の作成―ハイパーコミックの一般化と自動化に向けて―」．『2006 年度人工知能学会全国大会（第 20 回）論文集』．2E3-3.

石田亨（1996）．『プロダクションシステムの発展』．朝倉書店．

泉鏡太郎（1940a）．「婦系図（前篇）」（335-552），「婦系図（後篇）」（553-749）．泉鏡太郎．『鏡花全集 巻十』．岩波書店．（原著：ともに 1907）

泉鏡太郎（1940b）．「日本橋」（小説）．『鏡花全集 巻十五』．岩波書店，553-774.（原著：1914）

泉鏡太郎（1942a）．「義血侠血」．『鏡花全集 巻一』．岩波書店，416-488.（原著：1894）

泉鏡太郎（1942b）．「外科室」．『鏡花全集 巻二』．岩波書店，11-28.（原著：1895）

泉鏡太郎（1942c）．「日本橋」（戯曲）．『鏡花全集 巻二十六』．岩波書店，257-447.（原著：1917）

泉鏡太郎（1942d）．「天守物語」．『鏡花全集 巻二十六』．岩波書店，449-499.（原著：1917）

伊藤和彦（2002）．「テレビジョン」．北川厚嗣・須藤修・西垣通・浜田純一・吉見俊哉・米本

昌平 編.『情報学事典』. 弘文堂, 633-635.

伊藤智樹 (2009).『セルフヘルプ・グループの自己物語論―アルコホリズムと死別体験を例に―』. ハーベスト社.

犬丸治 (2005).『天保十一年の忠臣蔵―鶴屋南北『盟三五大切』を読む―』. 雄山閣.

井上夢人 (1996).『99 人の最終電車』. Web 上に公開（現在未公開：2006.7.6).

今井和也 (1995).『テレビ CM の青春時代―ふたりの名演出家の短すぎた生涯―』. 中公新書：中央公論社.

今井豊茂 (2010).「『俊寛』と『籠釣瓶』の芸の継承」.『歌舞伎座さよなら公演 二月大歌舞伎』（公演筋書). 歌舞伎座.（ページ番号ナシ).

今尾哲也 (1970).『変身の思想』. 法政大学出版局.

今尾哲也 (2000a).「義経千本桜」.『【新版】歌舞伎事典』. 平凡社, 414-416.

今尾哲也 (2000b).「忠臣蔵物」.『【新版】歌舞伎事典』. 平凡社, 281-283.

今尾哲也 (2009).『河竹黙阿弥―元のもくあみとならん―』. ミネルヴァ書房.

今尾哲也 (2010).『歌舞伎―＜通説＞の検証―』. 法政大学出版局.

今渕祥平・小方孝 (2012).「Propp-based Story Grammar におけるルールの自動獲得の考案」.『日本認知科学会文学と認知・コンピュータ II 研究分科会（LCC II）第 29 回定例研究会予稿集』. 29G-03（41 ページ).

今渕祥平・小方孝 (2014a). プロップ理論を包括するストーリー生成機構の開発の現状と課題.『2014 年度人工知能学会全国大会（第 28 回）論文集』. 2F4-OS-01a-3.

今渕祥平・小方孝 (2014b).「プロップに基づくストーリー生成システムにおける登場人物の考察」.『人工知能学会第二種研究会ことば工学研究会（第 45 回）資料』. 17-25.

植条則夫 (2005).『広告コピー概論（増補版)』. 宣伝会議.

上田浩史・小方孝 (2004).「視点と態による物語言説の多様性」.『2004 年度人工知能学会全国大会（第 18 回）論文集』. 2D1-05.

ウォーホル, アンディ 著, 落石八月月 訳 (1998).『ぼくの哲学』. 新潮社.（Warhol, Andy (1975). *The Philosophy of Andy Warhol*. NY: Harcout Brace Javanovich.)

ヴェルレーヌ, ポール 著, 堀口大學 訳 (1996).「詩法」.『ヴェルレーヌ詩集』（世界詩人選 5). 224-227. 小沢書店.（原著：1882）

内山美樹子 (2009).「延享三年から寛延三年の並木宗輔―浄瑠璃合作者問題―」.『並木宗輔展―浄瑠璃の黄金時代―』. 早稲田大学坪内博士記念演劇博物館. 67-70.

梅原識貴・小方孝 (2003).「物語における持続の分析とその応用」.『2003 年度人工知能学会全国大会（第 17 回）論文集』. 2G2-02.

エーコ, ウンベルト 著, 篠原資明 訳 (1993).『物語における読者』. 青土社.（原著：1979）

エイゼンシュテイン, セルゲイ 著, 樹下節 訳 (1957).「シナリオ『戦艦ポチョムキン』」. エイゼンシュテイン 他, 樹下節 編訳.『映画シナリオ論』. 188-225.（モスクワ映画出版所.『シナリオ集』(1935)（ソコロフが映画から記録したもの）より訳出.)

江口重幸・斎藤清二・野村直樹 編 (2006).『ナラティブと医療』. 金剛出版.

遠藤泰弘・小方孝 (2003).「マンガのナラトロジーとハイパーコミックへの応用」.『2003 年度人工知能学会全国大会（第 17 回）論文集』. 2G2-03.

及川春香・小方孝 (2012).「登場人物の相互認識機構としての物語生成の考察」.『日本認知科

学会第 29 回大会発表論文集』．540-549.

大石顕祐・秋元泰介・小野寺康・張一可・小野淳平・小方孝（2011）．「物語生成システムにおける概念体系―統合物語生成システムに向けて―」．『電気情報通信学会技術研究報告（IEICE Technical Report）NLC2011-29』．111（228），39-44.

大石顕祐・小方孝（2012）．「物語生成システムのための名詞／動詞概念辞書の構築と応用」．『電気情報通信学会技術研究報告（IEICE Technical Report）NLC2011-60』．111（427），25-30.

大石顕祐・小方孝・中嶋美由紀・秋元泰介（2007）．「物語生成と間テクスト性の考察」．『人工知能学会第二種研究会ことば工学研究会（第 26 回）資料』．55-62.

大石顕祐・晴山秀・小方孝（2009）．「物語生成システムにおける言語生成の諸相」．『情報処理学会第 69 回全国大会講演論文集』．1ZD-1.

大江健三郎（1972）．「みずから我が涙をぬぐいたまう日」．『みずから我が涙をぬぐいたまう日』．講談社，9-137.

大久保遼（2013a）．「写真はどこにあるのか」．飯田豊 編著．『メディア技術史―デジタル社会の系譜と行方―』．北樹社，25-39.

大久保遼（2013b）．「映画の歴史を巻き戻す」．飯田豊 編著．『メディア技術史―デジタル社会の系譜と行方―』．北樹社，40-54.

小方孝（1992）．『説明に基づく物語生成システムに関する研究』．筑波大学大学院修士課程経営・政策科学研究科経営システム科学専攻 修士（経営システム科学）学位論文.

小方孝（1995）．『物語生成―物語のための技法と戦略に基づくアプローチ―』．東京大学大学院工学系研究科博士課程先端学際工学専攻 博士（工学）学位論文.

小方孝（1997）．「多重物語構造のモデル」．『日本シミュレーション＆ゲーミング学会第 9 回全国大会発表論文抄録集』．107-110.

小方孝（1998）．「芸能キャラクターへの物語性の付与―序論的考察―」．『広告科学』．第 37 集．69-75.

小方孝（1999a）．「物語生成システムの観点からの物語言説論の体系化へ向けた試み」．『情報処理学会人文科学とコンピュータ研究会資料集 44-5』．31-38.

小方孝（1999b）．「文学理論の設計的再構成の試み（続）―物語言説論の階層的構成―」．『日本認知科学会研究分科会「文学と認知・コンピュータ」第 4 回定例研究会 in 札幌 '99 秋 資料集』．

小方孝（1999c）．「物語現象の諸側面に関するノート―計算構造物語論のための基礎的考察―」．小方孝 編．『日本認知科学会テクニカルレポート 99-No.29「文学と認知・コンピュータ 1―認知文学論と文学計算論―」．62-87.

小方孝（1999d）．「物語ジャンル体系の網羅的検討」．『日本認知科学会研究分科会「文学と認知・コンピュータ」第 2 回定例研究会 in 東京 '99 冬 資料集』．85-91.

小方孝（2000a）．「多重物語構造のマクロモデル―シミュレーションとしての物語序説―」．『シミュレーション＆ゲーミング』．10（1），35-46.

小方孝（2000b）．「多重物語構造モデルとその展開へ向けて―シミュレーションとしての物語序説」．川村洋次・浜田秀・小方孝 編．『日本認知科学会テクニカルレポート 00-No.32「文学と認知・コンピュータ 6―ことばと文学―」．87-119.

小方孝（2000c）.「物語内容と物語言説について」.『情報処理学会人文科学とコンピュータ研究会 47-1』. 1-8.

小方孝（2000d）.「物語ジャンル体系の網羅的検討」. 良峯徳和・赤間啓之・徃住彰文 編.『日本認知科学会テクニカルレポート 00-No.40「文学と認知・コンピュータ 2―文学の拡張―」』. 53-71.

小方孝（2000e）.「私的物語論の哲学的構成」.『Synsophy 研究会研究報告書平成 11 年度（情報通信ブレイクスルー基礎研究 21 西田結集型プロジェクト）』. 98-116.

小方孝（2001）.「拡張文学理論―概念，方法，試行―」.『認知科学』. 8(4)，405-416.

小方孝（2002a）.「芸能情報システム」. 北川高嗣・須藤修・西垣通・浜田純一・吉見俊哉・米本昌平 編.『情報学事典』. 258，弘文堂.

小方孝（2002b）.「文学的コンテンツの産出と消費―「文学と認知・コンピュータ研究」におけるビジネスと文学的実験へのアプローチ―」.『経営行動科学会全国大会』.

小方孝（2003a）.「物語の多重性と拡張文学理論の概念―システムナラトロジーに向けて I―」. 吉田雅明 編.『複雑系社会理論の新地平』. 専修大学出版局，127-181.

小方孝（2003b）.「拡張文学理論の試み―システムナラトロジーに向けて II―」. 吉田雅明 編.『複雑系社会理論の新地平』. 専修大学出版局，309-356.

小方孝（2003c）.「＜拡張＞物語言説論の構図」.『2003 年度人工知能学会全国大会（第 17 回）論文集』. 3C1-01.

小方孝（2004a）.「物語言説技法の統合の方法」.『2004 年度人工知能学会全国大会（第 18 回）論文集』. 2D1-03.

小方孝（2004b）.「物語の＜認知・テクスト・社会＞―多重物語構造モデルを巡る考察―」. 小方孝 編著.『日本認知科学会テクニカルレポート No.52「物語の＜認知・テクスト・社会＞―山梨大学集中講義 2002 の記録―」』. 88-113.

小方孝（2007）.「プロップから物語内容の修辞学へ―解体と再構成の修辞を中心として―」.『認知科学』. 14(4)，532-558.

小方孝（2008a）.「流動と固定」.『日本認知科学会第 25 回大会発表論文集』. 459.

小方孝（2008b）.「流動と固定（2）」.『日本認知科学会文学と認知・コンピュータ研究分科会 II（LCCII）第 15 回定例研究会予稿集』. 15W-05（4 ページ）.

小方孝（2008c）.「流動と固定（3）」.『日本認知科学会文学と認知・コンピュータ研究分科会 II（LCCII）第 16 回定例研究会予稿集』. 16W-03（4 ページ）.

小方孝（2008d）.「物語生成システムにおける映像構成へ向けて」. 金井明人・丹羽美之 編著.『映像編集の理論と実践』. 法政大学出版会，165-235.

小方孝（2009a）.「生成の駆動力としての文学理論外部の領域について―流動と固定（4）―」.『日本認知科学会文学と認知・コンピュータ研究分科会 II（LCC II）第 18 回定例研究会予稿集』. 18W-04（3 ページ）.

小方孝（2009b）.「物語生成の哲学的及び文学的基礎雑感，多元的生成―流動と固定（5）―」.『日本認知科学会文学と認知・コンピュータ研究分科会 II（LCC II）第 19 回定例研究会予稿集』. 19W-03（4 ページ）.

小方孝（2010a）.「物語と反／非・物語及び山梨大学―第 I 部への序言と本書成立のひとつの背景―」（第 I 部序論）. 小方孝・金井明人.『物語論の情報学序説―物語生成の思想と技

術を巡って―』. 学文社, 2-16.

小方孝 (2010b). 「「小説」―流動と固定, 作品の方へ―」 (4章). 小方孝・金井明人. 『物語論の情報学序説―物語生成の思想と技術を巡って―』. 学文社, 130-169.

小方孝 (2010c). 「「物語生成システム」の背景及び物語と文学の間」 (5章). 小方孝・金井明人. 『物語論の情報学序説―物語生成の思想と技術を巡って―』. 学文社, 186-258.

小方孝 (2010d). 「「物語生成システム」の大局的結構―物語の技術と経営への序―」 (6章). 小方孝・金井明人. 『物語論の情報学序説―物語生成の思想と技術を巡って―』. 学文社, 259-340.

小方孝 (2010e). 「物語生成における多元的戦略」 (7章). 小方孝・金井明人. 『物語論の情報学序説―物語生成の思想と技術を巡って―』. 学文社, 341-383.

小方孝 (2010f). 「ボトムアップとトップダウンによる統合物語生成システムの計画―流動と固定 (7) ―」. 『日本認知科学会文学と認知・コンピュータ研究分科会II (LCCII) 第20回定例研究会予稿集』. 20G-06 (26ページ).

小方孝 (2010g). 「歌舞伎座の芝居と機械, 非人間―流動と固定 (8) ―」. 『日本認知科学会文学と認知・コンピュータII研究分科会 (LCCII) 第21回定例研究会予稿集』. 21W-02 (1ページ).

小方孝 (2010h). 「下向的／上向的統合物語生成システムについて―流動と固定 (9) ―」. 『日本認知科学会文学と認知・コンピュータII研究分科会 (LCCII) 第22回定例研究会予稿集』. 22G-04 (23ページ).

小方孝 (2010i). 「歌舞伎としての三島由紀夫生成体―流動と固定 (10) ― (W2：文学の生成)」. 『日本認知科学会第27回大会予稿集』. 7.

小方孝 (2011a). 「物語生成の内容的統合に向けて：物語／文学／芸能, 歌舞伎／三島／「私」, 小説―流動と固定 (12) ―」. 『日本認知科学会文学と認知・コンピュータII研究分科会 (LCCII) 第24回定例研究会予稿集』. 24G-02 (20ページ).

小方孝 (2011b). 「物語生成システムは如何に機能するか―社会の物語生成と私の物語生成への序：流動と固定 (13) ―」. 『日本認知科学会文学と認知・コンピュータII研究分科会 (LCCII) 第25回定例研究会予稿集』. 25G-02 (100ページ).

小方孝 (2011c). 「「物語論の情報学」の実践としての物語生成システム」. 『日本知能情報ファジィ学会誌』. 23(5), 14-24.

小方孝 (2011d). 「「物語論の情報学」の実践としての物語生成システム―流動と固定 (14) ―」. 『日本認知科学会文学と認知・コンピュータII研究分科会 (LCCII) 第26回定例研究会予稿集』. 26W-02.

小方孝 (2011e). 「追補―私研究から私物語へ―」. 西田豊明・正村俊之・小方孝・野田五十樹. 2011年度人工知能学会全国大会 (第25回) パネル討論「大震災と向き合う」. 『人工知能学会誌』. 25(6), 494-513における510-513.

小方孝 (2012a). 「文学化・物語化する現実再考―流動と固定 (14) ―」. 『日本認知科学会文学と認知・コンピュータII研究分科会 (LCCII) 第27回定例研究会予稿集』. 27G-06 (24ページ).

小方孝 (2012b). 「物語生成システム研究体系の計画―流動と固定 (15) ―」. 『日本認知科学会文学と認知・コンピュータII研究分科会 (LCCII) 第27回定例研究会予稿集』. 27G-07

（24 ページ）.

小方孝（2012c）.「物語生成システムの文献学的研究体系の構想―流動と固定（16）―」.『日本認知科学会文学と認知・コンピュータⅡ研究分科会（LCCⅡ）第 27 回定例研究会予稿集』. 27G-08（39 ページ）.

小方孝（2012d）.「物語生成システムにおける語り手と登場人物の問題―流動と固定（17）―」.『日本認知科学会文学と認知・コンピュータⅡ研究分科会（LCCⅡ）第 27 回定例研究会予稿集』. 27G-09（14 ページ）.

小方孝（2012e）.「流動と固定を巡る雑論―流動と固定（18）―」.『日本認知科学会文学と認知・コンピュータⅡ研究分科会（LCCⅡ）第 28 回定例研究会予稿集』. 28G-06（2 ページ）.

小方孝（2012f）.「物語生成システムにおける「倫理」の契機―流動と固定（19）―」.『日本認知科学会文学と認知・コンピュータⅡ研究分科会（LCCⅡ）第 29 回定例研究会予稿集』. 29W-05（11 ページ）.

小方孝（2013）.「自己とその砕片化／組織化の循環：統合物語生成システムの先のコンテンツへの構想―流動と固定（20）―」.『日本認知科学会文学と認知・コンピュータⅡ研究分科会（LCCⅡ）第 30 回定例研究会予稿集』. 30G-01（7 ページ）.

小方孝（2014a）.「物語生成における形式と内容―統合物語生成システムにおける実装の観点から―」.『情報処理学会・研究報告自然言語処理（NL）（2014-NL-217）』. No.4, 1-11.

小方孝（2014b）.「統合物語生成システムの開発―その現状と課題―」.『第 13 回情報科学技術フォーラム講演論文集 第二分冊』. 323-330.

小方孝（2014c）.「物語生成のコンセプト―流動と固定の概念を中心に―」.『人工知能学会第二種研究会ことば工学研究会（第 46 回）資料』. 29-38.

小方孝（2015）.「歌舞伎の多重物語構造の予備的検討」.『人工知能学会第二種研究会ことば工学研究会（第 49 回）資料』. 59-64.

小方孝（2016）.「「尽し」の物語生成―歌舞伎等の調査と INGS における固有名詞概念辞書の開発による実現へ―」.『人工知能学会全国大会（第 30 回）予稿集』. 1K5-OS-06b-2.

小方孝（2017）.「歌舞伎の多重物語構造と芸能情報システム」.『人工知能学会全国大会（第 31 回）予稿集』. 1D2-OS-29a-4.

小方孝・秋元泰介（2007）.「言語的物語と音楽との循環的物語生成に向けて―物語の修辞に基づく試作の開発と基礎的考察―」.『認知科学』. 14(3), 355-379.

小方孝・秋元泰介（2010a）.「統合物語生成システムのための試験的モジュール結合」.『人工知能学会全国大会（第 24 回）論文集』. 1I2-OS1b-8.

小方孝・秋元泰介（2010b）.「構成的物語論の実践のために―統合物語生成システムの試験版実装を通じて―」.『日本認知科学会第 27 回大会予稿集』. 767-776.

小方孝・秋元泰介（2011）.「統合物語生成システムに向けて―第 0.4 版の開発―」.『人工知能学会全国大会（第 25 回）論文集』. 1H2-OS1-6in.

小方孝・秋元泰介・及川春香・清藤綾香・千田潤（2010）.「「統合物語生成システム」の統合的物語化のためのノート（続）：統合物語生成システム第 0.2 版，音楽と概念的物語の相互変換システム，三島由紀夫『午後の曳航』の分解と再構成，映像技法のルール化などを焦点として―流動と固定（11）―」.『日本認知科学会文学と認知・コンピュータⅡ研究分科会

（LCCⅡ）第 23 回定例研究会予稿集』. 23W-09（30 ページ）.

小方孝・秋元泰介・小野淳平（2014）.「流動－固定の概念に基づく物語生成の構想―統合物語生成システムの発展のための基本概念（1）―」.『日本認知科学会第 31 回大会』. 354-363.

小方孝・網野智幸（2002）.「多重物語構造と芸能キャラクターの物語生成システム」.『日本認知科学会第 19 回大会発表論文集』. 130-131.

小方孝・遠藤泰弘（2004）.「物語言説論とハイパーコミックシステム」.『2004 年度人工知能学会全国大会（第 18 回）論文集』. 2D2-01.

小方孝・小野淳平（2014）.「統合物語生成システム，間テクスト性，テキストマイニング」.『信学技報』. 113(429), 33-38.

小方孝・小野淳平（2015a）.「統合物語生成システムにおける言語表記辞書とその利用」.『信学技報』. 115(69), 25-30.

小方孝・小野淳平（2015b）.「物語におけるコンテンツ／メディアの展開―ゲーム，歌舞伎，源氏物語を例とした予備的考察―」.『人工知能学会第二種研究会ことば工学研究会（第 50 回）資料』. 97-115.

小方孝・小野淳平・戸来裕紀・五十嵐航・白井柊太（2015）.「統合物語生成システムのための概念辞書及び言語表記辞書の構成・利用の拡張構想」.『人工知能学会第二種研究会ことば工学研究会（第 48 回）資料』. 51-56.

小方孝・金井明人（2010a）.『物語論の情報学序説―物語生成の思想と技術を巡って―』. 学文社.

小方孝・金井明人（2010b）.「ストーリーと商品＝ブランド―生成に向けた広告の物語の分析―」（2 章）. 小方孝・金井明人.『物語論の情報学序説―物語生成の思想と技術を巡って―』. 学文社, 42-115.

小方孝・金井明人・青柳悦子（2003）.「文学理論と認知科学―拡張文学理論を巡って―」.『日本認知科学会第 20 回大会発表論文集』. 402-407.

小方孝・川村洋次（1997）.「現代民俗工学構想―研究経過と今後のビジョン」.『経営情報学会 1997 年度春季全国研究発表大会予稿集』. 161-164.

小方孝・川村洋次（1998a）.「芸能人の物語シミュレーションの基本思想」.『日経広告研究所報』. 第 180 号, 26-31.

小方孝・川村洋次（1998b）.「芸能プロデュースの技法体系の分析―芸能シミュレーションのための基礎的考察 1―」.『日本シミュレーション＆ゲーミング学会第 10 回全国大会発表論文抄録集』. 107-111.

小方孝・川村洋次（1999a）.「物語産出組織論と芸能組織モデル」.『組織学会研究発表大会報告要旨集』. 219-222.

小方孝・川村洋次（1999b）.「サービスと物語生成の観点からの芸能システムの考察とモデル化」.『経営情報学会 1999 年春期全国研究発表大会予稿集』. 307-310.

小方孝・川村洋次（1999c）.「物語産出組織論と芸能組織モデル」.『日本認知科学会研究分科会「文学と認知・コンピュータ」第 2 回定例研究会 in 東京 '99 冬 資料集』. 55-70.

小方孝・小林史典（2004）.「変奏からの物語生成への接近―物語と音楽の変換及び音楽変奏システムの試作に基づく諸考察―」.『人工知能学会第二種研究会ことば工学研究会（第 17

回）資料』．1-33.

小方孝・立花卓・冨手瞬（2009）．「物語概念表現からの映像の生成と自動カメラワーク―『東京物語』の分析とシミュレーション―」．『日本認知科学会第26回大会発表論文集』．2-32.

小方孝・寺野隆雄（1991a）．「語り手の意図を考慮した物語生成システムの構想」．『人工知能学会（第五回）全国大会論文集II』．561-564.

小方孝・寺野隆雄（1991b）．「語り手の意図に基づく物語生成システム」．『計測自動制御学会第14回知能工学シンポジウム』．317-324.

小方孝・寺野隆雄（1992a）．「EBLを用いた物語生成システムにおけるあらすじの詳細化」．『人工知能学会・電子情報通信学会合同研究会資料 SIG-KBS-9104』．117-124.

小方孝・寺野隆雄（1992b）．「説明に基づく物語生成システムにおけるプロットの展開」．『人工知能学会（第六回）全国大会論文集II』．521-524.

小方孝・中嶋美由紀（2006）．「物語生成システムと間テクスト性―体系的研究に向けた試み―」．『日本認知科学会第23回大会発表論文集』．270-271.

小方孝・堀浩一・大須賀節雄（1996a）．「物語のための技法と戦略に基づく物語の概念構造生成の基本的フレームワーク」．『人工知能学会誌』．11(1)，148-159.

小方孝・堀浩一・大須賀節雄（1996b）．「物語生成システムのための物語構造の分析と物語生成過程の検討」．『認知科学』．3(1)，72-109.

小方孝・松田亜矢子・内藤祐介・真部雄介・高橋昇・中嶋美由紀・吉尾貴史・沼田真克（2007）．「物語生成システムにおける映像表現」．『人工知能学会第二種研究会ことば工学研究会（第25回）資料』．19-59.

小方孝・向山和臣・金井明人（2000）．「物語言説論の形式的体系とその拡張へ向けて―言語と映像による試み―」．『情報処理学会人文科学とコンピュータ研究会（48-2)』．9-16.

小方孝・森田均（2002）．「拡張文学理論の基本コンセプト―シミュレーションとしての物語―」．『シミュレーション＆ゲーミング』．12(1)，13-23.

小方孝・山影沙耶夏（2003）．「＜拡張＞物語言説論の諸側面」．『2003年度人工知能学会全国大会（第17回）論文集』．3C1-02.

小方孝・渡辺光一・堀浩一・大須賀節雄（1995a）．「マーケティング／広告統合支援のための物語生成システムの応用の基本的枠組み」．『経営情報学会誌』．4(1)，19-42.

小方孝・渡辺光一・堀浩一・大須賀節雄（1995b）．「物語生成システムによる広告創作支援を目的としたテレビコマーシャルの構造分析」．『広告科学』．第30集．1-22.

小津安二郎（1953）．『東京物語』．（脚本：野田高梧・小津安二郎（1953）．「東京物語」．井上和男 編（2003）．『小津安二郎全集（下）』．新書館，183-220.）

乙葉弘 校注（1960）．「仮名手本忠臣蔵」．『浄瑠璃集（上）』（日本古典文学大系51）．岩波書店，291-382.

尾上梅幸（2014）．『女形の事』．中公文庫：中央公論社．（原著：1944，主婦の友社）

尾上松緑（1989）．『松緑芸話』．講談社.

小野淳平・秋元泰介・小方孝（2014）．「統合物語生成システムにおける属性フレームの自動獲得のための一試行」．『信学技報』．114(81)，47-52.

小野淳平・小方孝（2013）．「統合物語生成システムのための間テクスト的知識獲得・加工機構

の枠組み」. 『第 12 回情報科学技術フォーラム講演論文集（第二分冊）』. 201-204.

小野淳平・小方孝（2014a）.「小説データに基づく統合物語生成システムの概念・語彙選択」. 『人工知能学会第二種研究会ことば工学研究会（第 47 回）資料』. 47-53.

小野淳平・小方孝（2014b）.「計量データに基づく名詞概念の選択—「統合物語生成システム」における一機構として—」. 『信学技報』. 114(366), 49-54.

小野淳平・小方孝（2014c）.「名詞句の分類を利用した名詞概念の属性フレームの自動獲得—統合物語生成システムの一機構として—」. 『第 13 回情報科学技術フォーラム講演論文集第二分冊』. 335-338.

小野淳平・小方孝（2015a）.「動詞概念と名詞概念の共起関係に基づく事象における名詞概念の選択—統合物語生成システムにおけるストーリー生成のための機構—」.『第 14 回情報科学技術フォーラム予稿集 第二分冊』. 239-242.

小野淳平・小方孝（2015b）. 統合物語生成システムにおける概念選択／語彙表記選択及びその制御. 『2015 年度人工知能学会全国大会（第 29 回）論文集』. 3G4-OS-05a-3.

小野淳平・小方孝（2016）.「"いわての民話 KOSERUBE" の拡張へ向けての試み」. 『情報処理学会 インタラクション 2016 予稿集』. 837-840.

小野淳平・張一可・大石顕祐・小野寺康・小方孝（2011）.「概念体系と結び付いた単一事象の広告風修辞機構」. 『日本認知科学会第 28 回大会発表論文集』. 580-584.

小野淳平・張一可・小方孝（2012）.「概念体系の制約を利用した事象に対する異化の修辞とシナリオ生成」. 『人工知能学会全国大会（第 26 回）論文集』. 1N1-OS-1a-1.

小野寺康・秋元泰介・小方孝（2012）.「状態／事象変換知識ベースの構築とストーリーワールド／ストーリーライン循環生成」. 『人工知能学会全国大会（第 26 回）論文集』. 1N2-OS-1b-9.

小野寺康・小方孝（2012）.「状態 – 事象変換に基づくストーリー生成機構」. 『電気情報通信学会技術研究報告（IEICE Technical Report）NLC2011-60』. 111(427), 77-82.

加藤周一（1980）. 『日本文学史序説（上）（下）』. 筑摩書房.

加藤敏 編（2003）. 『語りと聴取』（新世紀の精神科治療 7）. 中山書店.

金井明人（2000）.「映像認知における修辞と視点の役割」.『認知科学』. 7(2), 172-180.

金井明人（2001）.「映像の修辞に関する認知プロセスモデル」.『認知科学』. 8(2), 139-150.

金井明人（2005）.「ストーリーと切断技法の映像認知における役割」. 石坂悦男・田中優子 編. 『メディアコミュニケーション その構造と機能』. 法政大学出版局, 69-90.

金井明人（2013）.「映像環境の物語と切断による規範理論—「わかりにくさ」の認知をめぐって—」. 金井明人・土橋臣吾・津田正太郎. 『メディア環境の物語と公共圏』. 法政大学出版局, 193-229.

金井明人・小方孝（2004）.「映像の修辞の認知・構成における切断技法」. 『2004 年度人工知能学会全国大会（第 18 回）論文集』. 2D2-07.

金井明人・小方孝・篠原健太郎（2003）.「ショット間の同一性と差異に基づく映像修辞生成」. 『人工知能学会誌』. 18(2G), 114-121.

金井明人・小玉愛実（2010）.「映像編集のデザイン—ストーリーと切断をめぐって—」. 『認知科学』17(3), 444-458.

金井明人・丹羽美之（2008）. 『映像編集の理論と実践』. 法政大学出版局.

金井明人・向山和臣・小方孝・川村洋次（2000）.「映像の修辞に基づく生成実験」.『情報処理学会人文科学とコンピュータ研究会』. 47-2, 9-14.

金井壽宏・高井俊次・中西眞知子 編（2009）.『語りと騙りの間―羅生門的現実と人間のレスポンシビリティー（対応・呼応・責任）―』. ナカニシヤ書店.

金沢康隆（2009）.『歌舞伎名作事典（新装版）』. 青蛙房.（初版 1959）

カフカ, フランツ 著, 池内紀 訳（2001a）.『審判』（カフカ小説全集 2）. 白水社.（執筆：1914-1915. Schochen Books Inc., 1990 による）

カフカ, フランツ 著, 池内紀 訳（2001b）.『城』（カフカ小説全集 3）. 白水社.（執筆：1922. Schochen Books Inc., 1982 による）

歌舞伎座（2010a）.「籠釣瓶花街酔醒」（解説）.『歌舞伎座さよなら公演 二月大歌舞伎』（公演筋書）.

歌舞伎座（2010b）.「連獅子」（解説）.『歌舞伎座さよなら公演 御名残四月大歌舞伎』（公演筋書）.

歌舞伎座（2015a）.『松竹創業百二十周年 三月大歌舞伎』（公演筋書）.

歌舞伎座（2015b）.『松竹創業百二十周年 秀山祭九月大歌舞伎』（公演筋書）.

鎌田まみ・小方孝（2013a）.「物語文章における文字表記の分析と模倣」.『2013 年度人工知能学会全国大会（第 27 回）論文集』. 2I4-5in.

鎌田まみ・小方孝（2013b）.「物語文章における文字表記―物語生成システムにおける文字表記調節機構に向けて―」.『人工知能学会第二種研究会ことば工学研究会（第 42 回）資料』. 29.

鎌田まみ・小方孝（2013c）.「物語生成システムにおける文生成機構と文字表記機構」.『言語処理学会第 19 回年次大会発表論文集』. 698-701.

上村以和夫（1997）.『歌舞伎の情景』. 演劇出版社.

上村以和夫（2003）.『時代のなかの歌舞伎―近代歌舞伎批評家論―』. 慶應義塾大学出版会.

亀山郁夫（1989）.『蘇えるフレーブニコフ』. 晶文社.

亀山郁夫（2015）.『新カラマーゾフの兄弟（上）（下）』. 河出書房新社.

柄谷行人（1980）.『日本近代文学の起源』. 講談社.

河合眞澄（2000）.「合作浄瑠璃における立作者の推定」.『近世文学の交流―演劇と小説―』. 清文堂出版, 47-65.

河竹繁俊（1929）.「解説」. 竹柴金作.『河竹新七及竹柴其水集』（日本戯曲全集第三十二巻）. 春陽堂, 712-721.

河竹繁俊・濱村米蔵・渥美清太郎 編（1925）.「義経千本櫻」.『時代狂言傑作集 第一巻』. 春陽堂, 1-190.

河竹登志夫（1989）.『歌舞伎美論』. 東京大学出版会.

河竹登志夫（2005）.「第四章 占領下の歌舞伎―GHQ の弾圧と解除の真相―」.『続々比較演劇学』. 南窓社, 510-544.

川村洋次（2004）.「広告映像の修辞の分析―広告映像制作支援情報システムの構築に向けて―」.『広告科学』,（45）, 122-139.

川村洋次（2006）.「ビールとパーソナルコンピュータの広告映像修辞の分析―広告映像修辞の記号化によるアプローチ―」.『広告科学』,（47）, 33-48.

川村洋次 (2007).「広告映像の技法・修辞と効果に関する研究」.『認知科学』. 14(3), 409-423.

川村洋次 (2009a).「広告の戦略と効果」(第9章). 清水公一 編.『マーケティング・コミュニケーション』. 五絃舎, 143-157.

川村洋次 (2009b).「広告映像の内容技法と編集技法の分析—広告映像制作支援情報システムの構築に向けて—」.『広告科学』, (50), 16-32.

川村洋次 (2013).「循環型消費者行動モデル iDEACCycle (アイデアサイクル) の提案—消費者日記調査・インタビュー調査を基に—」.『マーケティングジャーナル』, 33(2), 95-109.

川村洋次 (2015).「飲料の広告映像の技法の分析」.『日本広告学会第46回全国大会報告要旨集』, 67-70.

川村洋次・小方孝 (1999).「芸能情報システム序説」.『情報処理学会人文科学とコンピュータ研究会報告 (99-CH-41)』. 61-68.

川村洋次・小方孝 (2000a).「芸能人イメージマーケティングシステムのための芸能人ホームページの分析」.『広告科学』. 第40集, 181-192.

川村洋次・小方孝 (2000b).「仮想芸能キャラクターの人生」. 川村洋次・浜田秀・小方孝 編.『日本認知科学会テクニカルレポート 00-No.32「文学と認知・コンピュータ6—ことばと文学—」』. 52-60.

川村洋次・小方孝 (2000c).「芸能組織モデルとイメージ戦略」.『大阪経済法科大学経済学論集』. 大阪経済法科大学経済学会. 23(2), 130-164.

川村洋次・小方孝 (2001).「芸能組織モデルと社会応用」.『認知科学』. 8(4), 400-404.

キーン, ドナルド 著, 吉田健一・松宮史朗 訳 (2001).『能・文楽・歌舞伎』. 講談社. (Keene, D. (1990). *No and Bunraku: Two Forms of Japanese Theatre*. Columbia University Press.)

岸志津江・田中洋・嶋村和恵 (2008).『現代広告論』. 有斐閣.

キシュ, ダニロ 著, 山崎佳代子 訳 (2009).「庭, 灰. ダニロ・キシュ, イタロ・カルヴィーノ」, 山崎佳代子・米川正夫訳.『庭, 灰／見えない都市』(世界文学全集II-6). 5-173, 河出書房新社. (原著：1965, ベオグラード)

木谷真紀子 (2007).『三島由紀夫と歌舞伎』. 翰林書房.

木村錦花 (1928a).「研辰の討たれ (五幕七場)」.『日本戯曲全集 第三十九巻 現代篇第七輯』. 春陽堂, 486-522.

木村錦花 (1928b).「稽古中の研辰」.『日本戯曲全集 第三十九巻 現代篇第七輯』. 春陽堂, 523-537.

木村錦花 (1928c).「戀の研辰」.『日本戯曲全集 第三十九巻 現代篇第七輯』. 春陽堂, 538-548.

楠見孝 編, 日本心理学会監修 (2014).『なつかしさの心理学—思い出と感情—』. 誠信書房.

熊谷真哉・船越宗・秋元泰介・小方孝 (2012).「言語辞書の構築と簡易物語文生成機構」.『人工知能学会全国大会 (第26回) 論文集』. 1N1-OS-1a-3.

倉田喜弘 (2013).『文楽の歴史』. 岩波現代文庫：岩波書店.

栗澤康成・小方孝 (2013).「統合物語生成システムにおける規範・逸脱機構の考察」.『人工

知能学会第 2 種研究会ことば工学研究会（第 43 回）資料』．35-45.

栗澤康成・小方孝（2014）．「規範 - 逸脱機構の統合物語生成システムとの結合」．『2014 年度
　人工知能学会全国大会（第 28 回）論文集』．2F4-OS-01a-5.

栗澤康成・道又龍介・鎌田まみ・小方孝（2012）．「一般的な概念・言語表記辞書から物語生成
　としての利用へ」．『日本認知科学会第 29 回大会発表論文集』．363-369.

クリステヴァ，ジュリア 著，谷口勇 訳（1985）．『テクストとしての小説』．国文社（Kristeva,
　J.（1970）. *Le texte du roman.* Mouton Publishers.）

グレマス，アルジルダス・ジュリアン 著，田島浩・鳥居正文 訳（1988）．『構造意味論—方法
　論の探求—』．紀伊国屋書店．（Greimas, A. J.（1966）. *Sémantique structurrale: Recherché
　de méthode.* Larousse.）

黒澤明・橋本忍（1988）．「羅生門」．黒澤明．『全集 黒澤明 第三巻』．岩波書店，49-71.（上
　映：1950）

群司正勝（1963）．『かぶきの美学』．演劇出版社.

小池章太郎（2000）．「籠釣瓶花街酔醒」．『【新版】歌舞伎事典』．平凡社，110-111.

香内三郎（2002）．「活字」．北川厚嗣・須藤修・西垣通・浜田純一・吉見俊哉・米本昌平 編．
　『情報学事典』．弘文堂，176-177.

国立劇場（2014）．『第 292 回 平成 26 年 12 月歌舞伎公演』．

後藤丹治　校注（1958, 1962）．『椿説弓張月（上）（下）』（日本古典文学大系 60, 61）．岩波書
　店.

コルターサル，フリオ 著，土岐恒二 訳（1984）．『石蹴り遊び』（ラテン・アメリカの文学 8）．
　集英社.（原著：1963）

近藤端男（2000）．「中村座」．『【新版】歌舞伎事典』．平凡社，315.

コンパニョン，アントワーヌ 著，中地義和・吉川一義 訳（2007）．『文学をめぐる理論と常識』．
　岩波書店.（Compagnon, A.（1998）. *Le Demon de la theorie: Litterature et sens commun.*
　Paris：Seuil.）

齋藤耕二・本田時雄 編著（2001）．『ライフコースの心理学』．金子書房.

酒田義昭（2002）．「出版」．北川厚嗣・須藤修・西垣通・浜田純一・吉見俊哉・米本昌平 編．
　『情報学事典』．弘文堂，425-426.

佐藤浩一・越智啓太・下島裕美 編著（2008）．『自伝的記憶の心理学』．北大路書房.

佐藤秀樹・小林厚太・安田孝道・小方孝（2008）．「物語生成システムにおける簡易な単文・複
　文生成方式」．情報処理学会第 70 回（平成 20 年）全国大会講演論文集（4）』．4ZH-6（4
　〜803-804）.

ジイド，アンドレ 著，堀口大學 訳（1951）．『アンドレ・ジイド全集 第十五巻 贋金つくりの
　日記』．新潮社，3-75.（原著：1926）

ジェイムズ，ジェイミー 著，福満葉子 訳（2002）．『ポップ・アート』．西村書店.（James,
　J.（1996）. *Pop Art.* Phaidon Press.）

シクロフスキー，ヴィクトル 著，水野忠夫 訳（1971）．『散文の理論』．せりか書房.（原著：
　1925）

志野葉太郎（1991）．『歌舞伎 型の伝承』．演劇出版社.

清水公一（2005）．『広告の理論と戦略（第 14 版）』．創成社.

嶋村和恵 監修 (2008). 『新しい広告』. 電通.

守随憲治・大久保忠國 校注 (1959). 「附載 近松の言説 (「難波みやげ」發端抄)」. 『近松浄瑠璃集 (下)』 (日本古典文学大系 50). 355-359. (原著：穂積以貫 (1738). 『難波土産 (浄瑠璃評注)』.

ジュネット, ジェラール 著, 花輪光・和泉涼一 訳 (1985). 『物語のディスクール』. 水声社. (Genette, G. (1972). *Discours du récit, essai de méthode, Figures III.* Paris: Seuil.)

ジョイス, ジェイムズ 著, 丸谷才一・永川玲二・高松雄一 訳 (1996a). 『ユリシーズ I』. 集英社. (Joyce, J. (1922), *Ulysses.* Paris: Sylvia Beach.)

ジョイス, ジェイムズ 著, 丸谷才一・永川玲二・高松雄一 訳 (1996b). 『ユリシーズ II』. 集英社. (Joyce, J. (1922), *Ulysses.* Paris: Sylvia Beach.)

ジョイス, ジェイムズ 著, 丸谷才一・永川玲二・高松雄一 訳 (1997). 『ユリシーズ III』. 集英社. (Joyce, J. (1922), *Ulysses.* Paris: Sylvia Beach.)

ジョイス, ジェイムズ 著, 柳瀬尚紀 訳 (1991, 1993). 『フィネガンズ・ウェイク I・II』, 『フィネガンズ・ウェイク III・IV』. 河出書房新社. (Joyce, J. (1939). *Finnegans Wake.* London: Faber and Faber.)

末永照和 (1992). 『ピカソ美術館 第3巻 空間への冒険』. 集英社.

鈴木哲也 (2002). 「印刷」. 北川厚嗣・須藤修・西垣通・浜田純一・吉見俊哉・米本昌平 編 (2002). 『情報学事典』. 弘文堂, 70-71.

諏訪春雄 (1991). 「花道の誕生」. 『歌舞伎の方法』. 勉誠社, 132-162.

諏訪春雄 (2005). 『鶴屋南北―滑稽を好みて, 人を笑わすことを業とす―』. ミネルヴァ書房.

前進座 (映放宣伝部 発行) (2015). 『前進座五月国立劇場公演 番町皿屋敷・人情噺文七元結』 (公演筋書).

ソシュール, フェルディナン・ド (1972). 『一般言語学講義』. 岩波書店. (原著：1949)

ソポクレス 著, 高津春繁 訳 (1972). 「オイディプス王」. 呉茂一 他 訳. 『ギリシア・ローマ劇集』 (筑摩世界文学大系 4). 筑摩書房, 105-130. (上演：紀元前 429 年頃)

大日本除虫菊 (2015). 「金鳥のあゆみ」. 『大日本除虫菊株式会社 (ホームページ)』. http://www.kincho.co.jp/kaisha/ayumi/index.html (2015 年 10 月アクセス)

高野敏夫 (2005). 『遊女歌舞伎』. 河出書房新社.

高橋貞一 校注 (1972). 『平家物語 (上下)』. 講談社文庫：講談社.

高橋秀雄・藤波隆之 (2000). 『【新版】歌舞伎事典』. 平凡社, 186-187.

高橋留美子 (1992-1993). 『特性版 めぞん一刻 (第1集～第10集)』. 小学館.

田口章子 (2003). 『歌舞伎と人形浄瑠璃』. 吉川弘文館.

立花卓・小方孝 (2009a). 「映像撮影の規則とシミュレーション―『東京物語』を素材として―」. 『情報処理学会第 69 回全国大会講演論文集』. 1ZD-1.

立花卓・小方孝 (2009b). 「ルールに基づきカメラワークを設定するシステムと「小津ルール」のシミュレーション」. 『2009 年度人工知能学会全国大会 (第 23 回) 論文集』. 1J1-OS2-11.

田中美代子 (2002). 「解題・校訂」. 三島由紀夫. 『決定版 三島由紀夫全集 25』. 新潮社, 830.

谷口文和 (2013). 「音楽にとっての音響技術」. 飯田豊 編著. 『メディア技術史―デジタル社会の系譜と行方―』. 北樹出版, 55-68.

参考文献

谷崎潤一郎（1969）.「卍」.『谷崎潤一郎』（日本文学全集 6）. 新潮社, 193-334.（原著：1930）.

田村成義（1922）.『續續歌舞伎年代記 乾巻』. 市村座.（1922 年 11 月 5 日印刷, 8 日発行）

ダンデス, アラン 著, 池上嘉彦 訳（1980）.『民話の構造―アメリカインディアンの民話の形態論―』. 大修館書店.（Dundes, A.（1965）. *The Structure of Folklore*. Prentice Hall.）

近松門左衛門（1986）.「本領曾我」. 近松全集刊行会.『近松全集・第四巻』. 岩波書店, 215-324.

近松門左衛門（1987a）.「大磯虎稚物語」. 近松全集刊行会.『近松全集 第二巻』. 岩波書店, 391-469.

近松門左衛門（1987b）.「酒呑童子枕言葉」. 近松全集刊行会.『近松全集 第六巻』. 岩波書店, 1-92.

近松門左衛門（1989）.「曾我会稽山」. 近松全集刊行会,『近松全集 第十巻』. 岩波書店, 489-613.

チョムスキー, ノーム 著, 勇康雄 訳（1963）.『文法の構造』. 研究社出版.（原著：Chomsky, N.（1957）. *Syntactic Structures*. The Hague: Mouton.）

塚本昌則・鈴木雅雄（2010）.『＜前衛＞とは何か？＜後衛＞とは何か？―文学史の虚構と近代性の時間―』. 平凡社.

津田左右吉（2004）.『文学に現れたる我が国民思想の研究（全八冊）』. 岩波文庫：岩波書店.（原著：1917-1921）

土橋賢・小方孝（2009）.「引用とアナグラムによる物語生成に関する試論」.『人工知能学会全国大会（第 23 回）論文集』. 1J1-OS2-2.

角田一郎・内山美樹子 校注（1991）.「義経千本桜」.『竹田出雲 並木宗輔 浄瑠璃集』（新日本古典文学大系 93）. 岩波書店, 393-536.

寺田貴範・秋元泰介・小野淳平・小方孝（2014）.「統合物語生成システムにおける固有名詞概念の体系的記述」.『言語処理学会第 20 回年次大会予稿集』. 217-220.

寺野隆雄・小方孝（1992）.「説明に基づく物語生成システムにおけるプロットの生成」.『人工知能学会（第六回）全国大会論文集 II』. 517-520.

デュシャン, マルセル／カバンヌ, ピエール 著, 岩佐鉄男・小林康夫 訳（1999）.『デュシャンは語る』.（原著：1967）

戸板康二（2011）.『丸本歌舞伎』. 講談社文芸文庫：講談社.（原著：1949）

徃住彰文（2007）.『心の計算理論（新装版）』. 東京大学出版会.

富澤慶秀・藤田洋 編（2012）.『最新歌舞伎大事典』. 柏書房.

冨手瞬・小方孝・花田健自（2009）.「概念表現から映像を構成するシステム及び行為の構造についての考察」.『2009 年度人工知能学会全国大会（第 23 回）論文集』. 1J1-OS2-10.

外山滋比古（1964）.『近代読者論』. 垂水書房.

内藤優哉・金井明人（2011）.「映像作品におけるノスタルジア認知」.『日本認知科学会第 28 回大会発表論文集』, 256-61.

内藤優哉・金井明人（2012）.「映像とノスタルジア, その生成にむけて」.『人工知能学会全国大会（第 26 回）論文集』, 1N1-OS-1a-2.

内藤優哉・金井明人（2013）.「ノスタルジアが認知される物語, その生成と応用」.『日本認知科

学会第 30 回大会発表論文集』.

中上健次 (2004). 『風景の向こうへ・物語の系譜』. 講談社文芸文庫：講談社.

中川右介 (2010). 『坂東玉三郎—歌舞伎座立女形への道—』幻冬舎新書：幻冬舎.

中川右介 (2013a). 『歌舞伎—家と血と藝—』. 講談社現代新書：講談社.

中川右介 (2013b). 『十八代目中村勘三郎—全軌跡—』. 朝日新聞出版.

中野三敏 (1985). 『江戸名物評判記案内』. 岩波新書：岩波書店.

中村哲郎 (2004). 『歌舞伎の近代—作家と作品—』. 岩波書店.

中村秀之 (2002). 「モンタージュ」. 北川厚嗣・須藤修・西垣通・浜田純一・吉見俊哉・米本昌平 編. 『情報学事典』. 弘文堂. 942-943.

夏目漱石 (2007). 『文学論 (上) (下)』. 岩波文庫：岩波書店. (原著：1907)

ナティエ, ジャン＝ジャック 著, 斉木眞一 訳 (2001). 『音楽家プルースト—『失われた時を求めて』に音楽を聴く—』. 音楽之友社. (原著：1999. 初版：1984)

ニールセン, ヤコブ 著, 篠原稔和 監訳, 三好かおる 訳 (2002). 『マルチメディア＆ハイパーテキスト原論』. 東京電機大学出版局. (Nielsen, J. (1995). *Multimedia and Hypertext: The Internet and Beyond.* Academic Press.)

西田豊明 (2013). 「人工知能とは (2)」. 『人工知能学会誌』. 28(2), 326-325.

新田義彦 (2012). 『機械翻訳の原理と活用法—古典的機械翻訳再評価の試み—』. 明石書店.

日本近代文学館 編 (2015). 『近代文学原稿・草稿研究事典』. 八木書店.

貫成人 (2010). 『歴史の哲学—物語を超えて—』. 勁草書房.

野家啓一 (1996). 『物語の哲学—柳田國男と歴史の発見—』. 岩波書店.

野口達二 (2000). 「松竹」. 『【新版】歌舞伎事典』. 平凡社, 231-232.

野島寿三郎 編 (2002). 『新訂増補 歌舞伎人名事典』. 日外アソシエーツ.

野田秀樹 (2008). 「野田版・研辰の討たれ」. 『野田版歌舞伎』. 新潮社, 8-97.

野村喬 (2000). 「演劇改良運動」. 『【新版】歌舞伎事典』. 平凡社, 73.

萩原朔太郎 (1959). 「詩の原理」. 『萩原朔太郎全集 第三巻 詩の原理 (他)』. 新潮社, 123-267. (原著：1928)

橋本治 (2006). 『大江戸歌舞伎はこんなもの』. ちくま文庫：筑摩書房.

橋本治 (2012). 『浄瑠璃を読もう』. 新潮社.

蓮實重彦 (2014). 『『ボヴァリイ夫人』論』. 筑摩書房.

長谷川辰之助 (二葉亭四迷) (1908). 『平凡』. 如山堂書店.

長谷部浩 (2016). 『天才と名人—中村勘三郎と坂東三津五郎—』. 文春新書：文藝春秋社.

服部幸雄・富田鉄之助・広末保 編 (2000). 『【新版】歌舞伎事典』. 平凡社.

埴谷雄高 (1976). 「精神のリレーについて」. 埴谷雄高 他. 『精神のリレー—講演集—』. 河出書房新社, 7-17.

馬場順 (1998). 『人と芸談—先駆けた俳優たち—』. 演劇出版社.

バフチン, ミハイル 著, 望月哲男・鈴木淳一 訳 (1995). 『ドストエフスキーの詩学』. ちくま文庫：筑摩書房. (原著：1963, モスクワ)

パラジャーノフ, セルゲイ監督 (2004). 『ざくろの色』. 映像 DVD. 日本コロムビア. (上映：1971)

バルザック, オノレ・ド 著, 芳川泰久 訳 (2007). 「サラジーヌ」. オノレ・ド・バルザック,

私市保彦 他 訳.『バルザック幻想・怪奇小説選集 3』. 水声社, 11-58.（原著：1830）

バルト, ロラン 著, 沢崎浩平 訳 (1973).『Ｓ／Ｚ―バルザック『サラジーヌ』の構造分析―』. みすず書房.（原著：1970）

バルト, ロラン 著, 花輪光 訳 (1979).『物語の構造分析』. みすず書房.（Barthes, R.（1968). La mort de l'auteur. Manteia. 5.）

坂東玉三郎 (1976).『真夜中のノート』. サンリオ.

坂東三津五郎 (2015).『歌舞伎の愉しみ』. 岩波現代文庫：岩波書店.

ビデオリサーチ (2015).「TV-CM KARTE（テレビコマーシャルカルテ）／テレビ CM 素材について認知・内容理解・好意度・イメージ評価などを測定する調査」.『ソリューションメニュー』. http://www.videor.co.jp/solution/ad-measure/tv-cm-karte/index02.htm（2015年 3 月アクセス）

ブース, ウェイン 著, 米本弘一・服部典之・渡辺克昭 訳 (1991).『フィクションの修辞学』. 書肆風の薔薇.（Booth, W. C.（1983). *The Rhetoric of Fiction*. University of Chicago Press.）

フォースター, エドワード・モーガン 著, 米田一彦 訳 (1969).『小説とは何か』. ダヴィッド社.（原著：1927）

深川雅文 (2007).『光のプロジェクト―写真, モダニズムを超えて―』. 青弓社.

福田至・小方孝 (2014).「統合物語生成システムにおける状態―事象変換知識ベースの現状と課題―」.『2014 年度人工知能学会全国大会（第 28 回）論文集』. 2F4-OS-01a-8in.

藤井貞和 (2004).『物語理論講義』. 東京大学出版会.

プラトン 著, 藤沢令夫 訳 (1979).『国家（上）（下）』. 岩波文庫：岩波書店.

プリンス, ジェラルド 著, 遠藤健一 訳 (1996).『物語論の位相』. 松柏社.（Prince, G.（1982). *Narratology*. Walter e Gruhter & Co.）

プルースト, マルセル 著, 鈴木道彦 訳 (1996-2001).『失われた時を求めて（全 13 巻）』. 集英社.（原著：1913-1927）

フルッサー, ヴィレム 著, 深川雅文 訳 (1992).『写真の哲学のために―テクノロジーとヴィジュアルカルチャー―』. 勁草書房.（原著：1983）

フレーブニコフ, ヴェリミル 著, 小笠原豊樹 訳 (1990).「鶴, ひもじい」. 工藤幸雄・小笠原豊樹・水野忠夫・原卓也・江川卓・中平耀 他 訳.『集英社ギャラリー 世界の文学 15』. 集英社, 1065-1073.（原著：1909, 1921）

ブレヒト, ベルトルト 著, 千田是也 訳 (1973).「演劇のための小思考原理」.『ベルトルト・ブレヒト演劇論集 1 真鍮買い・演劇の弁証法・小思考原理』. 河出書房新社, 265-316.（原著：1949）

フロイト, ジークムント 著, 高橋義孝 訳 (1969).『夢判断（上）（下）』. 新潮文庫：新潮社.（原著：1900）

プロップ, ウラジーミル 著, 北岡誠司・福田美智代 訳 (1987).『昔話の形態学』. 白馬書房.（Propp, V.（Пропп, В. Я.）(1969). *Морфология сказки, Изд.2 е*. Москва: Наука.）（原著：1928）

ボードウェル, デヴィッド 著, 杉山昭夫 訳 (1992).『小津安二郎―映画の詩学―』. 青土社.（Bordwell, D.（1988). *OZU and the Poetics of Cinema*. London: British Film Institute.）

細川周平 (2002). 「レコード」. 北川厚嗣・須藤修・西垣通・浜田純一・吉見俊哉・米本昌平 編. 『情報学事典』. 弘文堂, 980.

堀浩一 (2007). 『創造活動支援の理論と応用』. オーム社.

松井俊諭 (2000). 「伽羅先代萩」. 『【新版】歌舞伎事典』. 平凡社, 395-396.

松井俊諭 (2002). 『歌舞伎―家の藝―』. 演劇出版社.

松崎仁 (2000). 「役者評判記」. 『【新版】歌舞伎事典』. 平凡社, 404-405.

松本裕治・北内啓・山下達雄・平野善隆・松田寛・浅原正幸 (1999). 「日本語形態素解析システム「茶筌」version2.0 使用説明書（第二版）. 奈良先端科学技術大学院大学松本研究室.

マラルメ, ステファヌ 著, 南條彰宏 訳 (1974). 音楽と文芸. 鈴木信太郎 他 訳. 『筑摩世界文學大系 48 マラルメ／ヴェルレーヌ／ランボオ』. 筑摩書房, 93-101. （原著：1894）

マン, トオマス 著, 佐藤晃一 訳 (1954). 『ファウスト博士誕生』. 新潮社. （原著：1949）

三浦広子 (2000). 「綯い交ぜ」. 『【新版】歌舞伎事典』. 平凡社, 310.

三木竹二 著, 渡辺保 編 (2004). 『観劇偶評』. 岩波文庫：岩波書店.

御厨貴 編 (2007). 『オーラル・ヒストリー入門』. 岩波書店.

三島由紀夫 (1954). 「鰯売恋曳組」. 『演劇界』. 11.

三島由紀夫 (1956). 『近代能楽集』. 新潮社.

三島由紀夫 (1963). 『午後の曳航』. 講談社.

三島由紀夫 (1971). 『天人五衰』. 新潮社.

三島由紀夫 (2002a). 「椿説弓張月」. 三島由紀夫. 『決定版 三島由紀夫全集 25』. 新潮社, 99-160. （原著：1969）

三島由紀夫 (2002b). 「文楽 椿説弓張月」. 三島由紀夫. 『決定版 三島由紀夫全集 25』. 新潮社, 161-177. （原著：1971）

三島由紀夫 (2004). 「三島由紀夫 最後の言葉〔古林尚〕」. 三島由紀夫. 『決定版 三島由紀夫全集 40』. 新潮社, 739-782. （初出：1970）

溝口理一郎 (2005). 『オントロジー工学』. オーム社.

道又爾・岡田隆 (2012). 『認知神経科学』. 放送大学教育振興会.

満尻真也 (2013). 「声を伝える／技術を楽しむ」. 飯田豊 編著. 『メディア技術史―デジタル社会の系譜と行方―』. 北樹社, 69-83.

港千尋 (2002). 「写真」. 北川厚嗣・須藤修・西垣通・浜田純一・吉見俊哉・米本昌平 編. 『情報学事典』. 弘文堂, 409-410.

宮崎清孝・上野直樹 (1985). 『視点』. 東京大学出版会.

ムージル, ローベルト 著, 加藤二郎 訳 (1992-1995). 「特性のない男」. 『ムージル著作集（第1巻～第6巻）』. 松籟社. （原著：1930, 1932）

向井秀樹 (2000). 「一谷嫩軍記」. 『【新版】歌舞伎事典』. 平凡社, 54.

向山和臣・小方孝 (1999). 「物語における時間順序の変換―映画に基づく考察―」. 『1999 年度人工知能学会全国大会（第 13 回）論文集』. 492-493.

向山和臣・小方孝 (2002). 「ストーリー性を考慮した物語言説論の拡張―時間順序変換システム―」. 『2002 年度人工知能学会全国大会（第 16 回）論文集』. 3f2-09.

向山和臣・金井明人・小方孝 (2001). 「映像の修辞分析と自動編集」. 『2001 年度人工知能学会全国大会（第 15 回）論文集』. 1F1-11.

紫式部，山岸徳平 校注（1965-1967）．『源氏物語（一～六）』．岩波文庫：岩波書店．

森岡正芳 編（2008）．『ナラティブと心理療法』．金剛出版社．

森村泰昌（2001）．『美術の解剖学講義』．ちくま学芸文庫：筑摩書房．（原著：1996，平凡社）

森雄一郎・小方孝（2005）．「ハイパーコミックの構想とハイパーリンク及びコマ合成の自動化」．『人工知能学会第二種研究会 ことば工学研究会（第19回）資料』．1-11.

森林太郎（鷗外）（1973a）．「渋江抽斎」．『鷗外全集 第十六巻』．岩波書店，255-516.（原著：1916）

森林太郎（鷗外）（1973b）．「伊澤蘭軒」．『鷗外全集 第十七巻』．岩波書店．（原著：1916-1917）

ヤウス，ハンス・ローベルト 著，轡田収 訳（2001）．『挑発としての文学史』．岩波書店．（Jauss, H. R.（1970）. *Literaturgeschichte als Provokation*. Frankfurt am Main: Suhrkamp Verlag.）

安富順（2012）．「見取」．『最新歌舞伎大事典』．柏書房，72-73.

ヤッフェ，ハンス・L・C 解説，乾由明 訳（1971）．『MONDRIAN（日本語版）』．美術出版社．

矢内賢二（2011）．『明治の歌舞伎と出版メディア』．ぺりかん社．

山影沙耶夏・小方孝（2003）．「物語における距離の計算機構の提案」．『2003年度人工知能学会全国大会（第17回）論文集』．2G2-05.

八巻俊雄（1994）．『比較・世界のテレビCM』．日経広告研究所．

山根伸洋（2002）．「電信」．北川厚嗣・須藤修・西垣通・浜田純一・吉見俊哉・米本昌平 編．『情報学事典』．弘文堂，655-656.

山本吉之助（2013）．『十八代目中村勘三郎の芸―アポロンとディオニソス―』．アルファベータ．

山本吉之助（2015）．『女形の美学―たおやめぶりの戦略―』．アルファベータ．

祐田善雄 校注（1965）．『文樂浄瑠璃集』（日本古典文学大系99）岩波書店．

吉田城（1993）．『『失われた時を求めて』草稿研究』．平凡社．

吉本隆明（1965）．『言語にとって美とはなにか Ⅰ，Ⅱ』．勁草書房．

吉本隆明（1984）．『マス・イメージ論』．福武書店．

吉本隆明（1989）．『ハイ・イメージ論1』．福武書店．

吉本隆明（1990）．『ハイ・イメージ論2』．福武書店．

李光五・阿部純一・金子康朗（1994）．『人間の言語情報処理―言語理解の認知科学―』．サイエンス社．

劉勰（1974）．「文心雕龍」．目加田誠 編．『中国古典文学大系54文学芸術論集』．1-212.

ルイス，メアリー・トンプキンズ 著，宮崎克己 訳（2005）．『岩波 世界の美術 セザンヌ』．岩波書店．（原著：2000）

レヴィ＝ストロース，クロード 著，早水洋太郎 訳（2006）．『神話論理Ⅰ―生のものと火を通したもの―』．みすず書房．（Lévi-Strauss, C.（1964）. *Mythologiques 1: Le cru et le cuit*. PLON.）

ローソン，ジョン・ハワード 著，岩崎昶・小田島雄志 訳（1958）．『劇作とシナリオ創作』．岩波書店．（Lawson, J. H.（1949）. *Theory and Technique of Playwriting and Screenwriting*. NY: G.P. Putnam's sons）

若林幹夫（2002）.「電話」. 北川厚嗣・須藤修・西垣通・浜田純一・吉見俊哉・米本昌平 編. 『情報学事典』. 弘文堂, 658, .

早稲田大学坪内博士記念演劇博物館（2009）.「開催にあたって」.『図録 並木宗輔展―浄瑠璃 の黄金時代―』. 2-3

渡辺保（1965）.『歌舞伎に女優を』. 牧書店.

渡辺保（1974）.『女形の運命』. 紀伊國屋書店.

渡辺保（1986）.『娘道成寺』. 駸々堂出版.

渡辺保（1989a）.『歌舞伎―過剰なる記号の森―』. 新曜社.

渡辺保（1989b）.『中村勘三郎』. 講談社.

渡辺保（1993）.『仁左衛門の風格』. 河出書房新社.

渡辺保（1997）.『黙阿弥の明治維新』. 新潮社.

渡辺保（2000）.「芸と型と役者と」.『劇評家の椅子―歌舞伎を見る―』. 朝日新聞社, 291-307.

渡辺保（2004）.『歌舞伎―型の魅力―』. 角川書店.

渡辺保（2006a）.『名女形雀右衛門』. 新潮社.

渡辺保（2006b）.「伝統と近代（I）―九代目団十郎の試み」. 渡辺保・小林康夫・石田英敬. 『新訂 表象文化研究』. 放送大学教材, 91-105.

渡辺保（2006c）.「伝統と近代（II）―九代目団十郎, 挫折と回帰」. 渡辺保・小林康夫・石田 英敬.『新訂 表象文化研究』. 放送大学教材, 106-118.

渡辺保（2009）.『江戸演劇史（上）（下）』. 講談社.

渡辺保（2012a）.『明治演劇史』. 講談社.

渡辺保（2012b）.『私の歌舞伎遍歴―ある劇評家の告白―』. 演劇出版社.

渡辺保（2013a）.『忠臣蔵―もう一つの歴史感覚―』. 講談社学術文庫：講談社.（原著：1981）

渡辺保（2013b）.『歌舞伎―型の神髄―』. 角川学芸出版.

渡辺保・高泉淳子（2012）.『昭和演劇大全集』. 平凡社.

渡辺直己（2012）.『日本小説技術史』. 新潮社.

渡辺守章（1996）.『舞台芸術論』. 放送大学教育振興会.

Akimoto, T., Kurisawa, Y. and Ogata, T. (2013). A Mechanism for Managing the Progression of Events by States in Integrated Narrative Generation System. *Proceedings of the 2nd International Conference on Engineering and Applied Science* (*2013 ICEAS*). 1605-1614.

Akimoto, T. and Ogata, T. (2011). Computational Model of Narrative Discourse Theory and Reception Theory in Narratology and its Implementation. *Conference Handbook of the 13th Annual International Conference of the Japanese Society for Language Sciences*. 155-156.

Akimoto, T. and Ogata, T. (2013). The Expansion of Paths in the Mutual Transformation Mechanism of Music and Narrative. *International Journal of Cognitive Informatics and Natural Intelligence*. 7(4), 44-63.

Akimoto, T. and Ogata, T. (2014a). Circulative Narrative Generation Based on the Mutual Transformation between Narrative Conceptual Structures and Music in the Integrated

Narrative Generation System. *Journal of Robotics, Networking and Artificial Life*. 1(3), 198-202.

Akimoto, T. and Ogata, T. (2014b). An Information Design of Narratology: The Use of Three Literary Theories in a Narrative Generation System. *The International Journal of Visual Design*. 7(3), 31-61.

Akimoto, T. and Ogata, T. (2015). Evaluation of a Narrative Discourse Generation System Based on the Concept of "Norm and Deviation". *Journal of Robotics, Networking and Artificial Life*. 2(1), 50-53.

Akimoto, T., Ono, J. and Ogata, T. (2012). Narrative Forest: An Automatic Narrative Generation System with a Visual Narrative Operation Mechanism. *Proceedings of the 6th International Conference on Soft Computing and Intelligent Systems & the 13th International Symposium on Advanced Intelligent Systems*. 2164-2167.

Bal, M. (Ed.) (2004). *Narrative Theory: Critical Concepts in Literary and Cultural Studies* (Volume I-IV). Routledge.

Barthes, R. (1970). Le toroisieme Sens. Note de Recherche sur Quelques Photogrammes de S. M. Eisenstein. *Cahiers du Cinema*, No.222, Juliet. (塩瀬宏 訳 (1982). 「第三の意味」. 岩本憲児・波多野哲朗 編. 『映画理論集成』. フィルムアート社.)

Bartlett, F. C. (1923). *Psychology and Primitive Culture*. Cambridge University Press.

Bartlett, F. C. (1932). *Remembering: A Study in Experimental and Social Psychology*. London: Cambridge University Press.

Bjökman, S. (1999). *Trier om von Trier Alfabeta Bokforlag A. B.*, Stockholm. (オスターグレン晴子 訳 (2001). 『ラース・フォン・トリアー スティーブ・ビョークマンとの対話』. 水声社.)

Bringsjord, S. and Ferrucci, D. A. (2000). *Artificial Intelligence and Literary Creativity: Inside the Mind of BRUTUS, a Storytelling Machine*. Lawrence Erlbaum.

Chatman, S. (1990). *Coming to Terms*. Cornell University Press. (田中秀人 訳 (1998). 『小説と映画の修辞学』. 水声社.)

CM総合研究所 (2004～2005). 「今月の新作TOP10とそのクリエイター」. 『月刊CM INDEX』, 19(5)～20(6).

Cohn, N. (2013). Visual Narrative Structure. *Cognitive Science*, 34, 413-452.

Cohn, N. (2014). You're a Good Structure, Charlie Brown: The Distribution of Narrative Categories in Comic Strips. *Cognitive Science*, 38, 1317-1359.

Cowen, P. S. (1988). Manupulating Montage: Effects on Film Comprehension, Recall, Person Perception, and Aesthetic Responses. *Empirical Studies of Arts*, 6(2), 97-115.

Cowen, P. S. (1992). Visual Memory, Verbal Schemas, and Film Comprehension. *Empirical Studies of Arts*, 10(1), 33-55.

Davis, F., (1979). *Yearning for Yesterday: A Sociology of Nostalgia*. New York: Free Press. (間場寿一・細辻恵子・荻野美穂 訳 (1990). 『ノスタルジアの社会学』. 世界思想社.)

Deleuze, G. (1990). *Pourparlers (1972-1990)*. Les Éditions de Minuit. (宮田寛 訳 (1996). 『記号と事件』. 河出書房新社.)

Eisenstein, S. M. (1942). *The Film Sense*. New York: Harcourt Brace. (田中ひろし訳 (1981). 『エイゼンシュテイン全集7』. キネマ旬報社.)

Endo, Y. and Ogata, T. (2002). Hyper-comic System as Representation Field of Narrative Discourse. *Proceedings of 17th Congress of the International Association of Empirical Aesthetics*, 555-558.

Endo, Y. and Ogata, T. (2003). Hyper-comic System as Consideration of Rhetoric. *Proceedings of The 4th International Conference on Cognitive Science*, 111-116.

Endo, Y. and Ogata, T. (2004a). Multilayered Discourse in Hyper-comic. *Proceedings of the 9th International Symposium on Artificial Life and Robotics*, Vol.1, 49-52.

Endo, Y. and Ogata, T. (2004b). A Rhetorical Analysis of a Japanese Comic for Hyper-comic System. *Proceedings of 18th Congress of the International Association of Empirical Aesthetics*, 502-508.

Fellbaum, C. (2006). WordNet (s). K. Brown, Editor-in-Chief. *Encyclopedia of Language and Linguistics* (2nd Ed.). Vol.13. Oxford: Elsevier, 665-670.

Fikes, R. and Nilsson, N. (1971). STRIPS: A New Approach to the Application of Theorem Proving to Problem Solving. *Artificial Intelligence*, 2, 189-208.

Fillmore, C. J. (1968). The Case for Case. E. Bach and R. T. Harms (Eds.). *Universals in Linguistic Theory*. NY: Holt, Rinehart, and Winston, 1-88. (田中春美・船城道雄 訳 1975. 『格文法の原理─言語の意味と構造─』. 三省堂.)

Han, J. and Kamber, M. (2011). *Data Mining: Conepts and Techniques* (3rd Ed.). Morgan Kaufmann.

Imabuchi, S., Akimoto, T., Ono, J. and Ogata, T. (2012). KOSERUBE: An Application System with a Propp-based Story Grammar and Other Narrative Generation Techniques. *Proceedings of the 6th International Conference on Soft Computing and Intelligent Systems & the 13th International Symposium on Advanced Intelligent Systems*. 248-253.

Imabuchi, S. and Ogata, T. (2012). A Story Generation System Based on Propp Theory: As a Mechanism in an Integrated Narrative Generation System. *Lecture Note of Artificial Intelligence*. Vol.7614, Springer, 312-321.

Imabuchi, S. and Ogata, T. (2013a). A Generation Mechanism of Macro Stories based on Propp-based Story Grammar Combined with an Integrated Narrative Generation System. *Proceedings of the 2nd International Conference on Engineering and Applied Science (2013 ICEAS)*. 2455-2463.

Imabuchi, S. and Ogata, T. (2013b). Methods for Generalizing the Propp-based Story Generation Mechanism. *Lecture Notes in Computer Science/Lecture Notes in Information Systems and Applications, incl. Internet/Web, and HCI*. Vol.8210, Springer, 333-344.

Kawamura, Y. (2003). An Analysis of the Rhetoric of Commercial Film: Toward the Building of a Commercial Film Production Support System Based on Image Rhetoric. *Proceedings of the 2003 IEEE International Conference on Systems, Man and Cybernetics*, 993-1000.

Kawamura, Y. (2016). An Attempt of the Commercial Film Production Support System

Based on the Image Rhetoric of Commercial Film (Chapter 4). Ogata, T. and Akimoto, T. *Computational and Cognitive Approaches to Narratology*. USA: Information Science Reference (IGI Global), 117-138.

Kawatake, T. (2008). *Kabuki: Baroque Fusion of the Arts*. I-House Press.

Keller, K. L. (1998). *Strategic Brand Management*. Prentice-Hall. (恩蔵直人・亀井昭宏訳 (2000). 『戦略的ブランド・マネジメント』. 東急エージェンシー, 131-150.)

Klein, S., Aeschlimann, J. F., Appelbaum, M. A., Balsiger, D. F., Curtis, E. J., Foster, M., Kalish, S. D., Kamin, S. J., Lee, Y., Price, L. A. and Salsieder, D. F. (1974). Modeling Propp and Levi-Strauss in a Meta-Symbolic Simulation System. *Computer Sciences Technical Report* 226. University of Wisconsin.

Kobayashi, F. and Ogata, T. (2004). Narrative and Music as Variation: Transformation of Musical Structure Based on Narrative Discourse Theory. *Proceedings of the Ninth International Symposium on Artificial Life and Robotics*, Vol.1, 170-173.

Lerdahl, F. and Jackendoff, R. (1983). *A Generative Theory of Tonal Music*. Cambridge, MA: The MIT Press.

Lévi-Strauss, C., (1996). *Saudades de São Paulo*, São Paulo: Companhia das letras. (今福龍太訳 (2008). 『サンパウロへのサウダージ』. みすず書房.)

Magerko, B. S. (2006). *Player Modeling in the Interactive Drama Architecture*. Ph.D. thesis, University of Michigan.

Manning, C. and Schuetze, H. (1999). *Foundations of Statistical Natural Language Processing*. The MIT press.

Manovich, R., (2001). *The Language of New Media*. Cambridge, MA: The MIT Press. (堀潤之 訳 (2013). 『ニューメディアの言語―デジタル時代のアート, デザイン, 映画―』. みすず書房.)

Marsella, S. (2010). *Thespian: A Decision-Theoretic Framework for Interactive Narratives*. Ph.D Thesis, University of Southern California, Los Angeles.

Meehan, J. R. (1980). *The Metanovel: Writing Stories by Computer*. Garland Publising.

Minsky, M. (1975). A Framework for Representing Knowledge. P. H. Winston (Ed.). *The Psychology of Computer Vision*. Chapter 6, McGraw-Hill.

Minsky, M. (1988). *The Society of Mind*. Touchstone Books. (安西祐一郎 訳 (1990). 『心の社会』. 産業図書.)

Minsky, M. and Papert, S. (1988). *Perceptrons Expanded Edition* (2nd Ed.). Cambridge, MA: MIT Press. (中野馨・坂口豊 訳 (1993). 『パーセプトロン』. パーソナルメディア.)

Monaco, J. (1977). *How to Read a Film: The Art Technology, Language, History and Theory of Film and Media*. Oxford University Press. (岩本憲児・内山一樹・杉山昭夫・宮本高晴訳 (1993). 『映画の教科書』. フィルムアート社, 144-190.)

Montfort, N. (2007). *Generating Narrative Variation in Interactive Fiction*. A Dissertation in Computer and Information Science. University of Pennsylvania.

Mueller, E. T. (1990). *Daydreaming in Humans and Machines*. Ablex.

Naito, Y. and Kanai. A., (2012). The Narrative Structure of Nostalgia Cognition and Film.

Proceedings of The 34th Annual Conference of the Cognitive Science Society, 2795.

Newell, A., Shaw, J. C. and Simon, H. A. (1959). Report on a General Problem-Solving Program. *Proceedings of the International Conference on Information Processing*. 256-264.

Newell, A. and Simon, H. A. (1956). *The Logic Theory Machine: A Complex Information Processing System*. The Rand Corporation Report. P-868 (25-63).

Newell, A. and Simon, H. A. (1972). *Human Problem Solving*. Prentice Hall.

Ogata, T. (2002a). Expanded Literary Theory: Cognitive/Computational Expansion of Literary Theories and Narratology. *Proceedings of 17th Congress of the International Association of Empirical Aesthetics*, 163-166.

Ogata, T. (2002b). The Concept of System Narratology: From the Viewpoint of Expanded Literary Theory. *Proceedings of 3'd International Workshop of Literature in Cognition and Computer (iw LCC)* in held PRICAI2002, W7-1, 1-10.

Ogata, T. (2004). A Computational Approach to Literary and Narrative Production: Toward Computational Narratology, *Proceedings of 18th Congress of the International Association of Empirical Aesthetics*. 509-516.

Ogata, T. (2014). Expanded Literary Theory for Automatic Narrative Generation. *Proceedings of Joint 7th International Conference on Soft Computing and Intelligent Systems and 15th International Symposium on Advanced Intelligent Systems*. 1558-1563.

Ogata, T. (2015). Building Conceptual Dictionaries for an Integrated Narrative Generation System. *Journal of Robotics, Networking and Artificial Life*. 1(4), 270-284.

Ogata, T. (2016a). Automatic Generation, Creativity, and Production of Narrative Contents. *Proceedings of the 2016 International Conference on Artificial Life and Robotics*. 428-432.

Ogata, T. (2016b). Computational and Cognitive Approaches to Narratology from the Viewpoint of Narrative Generation (Chapter 1). Ogata, T. and Akimoto, T. *Computational and Cognitive Approaches to Narratology*. USA: Information Science Reference (IGI Global), 1-73.

Ogata, T. (2016c). *Kabuki* as Multiple Narrative Structures (Chapter 16). Ogata, T. and Akimoto, T. *Computational and Cognitive Approaches to Narratology*. USA: Information Science Reference (IGI Global), 400-431.

Ogata, T. (2017). Analyzing Multiple Narrative Structures of *Kabuki* Based on the Frameworks of Narrative Generation Systems. *Proceedings of the 2017 International Conference on Artificial Life and Robotics*. 629-634.

Ogata, T. (2018a). An Integrated Approach to Narrative Generation: From Mishima and *Kabuki* to Narrative Generation Systems. T. Ogata and S. Asakawa (Eds.). *Content Generation through Narrative Communication and Simulation*. Hershey, PA, USA: Information Science Reference (IGI Global).

Ogata, T. (2018b). A Method of *Naimaze* of Narratives Based on *Kabuki* Analyses and Propp's Move Techniques for an Automated Narrative Generation System. *Proceedings of the 2018 International Conference on Artificial Life and Robotics*.

Ogata, T. and Akimoto, T. (Eds.). (2016). *Computational and Cognitive Approaches to Narratology*. Hershey, PA, USA: Information Science Reference (IGI Global).

Ogata, T., Arai, T. and Ono, J. (2016). Using Synthetically Collected Scripts for Story Generation. *Proceedings of the 26th International Conference on Computational Linguistics: System Demonstrations*. 253-257.

Ogata, T. and Asakawa, S. (Eds.). (2018a). *Content Generation through Narrative Communication and Simulation*. Hershey, PA, USA: Information Science Reference (IGI Global).

Ogata, T. and Asakawa, S. (2018b). Aspects of Content Generation through Narrative Communication and Simulation. T. Ogata and S. Asakawa (Eds.). *Content Generation through Narrative Communication and Simulation*. Hershey, PA, USA: Information Science Reference (IGI Global).

Ogata, T., Hori, K. and Ohsuga, S. (1994). Towards Narrative Text Generation Based on Narrative Techniques and Strategies. *Proceedings of International Federation for Information and Documentation*. 296-300.

Ogata, T., Hori, K. and Ohsuga, S. (1995). A Basic Framework of Narrative Generation System as Creative Interface. Y. Anzai, K. Ogata and H. Mori (Eds.). *Symbiosis of Human and Artifact* (20A). Elsevier. 679-684.

Ogata, T., Kawamura, Y., and Kanai, A. (2017). Informational Narratology and Automated Content Generation. *Proceedings of the 2017 International Conference on Artificial Life and Robotics*. 622-628.

Ogata, T. and Ono, J. (2013). Designing Narrative Interface with a Function of Narrative Generation. *Proceedings of the 2013 International Conference on Cyberworlds*. 214-221.

Ogata T. and Ono, J. (2016). A Way for Using the Verb Conceptual Dictionary in an Integrated Narrative Generation System: The Use of Co-occurrence Information on Verb Concepts, *Journal of Robotics, Networking and Artificial Life*. 209-212.

Ogata, T. and Terano, T. (1991). Explanation-Based Narrative Generation Using Semiotic Theory. *Proceedings of National Language Processing Pacific Rim Symposium 91*. 321-328.

Ogata, T. and Terano, T. (1992). Plot Generation and Expansion in Explanation-Based Narrative Generator. *Proceedings of First Singapore International Conference on Intelligent Systems*. 549-554.

Ogata, T. and Yamakage, S. (2004). A Computational Mechanism of the "Distance" in Narrative: A Trial in the Expansion of Literary Theory. *Proceedings of the 8th World Multiconference on Systemics, Cybernetics and Informatics* (SCI 2004). 179-184.

Ogata, T. and Yazawa, K. (2000). On the Rhetoric for Narrating the World. 良峯徳和・赤間啓之・住住彰文 編.『日本認知科学会テクニカルレポート 00-No.40「文学と認知・コンピュータ 2—文学の拡張—」』. 10-13.

Oishi, K., Kurisawa, Y., Kamada, M., Fukuda, I., Akimoto, T. and Ogata, T. (2012). Building conceptual dictionary for providing common knowledge in the integrated narrative generation system. N. Miyake, D. Peebles, & R. P. Cooper (Eds.). *Proceedings of the 34th Annual Conference of the Cognitive Science Society.* 2126-2131. Austin, TX: Cognitive Science Society.

Oishi, K. and Ogata, T. (2011). Towards the Development of Conceptual Dictionary for Narrative Generation System. *7th International Conference on Natural Language Processing and Knowledge Engineering.* 351-358.

Oishi, K. and Ogata, T. (2012). The Development of Conceptual Dictionary for Narrative Generation System: The Structure and Functions. *Proceedings of the 4th IEEE International Conference on Digital Game and Intelligent Toy Enhanced Learning.* 168-170

Okada, N. and Endo, T. (1992). Story Generation Based on Dynamics of the Mind. *Computational Intelligence.* 8(1), 123-160.

Ono J. and Ogata, T. (2013). A Framework of Narrative Knowledge Acquisition Based on Inter-textuality. *Proceedings of the 9th International Conference on Active Media Technology / Brain and Health Informatics.* 5.

Ono, J. and Ogata, T. (2015). Selecting Words and Notation Using Literary Data in the Integrated Narrative Generation System. Journal of Robotics, *Networking and Artificial Life.* 2(3), 194-199.

Onodera, K., Akimoto, T. and Ogata, T. (2012). A state-event transformation mechanism for generating micro structures of story in an integrated narrative generation system. N. Miyake, D. Peebles, & R. P. Cooper (Eds.). *Proceedings of the 34th Annual Conference of the Cognitive Science Society.* 2150-2155. Austin, TX: Cognitive Science Society.

Onodera, K. and Ogata, T. (2012). Sequence Generation based on Mutual Relationship between State and Action: As a Mechanism in Narrative Generation System. *Proceedings of the 4th IEEE International Conference on Digital Game and Intelligent Toy Enhanced Learning,* 159-161.

Peinado, F. (2008). *Un armazón para el desarrollo de aplicaciones de narración automática basado en componentes ontológicos reutilizables.* Ph.D. thesis, Facultad de Informática, Universidad Complutense de Madrid.

Pérez y Pérez, R. and Sharples, M. (2001). MEXICA: a Computer Model of a Cognitive Account of Creative Writing. *Journal of Experimental and Theoretical Artificial Intelligence.* 13(2), 119-139.

Quillian, M. R. (1968). Semantic Memory. M. Minsky (Ed.). *Semantic Information Processing.* Mit Press.

Riesbeck, C. K. and Schank, R. C. (1989). *Inside Case-Based Reasoning.* Lawrence Erlbaum.

Rowe, J.P., McQuiggan, S. W., Robison, J. L., Mancey, D. R., and Lester, J. C. (2009). STORYEVAL: An Empirical Evaluation Framework for Narrative Generation. *Narrative Technologies II: Papers from the 2009 AAAI Spring Symposium. Technical Report SS-09-06.* 103-110.

Rumelhart, D. E. (1975). Notes on a Schema for Stories. D. G. Bobrow and A. M. Collins

(Eds.). *Representations and Understanding: Studies in Cognitive Science.* Academic Press. (淵一博 監訳 (1978).「物語の構図についてのノート」.『人工知能の基礎―知識の表現と理解―』. 195-218, 近代科学社.)

Rumelhart, D. E., McClelland, J. L. and PDP Research Group (1986). *Parallel Distributed Processing (Vol.1): Explorations in the Microstructure of Cognition: Foundations.* MIT Press. (甘利俊一 訳 (1989).『PDP モデル―認知科学とニューロン回路網の探索―』. 産業図書.)

Saeed, A. (2014). Step Inside Flying Lotus's Mind-Blowing Performance Sculpture. *Creators.* https://creators.vice.com/en_us/article/wnpnpx/step_inside_flying_lotuss_mind-blowing_performance_sculpture (2017 年 9 月アクセス)

Schank, R. C. (1975). *Conceputual Information Processing.* North Holland.

Schank, R. C. (1990). *Tell Me a Story: A New Look at Real and Artificial Memory.* NY: John Brockman Associates Inc. (長尾確・長尾加寿恵 訳 (1996).『人はなぜ話すのか』. 白揚社.)

Schank, R. C. and Abelson, R. P. (1977). *Scripts, Plans, Goals, and Understanding: An Inquiry into Human Knowledge Structures.* Lawrence Erlbaum.

Stewart, D. W. and Furse, D. H. (1986). *Effective Television Advertising.* Lexington Books.

Swartjes, I. (2010). *Whose Story is It Anyway? How Improve Informs Agency and Authorship of Emergent Narrative.* PhD Thesis, University of Twente. The Netherlands.

Thorndyke, P. W. (1977). Cognitive Structures in Comprehension and Memory of Narrative Discourse. *Cognitive Psychology,* 9. 77-110.

Turner, S. R. (1994). *The Creative Process: A Computer Model of Storytelling and Creativity.* Psychology Press.

Ueda, K. and Ogata, T. (2004a). Classification and Combination of Perspective in Narrative. *Proceedings of the 9th International Symposium on Artificial Life and Robotics.* Vol.2, 597-600.

Ueda, K. and Ogata, T. (2004b). A Computational Modeling of Perspective and Voice in the Narrative Rhetoric. *Proceedings of 18th Congress of the International Association of Empirical Aesthetics.* 480-486.

Weizenbaum, J. (1976). *Computer Power and Human Reason: From Judgment to Calculation,* W. H. Freeman and Company. (秋葉忠利 訳 (1979).『コンピュータ パワー―人工知能と人間の理性―』. サイマル出版会.)

Whitaker, R. (1970). *The Language of Film.* Prentice-Hall Inc. (池田博・横川真顕 訳 (1983).『映画の言語』. 法政大学出版局, 39-163.)

Winograd, T. (1971). *Procedures as a Representation for Data in a Computer Program for Understanding Natural Language.* MIT AI Technical Report, 235.

Zhang, Y., Ono, J. and Ogata, T. (2011). An Advertising Rhetorical Mechanism for Single Event Combined with Conceptual Dictionary in Narrative Generation System. *7th International Conference on Natural Language Processing and Knowledge Engineering.* 340-343.

人名リスト

歌舞伎・人形浄瑠璃関係の人物については，主に以下の文献資料を使用した．

野島寿三郎（2002）．『新訂増補 歌舞伎人名事典』．日外アソシエーツ．

服部幸雄・富田鉄之助・廣末保 編（2000）．『【新版】歌舞伎事典』．平凡社．

浅原恒男・金田栄一・山根成之 監修（2016）．『かぶき手帖 2016 年版』．日本俳優協会・松竹・伝統歌舞伎保存会．

＜あ＞

赤松満祐：あかまつ・みつすけ．武将・大名．弘和元／永徳元（1381）- 嘉吉元（1441）．

芥川龍之介：あくたがわ・りゅうのすけ．小説家．明治 25（1892）- 昭和 2（1927）．

明智光秀：あけち・みつひで．武将・大名．享禄元（1528．異説あり）- 天正 10（1582）．

浅野長矩（浅野内匠頭）：あさの・ながのり（あさの・たくみのかみ）．大名．寛文 7（1667）- 元禄 14（1701）．

吾妻三八：あずま・さんぱち．歌舞伎作者．生没年不詳（元禄 14（1701）- 享保 15（1730）年活躍）

渥美清太郎：あつみ・せいたろう．歌舞伎研究家・劇評家・編集者．明治 25（1892）- 昭和 34（1959）．

安孫子素雄：あびこ・もとお．漫画家．藤子不二雄の一．昭和 8（1933）- 平成 8（1996）．

安部公房：あべ・こうぼう．小説家・劇作家．大正 13（1924）- 平成 5（1993）．

アリストテレス：Ἀριστοτέλης - Aristotélēs（古希），Aristoteles（羅），Aristotle（英）．古代ギリシア．哲学者．前 384 - 前 322．

アンダーソン，ウェス：Wesley Anderson．アメリカ．映画監督．1969 -．

＜い＞

伊井蓉峰：いい・ようほう．新派俳優．明治 4（1871）- 昭和 7（1932）．

イーザー，ヴォルフガング：Wolfgang Iser．ドイツ．文学研究者・英文学者．1926 - 2007．

泉鏡花：いずみ・きょうか．小説家・劇作家．明治 6（1873）- 昭和 14（1939）．

市川海老蔵（十一世）：いちかわ・えびぞう．歌舞伎役者．昭和 52（1977）-．

市川猿之助（三世）：いちかわ・えんのすけ．市川団子（三世），市川猿翁（二世）．歌舞伎役者．昭和 14（1939）-．

市川子團次（四世）：いちかわ・こだんじ．歌舞伎役者．文化 9（1812）- 慶応 2（1866）．

市川左團治（初世）：いちかわ・さだんじ．歌舞伎役者．天保 13（1842）- 明治 37（1904）．

市川左團治（二世）：いちかわ・さだんじ．歌舞伎役者．明治 13（1880）- 昭和 15（1940）．

市川團十郎（七世）：いちかわ・だんじゅうろう．歌舞伎役者．寛政 3（1791）- 安政 6（1859）．

市川團十郎（九世）：いちかわ・だんじゅうろう．河原崎長十郎（三世），河原崎権十郎（初世），河原崎権之助（七世）．歌舞伎役者．天保 9（1838）- 明治 36（1903）．

市川團十郎（十二世）：いちかわ・だんじゅうろう．市川新之助（六世），市川海老蔵（十世）．歌舞伎役者．昭和 21（1946）- 平成 25（2013）．

市川團蔵（七世）：いちかわ・だんぞう．歌舞伎役者．天保 7（1836）- 明治 44（1911）．

市川門之助（八世）：いちかわ・もんのすけ．歌舞伎役者．昭和 34（1959）-．

市村羽左衛門（十五世）：いちむら・うざえもん．歌舞伎役者．明治 7（1874）- 昭和 20（1945）．

糸井重里：いとい・しげさと．コピーライター・作詞家・エッセイスト・編集者・経営者．昭和 23（1948）-．

井上夢人：いのうえ・ゆめひと．小説家．昭和 25（1950）-．

今井和也：いまい・かずや．広告プロデューサー．昭和 6（1931）-．

今井豊茂：いまい・とよもち．歌舞伎脚本家．昭和 39（1964）-．

今尾哲也：いまお・てつや．演劇研究者．昭和 6（1931）- 平成 25（2013）．

今村文美：いまむら・あやみ．女優．昭和 33（1958）-．

＜う＞

ヴェルレーヌ，ポール：Paul Marie Verlaine．フランス．詩人．1844 - 1896．

ヴェンダース，ヴィム：Wim Wenders．ドイツ．映画監督．1945 -．

ウォーホル，アンディ：Andy Warhol．アメリカ．画家・版画家・芸術家．1928 - 1987．

ウォン，カーワイ：王 家衛．中国香港．映画監督．1958 -．

＜え＞

エイゼンシュテイン，セルゲイ：Sergei Mikhailovich Eisenstein（英）．ロシア・ソ連．映画監督．1898 - 1948．

エーコ，ウンベルト：Umberto Eco．イタリア．小説家・文芸評論家．1932 - 2016．

エジソン，トーマス：Thomas Alva Edison．アメリカ．発明家・起業家．1847 - 1931．

江島其磧：えじま・きせき．浮世草子作者・役者評判記作者．寛文 6（1666）- 享保 20（1735）．

江戸川乱歩：えどがわ・らんぽ．小説家・評論家．明治 27（1894）- 昭和 40（1965）．

＜お＞

大江健三郎：おおえ・けんざぶろう．小説家・評論家．昭和 10（1935）-．

岡本綺堂：おかもと・きどう．劇作家・小説家．明治 5（1872）- 昭和 14（1939）．

大石内蔵助（大石良雄）：おおいし・くらのすけ（おおいし・よしお，よしたか）．武士・家老．万治 2（1659）- 元禄 16（1703）．

大谷竹次郎：おおたに・たけじろう．劇場経営者．明治 10（1877）- 昭和 44（1969）．

小津安二郎：おづ・やすじろう．映画監督・脚本家．明治 36（1903）- 昭和 38（1963）．

尾上菊五郎（五世）：おのえ・きくごろう．市村九郎衛門（二世），市村羽左衛門（十三世），市村家橘（四世）．歌舞伎役者．天保 15（1844）- 明治 36（1903）．

尾上菊五郎（六世）：おのえ・きくごろう．尾上丑之助（二世）．歌舞伎役者．明治 18（1885）- 昭和 24（1949）．

尾上菊五郎（七世）：おのえ・きくごろう．尾上丑之助（五世），尾上菊之助（四世）．歌舞伎役者．昭和 17（1942）-．

尾上松緑（二世）：おのえ・しょうろく．松本豊．歌舞伎役者．大正 2（1913）- 平成元（1989）．

折口信夫：おりくち・しのぶ．民俗学者・歌人．明治 20（1887）- 昭和 28（1953）．
尾上梅幸（六世）：おのえ・ばいこう．歌舞伎役者．明治 3（1870）- 昭和 9（1934）．

<か>

笠縫専助（初世）：かさぬい・せんすけ．歌舞伎作者．生没年不詳．安永元（1772）- 寛政 12
　　（1800）活躍．
カセリ，ジョヴァンニ：Father Giovanni Caselli．イタリア．技術者・発明家．1815 - 1891．
片岡我當（五世）：かたおか・がとう．歌舞伎役者．昭和 10（1935）-．
片岡仁左衛門（十五世）：かたおか・にざえもん．片岡孝夫．歌舞伎役者．昭和 19（1944）-．
片岡秀太郎（二世）：かたおか・ひでたろう．片岡彦人．歌舞伎役者．昭和 16（1941）-．
加藤周一：かとう・しゅういち．評論家・思想家．大正 8（1919）- 平成 20（2008）．
カフカ，フランツ：Franz Kafka．オーストリア＝ハンガリー帝国，オーストリア．小説家．
　　1883 - 1924．
柄谷行人：からたに・こうじん．文芸評論家・思想家．昭和 16（1941）-．
川上音二郎：かわかみ・おとじろう．新派興行師・演出家・俳優．文久 4（1864）- 明治 44
　　（1911）．
河竹繁俊：かわたけ・しげとし．演劇研究者．明治 22（1889）- 昭和 42（1967）．
河竹新七（三世）：かわたけ・しんしち．歌舞伎作者．天保 13（1842）- 明治 34（1901）．
河竹黙阿弥（河竹新七（二世））：かわたけ・もくあみ（かわたけ・しんしち）．歌舞伎作者．
　　文化 13（1816）- 明治 26（1893）．
河竹登志夫：かわたけ・としお．演劇研究者．大正 13（1924）- 平成 25（2013）．

<き>

キシュ，ダニロ：Danilo Kiš．ユーゴスラヴィア．小説家．1935 - 1989．
紀海音：きの・かいおん．浄瑠璃作者．寛文 3（1663）- 寛保 2（1742）．
木村錦花：きむら・きんか．劇作家・演劇研究者．明治 10（1877）- 昭和 35（1960）．
キューブリック，スタンリー：Stanley Kubrick．アメリカ．映画監督．1928 - 1999．
曲亭馬琴：きょくてい・ばきん．滝沢馬琴（たきざわ・ばきん）．小説家・随筆家．明和 4
　　（1767）- 嘉永元（1848）．
吉良上野介（吉良義央）：きら・こうずけのすけ（きら・よしひさ，よしなか）．武士・旗本．
　　寛永 18（1641）- 元禄 15（1702）．
キーン，ドナルド：Donald Lawrence Keene．アメリカ・日本．日本文学研究者．大正 11
　　（1922）-．

<く>

グーテンベルク，ヨハネス：Johannes Gutenberg．ドイツ．金属加工業者・印刷業者．1398
　　頃 - 1468．
グスマン，パトリシオ：Patricio Guzmán Lozanes．チリ．映画監督．1941 -．
熊谷直実：くまがい・なおざね．武将．永治元（1141）- 建永 2（1207）．
クリステヴァ，ジュリア：Julia Kristeva．フランス（ブルガリア出身）．文学研究者・文芸評

論家. 1941 -.

グレマス, アルジルダス・ジュリアン：Algirdas Julien Greimas. フランス（リトアニア出身）. 言語学者・記号学者・文学研究者. 1917-.

黒澤明：くろさわ・あきら. 映画監督・脚本家. 明治 43（1910）- 平成 10（1998）.

郡司正勝：ぐんじ・まさかつ. 演劇研究者. 大正 2（1913）- 平成 10（1998）.

<こ>

ゴダール, シャン＝リュック：Jean-Luc Godard. フランス・スイス. 映画監督. 1930 -.

コルターサル, フリオ：Julio Cortázar. アルゼンチン. 小説家. 1914 - 1984.

コンパニョン, アントワーヌ：Antoine Compagnon. ベルギー. 文学研究者. 1950 -.

<さ>

サイモン, ハーバード：Herbert Alexander Simon. アメリカ. 政治学者・経営学者・認知科学者・情報科学者. 1916 - 2001.

桜田治助（初世）：さくらだ・じすけ. 歌舞伎作者. 享保 19（1734）- 文化 3（1806）.

ザッパ, フランク：Frank Vincent Zappa. アメリカ. 音楽家. 1940 - 1993.

佐藤忠信：さとう・ただのぶ. 武将. 仁平 3（1153）または応保元（1161）- 文治 2（1186）.

澤村宗十郎（初世）：さわむら・そうじゅうろう. 澤村長十郎（三世）, 助高屋高助（初世）. 歌舞伎役者. 貞享 2（1685）- 宝暦 6（1756）.

サント, ガスヴァン：Gus Van Sant. アメリカ. 映画監督. 1952 -.

三遊亭円朝（初世）：さんゆうてい・えんちょう. 落語家. 天保 10（1839）- 明治 33（1900）.

サンレク, コンスタンティン：Constantin Senlecq. フランス. 科学者・発明家. 1842 - 1934.

<し>

ジイド, アンドレ：André Paul Guillaume Gide. フランス. 小説家・評論家. 1869 - 1951.

シクロフスキイ, ヴィクトル：Viktor Shklovsky（英）. ロシア・ソ連. 文芸評論家・作家. 1893 - 1984.

實川延若（三世）：じつかわ・えんじゃく. 實川延二郎（二世）. 歌舞伎役者. 大正 10（1921）- 平成 3（1991）.

志野葉太郎：しの・ようたろう. 歌舞伎研究者・劇評家. 大正 2（1913）- 平成 21（2009）.

シャンク, ロジャー：Roger Schank. アメリカ. 人工知能学者・認知科学者. 1946 -.

シェイクスピア, ウィリアム：William Shakespeare. イギリス（イングランド）. 劇作家・詩人. 1564-1616.

ジャ, ジャンクー：賈 樟柯. 中国. 映画監督. 1970 -.

ジュネット, ジェラール：Gérard Genette. フランス. 文学研究者. 1930 -.

ジョイス, ジェイムズ：James Augustine Aloysius Joyce. アイルランド. 小説家・詩人. 1882 - 1941.

弥徳天皇：しょうとく・てんのう. 在位天平宝字 8（764）- 神護景雲 4（770）. 孝謙天皇（こうけん・てんのう）と同一人物（在位天平勝宝元（749）- 天平宝字 2（758）. 養老 2（718）

- 神護景雲 4（770））.

白井松次郎：しらい・まつじろう．劇場経営者．明治 10（1877）- 昭和 26（1951）.

＜す＞

末松謙澄：すえまつ・のりずみ（けんちょう）．ジャーナリスト・政治家．安政 2（1855）- 大正 9（1920）.

菅原道真：すがわら・みちざね．人形浄瑠璃・歌舞伎では菅丞相（かんしょうじょう）．政治家・学者・漢詩人．承和 12（845）- 延喜 3（903）.

＜せ＞

瀬川如皐（三世）：せがわ・じょこう．歌舞伎作者．文化 3（1806）- 明治 14（1881）.

セザンヌ，ポール：Paul Cézanne．フランス．画家．1839 - 1906.

＜そ＞

曾我祐成：そが・すけなり．曾我十郎祐成（そが・じゅうろう・すけなり）．武士．承安 2（1172）- 建久 4（1193）.

曾我時致：そが・ときむね．曾我五郎時致（そが・ごろう・ときむね）．武士．承安 4（1174）- 建久 4（1193）.

ソシュール，フェルディナン・ド：Ferdinand de Saussure．スイス．言語学者．1857 - 1913.

ソポクレス：Σοφοκλῆς（古希），Sophoklēs（英）．古代ギリシア．劇作家．前 496 頃 - 前 406 頃.

＜た＞

平敦盛：たいら・の・あつもり．武将．嘉永元（1169）- 元暦元（1184）.

平維盛：たいら・の・これもり．武将．保元 3（1158）- 寿永 3（1184）.

高泉淳子：たかいずみ・あつこ．劇作家・演出家・女優．昭和 33（1958）-.

高橋留美子：たかはし・るみこ．漫画家．昭和 32（1957）-.

高柳健次郎：たかやなぎ・けんじろう．工学者．明治 32（1899）- 平成 2（1990）.

竹田出雲（初世）：たけだ・いずも．座主・浄瑠璃作者．生年不詳 - 延享 4（1747）.

竹田出雲（二世）：たけだ・いずも．竹田子出雲（たけだ・こいずも）．座主・浄瑠璃作者．元禄 4（1691）- 宝暦 6（1756）.

ダゲール，ルイ：Louis Jacques Mande Daguerre．フランス．画家・写真技術者・写真家．1787 - 1851.

谷崎潤一郎：たにざき・じゅんいちろう．小説家．明治 19（1886）- 昭和 40（1965）.

田村成義：たむら・なりよし．歌舞伎興行者・文筆家．嘉永 4（1851）- 大正 9（1920）.

タルボット，ウィリアム：William Henry Fox Talbot．イギリス．写真技術者・政治家・考古学者．1800 - 1877.

ダンデス，アラン：Alan Dundes．アメリカ．民俗学者・民話学者．1934 - 2005.

人名リスト

＜ち＞

近松湖水軒：ちかまつ・こすいけん．浄瑠璃・歌舞伎作者．生没年不詳．寛政 11（1799）－文化 6（1809）活躍．

近松千葉軒：ちかまつ・せんようけん．歌舞伎・浄瑠璃作者．生没年不詳．寛政 6（1794）－文政 10（1827）以降まで活躍．

近松半二：ちかまつ・はんじ．浄瑠璃作者．享保 10（1725）－天明 3（1783）．

近松門左衛門（初世）：ちかまつ・もんざえもん．浄瑠璃・歌舞伎作者．承応 2（1653）－享保 9（1724）．

近松柳：ちかまつ・やなぎ．歌舞伎・浄瑠璃作者．宝暦 12（1762）－享和 3（1803）．

＜つ＞

坪内逍遙：つぼうち・しょうよう．演劇研究者・文芸評論家・翻訳家・劇作家．安政 6（1859）－昭和 10（1935）．

ツヴォルキン，ウラジーミル：Vladimir Koz'mich Zworykin．ロシア・アメリカ．工学技術者・発明家．1888 - 1982．

津田左右吉：つだ・そうきち．歴史家．明治 6（1873）－昭和 36（1961）．

妻倉和子：つまくら・かずこ．女優．昭和 32（1957）－．

鶴屋南北（四世）：つるや・なんぼく．歌舞伎作者．宝暦 5（1755）－文政 12（1829）．

＜て＞

デュシャン，マルセル：Marcel Duchamp．フランス．美術家．1887 - 1968．

＜と＞

戸板康二：といた・やすじ．演劇評論家．大正 4（1915）－平成 5（1993）．

ドストエフスキイ，フョードル：Fyodor Mikhailovich Dostoyevsky（英）．ロシア．小説家・評論家・思想家．1821 - 1881．

トビン，アモン：Amon Adonai Santos de Araújo Tobin．ブラジル．音楽家．1972 -．

外山慈比古：とやま・しげひこ．英文学者・評論家．大正 12（1923）－．

ドラン，グザヴィエ：Xavier Dolan．カナダ．映画監督・俳優．1989 -．

トリアー，ラース・フォン：Lars von Trier．デンマーク．映画監督．1956 -．

＜な＞

中上健次：なかがみ・けんじ．小説家．昭和 21（1946）－平成 4（1992）．

中村歌右衛門（三世）：なかむら・うたえもん．歌舞伎役者．安永 7（1778）－天保 9（1838）．

中村歌右衛門（五世）：なかむら・うたえもん．歌舞伎役者．中村福助（四世），中村芝翫（五世）．慶応元（1865）－昭和 15（1940）．

中村歌右衛門（六世）：なかむら・うたえもん．歌舞伎役者．中村福助（六世），中村芝翫（六世）．大正 6（1917）－平成 13（2001）．

中村魁春（二世）：なかむら・かいしゅん．歌舞伎役者．中村松江（五世）．昭和 23（1948）-．

中村歌六（三世）：なかむら・かろく．歌舞伎役者．中村梅枝（初世），中村時蔵（初世）．嘉

403

永 2 (1849) - 大正 8 (1919).

中村勘三郎（初世）：なかむら・かんざぶろう．猿若勘三郎．歌舞伎役者・座主．慶長 3 (1598) - 明暦 4 (1658).

中村勘三郎（十七世）：なかむら・かんざぶろう．中村米吉（三世），中村もしほ（四世）．歌舞伎役者．明治 42 (1909) - 昭和 63 (1988).

中村勘三郎（十八世）：なかむら・かんざぶろう．歌舞伎役者．中村勘九郎（五世）．昭和 30 (1955) - 平成 24 (2012).

中村勘九郎（六世）：なかむら・かんくろう．中村勘太郎（二世）．歌舞伎役者．昭和 56 (1981) -.

中村吉右衛門（初世）：なかむら・きちえもん．歌舞伎役者．明治 19 (1886) - 昭和 29 (1954).

中村吉右衛門（二世）：なかむら・きちえもん．歌舞伎役者・歌舞伎作者（松貫四，まつ・かんし）．昭和 19 (1944) -.

中村芝翫（四世）：なかむら・しかん．中村福助（初世）．歌舞伎役者．文政 13 (1830) - 明治 32 (1899).

中村七之助（二世）：なかむら・しちのすけ．歌舞伎役者．昭和 58 (1983) -.

中村雀右衛門（三世）：なかむら・じゃくえもん．中村芝雀（四世）．歌舞伎役者．明治 8 (1875) - 昭和 2 (1927).

中村雀右衛門（四世）：なかむら・じゃくえもん．大谷友右衛門（七世）．歌舞伎役者．大正 9 (1920) - 平成 24 (2012).

中村雀右衛門（五世）：なかむら・じゃくえもん．中村芝雀（七世）．歌舞伎役者．昭和 30 (1955) -.

中村時蔵（三世）：なかむら・ときぞう．歌舞伎役者．明治 28 (1895) - 昭和 34 (1959).

中村富十郎（五世）：なかむら・とみじゅうろう．坂東鶴之助（四世），市村竹之丞（六世）．昭和 4 (1929) - 平成 23 (2011).

中村仲蔵（初世）：なかむら・なかぞう．歌舞伎役者．元文元 (1736) - 寛政 2 (1790).

中村福助（九世）：なかむら・ふくすけ．中村児太郎（五世）．歌舞伎役者．昭和 35 (1960) -.

奈河亀輔（初世）：ながわ・かめすけ．奈河亀助．歌舞伎作者．生没年不詳．明和 8 (1771) - 天明 5 (1785) 活躍.

夏目漱石：なつめ・そうせき．小説家・英文学者．慶應 3 (1867) - 大正 5 (1916).

並木宗輔：なみき・そうすけ．並木千柳（なみき・せんりゅう）．浄瑠璃作者．元禄 8 (1695) - 寛延 4 (1751).

<に>

ニエプス，ニセフォール：Joseph Nicéphore Niépce．フランス．発明家・写真技術者．1765 - 1833.

西川かずこ：にしかわ・かずこ．女優．昭和 30 (1955) -.

ニプコー，パウル：Paul Julius Gottlieb Nipkow．ドイツ．工学技術者・発明家．1860 - 1940.

ニューウェル，アレン：Allen Newell．人工知能・認知科学研究者．1927-1992.

人名リスト

<ね>

ネルソン，テッド：Ted Nelson, Theodor Nelson．アメリカ．情報科学者．1937 –.

<の>

野田秀樹：のだ・ひでき．劇作家・俳優・演出家．昭和 30（1955）–.

<は>

萩原朔太郎：はぎわら・さくたろう．詩人・評論家．明治 19（1886）– 昭和 17（1942）．

橋本治：はしもと・おさむ．小説家・評論家．昭和 23（1948）–.

橋本忍：はしもと・しのぶ．脚本家・映画監督．大正 7（1918）–.

蓮實重彦：はすみ・しげひこ．フランス文学者・映画評論家・文芸評論家．昭和 11（1936）–.

バートレット，フレデリック：Frederic Charles Bartlett．イギリス．心理学者．1886 – 1969.

埴谷雄高：はにや・ゆたか．小説家・評論家・思想家．明治 42（1909）– 平成 9（1997）．

バフチン，ミハイル：Mikhail Mikhailovich Bakhtin（英）．ロシア・ソ連．言語学者・文学研究者．1895 – 1975.

バルザック，オノレ・ド：Honore de Balzac．フランス．小説家．1799 – 1850.

パラジャーノフ，セルゲイ：Sargis Hovsepi Prajanyan（英）．ソ連（グルジア）．映画監督・脚本家．1924 – 1990.

バルト，ロラン：Roland Barthes．フランス．思想家・文芸評論家．1915 – 1980.

バロウズ，ウィリアム：William Seward Burroughs II．アメリカ．小説家．1914 – 1997.

坂東玉三郎（三世）：ばんどう・たまさぶろう．女歌舞伎役者．明治 16（1883）– 明治 38（1905）．

坂東玉三郎（五世）：ばんどう・たまさぶろう．坂東喜の字．歌舞伎役者・演出家・映画監督．昭和 25（1950）–.

坂東三津五郎（十世）：ばんどう・みつごろう．歌舞伎役者．昭和 31（1956）– 平成 27（2015）．

<ひ>

ピカソ，パブロ：Pablo Picasso．スペイン．画家・彫刻家．1881 – 1973.

ビョーク：Björk．アイスランド．音楽家・俳優．1965 –.

<ふ>

ファーンズワース，フィロ：Philo Taylor Farnsworth．アメリカ．工学技術者・発明家．1906 – 1971.

フォースター，エドワード・モーガン：Edward Morgan Forster．イギリス．小説家．1879 – 1970.

藤井貞和：ふじい・さだかず．詩人・国文学者．昭和 17（1942）–.

藤子不二雄：ふじこ・ふじお．安孫子素雄・藤本弘による漫画ユニット．

藤本弘：ふじもと・ひろし．漫画家．藤子不二雄の一．昭和 8（1933）– 平成 8（1996）．

藤原時平：ふじわら・の・ときひら．人形浄瑠璃・歌舞伎ではふじわら・の・しへい．公卿・政治家．貞観 13（871）– 延喜 9（909）．

405

ブース，ウェイン：Wayen Clayson Booth．アメリカ．文学研究者・文芸評論家．1921 - 2005．

二葉亭四迷：ふたばてい・しめい．小説家・翻訳家．元治元（1864）- 明治 42（1909）．

ブッシュ，ヴァネヴァー：Vannevar Bush．アメリカ．工学者・科学技術管理者．1890 - 1974．

フライング・ロータス：Flying Lotus．アメリカ．音楽家．1983 -．

プラトン：Platon．古代ギリシア．哲学者．前 427 - 前 347．

プリンス，ジェラルド：Gerald Prince．アメリカ．文学研究者．1942 -..

プルースト，マルセル：Valentin Louis Georges Eugène Marcel Proust．フランス．小説家．1871 - 1922．

フルッサー，ヴィレム：Vilém Flusser．チェコスロヴァキア～ブラジル．哲学者・メディア論学者．1920 - 1991．

ブレヒト，ベルトルト：Bertolt Brecht．ドイツ．劇作家・小説家・詩人・演出家．1898 - 1956．

フレーブニコフ，ヴェリミール：Viktor Vladimirovich Khlebnikov（英）．ロシア．詩人．1885 - 1922．

フロイト，ジークムント：Sigmund Freud．オーストリア．精神分析学者・精神科医．1856 - 1939．

プロップ，ウラジーミル：Vladimir IAkovlevich Propp（英）．ロシア・ソ連．民俗学者・民話学者．1895 - 1970．

ブロート，マックス：Max Brod．オーストリア．作家・評論家・作曲家．1884 - 1968．

＜へ＞

ベアード，ジョン：John Logie Baird．スコットランド．技術者・発明家．1888 - 1946．

ベイン，アレクサンダー：Alexander Bain．スコットランド．技術者・発明家・時計職人．1811 - 1877．

ベル，グラハム：Alexander Graham Bell．スコットランド・アメリカ・カナダ．技術者・発明家．1847 - 1922．

ベルリナー，エミール：Emil Berliner．ドイツ・アメリカ．技術者・発明家．1851 - 1929．

＜ほ＞

ホウ，シャオシェン：侯 孝賢．中華民国．映画監督．1947 -．

細川勝元：ほそかわ・かつもと．武将・大名．永享 2（1430）- 文明 5（1473）．

穂積以貫：ほづみ・いかん（これつら）．儒学者．元禄 5（1692）- 明和 6（1769）．

＜ま＞

松尾真吾：まつお・しんご．広告ディレクター．昭和 10（1935）- 昭和 59（1984）．

松貫四（初世）：まつ・かんし．人形浄瑠璃作者．生年不詳 - 寛政 10（1798）．

松本清張：まつもと・せいちょう．小説家・評論家．明治 42（1909）- 平成 4（1992）．

真山青果：まやま・せいか．小説家・劇作家．明治 10（1877）- 昭和 23（1948）．

マラルメ，ステファヌ：Stéphane Mallarmé．フランス．詩人．1842-1898．

マルコーニ，グリエルモ：Guglielmo Marconi．イタリア．無線電信技術者・発明家．1874 –
1937．

マルタンヴィル，エドワール＝レオン・スコット・ド：Édouard-Léon Scott de Martinville．
フランス．印刷・出版業者．1817-1879．

マン，トーマス：Paul Thomas Mann．ドイツ．小説家・評論家．1875 – 1955．

<み>

三島由紀夫：みしま・ゆきお．小説家・劇作家・評論家．大正 14（1925）– 昭和 45（1970）．

三木竹二：みき・たけじ．劇評家．慶応 3（1867）– 明治 41（1908）．

溝口健二：みぞぐち・けんじ．映画監督・脚本家．明治 30（1897）– 昭和 31（1956）．

源義経：みなもと・の・よしつね．武将．平治元（1159）– 文治 5（1189）．

水谷八重子（初世）：みずたに・やえこ．女優．明治 38（1905）– 昭和 54（1979）．

水谷八重子（二世）：みずたに・やえこ．女優．昭和 14（1939）–．

宮澤賢治：みやざわ・けんじ．詩人・小説家．明治 29（1896）– 昭和 8（1933）．

三好松洛：みよし・しょうらく．浄瑠璃作者．元禄 9（1696）– 没年不詳．

ミンスキイ，マーヴィン：Marvin Minsky．アメリカ．人工知能・認知科学研究者．1927 –
2016．

<む>

紫式部：むらさき・しきぶ．作家・歌人．生没年不詳（平安時代中期）．

ムージル，ローベルト：Robert Musil．オーストリア．小説家．1880 – 1942．

<も>

森鴎外：もり・おうがい．小説家・評論家・翻訳家・医師．文久 2（1862）– 大正 11（1922）．

守田勘彌（十二世）：もりた・かんや．座主・歌舞伎興行者・歌舞伎作者．弘化 3（1846）– 明
治 38（1905）．

守田勘彌（十四世）：もりた・かんや．歌舞伎役者．明治 40（1907）– 昭和 52（1977）．

森村泰昌：もりむら・やすまさ．芸術家．昭和 26（1951）–．

モールス，サミュエル：Samuel Finley Breese Morse．アメリカ．発明家・画家．1791-1872．

モンドリアン，ピエト：Piet Mondrian．オランダ．画家．1872 – 1944．

<や>

ヤウス，ハンス・ローベルト：Hans Robert Jauss．ドイツ．文学研究者．1921 – 1997．

山田庄一：やまだ・しょういち．人形浄瑠璃・歌舞伎制作・演出家．大正 14（1925）–．

<よ>

吉本隆明：よしもと・たかあき．評論家・詩人．大正 13（1924）– 平成 24（2012）．

<ら>

ラメルハート，デヴィッド：David Everett Rumelhart．アメリカ．人工知能・認知科学研究者．1942 - 2011.

<り>

劉勰：りゅうきょう．中国・南朝梁．文学研究者．466? - 532.

リュミエール，オーギュスト：Auguste Marie Louis Lumière．フランス．映画発明者．1862 - 1954.

リュミエール，ルイ：Louis Jean Lumière．フランス．映画発明者．1864 - 1948.

<る>

ルブラン，ニコラ：Nicolas Leblanc．フランス．化学者．1742 - 1806.

<れ>

レヴィ＝ストロース，クロード：Claude Lévi-Strauss．フランス．文化人類学者・神話学者．1908 - 2009.

<わ>

ワイズマン，フレデリック：Frederick Wiseman．アメリカ．映画監督．1930 -.

渡辺保：わたなべ・たもつ．劇評家・歌舞伎研究者．昭和 11（1936）-.

渡辺直己：わたなべ・なおみ．文芸評論家・文学研究者．昭和 27（1952）-.

渡辺守章：わたなべ・もりあき．演出家・演劇研究者・翻訳家．昭和 8（1933）-.

ワン，ビン：王 兵．中国．映画監督．1967 -.

歌舞伎・人形浄瑠璃作品リスト

主要な調査資料としては，主に以下の文献を使用した．

野島寿三郎 編（1991）．『歌舞伎・浄瑠璃外題事典』．日外アソシエーツ．

服部幸雄・富田鉄之助・廣末保 編（2000）．『【新版】歌舞伎事典』．平凡社．

＜あ＞

芦屋道満大内鑑．あしや（の）どうまんおおうちかがみ．

　人形浄瑠璃：竹田出雲（1）．享保 19（1734）年 10 月，大坂・竹本座初演．

　歌舞伎：享保 20（1735）年 2 月，京・中村富十郎座初演．

安宅．あたか．

　能：作者不明（宮増か）．寛正 6（1465）年 3 月，将軍家院参の折の観世演能で上演か．

　歌舞伎：延宝 5（1677）年 10 月，江戸・大和守邸初演．

＜い＞

伊賀越道中双六．いがごえどうちゅうすごろく．

　人形浄瑠璃：近松半二，近松加助，近松加作．天明 3（1783）年 4 月，大坂・竹本座初演．

　歌舞伎：天明 3（1783）年 9 月，大坂・嵐座初演．

伊賀越乗掛合羽．いがごえのりかけがっぱ．

　歌舞伎：初世奈河亀助（亀輔）ら．安永 5（1776）年 12 月，大坂・嵐座初演．

　人形浄瑠璃：近松半二ら．安永 6（1777）年 3 月，大坂・豊竹此吉座初演．

一谷嫩軍記．いちのたにふたばぐんき

　人形浄瑠璃：並木宗輔，浅田一鳥，浪岡鯨児，並木正三ら．宝暦元（1751）年 12 月，大坂・豊竹座初演．

　歌舞伎：宝暦 2（1752）年 4 月，江戸・森田座初演．

鰯売恋曳網．いわしうりこいのひきあみ．

　歌舞伎：三島由紀夫．昭和 29（1954）年，東京・歌舞伎座初演．

＜う＞

浮世柄比翼稲妻．うきよずかひよくのいなずま．

　歌舞伎：四世鶴屋南北，二世金井由輔，二世瀬川如皐．文政 6（1823）年 3 月，江戸・市村座初演．

＜え＞

江戸育御祭佐七．えどそだちおまつりさしち．

　歌舞伎：三世河竹新七．明治 31（1898）年 5 月，東京・歌舞伎座初演．

絵本太功記．えほんたいこうき．

　人形浄瑠璃：近松柳，近松湖水軒，近松千葉軒．寛政 11（1799）年 7 月，大坂・若太夫芝居初演．

歌舞伎：享和元（1801）年8月，京・東芝居初演.

＜お＞

大磯虎稚物語.　おおいそのとらおさなものがたり.

　人形浄瑠璃：近松門左衛門.　元禄7（1694）年7月25日以前・推定，大坂・竹本座初演.

鬼鹿毛無佐志鐙.　おにかげむさしあぶみ.

　歌舞伎：吾妻三八.　宝永7（1710）年6月，大坂・篠塚座初演.

婦系図.　おんなけいず.

　新派：泉鏡花原作.　明治41（1908）年10月，東京・新富座初演.

＜か＞

怪異談牡丹燈篭.　かいだんぼたんどうろう.

　歌舞伎：三世河竹新七ら.　明治25（1892）年7月，東京・歌舞伎座初演.

杜若艶色紫.　かきつばたいろもえどぞめ

　歌舞伎：四世鶴屋南北，二世瀬川如皐，初世田島此助.　文化12（1815）年5月，江戸・森
田座初演.

籠釣瓶花街酔醒.　かごつるべさとのよ（え）いざめ.

　歌舞伎：三世河竹新七.　明治21（1888）年4月，東京・千歳座初演.

復讐談高田馬場.　かたきうちたかたのばば.

　歌舞伎：三世河竹新七.　明治24（1891）年11月，東京・歌舞伎座初演.

仮名手本忠臣蔵.　かなでほんちゅうしんぐら.

　人形浄瑠璃：二世竹田出雲，三好松洛，並木千柳（宗輔）.　寛延元（1748）年8月，大坂・
竹本座初演.

　歌舞伎：寛延元（1748）年12月，大坂・嵐座初演.

盟三五大切.　かみかけてさんごたいせつ.

　歌舞伎：四世鶴屋南北.　文政8（1825）年9月，江戸・中村座初演.

勧進帳.　かんじんちょう.

　歌舞伎（長唄）：三世並木五瓶作，四世杵屋六三郎作曲.　天保11（1840）年3月，江戸・河
原崎座初演.

＜き＞

京鹿子娘道成寺.　きょうがのこむすめどうじょうじ.

　歌舞伎（長唄）：藤本斗文，初世杵屋弥三郎作.　初世杵屋弥三郎作曲.　宝暦3（1753）年3
月，江戸・中村座初演.

＜け＞

稽古中の研辰.　けいこちゅうのとぎたつ.

　歌舞伎：木村錦花.　昭和元（1926）年12月.　東京・歌舞伎座初演.

元禄忠臣蔵.　げんろくちゅうしんぐら.

　歌舞伎：真山青果.　昭和9（1934）年2月，東京・歌舞伎座初演（「大石最後の一日」）.

歌舞伎・人形浄瑠璃作品リスト

＜こ＞

戀の研辰. こいのとぎたつ.

　歌舞伎：木村錦花. 昭和 2（1927）年 8 月. 東京・歌舞伎座初演.

碁盤太平記. ごばんたいへいき.

　人形浄瑠璃：近松門左衛門. 宝永 3（1706）年 6 月もしくは宝永 7（1710）年（推定）. 大坂・竹本座初演.

　歌舞伎：明治 36（1903）年 6 月. 京都・明治座初演.

＜さ＞

指物師名人長次. さしものしめいじんちょうじ.

　歌舞伎：三世河竹新七. 明治 28（1895）年 10 月. 東京・新富座初演.

＜し＞

塩原多助一代記. しおばらたすけいちだいき.

　歌舞伎：三世河竹新七，竹柴昇三，竹柴甲平，竹柴晋吉，竹柴瓶三，竹柴佐七，竹柴山造，竹柴清吉. 明治 25（1892）年 1 月，東京・歌舞伎座初演.

酒呑童子枕言葉. しゅてんどうじまくらことば.

　人形浄瑠璃：近松門左衛門. 宝永 7（1710）年 5 月 5 日以前・推定，大坂・竹本座.

心中天網島. しんじゅうてんのあみじま.

　人形浄瑠璃：近松門左衛門. 享保 5（1720）年，大坂・竹本座初演.

　歌舞伎：享保 6（1721）年夏，江戸・森田座初演.

＜す＞

菅原伝授手習鑑. すがわらでんじゅてならいかがみ.

　人形浄瑠璃：初世竹田出雲，並木千柳（宗輔），三好松洛，二世竹田出雲. 延享 3（1746）年 8 月，大坂・竹本座初演.

　歌舞伎：延享 3（1746）年 9 月，京・中村喜三郎座初演.

助六由縁江戸桜. すけろくゆかりのえどざくら.

　歌舞伎（河東節）：四世一寸見河東作曲，金井三笑・初世桜田治助他脚色. 享保 18（1733）年 1 月，江戸・市村座初演.

＜せ＞

殺生石. せっしょうせき.

　歌舞伎：三世河竹新七. 明治 35（1902）年 9 月. 東京・市村座初演.

＜そ＞

曾我会稽山. そがかいけいざん.

　人形浄瑠璃：近松門左衛門. 享保 3（1718）年 7 月，大坂・竹本座.

曽根崎心中. そねざきしんじゅう.

　人形浄瑠璃：近松門左衛門. 元禄 16（1703）年 5 月，大坂・竹本座初演.

4II

歌舞伎：元禄 16 年（1703）4 月，大坂・竹島幸左衛門座初演．

<た>

大経師昔暦．だいきょうじむかしごよみ．

　人形浄瑠璃：近松門左衛門．正徳 5（1715）年春，大坂・竹本座初演．

　歌舞伎：正徳 5（1715）年春，大坂・嵐三十郎座初演．

滝の白糸．たきのしらいと．

　新派：泉鏡花原作．明治 28（1895）年 12 月，駒形浅草座初演．

伊達競阿国戯場．だてくらべおくにかぶき．

　歌舞伎：初世桜田治助，曾根正吉，初世笠縫専助．安永 7（1778）年，江戸・中村座初演．

<ち>

椿説弓張月．ちんせつゆみはりづき．

　歌舞伎：三島由紀夫．昭和 44（1969）年，東京・国立劇場初演．

<つ>

通俗西遊記．つうぞくさいゆうき．

　歌舞伎（浄瑠璃）：三世河竹新七．明治 11（1878）年 9 月，東京・市村座初演．

<て>

天守物語．てんしゅものがたり．

　新派：泉鏡花原作．昭和 26（1951）年 10 月，東京・新橋演舞場初演．

　歌舞伎：泉鏡花原作．昭和 35（1960）年 11 月，東京・歌舞伎座初演．

<と>

東海道四谷怪談．とうかいどうよつやかいだん．

　歌舞伎：四世鶴屋南北，松井幸三，待乳正吉，重扇助，中村喜市，松井由輔，中村重助，三
　枡屋二三治，兼井長三，井筒弥助，篠田金治．文政 8（1825）年 7 月，江戸・中村座初演．

砥辰の討たれ．とぎたつのうたれ．

　歌舞伎：木村錦花．大正 14（1925）年 12 月，東京・歌舞伎座初演．

時今也桔梗旗揚．ときはいまききょうのはたあげ．（時桔梗出世請状．ときもききょうしゅっ
せのうけじょう）

　歌舞伎：四世鶴屋南北，文化 5（1808）年 7 月，江戸・市村座初演．

<な>

夏雨濡神輿（女團七）．なつのあめぬれておみこし（おんなだんしち）．

　歌舞伎：河竹黙阿弥（二世河竹新七）．明治 6（1873）年 7 月，東京・村山座初演．

<に>

日本橋．にほんばし．

新派：泉鏡花原作．大正 4（1915）年 3 月，東京・本郷座初演．

＜の＞

野田版研辰の討たれ．のだばんとぎたつのうたれ．
　歌舞伎：野田秀樹．平成 13（2001）年 8 月，東京・歌舞伎座初演．

＜は＞

羽衣．はごろも．
　歌舞伎（常磐津，長唄）：三世河竹新七作，岸沢式左作曲．明治 31（1898）年 1 月，東京・歌舞伎座初演．（新古演劇十種之内）
慙紅葉汗顔見勢（伊達の十役）．はじもみじあせのかおみせ（だてのじゅうやく）．
　歌舞伎：四世鶴屋南北，二世瀬川如皐．文化 12（1815）年 7 月，江戸・河原崎座初演．
八幡祭小望月賑（縮屋新助）．はちまんまつりよみやのにぎわい（ちぢみやしんすけ）．
　歌舞伎：河竹黙阿弥（二世河竹新七）．万延元（1860）年 7 月，江戸・市村座初演．
競伊勢物語．はでくらべいせものがたり（歌舞伎）．はなくらべいせものがたり（人形浄瑠璃）．
　歌舞伎：初世奈河亀輔，辰岡万作，奈河丈助，吉井勢平．安永 4（1775）年 4 月，大坂・嵐（松次郎）座（中）初演．
　人形浄瑠璃：辰岡万作ほか．安永 4（1775）年 4 月または 5 月，大坂・豊竹定吉座初演．
番町皿屋敷．ばんちょうさらやしき．
　歌舞伎：岡本綺堂．大正 5（1916）年 2 月，東京・本郷座初演．

＜ふ＞

双蝶蝶曲輪日記．ふたつちょうちょうくるわにっき．
　人形浄瑠璃：二世竹田出雲，三好松洛，並木千柳（宗輔）．寛延 2（1749）年 7 月，大坂・竹本座初演．
　歌舞伎：寛延 2（1749）年 8 月，京・布袋屋梅之丞座初演．

＜へ＞

平家女護島．へいけにょごのしま．
　人形浄瑠璃：近松門左衛門．享保 4（1719）年 8 月，大坂・竹本座初演．
　歌舞伎：享保 5（1720）年 1 月，大坂・竹島座初演．

＜ほ＞

本朝廿四考．ほんちょうにじゅうしこう．
　人形浄瑠璃：近松半二，三好松洛，竹田因幡，竹田小出，竹田平七，二世竹本三郎兵衛．明和 3（1766）年 1 月，大坂・竹本座初演．
　歌舞伎：明和 3（1766）年 5 月，大坂・三枡座初演．
本領曾我．ほんりょうそが．
　人形浄瑠璃：宝永 3（1706）年 4 月 1 日以前・推定．大坂・竹本座初演．

＜め＞

伽羅先代萩. めいぼくせんだいはぎ.

　歌舞伎：初世奈河亀輔（助）. 安永 6（1777）年 4 月，大坂・嵐七三郎座（中）初演.

　人形浄瑠璃：初世松貫四，高橋武兵衛，吉田角丸. 天明 5（1785）年 1 月，江戸・結城座初演.

＜も＞

紅葉狩. もみじがり.

　歌舞伎（義太夫節，長唄，常磐津）：河竹黙阿弥（二世河竹新七）作，六世岸沢式左，鶴沢安太郎作曲. 明治 20（1887）年 10 月，東京・新富座初演.

＜や＞

闇梅百物語. やみのうめひゃくものがたり.

　歌舞伎（常磐津，長唄，清元）：三世河竹新七作. 清元梅吉作曲. 明治 33（1900）年 1 月，東京・歌舞伎座初演.

＜よ＞

義経千本桜. よしつねせんぼんざくら.

　人形浄瑠璃：二世竹田出雲，三好松洛，並木千柳（宗輔）. 延享 4（1747）年 11 月，竹本座初演.

　歌舞伎：寛延元（1748）年 5 月，江戸・中村座初演.

＜れ＞

連獅子. れんじし.

　歌舞伎（長唄）：

　勝三郎連獅子：河竹黙阿弥（二世河竹新七）作，二世杵屋勝三郎作曲. 文久元（1861）年，素踊り初演.

　正治郎連獅子：河竹黙阿弥（二世河竹新七）作，三世杵屋正治郎作曲. 明治 5（1872）年 7 月，東京・村山座初演.

■著者略歴

小 方　孝 （おがた　たかし）

1958 年，神奈川県生まれ。

1983 年，早稲田大学社会科学部卒業。1983 年～ 1990 年，（株）シーイーシーなど民間企業で
AI その他のソフトウェア開発に従事。1992 年，筑波大学大学院修士課程経営・政策科学研
究科経営システム科学専攻修了。1995 年，東京大学大学院工学系研究科博士課程先端学際
工学専攻修了。博士（工学）。1995 年～ 1997 年，東京大学先端科学技術研究センター協力
研究員。1997 年，山梨大学工学部電子情報工学科助教授，1998 年，同大学同学部コンピュー
タ・メディア工学科助教授，2002 年，同大学大学院医学・工学総合研究部助教授を経て
現在，岩手県立大学ソフトウェア情報学部　教授

主著：

　“Content Generation Through Narrative Communication and Simulation”（共編著）2018,
　　Hershey, PA, USA: IGI Global.
　“Computational and Cognitive Approaches to Narralotogy”（共編著）2016, Hershey, PA,
　　USA: IGI Global.
　『物語論の情報学序説―物語生成の思想と技術を巡って―』（共著）2010 年，学文社。

川 村　洋 次 （かわむら　ようじ）

1960 年，和歌山県生まれ。

1983 年，東京工業大学理学部卒業。日本電気(株)を経て，1998 年まで(株)三菱総合研究所
に勤務。1999 年東京大学大学院総合文化研究科博士後期課程単位取得退学。大阪経済法科
大学経済学部助教授，近畿大学経営学部助教授を経て
現在，近畿大学経営学部　教授

主著：

　『集客の教科書（第 2 版）』（共著）2015 年，中央経済社。
　『情報管理入門―方法と実践 』2006 年，中央経済社。

金 井　明 人 （かない　あきひと）

1972 年，神奈川県生まれ。

1995 年，東京大学教養学部基礎科学科第二卒業。1997 年，東京大学大学院総合文化研究科
広域科学専攻修士課程修了。2001 年，東京大学大学院総合文化研究科広域科学専攻博士課
程単位取得退学。2001 年～ 2004 年，山梨大学工学部において日本学術振興会特別研究員
(PD)。博士（工学）。2004 年，法政大学社会学部専任講師。2006 年，同大学社会学部助教
授。2007 年，同大学社会学部准教授を経て
現在，法政大学社会学部　教授

主著：

　『メディア環境の物語と公共圏（現代社会研究叢書 10)』（編著）2013 年，法政大学出版局。
　『物語論の情報学序説―物語生成の思想と技術を巡って―』（共著）2010 年，学文社。
　『映像編集の理論と実践（現代社会研究叢書 1)』（編著）2008 年，法政大学出版局。

■ 情報物語論
　—人工知能・認知・社会過程と物語生成—

■ 発行日——2018 年 6 月 26 日　　初版発行　　　　〈検印省略〉

■ 著　者——小方　孝・川村　洋次・金井　明人

■ 発行者——大矢栄一郎

■ 発行所——株式会社 白桃書房
　　　　　　〒101-0021　東京都千代田区外神田 5-1-15
　　　　　　☎ 03-3836-4781　FAX 03-3836-9370　振替 00100-4-20192
　　　　　　http://www.hakutou.co.jp/

■ 印刷・製本——三和印刷

ⓒ Takashi Ogata, Yoji Kawamura, Akihito Kanai 2018　Printed in Japan
　ISBN978-4-561-56100-2　C3036
本書のコピー，スキャン，デジタル化等の無断複製は著作権法上での例外を除き禁じられて
います。本書を代行業者等の第三者に依頼してスキャンやデジタル化することは，たとえ個
人や家庭内の利用であっても著作権法上認められておりません。

JCOPY ＜（株）出版者著作権管理機構　委託出版物＞
本書の無断複写は著作権法上での例外を除き禁じられています。複写される場合は，
そのつど事前に，（社）出版者著作権管理機構（電話 03-3513-6969，FAX03-3513-6979,
e-mail: info @ jcopy. or. jp）の許諾を得てください。
落丁本・乱丁本はおとりかえいたします。